Mokka Müller

Das vierte Feld

Für Milan, Moritz, Irene, Herbert, Ernst Jakob, Magdalena, Wolfgang und August.

Neuauflage der 1998 im Mentopolis Verlag erschienenen Ausgabe
Der Econ Verlag ist ein Unternehmen der
Econ Ullstein List Verlag GmbH & Co. KG

ISBN 3-430-16858-9

Gesetzt aus der Univers bei Druckhaus Wienand GmbH, Köln
Druck und Bindearbeiten: Clausen & Bosse, Leck

Mokka Müller

Das vierte Feld

Die Bio-Logik der neuen Führungselite

Prolog

In unserer westlichen Kultur ist "reif" ein Euphemismus, eine nette Umschreibung für "alt werden". Analysten bezeichnen eine Technologie oder einen Markt als "reif", wenn es keine Entwicklungschancen mehr gibt. Nicht anders ist es mit Weltbildern. Sie sind reif für einen Update, wenn sie uns keine Instrumente mehr liefern, um die Welt um uns herum zu verstehen und uns in ihr zurechtzufinden. Genau das ist heute der Fall.

Während die Welt auf die Wende des Milleniums zurast, erleben wir heftige Turbulenzen, viele davon sind kreative Störungen, die mit der Auflösung fester Strukturen und mehr Offenheit einhergehen, andere bedeuten für uns Verlust von Sicherheit. Soviel ist klar: Die alte Ordnung macht einer völlig neuen Platz. Immer mehr Menschen spüren, daß wir in einer Zeit fundamentalen Wandels leben: Globalisierung der Wirtschaft, immer schnellerer technologischer Fortschritt, weltweite Kommunikationsnetze und der damit verbundene Strukturwandel von der Industrie- zur Wissensgesellschaft, die völlig neue Kompetenzen und zusätzliche Intelligenzaspekte erfordert. Wenn sich die Wirtschaft fundamental verändert, dann muß sich auch der Geist der darin Handelnden verändern.

Was ändert sich? Die von uns geschaffenen Dinge, z. B. Unternehmen, Organisationen, Wirtschaftssysteme, Branchen, Informations- und Kommunikationsnetzwerke verflechten sich zunehmend, sie werden komplexer, entfalten ganz eigene Muster und Dynamiken, und sie verhalten sich immer mehr wie biologische Organismen, die uns in der Natur umgeben. Wir erreichen die Grenze von Berechenbarkeit und Kontrolle, die Folgen unserer Handlungen kehren als Überraschung zu uns zurück.

Die Verbindung von Information und Kommunikation zu weltweiten Netzwerken wurde zur treibenden Kraft des globalen Wandels. Computer, Telefone, Medien, Faxe, Roboter bilden heute eine globale Elektronikmaschine, die den gesamten Inhalt der Encyclopædia Britannica in drei Sekunden um die Welt jagen kann. Doch die Informationstechnologie könnte nur ein Trittbrett für den wesentlich breiteren Strom technischer, wirtschaftlicher und finanzieller

Kreativität sein. Mit der Einführung des Internet scheint sich die Wissensrevolution noch weiter auszudehnen und zu beschleunigen. Die Biotechnologie ist dabei, eine wesentliche Rolle in der Wirtschaft des 21. Jahrhunderts zu spielen. Während es den Wissenschaftlern gelungen ist, mit Hilfe von Hochleistungscomputern Gene zu verstehen und zu manipulieren, scheinen biologische Abläufe ihrerseits die beste Grundlage für die nächste Computergeneration zu werden. Die schleifenartige Selbstverstärkung zwischen Wissenschaft und Technologie treibt die Ereignisse an. Eine Welle großer technologischer Durchbrüche wird in den kommenden zehn Jahren eine völlig neue Industrie erschaffen.

Doch der Weg zu einer New Economy des 21. Jahrhunderts wird nicht ganz eben sein. Jede Innovationswelle schafft wirtschaftliche und soziale Turbulenzen, von Börsenkrächen und Rezessionen bis zu weitreichenden Arbeitsplatzverlusten. Die nun auf uns zurollende Welle wird nicht anders werden. Turbulenzen scheinen der Preis zu sein, den ein Land für die Vorteile eines dynamischen Wandels bezahlen muß.

Nachdem die 70er und 80er Jahre ohne besondere bahnbrechende Innovationen verliefen und eher eine Zeit wirtschaftlicher Stagnation waren, scheinen sich die Anzeichen für kurz bevorstehende, gewaltige technologische Sprünge zu mehren. Sie scheinen das Ergebnis jahrelanger Forschung auf verschiedenen Gebieten zu sein, die offensichtlich jetzt eine Art kritische Masse erreicht haben. Die Informationsrevolution hat fast jeden Sektor der Wirtschaft erfaßt und bildet zusammen mit Internet, Biotechnologie und anderen cutting-edge-Technologien den Motor der neuen Innovationswelle, die durch die Globalisierung noch weitere Dynamik gewinnt. So pumpen die internationalen Finanzmärkte blitzschnell Geld in gute Ideen, die in Israel, Indien oder Bayern auftauchen, aber sie ziehen sich auch ebenso schnell aus Produkten und Leistungen zurück, die ihnen als "reif" erscheinen. Das Tempo steigt. Die ständig expandierenden Märkte versprechen denen Mammutgewinne, die ein gutes Produkt sofort weltweit verkaufen können. Ein immer dichteres, mit zunehmender Geschwindigkeit weiterwucherndes Netzwerk, gesponnen aus expansivem Geist, Kreativität und Wissen, scheint die Welt zu umschlingen.

Zeiten intensiven technologischen Fortschritts sind meistens von sprunghaften Entwicklungen, von revolutionären Entdeckungen und schmerzhaften Rückschlägen begleitet. Technologischer Fortschritt ist anscheinend wie ein Tanz: ein Schritt nach vorn, einer zurück. Einer der tiefsten wirtschaftlichen und sozialen Abstürze in der europäischen und amerikanischen Geschichte geschah in einer Periode rapiden Produktivitätswachstums, der Industrialisierung während der ersten Hälfte des 19. Jahrhunderts. Doch so fundamentale Innovationen wie Elektrizität und Dampfmaschine machten erst jene folgenden fünfzig Jahre scheinbar grenzenlosen Wachstums möglich, das mit nichts vergleichbar war, was vorher oder danach geschehen ist.

Immer öfter taucht in der Wirtschaft der Begriff "neues Paradigma" auf, doch dahinter sind die Umrisse eines grundlegend veränderten, viel mehr als nur die Wirtschaft betreffenden neuen Weltbildes erkennbar. Das Atom war das Wissenschaftsymbol des 20. Jahrhunderts, und es war das Symbol für eine materialistische Weltsicht. Es drehte sich einsam, von allem anderen getrennt als schwarzer Punkt, von feinen Orbitalstreifen umkreist, und wurde zum Symbol der Individualität. Das Atom galt als nicht mehr reduzierbarer Ort der Kraft und war eine Metapher für Macht und ewige Gültigkeit. Das Wissenschaftssymbol des 21. Jahrhunderts ist das Netz. Das Netz, ohne Zentrum, mit unscharfen Rändern und in permanenter Bewegung ineinander verschlungener Linien gilt als das Muster des Lebens. Es ist eine Metapher, die alle Intelligenz, alle Kommunikation, alle wirtschaftlichen, ökologischen, sozialen Artefakte, alle Unternehmen, Volkswirtschaften, Gesellschaften, Nationen und andere Großsysteme versinnbildlicht. Es umgarnt, was es erreichen kann, ist ohne festen Halt und besitzt weder Anfang noch Ende und auch kein Zentrum. Aus dem Netz tauchen überraschend neue Ideen, Gewohnheiten und Handlungsweisen auf, bilden sich Schwärme, die ihren Geist über das gesamte Netz hinweg ausdehnen. Das Netz ist unerschütterlich sozial, denn es ist vom Geist vieler bestimmt, und dieser kollektive Geist ist so mächtig wie unkontrollierbar. Es wächst unbehelligt und lernt ohne äußeren Einfluß. Mehr noch, das Netz begrüßt kleine Fehler, um große zu vermeiden. Seine Stärke liegt darin, einen Fehler eher auszuhalten als auszugrenzen, um daraus zu lernen und die eigene Anpassungsfähigkeit zu verbessern. Netzwerke arbeiten nicht nach den Kriterien unserer Vernunft, und sie gehorchen auch nicht unserer

Logik, sie haben ihre eigene, und die funktioniert entgegen unseren Erwartungen. Diese Logik des Netzes wird unsere Kultur und damit auch die Wirtschaft revolutionieren.

Nichts bleibt stabil und nichts verändert sich, ohne gleichzeitig näher an einen sich ebenfalls verändernden Teil heranzurücken. Alle komplexen Systeme, ob von uns geschaffen oder aus der Natur gewachsen, scheinen prinzipiell denselben Gesetzen zu gehorchen: denen der Evolution. Die natürliche Evolution erhält heute Modellcharakter und wird zum Vorbild für Entwicklungsprozesse und Steuerungsmechanismen in Wirtschaft, Technologie und Gesellschaft. Diese evolutionären Prinzipien unterscheiden sich grundlegend von jenen, die das Weltbild der Aufklärung, das bis heute unser Denken und Handeln prägt, konstituieren.
Die Grundannahmen unserer 500 Jahre anhaltenden Weltsicht beruhten auf folgenden Überzeugungen:

- Es gibt ein materielles Universum, das man mit wissenschaftlichen Instrumenten entdecken kann.
- Dieses Universum ist statisch, konkret, stabil und sichtbar, und deshalb ist es vorhersehbar und kontrollierbar.
- Realität ist nur das, was man berühren, sehen und messen kann – daher ist Realität objektiv.
- Die Welt ist eine Art Maschine; man versteht die Dinge am besten, wenn man ihre kleinsten Teile betrachtet, denn sie bestimmen das Ganze.
- Die Welt gehorcht den Regeln von Ursache und Wirkung; jeder Aktion folgt eine proportionale, vorhersehbare Reaktion.

Diesen Annahmen lagen Isaac Newtons Bild einer großen Welt-Maschine zugrunde, in der jedes Teil schön für sich abgeschlossen ist und die man berechnen und gezielt reparieren kann. Wir leben heute in einer Ära, die man mit dem wissenschaftlich-technologischen Begriff Quanten-Zeitalter bezeichnen kann. Eine der wichtigsten Entdeckungen der Physik in den 20er Jahren des zu Ende gehenden Jahrhunderts war die Quantenmechanik. Ein Begriff, der die neue Physik beschreibt, die uns die subatomare Welt ausleuchtet.
Die Quantenphysik legt uns nahe, daß Bewußtsein nicht das Endprodukt der

materiellen Entwicklung, also ein reines Produkt unseres Gehirns ist, sondern daß es bereits vor der Materie existierte. Es scheint, als würden Materieteilchen eine bestimmte Art von Bewußtsein enthalten und als würden sie Entscheidungen aufgrund der Informationen treffen, die sie von anderen Teilchen erhalten. Diese anderen Materieteilchen können in lokaler und zeitlicher Distanz existieren. Auf der subatomaren Ebene gibt es auch keine kontinuierliche Bewegung. Quanten machen plötzliche, unerklärliche Sprünge. Diese Distanzwirkungen und spontanen Sprünge stellen eine Zumutung für unseren in Vernunft und Logik trainierten Geist dar, denn sie lassen sich beim besten Willen nicht rational erklären. Auch unser Zerkleinerungswahn als Instrument der Erkenntnis scheint ausgedient zu haben. Auf der subatomaren Ebene bestimmen nicht die Teilchen die Entwicklung des Ganzen, sondern genau umgekehrt: das Ganze bestimmt das Verhalten der Teilchen. Langsam wird klar, daß wir ein Phänomen nur verstehen, indem wir es in Beziehung zum Ganzen setzen. Interdependenz mit ihrem Geheimnis von Organisation und Kontrolle ohne Macht ist zum Grundprinzip der Zukunft avanciert.

Ein neuer wissenschaftlicher Blick entsteht, einer, der mehr die Beziehungen und die innere Kraft von Vielheiten betrachtet als die konkreten Strukturen. Die Quantenperspektive löst eine Wissenschaft der statischen Materie ab, die uns 300 Jahre lang die Welt erklärt hat, und sie liefert die Basis eines neuen, systemischen und prozeßorientierten Weltbildes. Die Welt ist danach

- unsichtbar, abstrakt und nicht greifbar;
- sie ist dynamisch, vibrierend und in ständigem Wandel;
- unvorhersehbar und interdependent;
- vom Bewußtsein des Betrachters abhängig, daher ist Realität stets subjektiv;
- ein System, in dem jeder Teil mit dem Ganzen verbunden ist; dieses Ganze determiniert die Teile;
- von nicht sichtbaren Impulsen beeinflußt; Dinge geschehen "aus der Ferne wirkend";
- sie ist erfüllt mit Energie; Energie ist die Grundlage des Lebens und seiner Systeme.

Die alles erfassende Dynamik des kommenden Zeitalters ist die Vernetzung aller mit allen. Es wird auf diesem Planeten kein Leben, keine Intelligenz, keine Weiterentwicklung geben ohne das Begreifen einer alles umfassenden Interdependenz, d. h. der Abhängigkeit eines jeden vom großen Netz, in dem er durch eigene Impulse seine Spuren hinterlassen kann. Eine Art global brain, ein globales Denken entsteht, doch uns Menschen wird nicht klar, worüber dieser global brain nachdenkt. Er besitzt keine Zentrale, kein Headquarter und lädt sich aus den Gedanken seiner Vielheit auf. Früher suchte man nach dem Geheimnis der Sphinx oder dem Heiligen Gral, heute sind wir auf der Suche nach unserer Position im global brain und nach der inneren Intelligenz, die ihn nährt und zusammenhält.

Doch auch ganz konkrete Bezugsrahmen haben sich im Bewußtsein der Interkonnektion verändert. Seit Jahrtausenden hatte der Mensch damit zu kämpfen, sich vor einer wilden Natur zu schützen. Doch erst seit Beginn dieses zu Ende gehenden Jahrhunderts ist es nötig, die Natur vor den menschlichen Exzessen zu bewahren. Doch es geht nicht nur darum, Wichtelmaus und Wasserqualität zu retten, sondern es geht um viel mehr. Es geht darum, uns selbst wieder in den Kreislauf der Natur zu reintegrieren, aus dem wir uns mit der Industrialisierung und Verstädterung herausgelöst haben. Für eine wachsende Zahl von Menschen wird Ökologie und der one-world-Gedanke zum Megawert.

Die Evolution beherrscht die Kunst, dynamische Verknüpfungen und wachsende Komplexität zu bewältigen, indem sie Wege findet, diese zu organisieren. Wo sich starre Muster gebildet haben, reissen die Strukturen. Auch die Moderne, egal ob aus philosophischer, politischer oder künstlerischer Perspektive ist in Auflösung. Uns sind die großen Erzählungen, die Absolutheiten abhanden gekommen. Die intellektuellen Strömungen des 20. Jahrhunderts sind ausgetrocknet und ihr Kollaps hinterläßt Risse in der Kultur genauso wie in den sozialen Strukturen: Der Marxismus ist zusammengebrochen, der Sozialismus durch sich selbst widerlegt, Totalitarismus – China ausgenommen – von geringer Haltbarkeit, der Rationalismus entzaubert, und auch der Liberalismus entfacht keine großen Flügelschläge mehr. Schon beschwören manche das "Ende der Geschichte". Was wir tatsächlich erreicht haben, ist das Ende der "nationalen" Geschichte. Von jetzt an ist Geschichte global.

Bisher feste Grenzen lösen sich auf, starre Systeme verbessern sich, indem sie sich öffnen. Jahrhundertelang lebten die Menschen innerhalb ihrer eigenen ethnischen, nationalen und kulturellen Grenzen, die ihnen eine Identität und das Gefühl gaben, einer in sich geschlossenen, klar definierten sozialen Gruppe anzugehören. Innerhalb sehr kurzer Zeit erodierten diese Identität stiftenden Grenzen und neue, von Werbung und Medien beeinflußte, multiple Zugehörigkeiten tauchten auf.

Natürlich gibt es noch immer kulturelle und politische Grenzen, aber sie bilden sich nicht mehr in den Köpfen der Menschen ab. Wir beginnen uns plötzlich als Teil der menschlichen Gemeinschaft auf diesem Planeten zu betrachten, ein one-world-Gefühl wächst, das z. B. durch CNN und MTV gefördert und verstärkt wird. Neue Zugehörigkeiten werden gesucht, nachdem die Menschen immer mehr zu isolierten und psychologisch eigenständigen Individuen wurden. Diese neue Zugehörigkeit wird die globale Familie sein, und die neue Identität wird nicht länger durch die Frage: Wo ist meine Heimat? beantwortet. Die Werbung hat es längst erfaßt: wir werden uns in Zukunft nicht mehr mit einer bestimmten Gruppe oder Volkszugehörigkeit identifizieren, sondern mit der ganzen Menschheit, und wir werden viele unterschiedliche, auch widersprüchliche Identitäten besitzen. Dieser Wandel zwingt die Politiker darüber nachzudenken, was eine Nation eigentlich ist. Eine Nation ist zwar noch immer ein notwendiges politisches Konzept, aber sie liefert nicht mehr wie früher die geschlossenen Vorstellungswelten von Heimat und Treue. Üblicherweise nationale Angelegenheiten werden heute durch internationale Autoritäten mitentschieden, weil sie eben in einer interdependenten Welt längst keine Privatangelegenheiten mehr sind. Wir erlebten es in Somalia, Irak und Bosnien. Der Begriff Nation wird neu erfunden, nach der Öffnung des Eisernen Vorhangs und dem Fall der Mauer in Deutschland, aber auch in Rußland, den Staaten Osteuropas, in Südafrika und in den USA.

Wirtschaftlich prosperierende Länder brauchen offenere Grenzen, damit der Austausch von Wissen funktionieren kann. Eine Realität, die nicht jedem behagt, weil sie verlangt, daß wir unsere Erfahrungen, unsere Weltsicht und unsere Aufmerksamkeit über nationale und kulturelle Grenzen hinaus ausdehnen. Doch je mehr die Menschen ihr Bewußtsein für diese neue Welt gegenseitiger Verbundenheit erweitern, um so mehr wächst ihr Sinn für eine kollektive, ja globale Identität.

Auch die Quantenwelt ist eine paradoxe Welt der Beziehungen. Positiv und negativ geladene Teilchen werden von ihrem Gegenteil angezogen und von Gleichem abgestoßen; neutrale Partikel werden weder angezogen noch abgestoßen. Dieser Tanz aus Attraktion und Abwehr bildet die elektromagnetische Kraft. Sie erlaubt den Teilchen, sich zu Atomen und Molekülen zusammenzuschließen, dem ultimativen Klebstoff, der das Universum zusammenhält. Ohne elektromagnetische Kraft gäbe es keine sichtbare Materie. Wenn die elektrische Ladung fließt, dann entsteht ein Magnetfeld. Die elektromagnetische Energie dieser Felder erfüllt den Raum in Form von elektromagnetischen Wellen, die, anders als z. B. jene von Wasser, mit Lichtgeschwindigkeit reisen und ohne materielles Medium existieren. Selbst das Licht wird als elektromagnetische Welle übertragen, genauso wie Radiowellen, Röntgenstrahlen und Mikrowellen. Auch wir Menschen sind, physikalisch gesprochen, quantisch. Genauso wie Computer und Cookies wird unser Körper durch subatomare Partikel gebildet, uns hält derselbe Kitt zusammen, der auch Erde und Sterne formt: die elektromagnetische Kraft. Unsere Grundsubstanz ist Energie, die ständig in Bewegung ist und dabei Spannung auflädt. Die menschliche DNA vibriert mit einer Frequenz von 52 bis 78 Gigahertz. Jedes Organ produziert ein eigenes elektrisches Signal, das man aufzeichnen kann. Das stärkste elektromagnetische Signal wird vom Herzen ausgestrahlt, es ist 40- bis 60mal stärker als das des Gehirns, seine Signale können bis zu einer Entfernung von einem Meter gemessen werden. Negative Gefühle wie Frustration, Angst oder Ärger senken die Kohärenz der elektromagnetischen Wellen des Herzens, das kostet das Geist-Körper-System Energie. Positive Gefühle lassen die Kohärenz dieser Wellen ansteigen. Mit jeder unserer Wahrnehmungsentscheidungen energetisieren oder schwächen wir unser Geist-Körper-System. Sobald unser Herzschlag kohärent wird, passen sich die elektromagnetischen Wellen des Gehirns automatisch an dieses Muster an. In diesem Zustand der Herz-Hirn-Synchronizität fühlen wir uns nicht nur vitaler, wir denken auch klarer und öffnen uns für kreativere Ideen. Es kommt also darauf an, unsere Gefühle als Spiegel zu sehen und negative Gefühle zu transformieren, statt sie durch Grübeln zu vertiefen oder zu verdrängen.

Die Welt ist durch die wirtschaftlich-technologische Revolution ein globales Dorf geworden. Interdependenzen, wohin wir blicken, Kommunikations- und Informationsnetzwerke überziehen den Globus und unser isolationistisches, dualistisches und egozentrisches Denken verhindert, daß wir größere Zusammenhänge erkennen und uns in dieser biologischen Wende von Wirtschaft und Gesellschaft besser zurechtfinden. Doch es gibt bereits viele Menschen, die versuchen, sich einem vorurteilslosen Anfängerdenken anzunähern und die sich von vorgefaßten Meinungen und Gewißheiten, wie die Welt denn sei, so gut es geht, zu lösen beginnen. Zen-Meister lehren ihre Schüler diesen Anfängergeist, d. h. der Welt staunend und frei von Sicherheit und Gewißheit zu begegnen, um komplizierte Dinge in ihrer Einfachheit erkennen zu können. Auch der Westen hat diese Idee nicht völlig ignoriert. C. G. Jung sprach vom "kollektiven Unbewußten", das sich erheblich von den psychologischen Theorien unterscheidet, die nur am einzelnen Individuum und an der Suche nach seinem "wahren" Ich orientiert sind. Jung glaubte, daß jeder Mensch, neben einem individuellen Erinnerungsspeicher (Unbewußtes), auch Kontakt zu einem viel umfassenderen, universellen Archiv geteilter Erinnerungen besitze. Dieses unbewußte Erinnerungsarchiv speichere unsere kollektive Geschichte der menschlichen Entwicklung als Spezies.

Eine ähnliche Theorie gespeicherter Informationen in einem kollektiven Unbewußten hat vor einigen Jahren der britische Biologe Rupert Sheldrake entwickelt. Er glaubt, daß die Erinnerung der Natur und damit auch der gesamten Menschheit in unsichtbaren Feldern gespeichert ist. Danach handeln wir zum Teil aufgrund von Wissen, das wir durch individuelles Lernen erworben haben, und zu einem anderen Teil aufgrund von Informationen, die in einem universellen Informationsfeld, mit dem wir alle verbunden sind, gespeichert sind. Dieses Feld nennt er morphisches Feld. Die Theorie morphischer Felder könnte eine elegante Antwort auf die Frage sein, warum es leichter ist, eine neue Fähigkeit zu erlernen oder sein eingeübtes Weltbild zu verändern, nachdem andere damit begonnen haben. Das Muster lebt im Feld und ermöglicht dem einzelnen ein wesentlich weniger anstrengendes Lernen. Es gibt noch ein typisches Verhalten der Felder. Indem die Energie eines einzelnen mit der Energie des gesamten Feldes in Beziehung tritt, können spontane Verhaltensänderungen auftreten. Vielleicht steuern uns kulturelle Paradigmen deshalb so hartnäckig, auch nachdem wir ihre Grenzen erkannt haben. Rupert Sheldrake unterscheidet zwei Wege, auf denen individueller Wandel oder, wie es heute heißt: Transformation geschehen kann. Einmal durch persönliche Absicht, den freien Willen, und zum anderen durch einen spontanen Sprung, der entsteht, wenn eine kritische Masse eine übergeordnete Wissensebene erreicht hat. Rupert Sheldrake würde sagen, daß sich der Inhalt des morphischen Feldes neu aufgeladen hat.

Beide Konzepte, das von Jung und das von Sheldrake, sind Beispiele dafür, wie das Quantenprinzip der gegenseitigen Abhängigkeit oder Interkonnektion bei uns Menschen funktionieren könnte. Wenn unser individuelles Bewußtsein tatsächlich permanent und auf eine komplexe, aus der Distanz funktionierende Weise mit einem kollektiven Feld aus Energie und Information verbunden ist, dann würde das auch jene spontanen, bedeutungsvollen Zufälle erklären, die Wissenschaftler als Synchronizität bezeichnen und für die es keine logische Erklärung gibt.

Wenn wir aber die grundsätzliche Interkonnektion aller Dinge erkennen, dann machen diese Zufälle plötzlich Sinn. Wir beginnen damit, in dem Bewußtsein zu handeln, daß unsere Worte und Taten möglicherweise nicht nur anderen nutzen oder schaden, sondern auch uns selbst. Indem wir ganz bewußt Verantwortung für das Ganze übernehmen, füllen wir das Energiefeld mit Potentialitäten, die jederzeit auf höchst kreative und unvorhersehbare Weise auf uns zurückwirken können. Jede bewußte Entscheidung, die wir treffen, beeinflußt nicht nur die Möglichkeiten zukünftiger Entscheidungen. Sie betrifft aufgrund unserer quantischen Beziehungen auf irgendeine Weise auch die zukünftigen Entscheidungen aller anderen. Wenn wir gute Gefühle wählen, dann führt uns das zu kooperativen, offenen Handlungen und erhöht die Möglichkeit, daß andere ihre Handlungen darauf ausrichten. So ist Ethik nichts, was von oben verordnet werden kann, sie ist ein fließender Prozeß, der durch unser aller Entscheidungen entsteht, etwas auf eine bestimmte Weise zu tun. Diese Entscheidungen eines jeden von uns wirken auf das gesamte System. Das Saatgut, aus dem unser Wirtschaftssystem erwachsen ist, durchläuft, metaphorisch gesprochen, eine Neukombination seiner DNA, die von dem tiefen Wandel in uns selbst getragen wird.

In Zeiten wachsender Unübersichtlichkeit wird die Frage interessant: Was ist Realität? Man muß sich nur die Kassenrenner der Filmindustrie ansehen, um zu erahnen, daß es schon bald kaum noch möglich sein wird, zwischen echter Materie und virtueller Realität, also technisch simulierten, künstlichen Halluzinationen zu unterscheiden.
Was ist Realität? Quantenphysiker und Neuroforscher antworten darauf: Realität = Wahrnehmung. Es gibt keine objektive Realität, alles, was wir sehen, hören, fühlen, schmecken oder riechen, ist reine Konstruktion unseres Gehirns, auch wenn diese auf externen Informationen (Energievibrationen) basiert. Licht ist nichts als elektromagnetische Strahlung. Es gibt einfach keine Farben außerhalb unseres Kopfes, ebensowenig wie es dort Klänge gibt. Gibt es ein Geräusch, wenn auf einer unbewohnten Insel eine Palme umfällt? Nein. Klang ist die Beziehung zwischen externen Vibrationen und dem Gehirn. Wo kein Gehirn, da kein Geräusch. Hirnforscher gehen heute davon aus, daß das menschliche Bewußtsein ein Zustand ist, der eng mit der externen Realität zusammenhängt, die unser Gehirn aufgrund seiner Begrenzungen niemals voll erfahren kann. Im Gegenteil, das Gehirn reduziert sogar die eingehenden Informationen durch eine selektive Wahrnehmung. Unsere Wahrnehmung ist stärker von dem beeinflußt, was bereits in unserem Kopf vorhanden ist, als von den eingehenden externen Reizen. Wissenschaftler glauben, daß mindestens 80 % der Informationen, die zu einer Wahrnehmung führen, aus dem Inneren des Gehirns kommen. Wenn wir z. B. einen starken Wunsch nach Sicherheit, Kontinuität und Stabilität in uns ausgeprägt haben, dann bildet das einen erheblichen Filter gegenüber dem, was wir wahrnehmen und was wir an zugänglichen Informationen ausblenden. Auch die in uns lebenden kulturellen Mythen sind Organisationsfilter unserer Wahrnehmung. Sie arbeiten nicht kausal, logisch und linear, sondern nach dem Prinzip der Selbstverstärkung: Muster zu Muster, Energie zu Energie, Form zu Form. Diese Qualität der Selbstverstärkung führt uns leicht in Realitätstunnel, die expansive, d. h. Gewißheiten überschreitende Aspekte unserer Intelligenz blockieren.

- Realität ist das, was wir für wahr halten.
- Was wir für wahr halten, ist das, woran wir glauben.
- Woran wir glauben, hängt von unserer Wahrnehmung ab, und die nimmt nur auf, worauf wir unseren Blick gerichtet haben.

- Worauf wir unseren Blick richten, hängt davon ab, was wir denken, und das ist abhängig von dem, was wir wahrnehmen.
- Was wir wahrnehmen, verstärkt das, was wir glauben.
- Was wir glauben, bestimmt, was wir für wahr halten.
- Was wir für wahr halten, ist unsere Realität.
- Unsere Überzeugungen verstärken unsere Wahrnehmung und unsere Wahrnehmung verstärkt unsere Überzeugungen.

Einfach ausgedrückt: Wir schmoren geistig im eigenen Saft, und das heißt, wir stecken in einem endlosen Kreislauf von Wiederholungen, indem wir die Welt sehen, wie wir sie immer gesehen haben, und indem wir vielleicht nur begrenzte Möglichkeiten in unserem Leben sehen. Nicht, weil diese Möglichkeiten begrenzt wären, sondern weil unsere Wahrnehmung es ist. Das erscheint wie ein mentaler Teufelskreis, aber er bekommt schon den ersten Riß, sobald wir uns klar machen, daß wir in einer subjektiven Welt leben, die wir über die Selektion unserer Wahrnehmung mitgestalten. Den zweiten Riß, vielleicht den zum Durchbruch, bekommt er, wenn wir unsere Logik, auf die wir so stolz sind, als Wahrheitseinflüsterer enttarnen. Die Logik sagt uns, daß es keine Alternative zu ihrer Wahrheit gibt. Logik ist damit der übelste Feind der Kreativität. Alle kreativen Durchbrüche waren unlogisch. Sie transzendieren die übliche Art, die Dinge zu betrachten. Vielleicht lassen sich im nachhinein logische Begründungen dafür finden, aber die unlogische Idee war immer zuerst da.

Die großen Felder sind in Bewegung geraten und haben damit begonnen, neue Inhalte zu laden. Was wir erleben, ist ein Aufbruch zu den inneren Bildern von Ganzheit und globalen Zusammenhängen. Die Hoffnung, den Sinn unseres Lebens allein aus den Wissenschaften zu gewinnen und eine Welt im Umbruch durch Vernunft und Logik erklären oder gar steuern zu können, ist verflogen. Verflogen ist auch die Glaubensautorität des Christentums, das über 2.000 Jahre die zentrale spirituelle und kulturelle Instanz für die innere Integrität westlicher Individuen war. Jahrhundertelang diente ein System von Schuld und Sühne als zentrale Metapher der westlichen Kultur und der persönlichen Psychologie. Jetzt ist unsere Kultur dabei, sich von allen geschlossenen Glaubenssystemen zu lösen und nach der eigenen Verantwortung zu fragen. Doch bisher haben sich noch keine neuen, transpersonellen Symbole für psychische Ganzheit gefunden, man sucht sich das passende auf dem eklektischen Wühltisch der Religionen zusammen. Es gibt keine Absolutheiten mehr, keinen einzelnen, integrierenden Anker, kein Ruder, keine moralische Instanz und keine einzig wahre Antwort auf die Fragen des Lebens, für die früher Religion und Philosophie zuständig waren. Im Laufe unseres Jahrhunderts hat sich ganz allmählich eine neue Weltsicht behauptet, die auf der Quantenmechanik beruht und die dem Innenleben des Menschen und seiner Rolle in der Erkenntnis von Realität Beachtung schenkt. Die Quantenmechanik hat uns gezeigt, daß es keine Realität ohne den Beobachter gibt. Denken und Erkennen ist nicht von dem zu trennen, der denkt und erkennt. Der menschliche Geist ist es, der Umwelt und Welt erfindet. Wir werden daher die komplette Realität niemals verstehen, solange wir nicht die inneren Welten des einzelnen Individuums beachten. Aus Forschung und persönlicher Erfahrung wissen wir heute, daß unser Innenleben viel mehr mit dem Zustand der äußeren Realität zu tun hat, als wir jemals glauben konnten. Wir erleben eine Renaissance in der Hinwendung zu individuellen Wahrnehmungen, die weder logisch erklärbar noch durch Vernunft und intensives Nachdenken zu gewinnen sind.

Diese Renaissance der persönlichen Wahrnehmung und der inneren Welten hat auch die Wirtschaft erreicht. Natürlich glauben rational orientierte, pragmatische Leute, die Unternehmer und Manager überwiegend sind, das sei purer Unsinn, und manches davon mag auch in diese Kategorie fallen. Doch selbst die esoterischer Umtriebe ziemlich unverdächtige Harvard Business School bietet heute einen Kurs zum Thema "Inner Reflection" an, und das bedeutet, man schenkt auch an effizienzorientierten wirtschaftlichen Eliteschulen den inneren Vorstellungswelten größere Aufmerksamkeit. Die Suche nach Visionen, das Aufspüren gerade sich formender gesellschaftlicher Werte und Mythen und die Suche nach innovativen Ideen jenseits des Alltagsbewußtseins gehören mittlerweile zu den normalen Arbeitstechniken von Unternehmen, die am cutting edge operieren. Egal, ob man an Energie- und Informationsfelder glaubt oder sie nur als Metapher benutzt, die Entwicklung eines inneren Zentrums, in dem sich Innen- und Außenwelt spiegeln, zeigt doch, daß Wirtschaft und Gesellschaft von einer tieferen Suche erfaßt sind, aus denen beide erheblich verändert hervorgehen werden.

Die Suche nach einem neuen Weltbild ist etwas ganz anderes als die Entwicklung eines neuen Produkts, der Start eines Unternehmens oder die Formulierung eines neuen Gesetzes. Weder die Regierung in Bonn oder Berlin noch eine organisierte Religionsgemeinschaft werden uns bei der Suche nach neuen Orientierungen helfen können. Sie werden automatisch auftauchen aus dem Bewußtsein der Menschen, und das sind unsere Mitarbeiter, Kunden, Zulieferer, Berater und Nachbarn. Sie alle sind irgendwie auf der Suche nach dem tieferen Sinn des Lebens, nach Kontext und Kontakt, auch wenn sie mitten im reißenden Fluß des Wandels stehen. Sie alle sind auf dem Weg, eine tragfähige, ganzheitliche Weltsicht für die Zukunft zu finden. Die Avantgarde der Wissenschaftler gibt uns vorläufige oder bereits abgesicherte Modelle, die uns tatsächlich praktische Lebenshilfe geben können, nicht, indem wir fest an sie glauben, sondern indem wir sie als Krücke für das Verständnis unserer Wirklichkeit benutzen.

Wir haben die große Chance, in einem Moment der Geschichte zu leben, in dem ein umfassendes, neues Weltbild auftaucht. Zum erstenmal, und das ist entscheidend, dient dieses neue Weltbild nicht dem Wohle eines einzigen Volkes oder seiner Anführer, sondern es wird ein Weltbild sein, das auf den untrennbaren Beziehungen aller mit allen und der Überzeugung beruht, daß wir Teil eines Ganzen, nicht nur Angehörige eines Volkes, einer Gesellschaft oder eines Wirtschaftsraumes sind. Zum erstenmal in der Geschichte blicken wir auf diesen Planeten als ein Ganzes statt auf voneinander separierte Gedanken- und Handlungsräume. Nach dem Ende des Humanismus, der den Menschen über die restliche Natur erhoben hatte, beginnen wir, uns selbst als Teil der sich permanent entfaltenden Geschichte des Universums zu begreifen.

Shift happens. Jeder von uns hat die Chance, bei der Gestaltung einer besseren Welt oder zumindest einer koevolutiven Netzwerkökonomie mitzuwirken, aus der sich dann eine tragfähige, selbstverantwortliche Ethik entwickeln kann. Ein Unternehmen zu sein, das seinen Beitrag zu beidem leistet, wird zum selbstverständlichen Aspekt in der Unternehmensführung des 21. Jahrhunderts werden, in dem es weniger darauf ankommen wird, was man macht, sondern wofür man steht. Schaut man sich heute in der Wirtschaft um, dann sind (meist) die Männer an der Spitze offenbar die letzten, denen die soziale und kulturelle Revolution aufgefallen ist, obwohl diese in dramatischer Weise dabei ist, Werte und Verhalten der Menschen zu transformieren. Vielen von ihnen ist entgangen, daß ihre vernunft-, effizienz- und profitgepeitschte Führung versäumt hat, glaubwürdig Sinn und gemeinsame Werte zu stiften, zwei Führungs- und Verkaufsfaktoren, die den Unterschied machen, der zählt.

Kunden, Mitarbeiter und andere Stakeholder funktionieren nicht mehr wie früher. Was wir brauchen, ist eine neue Perspektive dessen, was in unserer Kultur und der Gesellschaft passiert, und ein offenes Fenster, durch das wir die Umrisse des umfassenden Wandels vom Ewigkeits- zum Evolutionsparadigma erkennen, der kein Individuum und gewiß kein Unternehmen unbetroffen läßt.

Evolution ist eine Vermischung von Materie und Information. Das evolutionäre Veränderungs- und Entwicklungsmodell führt zu einem neuen Verständnis der Rolle des Zufälligen, Ziellosen, offensichtlich Überflüssigen und Verschwenderischen.
Das Evolutionsparadigma ermöglicht Kreativität, die aus der verschwenderischen Vielfalt und einem Auswahlprozeß erwächst. Das alte, mechanistische Paradigma oder Ewigkeitsparadigma dagegen sucht stets nach einem vorherbestimmbaren Ziel, einem Plan, der zu schöpferischem Handeln führen soll: fünf Stufen zu garantiertem Erfolg, sieben goldene Regeln für Kreativität. Oberstes Ziel des mechanistischen Denkens ist, sparsam mit seinem Einsatz, seinen Ressourcen umzugehen, um das Maximale herauszuholen. Geringster Input bei höchstem Output heißt die Formel für Produktivität, nicht verschwenden, nicht träumen, nicht spielen – keine Experimente! Für den Zufall ist hier kein Platz, er ist der Feind rationalen Planens. Das Evolutionsparadigma dagegen hat den Zufall in seine Bio-Logik eingebaut, es macht ihn zum Freund der Rationalität, zum Motor der Vielfalt, und Vielfalt ist die Mutter von Innovation und Erfindung. Die Variation, das lernen wir aus der biologischen Evolution, ist der sicherste Weg, einen Gewinner herauszubilden. Über die Auswahl dieses Gewinners bestimmen aber nicht der bessere Plan und die genauere Kontrolle, Gewinner lassen sich nicht durch die Ziele und Absichten der Schöpfer erzwingen. Für den relativen Erfolg vielfältiger Ergebnisse ist das Umfeld maßgebend, ein Unternehmen ist nicht das, was es herstellt und

durch geschickte Werbung kommunizieren will. Es ist das, was die Menschen sich darunter vorstellen und wofür es steht.

Die vom Menschen geschaffene Welt wird bald wie die Welt der biologischen Organismen funktionieren: überraschend, anpassungsfähig, Vielfalt erzeugend und kreativ. Und es wird für den Erfolg und das Überleben von Unternehmen entscheidend darauf ankommen, welche Energien in ihrem Umfeld plaziert sind. Ich denke, das ist eine großartige Perspektive für

a better world through business.

"The caterpillar doesn´t know,
that he´ll come out as a butterfly.
All he knows is
that he´s alone,
it´s dark and
it´s a little scary."

"Der Caterpillar weiß nicht,
daß ein Schmetterling aus ihm wird.
Alles was er weiß ist,
er ist allein,
es ist dunkel und
es ist ein bißchen unheimlich."

(Mort Meyerson, aus: Hey, Kenneth R./Moore, Peter D.: The Caterpillar doesn't know, New York 1998)

Wissen und Wahrnehmen

Code for Change

Die Spielräume des Selbstfindlings

Ist Ihnen das schon mal passiert? Wie aus heiterem Himmel, vielleicht während Sie eine Zeitung vom Boden aufheben oder mit dem Hund spazierengehen, streift Sie der Blitz einer Erkenntnis: "Ich existiere! Ich bin wirklich und unwiderruflich ich selbst!" Dann sind Sie nicht den Vorboten des Wahnsinns begegnet oder auf dem Weg zum Kauz, sondern in guter Gesellschaft. Der Philosoph Peter Sloterdijk beschreibt seine Begegnung mit dem unvermuteten Finden dessen, was man eigentlich nicht gesucht hat, so: *"... man fällt ins innere Unding, in die subjektive Galaxie ... Auch wer regelmäßig Waldläufe macht und ab dreißig zur Vorsorgeuntersuchung geht, kann nicht ausschließen, daß bei ihm über Nacht der Existenzfall eintritt ... wem es passiert, der gesellt sich zu den vom Staunen aufgebrochenen Individuen – zu den Selbstfindlingen in einer ungeheuren Landschaft, in der sie sich unmöglich auskennen können."* Sollten auch Sie so ein Selbstfindling sein, dann sind Sie jedenfalls **nicht allein**.

Ihr Leben verläuft in regelmäßigen Bahnen, in Ihrem Job haben Sie alles im Griff. Plötzlich, ohne jede Vorwarnung geraten die Dinge aus dem Rhythmus. Gewohnheiten, auf die Sie sich verlassen konnten, sind plötzlich weder berechenbar noch lösen sie sich ganz auf. Die Dinge balancieren auf des Messers Schneide, Sie rutschen auf unbekanntes, schwankendes Terrain. Plötzlich überschlagen sich die Ereignisse, geraten fast außer Kontrolle, bis sie zur einen oder anderen Seite kippen und der unfreiwillige Ritt auf dem gefährlichen Wellenkamm zu Ende ist. Sie glauben, so etwas könne Ihnen nicht passieren? Haben Sie schon mal den Ozean beobachtet, wie sich dort nach vielen regelmäßigen Wellen weit draußen ganz plötzlich eine riesige glatte Welle biegt, die mehr und mehr Form annimmt, zu einem Höhenkamm ansteigt, der plötzlich außer Kontrolle gerät und dröhnend bricht, bis er alle Formen und Strukturen im Sand mit sich fortreißt? Und wie dann ein neues Wellenspiel beginnt?
Hat sich in Ihnen beim Blick auf das wilde Durcheinander von Wolkenformationen schon einmal das Gefühl eingestellt, sich inmitten von Mustern und Bewegungen zu befinden, die mit anderen Mustern und Bewegungen zusammenhängen? Ja, selbst ein Teil dieser unendlichen Bewegung zu sein, bei der alles von allem abhängt und doch einer einzigen, gewaltigen Kraft entspringt? Vielleicht haben Sie schon mal die Erfahrung gemacht, daß es unsichtbare Verbindungen zwischen dem, was wir immer als getrennt betrachten, geben könnte und häufig allein dadurch etwas Nützliches geschieht, daß wir Menschen miteinander in Kontakt bringen oder mit anderen Kontakt aufnehmen, obwohl wir keine Ahnung haben, was dabei herauskommen könnte. Falls eine plötzlich auftretende Krise Ihr Unternehmen, Ihre Partnerschaft oder Ihr Leben auf einem komplexeren, höheren Niveau neu strukturiert und wieder stabilisiert hat, dann spüren Sie nichts anderes als die Existenz einer inneren Ordnung, die tief in allem Lebendigen verankert und in den komplexesten Systemen eingewebt ist: Alles ist im Fluß – in Organismen, Gehirnen, Galaxien genauso wie in Unternehmen und Wirtschaftssystemen bis hin zum Entstehen und Zerfallen von Staaten und ganzen Zivilisationen.

Möglicherweise werden Sie die ganze ausgelassene Dreistigkeit des Lebendigen aber erst dann voll erfassen, wenn irgendwann Ihr Computer explodiert, Ihr neuer Dream-Car in sich zusammenfällt oder das High-Tech-Backrohr auf

Sie schießt, denn wir Menschen schaffen immer kompliziertere Dinge, die ab einem bestimmten Punkt nicht mehr problemfrei zu haben sind und vor allem: die sich, wenn überhaupt, nicht vollkommen verstehen und kontrollieren lassen. Selbstverständlich können wir im nachhinein feststellen, warum uns die Dinge oder die Verhältnisse um die Ohren geflogen sind und daß wir den Fehler hätten erkennen können, der zu diesem spontanen Zusammenwirken geführt hat. Uns wird später klar werden, wo man hätte suchen können, aber es ist eben unmöglich, in einem komplexen System jeden Fall zu testen und im Blick zu behalten. Nicht einmal auf Stichproben kann man sich verlassen.

Komplexe Systeme sind spontan, autonom, und sie machen, was sie wollen. Da unterscheiden sich die von uns gemachten Dinge nicht von uns selbst und von der Natur des Universums.

Wer würde heute nach der medizinischen Kunst des 17. Jahrhunderts operieren, geschweige denn sich operieren lassen? In der Unternehmensführung denken und handeln wir noch immer nach Methoden, die aus dem Gedankengebäude der Newtonschen mechanistischen Weltsicht erwachsen sind: die Welt und alles, was in ihr lebt, als riesige Maschinen, die den Gesetzen der Mechanik unterworfen und durch das Verhalten ihrer Einzelteile erklärbar sind. Der Mediziner und Biologe Stuart Kauffman schildert diese reduktionistischen Verrenkungen so: *"Wirtschaftliche und soziale Phänomene sollen unter Rückgriff auf das menschliche Verhalten erklärt werden und dieses Verhalten wiederum durch biologische Prozesse, die ihrerseits durch chemische Prozesse erklärt werden sollen und diese schließlich durch physikalische Vorgänge."* Es muß einen einfacheren, eleganteren Weg geben, auf die Welt zu schauen.

Wir alle neigen ja eher zur Bequemlichkeit und suchen instinktiv in allem nach Simplizität und einer Methode, die weniger Anstrengung verlangt. Wenn wir diese noch nicht gefunden haben, so liegt das nicht daran, daß wir mit zu vielen Unwägsamkeiten konfrontiert sind, sondern daß wir eine verzerrte Vorstellung davon haben, wie unter komplexen Bedingungen Ordnungen entstehen und was darin abläuft. Kein Wunder, denn ist unser Bild von der Welt und der Natur des Menschen nicht schon etwas überholt? Mit diesem Instrumentarium läßt sich unsere komplizierte Welt nicht mehr verstehen oder gar in den Griff bekommen. Dieses Gefühl, wir hätten keinen Einfluß mehr, alles

bräche zusammen, ist ein typisches Symptom dafür, daß wir die tieferen Zusammenhänge des Lebens von uns erschaffener Dinge und Organisationen, aber auch des Lebens insgesamt noch nicht verstehen.
Patentrezepte kann es nicht geben. Die Welt läßt sich nicht für immer definieren, sondern sie verändert sich ständig durch ein komplexes Gewebe aus Ereignissen und Beziehungen, die ihrerseits Verbindungen verschiedenster Art entstehen lassen, die sich miteinander verflechten, einander überlappen und sich gegenseitig verstärken. Auch dies ist kein Buch mit konkreten Rezepten, Ergebnissen, Musterlösungen oder Handlungsanweisungen, und zwar aus guten Gründen: Ich halte solche Versprechungen für unseriös. Zum einen glaube ich nicht, daß sich Unternehmen verändern, indem man ein paar neue Tricks anwendet. Das gilt auch für Re-Engineering, Total Quality, Lernende Organisation usw. **All diese Managementmoden sind jahrelang getestet und sehr vernünftig, und sie füllen die Regale der Managementliteratur und die Kassen der großen Beratungsfabriken. Ihr Problem ist nur, daß sie sich nicht dem eigentlichen Grund zuwenden, warum Veränderungsprozesse so leicht zum Stillstand kommen und bahnbrechende Innovationen so rar wie Perlen in der Auster sind.** Der Grund ist, weil wir so denken, wie wir denken, und so handeln, wie wir handeln, und so fest an das glauben, woran wir glauben. Genau das definiert die Grenzen der Führungsqualitäten in der jetzt kommenden Wissens- und Intelligenzgesellschaft.

Hier werden auch keine praktischen Rezepte angeboten, weil wir – und das erscheint mir noch wichtiger – aus den modernen Naturwissenschaften lernen, daß es keine objektive Wirklichkeit und keine ewigen Gesetze gibt, die nur darauf warten, ihre Geheimnisse zu offenbaren. Wir leben in einer Welt, die stets subjektiv und durch unsere Interaktionen mit ihr geformt ist. Unsere Welt ist unmöglich festzulegen, sie verändert sich ständig und ist viel spannender, als wir immer dachten. Es gibt keine Checklisten oder Ratschläge, die die praktische Wirklichkeit beschreiben. *"Praxisnähe muß nicht Denkstop bedeuten"*, meint trocken der Essener Zeitanalytiker und Philosoph Norbert Bolz, um hinzuzufügen, daß es Kontexte gibt, die uns trotz ihres Abstraktionsgrades – oder gerade deshalb – helfen, die Dinge in einem größeren Maßstab besser zu verstehen, und die uns gerade deshalb handlungsfähig machen.

Die evolutionären Prinzipien in der Natur sind solche Theorien mit hohem Bezug zur Praxis. Aus ihnen lernen wir, die Dynamik des evolutionären Wandels zu verstehen, der weder Ökosysteme oder gewachsene Sozialstrukturen, noch Wirtschaftssysteme, Unternehmen und Individuen entkommen. Die alten Instrumente von Betriebswirtschaft und Wirtschaftswissenschaften sind mit ihrer Weisheit am Ende, wenn es darum geht, den Umbruch zu erklären, der uns mit geradezu naturgesetzlicher Wucht erfaßt hat. Seit einigen Jahren beschäftigen sich Ökonomen, Mathematiker, Biologen und Physiker auch mit den evolutionären Vorgängen in der Wirtschaft als komplexem System. Sie suchen gemeinsame Muster in verschiedenen Entwicklungsprozessen und stellen einen grundlegenden Vergleich von biologischer und kulturell-wirtschaftlicher Evolution an. Ihr Ziel ist, von der **Bio-Logik** zu lernen, wie Unternehmen und Volkswirtschaften in einer immer komplexeren Umwelt selbst vielfältiger, flexibler und damit anpassungsfähiger werden. Statt der bisher praktizierten linearen Denkweise (von Ursache zu Wirkung) folgen die Evolutionstheoretiker einem zirkulären Denken in Schleifen. Statt "Warum?", d.h. aufgrund welcher bestimmenden Ursache in der Vergangenheit verhält sich ein Mensch heute so irrational? Fragen sie: "Wie müssen die gegenwärtigen Kontexte aussehen, in denen eine bestimmte Handlungsweise angepaßt, sinnvoll und vielleicht die einzig Mögliche ist?". Die chilenischen Biologen Francisco Varela und Humberto Maturana, der österreichische Philosoph Paul Watzlawick und der amerikanische Anthropologe und Kommunikationsforscher Gregory Bateson gehörten zu den ersten, die diese neue Frage stellten und sie führten damit die Wissenschaften aus den Grenzen der Kausalität in ein systemisches Denken hinüber. Auf einen Satz gebracht, lautet die Essenz dieses sogenannten selbstreferentiellen, zirkulären Denkens: Alles ist offenes Werden, alles expandiert und wird dadurch immer komplexer und lebendiger. Komplexität ist in diesem Denken, das heute nicht nur in den Wissenschaften Triumphe feiert, nicht mehr das Problem, sondern die Lösung der Probleme. Mit diesem neuen, systemischen Blick auf die Evolution in der Natur können wir erkennen, wie aus vielen, scheinbar unzusammenhängenden Einzelaktionen oder Ereignissen neue Ordnungen entstehen und wie damit eine einzigartige Geschichte beginnt.

Je mehr Zusammenhänge wir sehen, desto größer wird unser praktischer Handlungsspielraum. Man kann niemandem das mit wachsender Unkalkulier-

barkeit verbundene Risiko oder gar das Denken abnehmen, aber man kann den Menschen helfen, zusätzlich nötige Energien und Potentiale zu erschließen, die die Gestaltung permanenter Veränderungsprozesse von ihnen verlangen. Man kann ihnen helfen, jene persönlichen Navigationsinstrumente zu entwickeln, die Chaospiloten brauchen, um sich in der unendlichen Weite des Raumes an Möglichkeiten, der ihnen in Zukunft offen steht, zurechtzufinden. Vielleicht gelingt es mir, gelegentlich Staunen und auch ein bißchen Demut zu wecken angesichts der in allem Leben erkennbaren Absicht, ständig neu, vitaler und komplexer zu werden. Eine Absicht, die sich in einem riesigen Fächer von verschwenderischer Vielfalt und Kreativität ausdrückt und die Gesetze formt, die allen selbsterhaltenden Systemen, ob biologisch gewachsen oder vom Menschen geschaffen, gemeinsam sind und von denen wir lernen können. Wer bei der Lektüre manchmal überrascht ist, seine Zweifel bekommt, sich irritiert fühlt und überhaupt ganz anderer Ansicht ist, der wird vermutlich am meisten davon haben. Glauben Sie nichts, aber werfen Sie das Buch nicht gleich weg, wenn Ihnen etwas zu bizarr oder verwirrend erscheint. Unsere Welt ist bizarr, verwirrend, paradox, und das macht sie ebenso aufregend wie manchmal schwer verständlich. Es gibt keine Wahrheit, weil es keine wahre Wirklichkeit gibt. Was es nicht gibt, kann auch nicht wahr sein. Aber ein theoretisches Konzept kann einen praktischen Nutzen haben, indem es einen weiteren Rahmen steckt, durch den wir mehr sehen können. Ob eine Idee, ein Konzept, wahr ist, kann nicht beantwortet werden. Sie kann nur mehr oder weniger nützlich sein. Deshalb soll mit diesem Buch eins gewiß nicht erreicht werden: den Leser vom alten Paradigma oder Weltbild zu einem neuen, wahreren zu bekehren. Es gibt keine absolute Wahrheit, an der wir für alle Zeiten festhalten können. Alles, was ist, verbessert sich in seiner Zeit und löst sich dann wieder auf, um etwas Neues hervorzubringen. So lautet das Programm der Evolution. Was wir aber tun können, ist, unsere Chance zu nutzen, darüber zu entscheiden, was sich qualifizieren und was sich auflösen soll, damit etwas Neues und Besseres entstehen kann. Fragen Sie sich daher nicht, ob es richtig oder falsch ist, was Sie hier lesen, sondern ob es nützlich sein könnte, so zu denken. Und bis Sie darauf eine Antwort gefunden haben, tun Sie einfach "so als ob":
Hören Sie auf, zu zögern.
Bringen Sie die Dinge in Bewegung.
Nehmen Sie Kontakt auf. Handeln Sie "so als ob".

Das Ende der Kontrolle

Ein System, ob Unternehmen oder Organismus, wird immer komplexer, je mehr es mit seiner Umwelt verbunden ist. Lebende Systeme bilden daher **Netzwerke**, die sich selbst organisieren und deren Bestandteile wechselseitig voneinander abhängen. Dieses neue Internet-Weltbild zeigt eine Welt der Beziehungen und Muster, aber vor allem eine Welt, die sich in ihrer Eigendynamik unserer Kontrolle entzieht. Ob Konzerne, Telefonsysteme, künstliche Ökosysteme, Computernetzwerke oder Roboter: sie alle werden permanent komplexer, weitreichender und filigraner in ihren Unterschieden. Je vitaler und vielfältiger sie sich entwickeln, um so mehr Überraschungen halten sie für uns bereit, wie es das Ungezähmte und Wilde eben so mit sich bringt. Wir sind moderne Zauberlehrlinge, denn die von uns geschaffene Welt ist so kompliziert und unberechenbar geworden, daß wir sie durch unsere rationale Logik nicht mehr erklären, geschweige denn steuern können. Wir haben entdeckt: Je komplexer und technischer die von uns Menschen gestaltete Umwelt wird, desto mehr sollten wir uns an den Prinzipien der Natur orientieren, um sie überhaupt noch zu verstehen.

Folgender Paradoxie müssen wir uns heute stellen: **Je technischer die Welt wird, desto biologischer muß sie organisiert und gesteuert sein, um überhaupt noch zu funktionieren.** Und desto weniger Kontrolle kann es geben. Schon finden sich wesentliche Merkmale des Lebens in menschlich geschaffenen Organisationen und Technologien wieder: Sie steuern und vervielfältigen sich selbst, bilden ihre eigenen Ordnungen, passen sich ihrer Umwelt an und sind fähig zu lernen. Es gibt keinen Grund zu zweifeln, daß es noch mehr Gemeinsamkeiten zwischen ihnen geben kann, z. B. Geist und Bewußtsein. Die Natur hat uns ernährt und gekleidet, und sie hat uns Wärme, Energie und Schutz gegeben. Als wir lernten, ihre Vorräte aufzubrauchen, um künstliche Dinge herzustellen, konnten durch unsere einfache Maschinenlogik nur ebenso einfache Sachen entstehen und dazu noch eine ganze Reihe von Problemen, die nach intelligenten Lösungen verlangen. Indem wir anfangen, ihren Geist, die Bio-Logik zu verstehen und anzuwenden, erhalten wir Einsichten, die uns helfen, mit dem Geist, den wir aus der Flasche gelassen haben, der wachsenden Unübersichtlichkeit, besser umzugehen.

Wohin wir auch blicken, verschwimmen gewohnte Grenzen, und das schafft bei vielen Menschen Unbehagen. Kaum erkannte sich der Mensch als untrennbarer Bestandteil des großen Ganzen wieder, raubten ihm die Hirnforscher auch schon die 300 Jahre lang gepflegte Illusion, daß sein Kopf eine Art goldener Palast sei, in dem allein Vernunft und Logik herrschten, zwei Gaben, die seinen Handlungen magische Kraft geben sollten. Doch jetzt erfahren wir, unser Zentrum befindet sich gar nicht in unserem Kopf. Die Grenzen zwischen Körper und Geist sind unscharf, ja sie scheinen nicht einmal wirklich zu existieren. Ohne die Emotionen unseres Körpers können wir keinen vernünftigen Gedanken fassen. Körper und Geist haben überhaupt sehr viel gemeinsam. Beispielsweise, daß sie aus einem Netz von an sich geringerwertigen Teilen zusammengesetzt sind. Und daß dieses Netz ständig nach Kontakt sucht, um lebendiger und vielfältiger zu werden, weil alles, was lebt, die Tendenz zu wachsender Vielfalt und Kontakt hat.
Als wäre das nicht schon genug Entzauberung unserer geistigen Autonomie, hält sich unter inspirierten Wissenschaftlern – allen voran der in Harvard ausgebildete und später in Cambridge lehrende Biologe Rupert Sheldrake – seit einigen Jahren der Glaube, Informationen könnten durch unsichtbare Felder im Raum übertragbar sein. Nun mag man die Übertragung geistiger Substanz entweder für eine nette Idee halten oder sich davor erschrecken. International renommierte Lehrstuhlinhaber zwischen Cambridge und Palo Alto zweifeln nicht mehr daran, daß diese Idee zutreffend ist. Es gibt eine Reihe von Phänomenen, die die Hypothese eines, neben Gravitationsfeld, elektromagnetischem und Quantenfeld, existierenden vierten Feldes nahelegen. Untersuchungen verschiedener Wissenschaftler, unter anderem des deutschen Immunologen und Erforschers der Zellkommunikation Kurt S. Zänker, des in New York lehrenden, aus Venezuela stammenden Biologen Janis A. Rozé, der an der Universität Leipzig lehrenden Zoologin Dorit Feddersen-Petersen, des Psychologen, Gedächtnisforschers und ehemaligen Medizin-Direktors an der Yale University Gary E. Schwartz – um nur einige zu nennen – haben sich im Auftrag der Max-Planck-Gesellschaft für Physik in München konstruktiv-kritisch mit Sheldrake auseinandergesetzt und eine Vielzahl von Phänomenen zusammengetragen, die mögliche Anwendungsbeispiele für ein viertes Feld bieten könnten.
Interessant ist, darüber nachzudenken, wie sich ein **viertes Feld** auf die Lern- und Veränderungsfähigkeit und auf die Aktivitätsmuster einer Gesellschaft,

Volkswirtschaft oder innerhalb von Unternehmen auswirken würde. Stimmt Sheldrakes Theorie, auf die ich gleich näher eingehen werde, dann könnten kleine Gruppen oder Teams, die in regelmäßigem Kontakt miteinander stehen, z. B. in Unternehmen eine Art mentales Feld herstellen. Dieses Feld würde den kollektiven Geist verändern, weil die in ihm gespeicherten Informationen und die daraus resultierenden Handlungsqualitäten das Denken aller beeinflussen, die mit ihm in Verbindung kommen. Blockaden könnten durchbrochen werden, nur weil einige Leute ihre mentalen Grenzen weiter stecken und entsprechend anders handeln. Werden in einem solchen Feld neue Gedanken gespeichert, so beeinflussen diese den *global brain* des Unternehmens, der ein internes Informationsfeld ist, in dem gemeinsame Überzeugungen, Erlebnisse, Erfahrungen und Gefühle versammelt sind. Je öfter die Inhalte des *global brain* wiederholt und bestätigt werden, um so gewohnheitsmäßiger würden seine Inhalte. Den *global brain* eines Unternehmens kann man nicht durch gezielte Information, möglichst von oben nach unten, gestalten. Er entsteht und verändert sich durch selbstorganisierte geistige Prozesse und starke gemeinsame Erlebnisse. Das definiert eine neue Ära für die Unternehmensführung. Es genügt sicher nicht mehr, allein die sozialen Aspekte im Blick zu haben und für ein angenehmes Betriebsklima zu sorgen. Es genügt auch nicht, sich eine zeitgeistig hochgestylte Unternehmensphilosophie zuzulegen und neue Produkte mit multimedialen Ritterspielen zu präsentieren. Wichtigste Aufgabe der Führung wird es in Zukunft sein, die geistige Essenz innerhalb der Unternehmenskultur zu qualifizieren und für einen *Code for Change* zu sorgen, der die Intelligenz ihres Unternehmens im Strom des Wandels mitfließen läßt.

Jetzt ist der Moment gekommen, an dem Sie vermutlich das Buch zuklappen und in den Papierkorb werfen wollen. Warten Sie noch einen Moment und überlegen Sie mal, was Sie 1975 gedacht hätten, wenn Ihnen jemand prophezeit hätte, daß in den späten 80er Jahren austauschbare Produkte wie Turnschuhe durch gesteuerte Mythen zum Fetisch werden würden, Kinder in den 90er Jahren dem Tamagotchi-Wahn zum Opfer fallen und man vom Automobilkonzern bis zur feinen Privatbank die Kraft von Unternehmenskulturen ernst nehmen und Teamverschworenheit fördernde Ritualtänze aufführen würde. Sie hätten einen solchen Berater vermutlich für total übergeschnappt gehalten

und ihn wahrscheinlich hinausgeworfen. Und trotzdem ist die Entwicklung vom Ratiomanagement zum Kulturmanagement heute Geschichte.
Wer nicht zu sehr an seinen Wahrheiten und Gewißheiten hing, sondern frühzeitig den Mut hatte, "so zu tun, als ob" z. B. Mythen etwas Großes bewegen könnten, der hat heute einen gewaltigen Vorsprung auf dem Markt, den die Konkurrenz meist nicht mehr aufholen kann. NIKE, CNN, Body Shop, Marlboro und McDonald's sind Beispiele dafür. Tun wir doch einfach mal so, als ob das Modell des morphischen oder vierten Feldes zuträfe. Vielleicht gewinnen wir dadurch, wenn schon keine neue Wahrheit, so doch komplexere Handlungsinstrumente.

Zurück zu Sheldrakes Modell eines vierten, morphischen Feldes. Im morphischen Feld eines Unternehmens scheinen neben den Vorstellungen, die die Menschen außerhalb mit ihm verbinden, alle Informationen gespeichert zu sein, die auch seinen *global brain*, sein kollektives Bewußtsein, bilden: vor allem das Bewußtsein und die persönlichen Qualifikationen der Mitarbeiter und das Bewußtsein der Führenden; Umgangsstil und *social sound*; Lernkultur; Rituale und Regelwerke; Motivations- und Führungsstrategien; Vertrauen oder Mißtrauen; Ergebnisse kultureller und sozialer Dialog-Pipelines nach außen; *winning-spirit* oder Angstgebundenheit; Kriegs- oder Kooperationsdenken; Karrierekriterien; Art des Umgangs mit Kunden, Händlern und Lieferanten; Krisenmanagement und Fehlertoleranz; Umgang mit neuen Ideen und Kreativen; gelebte Werte; Visionen; Orientierung an Fakten oder Fiktionen usw. **Der *global brain* eines Unternehmens entfaltet sich durch gelebte Unterschiede, die einen Unterschied machen. Je besser der *global brain* qualifiziert ist und umso positiver ein Unternehmen in seiner Umwelt wahrgenommen wird, desto mehr Vielfalt und Co-Evolution nach innen und außen werden möglich. Nach den Evolutionsprinzipien der Natur ist nämlich der besonders stark und anpassungsfähig, der die meisten unterschiedlichen Facetten hat und gleichzeitig ein hohes Maß an Integration besitzt.**

Unternehmen scheinen, wie alle lebendigen Systeme, eine Art genetischen Code zu besitzen, der es ihnen unterschiedlich gut oder gar nicht ermöglicht, sich an ihre Umwelt anzupassen und darin zu überleben. Der genetische **Code** beschreibt die Evolutionsfähigkeit eines Unternehmens, seine Fähigkeit, komplex und widersprüchlich zu sein und gleichzeitig als verschworenes Ganzes, mit gemeinsamen Werten und Visionen zu handeln. Ein Code ist ein Wahrnehmungsfilter, der darüber entscheidet, welche Impulse aus der Umwelt aufgenommen und welche ignoriert werden, ob eigene Mythen und Gewißheiten gepflegt oder durch Spiegelungen der Umwelt immer wieder in Frage gestellt werden. Dieser genetische Code ist die Basis für Handlungsfähigkeit unter sich permanent verändernden Bedingungen. Genetischer Code, *global brain* und die Vorstellungen, die die Menschen draußen mit einem Unternehmen verbinden, formen sein morphisches Feld. Genau hier beginnt das Problem.

Das morphische Feld eines Unternehmens repräsentiert in der Regel den Geist der Männer an der Spitze, und wenn die sich gern als Helden sehen, glauben sie auch am liebsten an ihre eigene Macht und Herrlichkeit. Wir leben aber im Zeitalter der Vernetzung, in dem es weder echte Kontrollinstanz gibt, noch der Lauf der Dinge durch strategische Entscheidungen festzulegen ist. Da stoßen die Mächtigen, deren Macht nicht mehr alles vermag, an ihre Grenzen. **Durch die immer dichtere Kommunikation wird es nützlicher, einen Gemeinschaftssinn zu entwickeln, aus dem sich Kooperation, Co-Evolution und unendliche Spiele mit gegenseitigem Gewinn ergeben können.** Das jedoch erfordert ein Denken, in dem kühle Machtstrategen und gigantomanische Haudegen gewiß nicht zu Hause sind, und so werden aus Heroen leicht tragische Helden. Koevolutive Beziehungen sind keine taktischen Brettspiele oder Schlachtfelder, sondern verbindende Informationsverhältnisse, in denen die Partner zu einem vielfältigeren, komplexeren System verschmelzen.

Doch die drei Pfund schwere, weißgraue Masse in den Köpfen vieler Top-Leader ahnt davon nichts, sie wird noch immer vom Kleinhirn herumkommandiert, einer Quelle des Instinkts, nicht der Intelligenz. Dieser älteste Teil unseres Gehirns hatte seinen Sinn, als wir noch über Land krochen und auf die Flegeleien unserer Umwelt spontan mit Aggression und Kampf antworten mußten, um durchzukommen. Die Welt und unsere Anpassungskriterien haben sich verändert. Wir befinden uns heute in einem *global village*, auf einem kleinen Planeten, und wir leben inmitten des Software-Zeitalters, d. h. unsere Wirtschaft macht schon heute mehr Umsatz mit Wissen, Intelligenz und Ideen als mit Materie. Hersteller und Händler verkaufen im Konsumgüterbereich längst keine Dinge mehr, sondern Lebensgefühle, Identitätsangebote, Werte und die Bilder, die man sich von einem Unternehmen macht. Wir sind alle im Business auf die Unterstützung und das Wohlwollen unseres Umfeldes angewiesen. Nur den Schlichten und Machtgierigen leuchten noch Strategien ein, bei denen der eigene Gewinn den Verlust eines anderen bedeuten muß. Ihnen geht es nicht um die Logik und das Wohl des Unternehmens, ihnen geht es um Herrschaft und Sieg. Wo sie an der Spitze von Unternehmen stehen, gibt es vielleicht kurzfristige Bilanzerfolge, doch die werden teuer bezahlt. Wenn das Top-Management eines Unternehmens unangenehm *tricky*, machtfixiert und bewußt unfair handelt, dann programmiert es ein Unternehmen auf Rigidität. Reine Machttaktiken, egal ob sie im Inneren oder gegenüber Außenstehenden eingesetzt werden, entfalten eine destruktive Dynamik, die das Bewußtsein eines Unternehmens langfristig beschädigen. Und sie produzieren Feinde. Wie kommt es, daß eine große Rückrufaktion des einen Herstellers nur als Kurznachricht behandelt wird, bei einem anderen aber den Stoff zu wochenlanger Schadenfreude und Possenreißerei liefert? Wie kommt es, daß ein Unternehmen zwar jetzt Europas profitabelster Hersteller seiner Branche ist, aber in der öffentlichen Sympathie, dem Markenimage und der Identifikation seiner Mitarbeiter unter einem schlechten Stern steht? Profite sind wichtig, aber sie reichen nicht aus, wenn gleichzeitig Unternehmenspathologien entstehen. Ellenbogen- und Machtkulturen reduzieren die Informationsvielfalt und liefern das mentale Programm für Rivalität, Kadergehorsam und Mißtrauen. Rambo-Führung macht Unternehmen dumm.

Leader mit komplexerer Intelligenz kennen die unkalkulierbare und in einer Wissensgesellschaft immer wichtigere Kraft immaterieller Faktoren und pflegen ein vielfältiges, auch widersprüchliches System aus Beziehungen, das zu einem extremen Wachstum an Diversität, Individualität und Kreativität führen kann. Sie schauen voraus und genau hin, wie sie von anderen profitieren könnten, ja, sie unterstützen ihre Gegner – und gewiß nicht für Gottes Lohn, sondern um gemeinsam mit ihnen mehr zu gewinnen oder zu lernen als durch kurzen Schlagabtausch und radikalen Sieg. Evolutionäre Intelligenz heißt nicht Kampf und Krieg, sondern Kombination, Kreativität und Co-Evolution.

In einer Wissens- und Bewußtseinsgesellschaft werden die kalten Krieger unter den *big boys* schnell so lächerlich wirken wie heute die Wohlstandsbäuche der 50er Jahre.

In Rupert Sheldrakes Modell besitzen auch Gesellschaften und Kulturen eine Art *global brain* oder morphisches Feld. Damit bezeichnet er Informationsfelder, die sich jeweils durch Geschichte und Traditionen, durch Brauchtum, Sprache, Aktivitäts- und Handlungsmuster, kollektive Erfahrungen, Mythen, Werte, Kommunikationsmittel bilden und die im Laufe der Zeit immer festere Form annehmen. In diesen Feldern müßte z. B. gespeichert sein, wie die Menschen dem Unbekannten gegenüber eingestellt sind; welchem Geist ihr Wirtschafts- und Bildungssystem folgt; ihr Weltbild; die politische Kultur; die prägenden Erziehungs- und Bildungsmuster; die Einstellung zu Experiment und Risiko; das kollektive Image bestimmter Berufsgruppen, z. B. Unternehmer, Künstler, Wissenschaftler; was als normal gilt; wieviel Sicherheit man braucht; ob man eher Eigeninitiative ergreift oder sich lieber auf den Staat verläßt; wie, wann und was man lernt; an welchen Vorbildern man sich orientiert; welche Arbeits- und Berufschancen es gibt; wie man Erfolg hat; was man gerne besitzen würde; was Heimat bedeutet; wie mobil man ist usw. Auch hier müßte nach dem Modell der morphischen Felder gelten, daß Zukunftsoptimismus, Risikobereitschaft, Kooperation, Unternehmergeist, Lernfähigkeit und Kreativität aller in einem Kollektiv (egal, ob Gesellschaft, Volkswirtschaft oder Unternehmen) automatisch ansteigen, je mehr Menschen bereits den mentalen Sprung über die Stromschnellen des Wandels geschafft haben und je öfter sie von ihren neu gewonnenen Denk- und Aktivitätsmustern Gebrauch machen.
Sheldrake glaubt, neue Ideen führten zu mehr neuen Ideen, Innovationen zu weiteren Innovationen, Kooperationen zu mehr Kooperationen usw. Sie sagen, das sei doch blauäugig? Wenn Ihnen jemand 1980, nach dem Einmarsch der Sowjets in Afghanistan, oder während der SDI-Nachrüstungsdebatte erzählt hätte, am Ende der 80er Jahre würde der kalte Krieg zu Ende sein und die Berliner Mauer friedlich fallen, hätten Sie ihn für einen Traumtänzer gehalten. Rigide Grenzen unserer Vorstellungskraft, wie Vernichtung statt Kooperation, Kampf statt Co-Evolution, existieren nicht wirklich, sie existieren nur in unseren Köpfen, und sie sind in einer vernetzten Welt immer weniger brauchbar,

und zwar nicht, wenn man ein guter Mensch sein will, sondern wenn man das Bestmögliche aus einer Situation herausholen will. Das müßte die *tough guys* nachdenklich machen.
Wenn sich Top-Manager dagegen als Feldherren fühlen, die Wirtschaft als Krieg und den Wettbewerb als Schlachtfeld sehen, dann verringern sie durch ihr Handeln die möglichen Chancen und halten statisch am Heute fest, statt sich an der Dynamik des Werdens zu orientieren, die ihrem Wesen nach stets kooperativ ist. Co-Evolution beschreibt den Prozeß des gegenseitigen Werdens und das Erfolgsgeheimnis der Anpassungsprozesse in der Natur. Mit Co-Evolution läßt sich die Starrheit des alten Konkurrenzkampfes überwinden, die lautet: Der Sieg des einen muß die Niederlage des anderen sein. Das Credo der Co-Evolution erlaubt dagegen eine neue, wesentlich höhere Flexibilität:

Nichts manipuliert und nutzt den eigenen Interessen so sehr wie die Dynamik guter Beziehungen. Wer die Dynamik der Co-Evolution anstößt, der beherrscht die Konkurrenz. Wer in Beziehungen überrascht, ist überlegen.

Wir leben in einer Zeit, in der sich die gesellschaftlichen und kulturellen Bedingungen dramatisch verändern, eingeübte Mythen wie Brausetabletten wegsprudeln und Jahrzehnte, vielleicht Jahrhunderte überdauernde Gewißheiten neuen Erkenntnissen Platz machen. Erinnern Sie sich an die oben beschriebene neue Art des **Denkens in Schleifen** oder des sogenannten selbstreferentiellen Denkens – hier ist ein Beispiel dafür: In Rupert Sheldrakes Modell, könnte man sagen, sind die großen kulturellen und gesellschaftlichen Informationsfelder instabil geworden und in Bewegung geraten. Das zeigt Wirkung auf die Wirtschaft, denn Kultur und Wirtschaft entwickeln sich koevolutiv. Diese Co-Evolution wird gesteuert durch die Evolution des Geistes, die ihrerseits nicht ohne die Veränderungen und Innovationen in Wirtschaft und Kultur denkbar ist. Morphische Felder werden in Zeiten massiven Wandels permanent durch neue geistige Dynamiken gereizt und angeregt und beginnen schließlich, ihre Inhalte neu zu codieren. Das könnte ein Grund für die tief sitzende Unsicherheit und Zukunftsscheu der Menschen in unserer Zeit sein. Man weiß, daß es so nicht weitergehen wird, ohne zu wissen, wohin die Reise geht.
Nur eines ist sicher: Wirtschaft und Gesellschaft mit ihren Bedingungen für Wohlstand und Erfolg werden im 21. Jahrhundert ganz anders aussehen als

heute. Co-Evolution, Vernetzung und Kreativität gewinnen an Bedeutung. Unser Selbst-Konzept, das Bild von Identität und Geist hat sich bereits verändert, doch das ist erst der Anfang. Immer mehr Menschen glauben, daß das Immaterielle, also Geist, Intelligenz und Wissen, eine ähnliche Realität verkörpert wie die Materie. Die modernen Naturwissenschaften ebenso wie die ökonomische Entwicklung der Informationsindustrie scheinen ihnen recht zu geben. Gewohnte Aktivitätsmuster und eingerastete Ordnungsmodelle sind heftigen Turbulenzen ausgesetzt. Sheldrakes Modell eines vierten Feldes könnte eine einfache und elegante Erklärung sein für die Brüche, Sprünge und Paradoxien, die unser Leben an der Schwelle zur globalen Wissens- und Bewußtseinsgesellschaft zum Ritt auf dem Wellenkamm machen. Genau hier, meint Sheldrake, liege die Aufgabe sogenannter Paradigmenpioniere: schneller als andere zu erkennen, wann sich ein Weltbild verbraucht hat, das neue Terrain abzustecken und zu lernen, die gewandelten Bedingungen zu Verbündeten zu machen. Die eigentliche Pionierleistung liegt jedoch im Aufbau eines neuen morphischen Feldes, von dem alle lernen und profitieren können. Was heißt das?
Das Revolutionärste an Sheldrakes Idee ist die Vorstellung eines ständigen Austausches zwischen dem individuellen Gehirn und der kulturellen Dynamik, so daß die Menschen automatisch an ein bestehendes Informationsfeld andocken und seine Inhalte herunterladen können. In einer Mediengesellschaft hat dies zu einer Reizdynamik geführt, von der Heinz Wässle vom Max-Planck-Institut für Hirnforschung festgestellt hat, daß sich dabei auch die Dynamik unseres Gehirns verändert: *"Das Gehirn organisiert sich neu. Es verarbeitet bestimmte Informationen an anderen Stellen, hat seine rhythmischen Muster, das Zusammenspiel der Nervenzellen geändert und speichert die Inhalte anders ab."* Die Grenzen zwischen innerer Welt und Umwelt, zwischen Geist und Materie scheinen auch hier durchlässiger zu werden. Die Natur, zu der auch wir gehören, lernt offensichtlich automatisch durch das, was in ihrem Umfeld passiert, und das, was vorher gelernt worden ist. Damit vollzieht Rupert Sheldrake einen wichtigen Schritt vom ewigen Sein zum offenen Werden. In seinem Modell ist nichts, was existiert, von einem festen Plan abhängig, sondern von Gewohnheiten, die erlernt sind und die sich verändern lassen. Die ehemaligen Wahrheiten (Sachzwänge) werden aus dieser Perspektive zu Wiederholungen im Rahmen des *global brain* einer Gesellschaft oder eines Unternehmens.

Das hätte gewaltige Folgen für unsere kollektive Anpassungsfähigkeit. Jeder, der den geistigen Sprung von mehr Materie zu mehr Intelligenz, von Kampf zu Co-Evolution, vom Absichern zum Experimentieren, vom ängstlichen Siedeln zum mutigen Aufbrechen, vom Blick auf die Vergangenheit zum Blick in die Zukunft, vom Denken in Realitäten zum Denken in Potentialitäten, von Abhängigkeit zu Unabhängigkeit, vom Schicksal zur Selbstverantwortung, vom Einzelkämpfertum zum Netzwerk, von der strengen Ratio-Logik zur spielerischen Als-ob-Logik getan hat und unter den veränderten Gegebenheiten seinen Weg findet, der würde in dem Modell der morphischen Felder die Chance aller anderen vergrößern, sich in einer veränderten Welt schneller anzupassen.

Doch bevor wir das Modell der morphischen Felder genauer untersuchen, zurück zu unseren Selbstfindlingen, den *"zum Staunen aufgebrochenen Individuen"*, und zu jenen, die Krisen als Sprungbretter der Verbesserung kennengelernt haben. Die Welt, in der wir leben, ist heute so unübersichtlich geworden, daß immer mehr Menschen beginnen, ihren persönlichen Wahrnehmungen größere Bedeutung beizumessen, auch wenn diese eingeübten Denktraditionen widersprechen. Überall auf der Welt verändern die Menschen ihre Art zu denken und zu arbeiten, und sie bemühen sich, einen Sinn in ihrer Arbeit zu sehen. Es scheint sie ein tiefer, lange Zeit ignorierter, oft unklar empfundener Wunsch nach Kontakt zu verbinden. Ein Wunsch, der nichts mit Esoterik oder Millenniumshysterie zu tun hat, sondern mit der Suche nach Sinn und Zusammenhang. Es wächst der Wunsch nach *Making a life, not just a living.* All das hat erhebliche Konsequenzen für das Management.

Die technologischen Umwälzungen unserer Zeit bringen einen Zugewinn an Wissen und Kompetenzen, ihre Anwendung macht uns intelligenter und schneller, aber sie verändern auch unsere Persönlichkeit. Uns alle verbindet ein Übergangsprozeß von der Welt der Materie zur Welt der Ideen und der Intelligenz. Das Wort Paradigmenwandel taucht immer wieder auf. Schaut man ins Lexikon, dann wird der Begriff Paradigma recht unspektakulär mit Modell, Muster, Beispiel erklärt. Warum dann die ganze Aufregung?
Weil uns die Dinge abhanden kommen – die Materie wird zunehmend

unwichtig. Die Produktions- und Erwerbswirtschaft, wie wir sie kennen, ist ein Auslaufmodell, wir befinden uns bereits jenseits der Schwelle zur Wissensgesellschaft und stehen vor dem größten wirtschaftlichen und kulturellen Umbruch seit 200 Jahren. Wir produzieren immer weniger Materie und immer mehr Geist und Ideen. Das führt zu einer nie dagewesenen Demokratisierung von Reichtum und Macht, vorausgesetzt, man kennt die Spielregeln des Netzes. Das hat höchst praktischen Nutzen: Wer weiß, wie Netzwerke in der Natur funktionieren, wer das große Bild des Zusammenwirkens der Dinge sieht, der bekommt eine Vorstellung davon, wie man komplexe Turbulenzen steuern, Veränderungen durchsetzen und einen Schwarm von Individuen zu einem vollblütigen Organismus zusammenschweißen kann. Denn der Schwarm ist mehr als die Summe der Individuen.

Auch die Wirtschaft hat heute Netzwerkcharakter. Ein Blick auf das Beispiel Automobilindustrie zeigt: Ihre Zukunft liegt eher in der Entwicklung zuverlässiger Produktionsprozesse als in der Entwicklung zuverlässiger Produkte. Ziele können in einer Netzwerkwirtschaft nur noch mit einem geringen Grad an Optimierung befriedigt werden, einen Tag später sieht die Welt ganz anders aus, wenn ein anderer das Feld bespielt. Intelligenz und Wissen, Kreativität und Phantasie ersetzen zunehmend die Produktion von Dingen. **Optimalisierung und Fehlerfreiheit rücken gegenüber dem schnelleren Auftritt in den Hintergrund. Je komplexer die Dinge sind, desto diskontinuierlicher funktionieren sie, desto weniger Kontrolle haben wir über sie.**

Was heißt diskontinuierlich? Der 1997 in Zusammenhang mit dem A-Klassen-Debakel von Mercedes Benz berühmt gewordene "Elchtest" bietet ein schönes Beispiel dafür. Wenn ein Auto im Geschwindigkeitstest bei 60, 80 oder 100 km/h nicht umkippt, dann wissen die Techniker, daß es auch bei 65 oder 90 km/h nicht umkippen wird, ohne das überprüfen zu müssen. Das Auto ist ein kontinuierliches, und damit berechenbares System. Doch in komplexen, anpassungsfähigen, und damit diskontinuierlichen Systemen, wie z. B. einem Gehirn, einer Ehe, einer eingeführten Unternehmensmarke oder einer Computersoftware, kann man sich nicht einfach auf die hochgerechneten Funktionsleistungen (nach 3765 Tagen und zweieinhalb Stunden passiert's) verlassen.

Eine Software läuft problemlos, eine Beziehung geht jahrelang gut, eine Marke ist Nr. 1, auf eine Erfahrung war immer Verlaß und plötzlich: Wumm! Alles fliegt in die Luft, oder etwas völlig Überraschendes taucht auf. Die Dinge werden unübersichtlich.

Komplexität beschreibt überwiegend Angstverhältnisse. Wenn die Welt unübersichtlich wird, der Fluß des Handelns ins Stocken gerät und Erfahrungswerte aus dem Ruder zu laufen drohen, dann sind für viele die Kräfte des Bösen am Werk: hohe Komplexität. Doch die Wissenschaft zeigt uns, daß intakte Systeme, also solche, in denen ein gutes Maß an Chaos herrscht, immer komplexer werden, je mehr Evolution und Kreativität sie entfalten. Komplexität ist also kein ungeordneter Wirrwarr, der uns heimtückisch umschlingt, sondern genau das Gegenteil: Komplexität öffnet einen noch nicht ausgeschöpften Raum der Möglichkeiten, der uns neue Freiräume bietet. Doch wer diese Freiräume der Vitalität managen will, der braucht mehr als Vernunft, Logik und sachbezogene Erfahrungen: Er braucht Zukunftsintelligenz.
Einer weiterer Aspekt des gegenwärtigen Umbruchs oder Paradigmenwandels ist die Hinwendung zu inneren Werten, nachdem wir lange Zeit nach außen geblickt und unsere inneren Bedürfnisse einfach verleugnet haben. Wir entdecken, daß mitten in einer Zeit, in der sich die alte Werteordnung der Wirtschaft mit ihren Schwerpunkten Kontrolle, Manipulation und materielles Wachstum auflöst, beinahe unbemerkt neue Werte Kontur gewinnen. Eine neue Wirtschaftsethik wird schemenhaft erkennbar, die die Angemessenheit von Technologien, Fragen nach Ökologie, persönlicher Entwicklung, Selbstverantwortung und Spiritualität umfaßt. Sie zeigt sich schon heute in veränderten Mustern der Arbeitsorganisation, der Karriereentscheidung, des Konsums. Ganz langsam steigt eine neue Generation von Unternehmern, Managern und Anteilseignern auf, die sich mit ökologischen und sozialen Fragen engagiert auseinandersetzt und die zunehmend Anhänger findet.

Die vielzitierte und oft argwöhnisch betrachtete Erbengeneration hat vermutlich einen entscheidenden Vorteil: Ab einem bestimmten Grad materiellen Wohlstands werden andere Bedürfnisse wichtig: der Wunsch, Zeit für die Kinder zu haben, gesund zu sein, geliebt zu werden, sich kompetent zu fühlen, etwas für die Gemeinschaft zu tun, an der Entwicklung seiner Umwelt teilzunehmen, eine sinnvolle Tätigkeit auszuüben, den Ort, an dem man lebt, zu einem besseren zu machen. Zur gleichen Zeit geht etwas ganz Profundes vor sich. Die bestehenden Theoriengebäude darüber, wer wir sind, wie die Welt ist und wie wir sie erkennen, beginnen zu wanken. Jahrhundertelang haben wir versucht, etwas zu verstehen, indem wir seine Teile angesehen haben, die wir als vom Ganzen unabhängig betrachteten. So beurteilten wir das Ökosystem nach dem Verhalten einzelner Organismen, Organismen nach dem Verhalten einzelner Zellen. Geist war in diesem Denkmodell das Produkt einer, im Kopf jedes einzelnen abgeschlossenen Einheit, des Gehirns. **Persönliche Erfahrungen, wie die eingangs beschriebenen, galten allenfalls als eine Art individueller Exzentrizität, über die man besser kein Wort verlor.** Wir wurden zu Erben der philosophischen und naturwissenschaftlichen Denkmodelle des 18. Jahrhunderts, moderne Kinder der Aufklärung, und setzten diese Gedankenwelt mit der Vernunft an sich gleich. Und wir waren stolz darauf, so vernünftig zu sein, und wurstelten uns in einer mechanistischen Weltmaschine durch, der nach und nach der Dampf ausging.

Das Thema der Gegenwart ist Komplexität. Einerseits erleben wir eine strukturelle Komplexität, die Komplexität der Wirklichkeit, wie sie in der unermeßlichen Vielfalt und auch Widersprüchlichkeit ihrer materiellen Strukturen auftritt. Andererseits die Komplexität des Lebendigen, die sogenannte funktionale Komplexität. Wir erkennen lebendige Organismen als hochkomplexe materielle Wirkungsgefüge, deren Dynamik ausschließlich durch Informationen gesteuert wird, die nur selten rational sind.

Felder: unsichtbare Kraft

Seit einigen Jahren sind die Wissenschaften und Methoden des Westens, die uns neben einem beispiellosen Wohlstand auch eine Reihe von unerwünschten Nebenwirkungen gebracht haben, in Bewegung geraten. Die zunehmende Unzufriedenheit mit unserer heutigen Lebensweise, die Sorge um die Verschwendung der ökologischen Ressourcen, explodierendes Bevölkerungswachstum, Migration und mögliche Folgen der technologischen Entwicklung haben die Sicht radikal verändert. Die Ungewißheit darüber, wie die Welt, die Natur und der Mensch selbst denn wirklich funktionieren, verstärkten eine Denkrichtung, die von den sogenannten Neuen Naturwissenschaften oder New Sciences ausgegangen war. In diesen neuen, komplexen Wissenschaften wie z. B. Kybernetik, allgemeine Systemtheorie, nichtlineare Dynamik, Evolutionstheorie, Selbstorganisations- und Chaostheorie, richtet man den Blick nicht so sehr auf die Einzelteile, sondern mehr auf die Strukturen und Dynamiken, die ein geordnetes Ganzes aufweisen.

Man beginnt sich für die Verknüpfungen, die Netzwerke zu interessieren und für die von ihnen erzeugten, nichtmateriellen Felder. Fortschrittliche Wissenschaftler stellen heute die ausgetretenen Pfade auf der Suche nach neuen Erkenntnissen und Innovationen in einer komplexen Welt radikal in Frage. Sie interessieren sich für einen evolutionären Schöpfungsakt, der ihrer Meinung nach das Neue inmitten von Gewohnheiten erzeugt. Alle lebendigen Systeme haben zwei grundsätzliche Verhaltenstendenzen, die ständig miteinander in Verbindung stehen: die Suche nach Gleichgewicht und das Erzeugen von Veränderungen und Innovationen. Ein Organismus, eine Spezies, eine Gesellschaft, aber auch Unternehmen neigen dazu, ihre Identität zu bewahren, indem sie versuchen, einen Status quo aufrechtzuerhalten. So ist es möglich, daß Individuen der gleichen Art trotz aller Vielfalt immer dieselben bleiben. Die Tendenz zum Gleichgewicht (die Biologen nennen das Homöostase) sorgt für eine Stabilität der Gleichheit: Aus Katzen können nicht Hunde werden. Wer Kopierer baut, baut keine Computer (so verpaßte Rank Xerox den Anschluß an das Computerzeitalter). In wirtschaftlich ebenso wie politisch, religiös, sozial geordneten Systemen sorgt der Hang zum Gleichgewicht dafür, daß bestehende Ordnungen und Beziehungen erhalten bleiben. Man versucht, Veränderungen zu widerstehen, sucht die Wiederholung, bevorzugt Bekanntes, hält an einmal eingerasteten Strukturen und Prozessen, aber auch an den eigenen Leistungen und Qualitäten fest. Das, so Janis A. Rozé, hat Folgen für die Kraft zur Selbsterneuerung: *"Je mehr Menschen in irgendeinem System vorhanden sind und je länger dieses existiert, desto schwieriger ist es, neue Möglichkeiten zu erschaffen."* Doch interessant ist auch, welches Klima das Neue und die dazu nötigen kreativen Sprünge begünstigt. Auch hier hilft ein Blick auf die Evolutionstheorie und das, was die Biologen Heterostase nennen. Der heterostatische Drang führt zur Suche nach unerprobten Wegen, zum Griff

nach den Sternen, zu Experimenten, Wagnissen, Verbesserungen, Selbsterneuerungen. Wenn in einer Gesellschaft die Heterostase überwiegt, dann kann sich das in Revolutionen, Aufständen, dramatischen sozialen Veränderungen oder im Bruch mit alten Werten und Normen ausdrücken.
In Unternehmen kann gerade dieser Zustand des Ungleichgewichts, der Kritizität eine kreative Spannung fördern, aus der die zündende Idee oder sogar bahnbrechende Innovationen kommen. Was passiert? Rupert Sheldrake und seine Kollegen glauben, das **kollektive Gedächtnis**, das geistige Feld verändere sich. Ein sogenanntes geistiges Feld ist das, was wir spüren, wenn wir z. B. ein fremdes Zimmer betreten. Ein kollektives Gedächtnis läßt uns möglicherweise einen Supermarkt lieber als einen anderen betreten. Wir fühlen uns beim Eintreten in die Empfangshalle eines Unternehmens irgendwie wohl oder unwohl, entspannt oder erregt, abwartend oder offen.

Alles, was man nicht riechen, sehen und vor allem messen kann, führt auch in den klassischen Naturwissenschaften zu Mißtrauen. Vertreter neuer Konzepte werden nicht selten zu Außenseitern erklärt. Dies konnte eine Gruppe von Naturwissenschaftlern und Systemtheoretikern, allen voran der Biologe Rupert Sheldrake, nicht abschrecken, ein Modell grundlegend neuer physikalischer Prinzipien und Zusammenhänge vorzulegen, das heute in anerkannten Kreisen der Wissenschaft, u. a. in der Max-Planck-Gesellschaft, interdisziplinär diskutiert wird und das extreme Bedeutung für die Dynamik von Veränderungen, für Lernen und Intelligenz und für eine völlig neue Art der Führung haben könnte.

Rupert Sheldrake wurde 1942 im englischen Newark-on-Trent geboren. Er studierte Naturwissenschaften mit Schwerpunkt Biologie in Cambridge und Philosophie in Harvard und war nach eigenen Angaben schon recht früh überzeugt, daß die gegenwärtige wissenschaftliche Praxis zu engstirnig sei. Trotz des Mißtrauens, das die etablierte Wissenschaft gegenüber radikal Andersdenkenden hegt, wird Sheldrake als Mitglied der internationalen *scientific community* anerkannt. Da hilft ihm das Zitat eines so kreativen Forschers wie Werner Heisenberg: *"Ein erfolgreicher wissenschaftlicher Revolutionär ist ein konservativer Geist. Denn nur wer minimal von geläufigen Erfahrungen in seinen Annahmen abweicht, wird ausreichend den Überblick behalten und nicht im Dickicht der vielen sich öffnenden Fragen hängenbleiben."* "Dies", so der Atomphysiker und Direktor des Max-Planck-Instituts für Physik, Hans-Peter Dürr, *"heißt nicht, daß man nicht trotz alledem immer wieder mutige Versuche mit ganz neuen Ansätzen wagen muß, insbesondere dort, wo in der herkömmlichen Beschreibung und Deutung große Lücken klaffen."* Sheldrakes Modell würde nicht nur eine wesentliche Lücke in der Frage nach Distanzwirkungen schließen. Die **Theorie der morphischen Felder** führt grundlegend neue physikalische Prinzipien oder Kausalfaktoren ein. Bei dem von Sheldrake vorgeschlagenen Prinzip handelt es sich um nichts weniger als eine Revolution im Konzept des Lernens und Ent-Lernens der Natur. Es erweitert den Begriff der Materie in Richtung des Geistigen und bildet den Einstieg in eine nachmaterialistische Wissenschaft, das ist eine Naturwissenschaft, die sich auf neue Weise, Schritt für Schritt, einem Verständnis des Geistigen, der Information in der Natur nähert. Rupert Sheldrake stellt die Dinge auf den Kopf: *"Die Materie besteht nicht mehr aus kleinen Stückchen fester Stoffe, die wie winzige Billardkugeln sind. Atome werden heute als komplexe Aktivitätsstrukturen verstanden, als Muster von Energieschwingungen in Feldern. Felder bestehen nicht aus Materie, sondern Materie besteht aus Feldern und der in ihnen gebundenen Energie. Oder um es mit den Worten des Wissenschaftsphilosophen Sir Karl Popper zu sagen: Durch die moderne Physik hat sich der Materialismus selbst transzendiert."*

Seine Theorie beruht auf der Existenz von Informationsfeldern, die über den drei bereits bekannten und eingeführten Feldern der Physik wie Gravitations-, schwaches und starkes Elektromagnet- und Quantenfeld angelegt sind: morphogenetische Felder (griech. morphe = Gestalt, Form / genesis = Entstehung). Dieser Begriff wurde in den 20er Jahren unabhängig voneinander durch Alexander Gurwitsch in Rußland, Paul Weiss in Österreich und Hans Spemann in Deutschland geprägt.

Sheldrake geht davon aus, *"daß es in selbstorganisierenden Systemen* (z. B. Organismen, Populationen, Unternehmen – d. Verf.) *auf allen Ebenen der Komplexität eine Ganzheit gibt, die von einem charakteristischen Organisationsfeld dieses Systems abhängt"*. Bei Pflanzen und Tieren nennt er die für Körperform und Entwicklung zuständigen Felder morphogenetische Felder. Daneben unterscheidet er im Rahmen der Organisation von Wahrnehmung sogenannte Wahrnehmungs-, Verhaltens- und mentale Felder. Soweit Gesellschaften, Organisationen und Kulturen betroffen sind, spricht er von sozialen und kulturellen Feldern. Für alle Arten von Organisationsfeldern haben Sheldrake und seine Kollegen den Gattungsbegriff *"Morphische Felder"* vorgeschlagen. Rupert Sheldrake: *"Sie umfassen und verbinden die verschiedenen Teile des Systems, das sie organisieren ... Ein soziales Feld organisiert und koordiniert das Verhalten von Individuen innerhalb einer sozialen Gruppe, zum Beispiel die Art und Weise, wie einzelne Vögel in einem Schwarm fliegen."* Am umstrittensten an dieser Hypothese ist die Aussage, daß morphische Felder nicht für alle Zeit fixiert sind, sondern sich ihrerseits entwickeln, d. h. daß ihre Struktur auf dem beruht, was zuvor geschah. Rupert Sheldrake sieht diese Felder als eine Art Gedächtnis mit Langzeitwirkung: *"Durch Wiederholung werden die Muster, die sie organisierten, wahrscheinlicher, zunehmend gewohnheitsmäßig. Das erste Feld irgendeines Typs, etwa das Feld der ersten Tryptophankristalle, oder das Feld einer neuen Idee, wie Darwins Evolutionstheorie, entsteht durch einen kreativen Sprung. Die Quelle dieser Kreativität ist unbekannt. Vielleicht handelt es sich um einen Zufall, vielleicht um den Ausdruck irgendeiner im Geist und in der Natur angesiedelten Kreativität ... Sobald ein neues Feld, ein neues Organisationsmuster entstanden ist, wird dieses morphische Feld durch Wiederholung stärker. Das gleiche Muster wird wahrscheinlich wieder auftreten."*

Der Grundgedanke Sheldrakes war, daß biologische Systeme durch Konditionalprogramme, wie z. B. Instinkte, funktionieren, die durch bestimmte Signale ausgelöst werden können. Andererseits besitzen sie auch Zweckprogramme, über die das System selbst entscheiden kann. Pflanzen, Tiere und Menschen können lernen, alte Programme entlernen, d. h. löschen, und neue Programme aufbauen und speichern. Die Entscheidung, welches Programm das Verhalten steuern soll, liegt zumindest beim Menschen auf einer höheren Instanz als einem **morphischen Feld**: seinem Willen und seiner Entscheidungsfreiheit. Gleichzeitig geht Sheldrake davon aus, daß der menschliche Geist in und durch ein solches Feld wirken kann, indem er Informationen daraus abschöpft oder einspeist. Das würde eine Revolution bedeuten für unsere Möglichkeiten zu lernen und zu entlernen.

Sheldrake und seine Kollegen deuten materielle Systeme als zweidimensional, d. h. einmal als sichtbare materielle Struktur, einmal als daran gekoppeltes

Feld geistiger Aktivitäten, das die biologische und kulturelle Evolution der Materie steuert. Morphische Felder sollen eine gewisse Eigenständigkeit besitzen. Das macht sie fähig, auf das eigentliche materielle System strukturierend und organisierend einzuwirken. Was hier recht abenteuerlich klingt, ist vielleicht gar nicht so weit hergeholt. Die Zweidimensionalität materieller Systeme spiegelt sich auch in der industriellen Entwicklung zur Informations- und Wissensgesellschaft wider. Die Informationstechnologie, die im übrigen viele Industriebereiche erfaßt hat, steigert den Wert geistiger Aktivitäten wie Wissen, Information und Kreativität dramatisch. Je weiter sich Elektronik und Informationstechnologie entwickeln, um so mehr Bedeutung gewinnt die Software, inzwischen ist ihre Entwicklung überproportional stark. Bei dieser Entwicklung geht es nicht um eine Verdrängung, die materielle und die immaterielle Seite sind symbiotisch aufeinander angewiesen, sie sind zwei Seiten einer Medaille. Es scheint eine Grundregel der industriellen Entwicklung zu sein, daß mit wachsendem Reifegrad der materiellen Technik das (ökonomische) Gewicht der immateriellen Komponenten überwiegt. Elektronische Intelligenz gilt inzwischen als wettbewerbsentscheidender Faktor.

Morphische Felder sollen auch untereinander in Verbindung treten, sich gegenseitig durchdringen und auf die Materie einwirken. Das brachte Sheldrake auf die Idee, biologische Prozesse seien prinzipiell aus den Eigenschaften morphischer Felder zu erklären, was komplizierte und heute noch unbekannte Naturzusammenhänge auf elegante und einfache Art erklären könnte. Hier sind die Qualitäten und Eigenschaften, die Rupert Sheldrake den morphischen Feldern zuordnet, kurz zusammengefaßt. Ich halte mich dabei eng an die Definition Sheldrakes. Die wichtigste Hypothese, auf der das Modell basiert, lautet: Die Natur besitzt ein Gedächtnis. Dieses Gedächtnis hat folgende Eigenschaften:

- Es ist nichtstofflicher Art.
- Es umfaßt eine kollektive Erinnerung.
- Es hat kumulativen Charakter, d. h. Wiederholungen bestimmter Aktivitätsmuster werden immer wahrscheinlicher, je öfter sie auftreten, und sie werden dabei immer ausgeprägter.
- Es bilden sich Gewohnheitsprozesse, in die auch vorhergehende Gewohnheiten eingehen.

Morphische Felder lassen sich folgendermaßen charakterisieren:

- Sie gestalten Form und Art der Dinge. Sie formen z. B. Atome, Moleküle, Kristalle, lebendige Organismen, Organisationen, Gesellschaften, Konventionen, mentale Gewohnheiten.
- Jedes natürliche System einer bestimmten Art besitzt ein eigenes spezifisches Feld.
- Morphische Felder sind nichtmaterielle Kraftzonen, die sich im Raum ausbreiten und in der Zeit andauern.
- Sie befinden sich innerhalb und in der Umgebung des Systems, das sie organisieren.
- Hört ein morphisches Feld auf zu existieren, so verschwindet das organisierte Feld von dem Ort, wo es sich vorher befand. Das Feld selbst bleibt bestehen.
- Ein solches singuläres Feld kann sich zu einer anderen Zeit und an einem anderen Ort wieder konkretisieren.
- Wenn sich ein singuläres Feld erneut physisch manifestiert, so beinhaltet es eine Erinnerung an seine frühere physische Existenz.
- Morphische Felder entwickeln sich in Raum und Zeit unter dem Einfluß dessen, was täglich in der Welt geschieht.
- Sie besitzen ein evolutionäres Bewußtsein.

Daraus abgeleitet müßten morphische Felder folgende zusätzliche Eigenschaften besitzen:

- Morphogenetische Felder organisieren Wachstum und legen die Morphogenese, die Gestaltentwicklung lebendiger Organismen fest.
- das morphogenetische Feld eines Organismus organisiert die Teile / Holons dieses Organismus, deren Felder wiederum die untergeordneten Teile / Holons organisieren.
- Sie wirken zielgerichtet und sind sich selbst organisierende Ganze.
- Sie ziehen die unter ihren Einfluß geratenen Systeme zu charakteristischen Aktivitätsformen und -mustern hin und organisieren deren Entstehung.
- Sie sind genauso real, wie wir Gravitationsfelder, elektromagnetische Felder oder Quantenmateriefelder für physikalisch real annehmen.

- Jede Art von Zellen, Geweben, Organen und Organismen besitzt ihre eigene Art von Feldern. Sie gestalten und organisieren die Entwicklung von Mikroorganismen, Pflanzen und Tieren. Sie stabilisieren auch die Form des gewachsenen Organismus.
- Morphische Felder setzen den Organismus zu zukünftigen Organisationsmustern in Beziehung. Sie wirken als morphogenetische Attraktoren (Zugkraft).
- Die Struktur morphogenetischer Felder ergibt sich aus tatsächlichen Formen ähnlicher Organismen der Vergangenheit.
- Diese Struktur wird nicht aus transzendenten Ideen oder zeitlosen mathematischen Formeln bestimmt (was für Sheldrake das eigentliche Neue ist).

Morphische Felder können, so Sheldrake, das Rätsel der Distanzwirkung erhellen, weil sie über Raum und Zeit miteinander in Wechselwirkung treten. Sheldrake nennt das morphische Resonanz, die er folgendermaßen beschreibt:

- Die Ursache der Formbildung liegt in der morphischen Resonanz.
- Die morphische Resonanz beruht auf Ähnlichkeit. Je ähnlicher sich zwei Organismen sind, um so stärker ist ihre morphische Resonanz; je mehr ähnliche Organismen dieser Art es in der Vergangenheit gegeben hat, um so stärker wird ihr gebündelter Einfluß.
- Die morphische Resonanz unterscheidet sich von den bekannten Arten der Resonanz, indem sie nicht aus einem Transfer von Energie, sondern aus einem Transfer von Informationen besteht.
- Morphische Resonanz beruht auf morphischen Mustern. Organismen sind aus dieser Perspektive Aktivitätsstrukturen. Auf jeder ihrer Ebenen findet man rhythmisches Oszillieren (Hin- und Herschwanken), Schwingungen, periodische Bewegungen, Zyklen.
- Sind die Aktivitätsstrukturen ähnlich, so bildet sich morphische Resonanz, egal wie weit die dazwischen liegende räumliche und zeitliche Distanz ist. Auf diese Weise können die Aktivitätsmuster der vergangenen Systeme die Felder der nachfolgenden beeinflussen.
- morphische Resonanz beinhaltet eine Art Fernwirkung räumlicher und zeitlicher Art. Sie nimmt weder mit räumlicher noch mit zeitlicher Entfernung ab.

Es gibt, laut Sheldrake, unzählig viele Felder jeder Stärke und Komplexität, die sich horizontal und vertikal im Raum ausdehnen können. Felder überlappen sich, stehen in Resonanz und Dissonanz zueinander, ordnen sich gegenseitig unter, erschaffen sich in neuer Gestalt und verknüpfen sich in Teilbereichen miteinander. Kein Feld existiert isoliert, alle sind irgendwie miteinander verbunden.

Die wesentliche Ausdrucksform morphischer Felder, von außen betrachtet, ist Vibration. Um ihre Funktion zu erfüllen, müssen Felder mit Bedeutung und mit Ordnungsprinzipien erfüllt sein. Felder oder Teile von ihnen enthalten Information über größere Felder, denen sie angehören und mit denen sie räumlich scheinbar nicht verbunden sind. Alle jemals geflossenen Informationen sind noch immer in dem einen oder anderen Feld enthalten. Das Problem ist der Zugriff darauf. **In Sheldrakes Hypothese sind Geist und Materie nicht mehr säuberlich voneinander getrennt, wie es die konventionellen Naturwissenschaften verlangt haben. Eine Forderung, die übrigens auch durch die Quantentheorie nicht mehr einlösbar ist, auch bei ihr verschwimmen die Grenzen zwischen Materie und Energie.** Neue Ideen sind zarte Pflänzchen, man sollte sie eine Zeitlang schützen und pflegen und ihnen Gelegenheit geben, sich voll zu entfalten. Man sollte sie aber nicht gleich ausreißen und wegwerfen, wenn sie ungewöhnliche Gestalt annehmen, denn fast alles Neue in der Wissenschaft war einmal unvorstellbar. Denken Sie nur an die damals ungeheuerliche Behauptung, die Welt sei keine Scheibe, an deren Ende ein freundlicher Himmel beginnt, sondern ein Gesteinsball, der sich in einem unendlichen dunklen Raum um sich selbst dreht. So ist es auch mit den Experimenten und Beispielen, die eine Existenz morphischer Felder nahelegen. Sie lassen sich nur schwer in akzeptabler wissenschaftlicher Art darstellen. Das erklärt die geringe Begeisterung des wissenschaftlichen Establishments gegenüber Sheldrakes Modell bis vor kurzem. Sheldrake glaubt sogar, daß morphische Felder nicht nur die Bildung von Strukturen, sondern auch ihr tatsächliches Verhalten steuern. Seiner Meinung nach sind auch Instinkte und Reflexe sowie nach bestimmten Mustern ablaufende Reaktionen von solchen Feldern gesteuert.
Wie verständigt sich ein vieltausendköpfiger Termitenstaat während eines Hügelbaus, und woher weiß er, wie man darin raffinierte Belüftungssysteme

kreiert? Warum fühlen wir, wenn uns jemand von hinten anstarrt? Woher wissen wir manchmal genau, wer gerade anruft? Woher kommt der Phantomschmerz in amputierten Gliedern? Wieso können Laborratten in Oxford spontan einen komplizierten neuen Trick, um aus einem Wasserlabyrinth zu entkommen, nachdem Vertreter ihrer Spezies in Chicago diesen für Ratten ungewöhnlichen Trick gerade gelernt haben?

Wie kommt es, daß sich die einzelnen Teile eines Körpers exakt dort entwickeln, wo sie hingehören, und wie nehmen sie ihre charakteristische Form an? Einfach ausgedrückt: Was befiehlt einer Zelle im Embryo, einen großen Zeh auszubilden? Warum entwickeln sich aus anderen Zellgruppen eine Leber, ein Arm oder eine Nase?
Sie sagen, dieser Schaltplan befindet sich in der DNS? Wer sagt aber der DNS in der Zehenzelle, wann genau sie dran ist, das zu tun, was von ihr erwartet wird: einen großen Zeh auszubilden? Es ist bis heute eine Hypothese und keineswegs feststehende Theorie, daß die Funktionsweise jedes Lebewesens durch die DNS und den Zellstoffwechsel erklärbar ist. Allerdings wird diese Hypothese von den meisten Biologen und Ärzten akzeptiert, weil sie sie irgendwann einmal gelernt haben und weil sie auch von vielen anderen geglaubt und akzeptiert wird. Der berühmte britische Biologe C. H. Waddington gehört nicht dazu. Er glaubt auch, daß lebende Materie irgendwie auf ein Informationsfeld reagiert, das eine formgebende Kraft auf die Vorgänge in der Zelle ausübt. Wäre es vielleicht möglich, daß die Information der Umgebung eine aktive Rolle bei der Herausbildung von neuen Formen oder Mutationen spielt? Könnten die DNS-Stränge vielleicht nur Empfänger, so wie ein Rundfunkempfänger, und nicht Informationserzeuger des Plans sein? Bleibt nur die vermutlich nicht zu klärende Frage: Wer ist der Sender?
Noch mehr Beispiele? Warum liegen bahnbrechende, oft nobelpreiswürdige und bis zu ihrer Veröffentlichung in Fachzeitschriften streng vertrauliche wissenschaftliche Erkenntnisse an verschiedenen Orten der Welt zeitlich oft so nahe beieinander? Warum haben winzige Mengen eines Gesteinsmehls oder eines festen Gegenstandes, sogenannte transmaterielle Katalysatoren, eine so überzeugende Wirkung bei der Reinigung von Oberflächengewässern oder der landwirtschaftlichen Bodenpflege. Hokuspokus und Aberglaube? Der esoterischer Umtriebe gewiß unverdächtige Chemieriese Ciba-Geigy (heute

Novartis) wußte vor zwei Jahren auch nicht genau, warum das funktioniert, aber man tat "so als ob" und bot ein eigenes Produkt an. Obwohl es aus einer Chemiefabrik und für strenggläubige Esoteriker und Ökofreaks damit aus Teufels Küche kommt, ist es ein Renner geworden. Warum? Weil es funktioniert, auch wenn kein Mensch beweisen kann, warum.

Auch Sprachwissenschaftler interessieren sich für die mögliche Existenz eines vierten Feldes. Der Neurologe Gary E. Schwartz, Ex-Harvard-Professor und heute Direktor des Human Energy Systems Laboratory an der University of Arizona, hat 1986 an der Yale University ein Experiment mit Studenten durchgeführt, die kein Hebräisch konnten. Schwartz hatte die Idee, daß Wörter, die von Millionen Menschen gelesen wurden, vielleicht mit einem morphischen Feld verbunden sind. Außerdem könnte es ein kollektives Gedächtnis für diese Gestalt (Zeichen und Wörter) geben, das heutigen Lesern durch morphische Resonanz früherer Hebräisch-Leser übermittelt wird und das es Neulingen leichter macht, die hebräischen Wörter zu lernen. Die Form und Gestalt der geschriebenen Wörter wird als Ganzes wahrgenommen, was bei Kennern der Sprache gewohnheitsmäßig geht. Das würde bedeuten, daß es Menschen ohne Vorkenntnisse leichter fänden, echte Hebräisch-Wörter zu lernen oder wiederzuerkennen als falsche Wörter, die willkürlich und ohne Sinn aus Buchstaben zusammengesetzt wurden. Gary E. Schwartz führte 1986 zusammen mit Studenten der Universität Yale und 1994 an der University of Arizona eine Reihe von Experimenten durch, bei denen die innere Wahrnehmung von echten gegenüber sinnlosen hebräischen Wörtern getestet wurde. Die echten wurden leichter gelernt als die falschen, d. h. die Befunde stimmten mit den Vorhersagen der morphischen Resonanz überein. Ein ähnliches Experiment mit persischen Wörtern wurde von dem britischen Psychologen Alan Pickering durchgeführt und von seinem Kollegen Nigel Davidson in Australien wiederholt – mit jeweils annähernd denselben Ergebnissen. An der Nottingham University in England wurde unter der Leitung von Geraldine Chapman ein ähnliches Experiment mit arabischen Wörtern gemacht, ebenfalls mit positiven Ergebnissen, was ein möglicherweise wirksames viertes Feld betrifft.
Offensichtlich weist auch das menschliche Leistungsvermögen im Laufe der Zeit eine Steigerung auf. Dies wurde in den USA von James Flynn anhand

von jährlich durchgeführten IQ-Ergebnissen der US-Militärbehörden seit 1982 getestet. Flynn ging davon aus, daß sich unter Bedingungen eines morphischen Gedächtnisfeldes die Ergebnisse der häufig unverändert wiederholten IQ-Tests erhöhen müßten. So war es auch. Die IQ-Ergebnisse der Rekruten hatten sich im selben Zeitraum um 3% erhöht. Wurden die jungen Leute generell intelligenter? James Flynn fand etwas Interessantes heraus. Normalerweise wurden nur Einzelergebnisse mit anderen Angehörigen einer Altersgruppe verglichen, die an demselben Test teilnahmen. Flynn stellte fest, daß Rekruten, die im Vergleich zu ihren Altersgenossen weniger intelligent waren, über den Durchschnitt kamen, wenn sie mit Rekruten aus den Jahren vorher verglichen wurden, die vor ihnen genau denselben Test gemacht hatten. - Vergleichbare Zuwächse haben sich auch in zwanzig anderen Ländern, darunter in Deutschland gezeigt. Den Flynn-Effekt zu erklären ist bisher nicht gelungen, auch eine bessere Bildung oder der höhere Fernsehkonsum können diesen Test nicht erklären. Die morphische Resonanz könnte eine Erklärung liefern.

Warum verändern sich uralte Systeme wie Wasserstoffatome, Salzkristalle und Hämoglobinmoleküle, genauso wie Gesellschaften, Parteien, Konzerne und alteingesessene Unternehmen, kaum, während neue Kristalle, neue Organismusformen, genauso wie neue Verhaltensmuster, Trends oder Ideen, sich zunehmend schneller verändern und eine Tendenz aufweisen, sich selbst hervorzubringen, je öfter sie wiederholt werden?

Ein passendes Beispiel, das die Hypothese morphischer Felder zu bestätigen scheint, kommt aus der Chemie, genauer gesagt aus der Kristallographie.
So nennt man die Form, in der der Kristall wächst, seinen Habitus. Hier haben Forscher herausgefunden, daß sich neuartige Kristalle auf der ganzen Welt leichter bilden, nachdem eine Flüssigkeit zum erstenmal kristallisiert ist.
Je öfter die Kristallisierung wiederholt wurde, desto schneller geht es in allen anderen Labors der Welt, bis sich irgendwann eine für diese Mischung typische Kristallisierungszeit eingependelt hat. Um das herauszufinden, hat man eine Mutterlauge mit einer exotischen Chemikalie versetzt und dann gemessen, wie lange die Mischung braucht, um Kristalle mit dem neuen Habitus zu bilden. Tatsächlich entwickelte sich der neue Habitus in Deutschland schneller, nachdem er sich zuerst mehrfach in Berkeley gebildet hatte.

Ein neues Molekül, ein neuartiger Kristall müssen sich beim Heranwachsen Schritt für Schritt auf einem unbekannten Weg ihrer speziellen Energielandschaft vorantasten. Dieser Vorgang läßt nach Ansicht Sheldrakes ein morphogenetisches Feld entstehen, das zum Gedächtnis der beteiligten materiellen Abläufe wird.

Läuft der gleiche Prozeß noch einmal ab, so Sheldrake, kann er bereits durch Informationen aus dem morphogenetischen Feld gesteuert und deshalb immer schneller werden. Mit jeder Wiederholung nimmt die Stärke des Feldes zu, der Ablauf des Prozesses wird aktiviert und schneller. Der Physiker David F. Peat vergleicht das mit Skiläufern, die den Berg hinunterfahren: *"Der erste Läufer muß einen geeigneten Pfad zwischen Bäumen und kleinen Hügeln finden. Die nachfolgenden Läufer werden von seinen Spuren geleitet, können ein wenig schneller fahren und Abwege vermeiden. In jedem Fall ist es die nach unten zielende Schwerkraft, welche die Energie für den Skilauf bietet, gleichzeitig aber ist es auch die Information in den vorhandenen Spuren, die den Skiläufer befähigt, den besten Weg bergab zu finden."*
Sheldrakes Hypothese der **formbildenden Kausalität** geht davon aus, daß sich morphische Felder über das materielle System bzw. das Gehirn hinaus in die Umwelt erstrecken. Dort verbinden sie uns mit den Objekten unserer Wahrnehmung und können diese durch unsere Absicht und Aufmerksamkeit auch beeinflussen. Das hieße, wir könnten die Dinge beeinflussen, indem wir nur intensiv an sie denken oder sie ansehen, und das läßt sich mit der konventionellen Physik natürlich nicht mehr erklären. Sheldrake glaubt, wir könnten andere Menschen beeinflussen, indem wir sie von hinten anstarren, während sie davon keine Ahnung haben können. Klingt unheimlich, beinahe paranormal. Aber Experimente haben offenbar längst erwiesen, daß das Gefühl, angestarrt zu werden, ein durchaus realistisches Phänomen ist. Die meisten von uns werden das intuitiv bestätigen können. Es ist ein Hinweis darauf, daß es offensichtlich eine direkte Verbindung zwischen dem Beobachter und dem Beobachteten gibt. Und da sind wir schon wieder auf dem sicheren Terrain anerkannter Naturwissenschaften gelandet: Die **Quantenphysiker** glauben auch an diese Wechselwirkung und wir können sicher sein, daß die Vorstellung, das Beobachtete könnte vom Beobachter abhängig sein und subatomare Teilchen seien nicht mehr genau festzulegen oder als Materie greifbar, zunächst

mindestens genauso irrwitzig geklungen hat wie für uns heute die Idee morphischer Felder. Der paradigmatische Umbruch von der klassischen Physik zur Quantenphysik ist für uns Geschichte. Physik und Transzendenz bilden in der Vorstellung der heutigen Physiker keine Gegensätze mehr, sondern eine Ergänzung, seit sich die handgreiflich zugängliche Welt immer mehr als Schein entpuppt und sich in eine Wirklichkeit zurückzieht, in der nicht mehr die Dinge und Materie, sondern Form und Gestalt dominieren. Das ahnte übrigens schon John Locke: *"Das wahre Wesen der Dinge bleibt verschlossen."* Es gibt zum Thema morphischer Felder derzeit einen engagierten, interdisziplinären Dialog von Wissenschaftlern aus unterschiedlichen Ländern.
Die Theorie eines **vierten Feldes** wurde wie jede neue Theorie in konservativen Wissenschaftskreisen zuerst ignoriert und ist noch heute umstritten, auch wenn zahlreiche Experimente ihre Gültigkeit nahelegen. Die meisten Wissenschaftler, und da sind sie nicht anders als Geschäftsleute, klammern sich noch immer an ewige Wahrheiten oder Gesetze, nicht etwa, weil es für diese überwältigende Beweise gäbe. Sie halten an ihren Konventionen fest, weil so viele Kollegen an sie glauben, und das schon seit Generationen. So wurde das Paradigma der ewigen Gesetze eine tiefverwurzelte Denkgewohnheit, die unbestritten bleibt. Doch die Avantgarde der Naturwissenschaftler – und dazu gehört ein Teil der hellsten Köpfe unserer Zeit, wie z. B. der Physiker Hans-Peter Dürr, Nachfolger auf dem Werner-Heisenberg-Lehrstuhl am Max-Planck-Institut für Physik in München, oder der an der University of Oregon lehrende Physiker Amit Goswami, der international renommierte britische Physiker und Mitarbeiter des Einstein-Schülers David Bohm in London, David F. Peat, der Physiker und Nobelpreisträger Murray Gell-Mann und der dafür vorgeschlagene Mediziner und Biologe Stuart Kauffman, um nur einige zu nennen – ist überzeugt: **Es gibt keine ewigen Gesetze und Regeln, nur offenes Werden.** Sie alle nehmen den philosophischen Faden ihrer berühmten Lehrer Max Planck, Albert Einstein, Max Born, Arthur Eddington, Erwin Schrödinger, Werner Heisenberg, Niels Bohr, Pascual Jordan und vieler anderer wieder auf und beginnen, an ihm weiterzuspinnen und neue Botschaften zu entziffern, denen sich die bedeutendsten unter den Großen, wie z. B. Albert Einstein und Niels Bohr nur unter großen Überwindungen beugen konnten. Aber sie haben ihr inneres Paradigma, ihre Überzeugungen übersprungen.

Viele ihrer berühmt gewordenen Schüler können sich heute durchaus vorstellen, daß es steuernde Informationsfelder gibt, die außerhalb der Materie liegen. Ob ihnen diese Vorstellung inspirierend oder, wie Einstein, eher unbehaglich vorkommt, spielt dabei keine Rolle. Sie können sich auch vorstellen, daß sich solche Felder weiterentwickeln, indem sie auf Handlungsmuster und Informationen in ihrer Vergangenheit reagieren. Sheldrake nennt das **morphische Resonanz**: *"Ihre Struktur beruht auf dem, was zuvor geschah. Sie enthalten eine Art Gedächtnis. Durch Wiederholung werden die Muster, die sie organisieren, zunehmend wahrscheinlicher, zunehmend gewohnheitsmäßig."* Ein neues Feld entsteht immer durch einen kreativen Sprung, doch die Quelle dieser evolutionären Kreativität ist noch unbekannt. **Nach Sheldrakes Auffassung eines vierten Feldes funktioniert das menschliche Gehirn wie ein Fernsehapparat, der von einem irgendwo installierten Sender, dem kollektiven morphogenetischen Feld, gefüttert wird. Unser Gehirn – und darin liegt das revolutionär Neue – wäre, um in diesem Bild zu bleiben, das Empfangsgerät und nicht, wie wir immer dachten, das Programm!** Das Programm befindet sich als viertes oder morphisches Feld scheinbar außerhalb des Gehirns, und es entsteht z. B. durch Ideen, Vorstellungsbilder, Gefühle, Erfahrungen. Sein wesentliches Merkmal ist Offenheit, d. h., alles was wir denken und fühlen beeinflußt das Feld, und dieses beeinflußt wieder unser Denken, und jede Wiederholung macht das Feld stärker und erhöht die Wahrscheinlichkeit, daß ein einmal entwickeltes Muster genauso wieder auftritt. Je mehr Angst und Unsicherheit in einem Unternehmen herrschen, um so mehr Angst und Unsicherheit wird in Zukunft entstehen, egal welche Informationen und Unternehmensphilosophien von oben kommen. Je unglaubwürdiger eine noch so sorgfältig designte Unternehmenskultur ist, um so unglaubwürdiger wird alles, was dieses Unternehmen nach außen kommuniziert. Ein mentales oder morphisches Feld, in dem der kollektive Geist des Unternehmens enthalten ist, kann man nicht durch Informationen formen oder reparieren. Es entsteht durch **selbstorganisierende Bewußtseinsprozesse**. Noch einmal Rupert Sheldrake: *"Je häufiger Muster sich wiederholen, desto wahrscheinlicher werden sie – die Felder enthalten eine Art von kumulativem Gedächtnis und werden zunehmend gewohnheitsmäßig. Felder entwickeln sich in der Zeit und bilden die Basis von Gewohnheiten."* Je häufiger ein Unternehmen mit negativ codierten Vorstellungsbildern in Zusammenhang gebracht wird – nicht unbedingt mit Fakten –, desto negativer lädt sich danach sein morphisches Feld auf. Felder bleiben, auch wenn sie nicht permanent aktiv sind. Dieser Blickwinkel erlaubt eine Reihe von Vorhersagen. Je älter ein System wird, um so stärker wird es von seinen morphischen Feldern, seinen tief verankerten Gewohnheiten gesteuert, Veränderungen sind kaum zu erwarten. Es verhält sich, als ob es von festen Gesetzmäßigkeiten gesteuert wäre. Neue Systeme, wie z. B. neue Verhaltensmuster, Regelwerke, Ideen, Denkmodelle, Organisationsformen, zeigen eine wachsende Tendenz, sich selbst hervorzubringen.

Es sollte möglich sein, daß durch Feld-Energien neuer Geist in Unternehmen so vorgeformt wird, daß er "in der Luft liegt" und die Menschen ihn automatisch übernehmen. Voraussetzung dafür ist, daß eine kleine Gruppe hochmotivierter Leute dieses neue Bewußtsein, die neuen qualifizierten Codes bereits besitzt und in ihrer Umgebung diffundiert.

Je öfter z. B. in einem Team ein kreativer Sprung vorkommt, um so wahrscheinlicher sollte ein weiterer werden, wobei Wirkungen auch entfernt von der Ursache auftreten können. Ein Gedanke, der selbst Albert Einstein und Niels Bohr, die sich bereits in den 20er Jahren mit nichtlokalen Wirkungen beschäftigten, fast verrückt machte. Was hat dieses vierte Feld mit Business und Management zu tun? Wenn die Theoretiker recht haben – und einiges spricht dafür –, dann besitzt jedes Unternehmen ein ganz spezifisches viertes oder morphisches Feld, das durch Kooperationen, Rituale, Werte, Handlungsweisen, Gewohnheiten, Überzeugungen und Beziehungen, aber auch durch Erfahrungen entstanden ist. Man kann dieses Feld nicht sehen und messen, aber man könnte es formen und nutzen, weil es mit dem geistigen oder morphischen Feld der Menschen in diesem Unternehmen verknüpft ist. Diese These würde eine grundsätzlich neue Dimension im Top-Management eröffnen: Wir müssen nicht die einzelnen Individuen führen, sondern das morphische Feld des gesamten Unternehmens. Aufgabe der Führung wäre es vor allem, dieses vierte Feld immer wieder aus seiner Rückbezüglichkeit auf Gewohntes herauszuführen und für neue Erfahrungen zu öffnen, damit kreative Dynamik zur Gewohnheit wird.

Wie entsteht kreative Dynamik? Top-Kreative meinen, wenn tiefe Gelassenheit mit kreativer Spannung zusammenkommt. Das heißt nichts anderes, als tiefe

Ruhe und flirrende Dynamik zur selben Zeit zu fühlen. Doch wie soll man das hinkriegen? Zunächst indem man damit leben lernt, daß die Fische nicht jeden Tag gleich anbeißen. Vielleicht ist es manchmal besser, seine Anglerausrüstung zu erweitern und die Netze zu flicken, als deprimiert in einen leeren Teich zu schauen. Vielleicht sollte man nicht länger an derselben Stelle hocken bleiben und den Fluß wechseln? **Kreativität ist ein Prozeß und nicht eine zündende Idee. Sie nährt sich aus unserer Offenheit für Neues, wenn wir das Bekannte und Bewährte in Frage stellen, und das ist am leichtesten, wenn dieses Bekannte und Bewährte in eine Krise gerät.** Wer kollektives Entlernen managen will, muß paradoxe Kräfte zuerst aushalten und dann gestalten können: die kreative Dynamik der Irritation in der Geborgenheit einer **Vertrauenskultur**. Daß Mißerfolge, Krisen, Niederlagen immer auch Chancen sind, ist nichts Brandneues. Bisher weniger beachtet ist vielleicht, daß Zeiten, in denen es Unternehmen besonders schlecht geht, häufig Grundlage für einen völlig neuen Geist und das Zusammenrücken der Mitarbeiter sind. Aber wir brauchen keine fundamentale Krise auszulösen, um ein eingefahrenes geistiges Feld für Neues zu öffnen. Was wir brauchen, sind Unternehmer und Manager, die selbst hohe persönliche Kompetenz haben und die das Wachstum der Mitarbeiter kontinuierlich fördern. Das bedeutet nicht nur fachliche Fortbildung, die natürlich wichtig ist, es bedeutet auch nicht Verhaltenstraining, sondern die Förderung der persönlichen Veränderung der Mitarbeiter und die permanente Pflege der im Hintergrund wirkenden Faktoren wie Vertrauen und *social-sound. Social-sound* entsteht z. B. durch gemeinsame Aufgaben und Experimente, Begeisterung, Spiel, kreative Spannung oder rituelle Feiern. Das wußte offenbar schon Nietzsche, der damit das Berufsbild des *gentil animateur* erfand: *"Sein heißt Erregt-Sein."*

Bewußtseinspioniere

Seit einigen Jahren beobachtet man in den USA diesen Zusammenhang zwischen persönlicher Weiterentwicklung und Führung. Man entdeckte, wie eng Wandel, Bewußtsein, Kontext und Persönlichkeitsentwicklung verknüpft sind, und lenkte die Aufmerksamkeit auf die sogenannten "indirekten Ordner", die zu formen und zu steuern als Kernkompetenzen einer neuen Führungselite gelten. Was macht diese neue Führungselite zur Elite? Der amerikanische Managementvordenker Warren Nanus versteht darunter vor allem *"die Fähigkeit, Menschen so zu akzeptieren, wie sie sind, nicht wie man sie haben möchte; die Fähigkeit, an Beziehungen und Probleme gegenwartsbezogen und nicht vergangenheitsorientiert heranzugehen; die Fähigkeit, Menschen in der engeren Umgebung mit derselben höflichen Aufmerksamkeit zu behandeln, die man fremden und flüchtigen Bekannten entgegenbringt; die Fähigkeit, anderen zu vertrauen, selbst wenn das Risiko als zu groß erscheint. Und schließlich die Fähigkeit, ohne ständige Zustimmung und Anerkennung seitens anderer auszukommen."*

Die Aufgabe der neuen Elite ist ein Personality-Service (Förderung individuellen Wachstums) und ein Kollektiv-Service (Formen des morphischen Feldes). Die neue Elite ist eine Bewußtseinselite.

Kennen Sie den Unterschied zwischen einem Pionier und einem Siedler? Der Siedler ruft in die weite Ferne hinaus: *"Ist es da draußen sicher?"* Der Pionier ruft zurück: *"Natürlich ist es hier sicher."* Schon bald wird er hinzufügen: *"Möchten Sie etwas Land kaufen?"* Pioniere sind bereit, das Risiko des frühen Aufbruchs zu wagen, das neue Territorium zu sichern – und es für sich zu nutzen. Wer morgen Teil der Elite sein will, der sollte schnell vom Siedler zum Pionier werden.

Was qualifiziert die **neue Elite?** Sie überschreitet, wie gute Künstler, das Bewährte; sie besteht aus *transformation artists.* Der entscheidende Unterschied zwischen ihnen und den alten, auf Effizienz trainierten Machern ist, daß sie nicht nur rationalisieren und umstrukturieren, sondern das Unternehmen mit einer bedeutenden Aufgabe, einer Vision versorgen, ihm die Richtung angeben und unter den Mitarbeitern wieder *winning spirit* verbreiten. Sie wissen: *"Business is people"*, das Geschäft sind die Leute. Dabei fallen sie nie ihren eigenen Wahrheiten zum Opfer, denn die Mitglieder dieser neuen Elite sind **Hyperrealisten**, d.h. Regisseure ihrer eigenen mentalen Programme. Der Hyperrealismus zeigt ein neues Wirklichkeitsdenken. Normalerweise glauben wir, daß die Wirklichkeit feststehend und fixiert sei, für alle gleich (homogen) und global. Hyperrealistisches Denken sieht Wirklichkeit als Konstrukt, Entwurf, Erfindung. Wirklichkeit wird damit zur Privatsache.

Hyperrealismus ermöglicht, seine eigenen Konstruktionen, und damit sich selbst zu erkennen. Vertreter der neuen Elite können an völlig verschiedene

Wirklichkeiten zur gleichen Zeit glauben und funktionieren auch dann noch, wenn sich diese widersprechen. Sie relativieren ihre Werte und Überzeugungen, trennen sich schnell von ihren überholten Erfahrungen und persönlichen Wahrheiten und sind in der Lage, sich völlig neuen Gedankenwelten zu öffnen. Sie sind Meister des Gefühlsmanagements und Virtuosen der Auflösung. Die neue Elite denkt systemisch und expansiv, und sie hat neben Vernunft und Logik Kreativität, Empathie, Intuition, Weisheit und Spiritualität als eine Quelle der Kraft kultiviert. Ihr Handlungsrahmen ist die *ideal world*, und damit ist sie offen für Zufall und Spiel. Elite zu sein heißt für sie vor allem, sich für eine Aufgabe einsetzen, die größer ist als man selbst. Die ihnen das bietet, wonach sie so süchtig sind wie die alten Köpfe nach Status, Macht und Geld: *flow*. Jener Glückszustand der entsteht, wenn Handlung und Identität verschmelzen. Die neue Elite besteht aus Bewußtseinspionieren, die logisch und fiktionär denken können und dabei auch Widersprüche ertragen. Doch wer im Bereich der Fiktionen erfolgreich handeln will, der muß wissen, wie er seine logischen Grenzen durchbrechen kann. Zukunftsintelligenz ist mehr als Vernunft und Logik. Zukunftsintelligenz ist grenzüberschreitend (expansiv), prozeßorientiert (evolutionär) und betrachtet das ganze Bild (systemisch). Mitglieder der neuen Elite haben in ihren Köpfen einen komplexen geistigen Code entwickelt für den Umgang mit Überraschungen, Zufällen, Paradoxien. Sie besitzen auch einen Code der Selbstführung, d. h. eine Art, mit sich selbst umzugehen, schnellen Zugriff zu den eigenen Ressourcen zu finden, sich zu entspannen und ganz autonom in einen High-Performance-Zustand zu kommen. Und sie besitzen einen Code der Toleranz und Selbstverantwortung für das, woran sie glauben und was sie damit bewirken. Statt ihre Glaubensmuster, Erfahrungen und Wahrheiten wie Schätze zu hüten, kultivieren sie einen *Code for Change.*

Bewußtseinspioniere sind die Antikörper des Systems gegen drohende Langeweile und Erstarrung. Sie stören das Sicherheitsbedürfnis der Siedler und zwingen sie, sich neu zu orientieren, ohne gleich perfekte Lösungen anbieten zu können. Das schafft auch Feinde, zumindest Argwohn. Der berühmte Wissenschaftstheoretiker Thomas Kuhn hat das Dilemma aller Pioniere, insbesondere derer, die ein neues Paradigma vertreten, so beschrieben: *"Wer ein neues Paradigma im frühen Stadium annimmt, muß sich am meisten verteidigen, weil er nicht beweisen kann, ob die Probleme damit gelöst* *werden. Er muß daran glauben, daß das neue Paradigma bei vielen großen Problemen erfolgreich sein wird. Eine solche Entscheidung kann man nur auf Glauben gründen."* Paradigmenpioniere können nicht rational und nach den Gesetzen der Logik beweisen, warum sie sich dafür entschieden haben, ihren Blickwinkel zu verändern, und sie können es schon gar nicht durch Zahlen belegen. Wer sein Paradigma, seine Art auf die Welt zu schauen früh verändert, tut dies nicht aus rationalen Gründen, sondern weil ihm eine innere Stimme sagt, daß es jetzt soweit ist. Wo immer sich Menschen an dem festhalten, was sie geschaffen haben, an ihren Weltbildern, Strategien, Überzeugungen, Gewohnheiten, Haltungen, Ideologien, ihren Unternehmen, Produkten und Erfolgen, laufen sie Gefahr, blind für neue Möglichkeiten und für die Kraft des Erfindens zu werden. Persönliche **Identifikation** kann eine mächtige Barriere gegen Wandel sein. Ein Unternehmen, das mit einem bestimmten Produkt identifiziert ist, kann leicht übersehen, daß der Markt sich zu ganz anderen Produkten hinbewegt. Es kann technologische Entwicklungen verschlafen, die es nicht überlebt. Ein Mensch, der sich mit einem bestimmten Job identifiziert, läuft Gefahr, andere, vielleicht weitaus interessantere Chancen glatt zu übersehen.

Wer zum Pionier werden will, sollte zunächst selbst lernen, sich mit Störungen, Irritation und auch mit dem Schmerz des Abschieds von Gewohntem anzufreunden, um die Zukunft zu sehen. Die Zukunft voraussehen heißt, einen paradoxen Blick entwickeln: sich konzentrieren und gleichzeitig seinen Fokus weicher einstellen, damit man mehr erkennen kann. Im asiatischen Kulturraum gibt es dieses **"unscharfe Denken"** schon seit langem, man kann es ganz bewußt pflegen und in *Code for Change* wird es konkret durch Übungen trainiert. Unscharfes Denken kennt im Prinzip keine Grenzen; es ist der Glaube, daß es keine Grenzen gibt, daher kann man durch Denken auch die eigenen Grenzen überschreiten. Pioniere fließen mit ihrer Umwelt. Sie können sich selbst immer wieder auflösen, indem sie neue Ideen, Organisationsformen und Vorstellungswelten ausprobieren, Regeln durchbrechen, mögliche Zukünfte simulieren und ihre Realisierung provozieren.

Die neue Elite kennt die Kraft einer starken Identität. Sie geht souverän mit Ritualen und Regelwerken, Symbolen, Suggestionen, Mythen und Gefühlen um, die Unternehmen meist völlig unbewußt steuern. Sie wissen: Mit der Kraft der Vernunft stößt man hier schnell an Grenzen. Mythen und Rituale sind Bestandteile einer Welt, die der Philosoph Karl R. Popper die "Welt 3" genannt hat. Die Welt der Ideen, Simulationen, Möglichkeiten und Erfindungen – und der bahnbrechenden Innovationen. Die Welt, in der die Zukunft entsteht und in der sich die wenigsten Unternehmer und Manager zu Hause fühlen. Um sich in der **"Welt 3"** zurechtzufinden, brauchen wir subtilere Wahrnehmungsmethoden, die in einem rational determinierten Geist in den Hintergrund getreten sind: bildhaftes Denken, Fiktion, Spiel, Phantasie, Kreativität. Weil sie aber Teil unseres menschlichen Potentials sind, das wir nur verlernt haben, können wir sie durch ein besonderes Training wieder aktivieren und nutzen. Nur wenige Führungsleute haben heute die Fähigkeit, eigene Ideen zu entwickeln. Die meisten von ihnen wurden zu Wirtschaftlern ausgebildet, um Wirtschaft zu machen, oder zu Juristen, um nach dem Rechten zu sehen, oder zu Finanzmanagern, um die Finanzen zu managen. Von Phantasie und neuen Ideen war in ihrer Ausbildung nie die Rede, sie galten als Glückssache. Die meisten hatten wenig Glück.

Immer mehr Unternehmen haben inzwischen begriffen, daß ihre Produkte und Leistungen immer langweiliger werden, weil in ihnen bisher nur Materie und deren Optimierung etwas galt, und niemand bei ihnen eine so "schwammige" Angelegenheit wie Phantasie managen kann. Das hat sich geändert. Heute lassen viele Unternehmen ihre Mitarbeiter, insbesondere solche, die für Spitzenpositionen vorgesehen sind, in neuen Denkmethoden und Zukunftsintelligenz schulen. Die neue Elite hat neben einem besseren Zugang zu Simulation und Fiktion ein *Mind*-Programm entwickelt, das sie zum Regisseur ihrer persönlichen Mythen, Gedanken und Gefühle macht und das ihnen neue Handlungsfähigkeit gibt. Und sie macht aus ihrem Job eine Art Lebenskunst. Unternehmer und Manager als Lebenskünstler? Warum nicht, wenn man die Definition des Romanautors James A. Michener anschaut: *"Der Lebenskünstler macht keinen Unterschied zwischen Arbeit und Spiel, Mühe und Muße, Körper und Geist, Information und Erholung, Leben und Religion. Er kann kaum unterscheiden, was was ist. Er lebt einfach seine Vision der Vortrefflichkeit in allem, was er tut, und überläßt es anderen zu entscheiden, ob er gerade arbeitet oder spielt. Er tut immer beides zugleich."*

Bewußtseinspioniere kennzeichnet eine hohe Wachheit gegenüber allem, was um sie herum vorgeht, insbesondere für Quellen oder Signale des Widerstands gegen mögliche Veränderungen. Sie beobachten sich selbst, ihre Arbeitsroutine, ihre Handlungsmuster, Gewohnheiten, Überzeugungen, und sie wissen, daß es ohne Fehlschläge keinen Fortschritt gibt. Sie gehen sorgfältig mit sich selbst um, kennen die Anzeichen für Überlastung, können geduldig auf den Erfolg warten und gehen beharrlich, manchmal in sehr kleinen Schritten voran. Sie wissen: jeder bedeutende Wandel braucht Zeit. Wer solchen Pionieren aller Zeiten gefolgt ist, tat dies nicht, weil er durch vernünftige Gründe, klare Prognosen und exakte Zielvorgaben überzeugt worden war, sondern weil sie durch ihre innere Kraft die Sehnsucht nach offenen Horizonten, Entdeckergeist und Neugier auf das Leben entfachen konnten. Die Lust am Staunen, die Chance auf Anerkennung und Belohnung und der Wille, die eigenen Grenzen neu zu stecken, trieb die Menschen schon immer dazu, am Aufbau oder Wandel einer Kultur mitzuwirken. In solchen Zeiten ist es recht aufregend, Wissenschaftler, Künstler oder Unternehmer zu sein.

Zeit des Erwachens

Nach der Orgie

Will man den gegenwärtigen Stand der Dinge benennen, könnte man mit Jean Baudrillard sagen: *"Wir befinden uns nach der Orgie."* Die Orgie ist nach dem französischen Gegenwartsphilosophen *"der explosive Augenblick der Moderne, der Augenblick der Befreiung in allen Bereichen":* Politische Befreiung, Befreiung von Theorien, Traditionen und vom Taylorismus, Entfesselung des Kapitalismus, Befreiung von der Utopie, den Ideologien, der Geschichte, Befreiung von der Materie; Befreiung der Frau, des Kindes, des Unbewußten, Befreiung der Triebkräfte, der Philosophie, Befreiung des Individuums, der Kunst und der Konstruktion. Nur eine Befreiung vollzog sich bisher fast unbemerkt: die Befreiung des Managers. **Befreiung des Managers, d. h. vor allem Befreiung vom Druck, kontrollieren zu müssen, was man nicht mehr kontrollieren kann, von dem goldenen Schrein in unserem Kopf, in dem wir den Code für Strategie und Logik aufbewahren, auf den wir doch so stolz waren.**

Wieviel Streß haben wir uns gemacht, weil wir Ordnung mit Reglementierung, also mit Kontrolle verwechselt haben. Wir haben darauf geachtet, daß Ordnung in den Strukturen steckt, die von uns etabliert waren. Viel Zeit, Kreativität und Aufmerksamkeit haben wir dem Aufbau dieser Strukturen gewidmet, und trotzdem waren sie Quelle permanenter Frustration, wenn die Kontrolle immer mehr entglitten ist. Nicht nur das, wir haben Management auch über seine Kontrollfunktion definiert. Dynamische Prozesse lassen sich in ihrer Entwicklung nicht exakt vorhersehen, sie folgen ihren eigenen Regeln. Befreiung des Managers heißt daher, einen geistigen Schlüssel, einen mentalen Code zu entwickeln für fließende Veränderungen, Überraschungen und Widersprüche. Konkret gesagt: Es wird Zeit, Unordnung als gleichberechtigten Partner zu akzeptieren und Neuland zu betreten, dem feste Grenzen fehlen. Befreiung des Managers heißt loslassen und Vertrauen haben. Je komplexer die Zusammenhänge werden, um so weniger können wir die Ergebnisse unseres Handelns kalkulieren. Wir müssen Mitarbeiter ihre eigenen Erfahrungen machen lassen, damit sie ihr Land in Besitz nehmen. Menschen werden vertrauenswürdig, indem man ihnen vertraut. Ohne Vertrauen gibt es keinen Mehrwert durch menschliche Phantasie und Kreativität.
Wir treiben in einem rasanten Strom des Wandels dem 21. Jahrhundert entgegen und befinden uns in einer aufregenden Entwicklung unseres Denkens über die Welt und über ihre Erkenntnis. Die Frage der Orientierung ist eine zentrale Frage der Erkenntnismodelle: Wie erfassen, konstruieren und gestalten wir Wirklichkeiten? Im Nebel der Unübersichtlichkeit droht unsere Orientierungsfähigkeit zu schwinden. Unternehmer und Manager sind hier in besonderem Maße gefordert. Doch woran sollen sie sich orientieren, wenn nichts mehr kalkulierbar ist, wenn wir die Ergebnisse unseres eigenen Handelns nicht mehr absehen können, sondern immer wieder von ihnen überrascht werden? Wie stellen wir uns auf die neuen Herausforderungen permanenter Überraschungen und unvorhersehbarer Brüche ein, und wie – vor allem – wie bleiben wir unter Bedingungen wachsender Komplexität und Unkalkulierbarkeit handlungsfähig? Unser altes Modell von Intelligenz hat einmal ganz gut funktioniert. Aber es hat ausgedient, bereits heute, und morgen ganz gewiß. Im Gegenteil, es verengt den Blick auf das, was bekannt, meßbar, verstanden und kontrollierbar ist. Es verhindert neue Einsichten oder behandelt sie einfach nur als zusätzliche Daten, die den alten, eingera-

steten Denkformeln hinzugefügt werden. Die Befreiung des Managers kommt aus einer Veränderung der Perspektive.

Während man früher darüber nachdachte, wie man mit bestehenden Strukturen umgeht, ist das relevante Problem heute, wie man sie wahrnimmt oder zerstört. Zerstört? Nicht nur neue Technologien verändern unser Weltbild dramatisch. Parallel dazu entwickelte sich fast unbemerkt aus den modernen Naturwissenschaften ein völlig neues Verständnis des Lebens überall dort, wo wir lebenden Systemen begegnen: in Organismen, Gesellschaften, in der Wirtschaft und natürlich in Unternehmen. Dieses neue Verständnis des Lebens und der Anpassungsfähigkeit lebendiger Systeme führt zu einer neuen, befreienden Sicht einer Wirklichkeit, in der Fluktuationen, Störungen und Schieflagen nicht unbedingt ein Zeichen dafür sein müssen, daß die Dinge sich verschlechtern. Im Gegenteil, man kann Bewegung und Turbulenz ganz allgemein als Quelle lebendiger Vielfalt und Kreativität bezeichnen.

Befreiung des Managers bedeutet Befreiung von dem Bedürfnis, die Welt mit allen Mitteln zusammenzuhalten und Ausgewogenheit herzustellen. **Wir haben bis vor kurzem geglaubt, das Ganze erst zu begreifen, wenn wir die Einzelteile, und seien es noch so viele, verstanden haben. So haben wir zerlegt und definiert, alles auf Ursache und Wirkung reduziert und unsere Umwelt und unsere Erfahrungen mit ihr in Koordinatensysteme oder zumindest in Charts eingequetscht.** Wir haben Verantwortung und Autorität klar definiert, den Erfahrungsfluß kanalisiert und unsere Sicht von der Wirklichkeit als ein Sammelsurium von Variablen konditioniert. Das hat uns zwar nicht befähigt, mit wachsendem Tempo, Risiko und hoher Komplexität umzugehen, aber es gab uns ein Gefühl von Stabilität. Von uns geschaffene Strukturen vermittelten Sicherheit, und klar definierte Grenzen gaben ein starkes Identitätsgefühl, bis wir merkten, daß die Wirtschaft kein Gegenstand, sondern ein unendlich kompliziertes, sich ständig veränderndes, lebendiges Gebilde ist, in dem Macht über Bindungen entsteht. Befreiung heißt auch Befreiung von alten Grenzen und Gegensätzen zwischen der Wirtschaft und z. B. der Ökologie oder gesellschaftlichen und kulturellen Themen, bei denen der Staat an die

Grenzen seiner finanziellen Leistungsfähigkeit stößt. Wir können uns auch befreien von einer ständig sprudelnden Quelle der Schuldgefühle: der Vorstellung, daß mehr Wohlstand für alle nur durch mehr Ausbeutung endlicher Ressourcen zu erreichen ist, deren Verbrauch auch noch die Atmosphäre und das Wasser vergiften. In Zukunft wird mehr Wachstum nicht allein durch mehr Rohstoffe, mehr Kapitaleinsatz, mehr Arbeit und damit mehr Umweltzerstörung entstehen, sondern durch mehr originellen Geist und mehr Intelligenz. Natürlich brauchen wir, um bei der Ökologie zu bleiben, auch eine intelligente Politik, die z. B. hohen Energieverbrauch und Umweltzerstörungen unterbindet oder durch Steuern belastet. Damit regt sie aber gleichzeitig neue, möglicherweise sehr profitable Initiativen der Wirtschaft an, bessere Produkte, Technologien und Leistungen anzubieten.
Paul Romer, Professor für Wirtschaft an der Stanford University, ist davon überzeugt, daß allein der freie Wettbewerb die großen Probleme unserer Zeit lösen kann. Seiner Ansicht nach werden wir in Zukunft immer weniger umweltschädliche Produkte und immer mehr Intelligenzprodukte herstellen, denn: *"Eine neue Wissensindustrie – Computer, Software, Biotechnik – treibt die Ökonomie an. Wir werden den Wert der bewohnbaren Welt steigern, und zwar ohne Ende."*

Warum sollte die Wirtschaft mit ihren enormen Möglichkeiten die Lösung der großen gesellschaftlichen und ökologischen Probleme dem kurzfristigen Profit vorziehen? Weil, so komisch es klingen mag, die Wirtschaft eine Dienstleistungsdisziplin ist und immer war. **Shareholder Value** gilt heute als entscheidende Voraussetzung, um auf den internationalen Finanzmärkten zu bestehen. Gefährlich wird das Shareholder-Value-Konzept, wenn die Vorstände nur in kurzfristigen 12%-Dimensionen denken und dazu Pragmatismus, Druck und alte Disziplinwerte auspacken oder einen Wertekahlschlag betreiben, der trotz der 12% ein jämmerliches Prestige und eine destruktive Unternehmenskultur hinterläßt. **Unternehmen sind auf dem Weg, Wertegemeinschaften zu werden. Es gibt ein tiefes Bedürfnis nach ethischen und moralischen Dimensionen im Wirtschaftsprozeß.** Nur wer das erkennt, weiß, wie er neben Profitabilitätsanstrengungen das Ganze im Blick behält. In Zukunft gedeihen solche Unternehmen am besten, die mit der fundamentalen Rolle

des Dienens verbunden werden, die sich entschlossen haben, mit ihren Produkten, ihrem Service und vielleicht sogar einem Teil ihres Profits der Gesellschaft zu dienen. Das mag blauäugig klingen, aber die Amerikaner machen uns seit einigen Jahren schon vor, daß Unternehmen, wie z. B. ein Kaufhauskonzern oder eine Supermarktkette, gutes Geld damit verdienen, Gutes zu tun und andere ihren Beitrag dazu leisten zu lassen.
Die Herausforderungen und Chancen einer globalen Wirtschaft haben bereits einige der intelligentesten und innovativsten Köpfe angezogen. Unternehmen und Wirtschaftsorganisationen sind die Orte, an denen die meisten Menschen in der industrialisierten Welt den größten Teil ihrer Zeit verbringen. Die Institution Wirtschaft operiert viel effizienter bei Veränderungen als jede andere soziale Institution. **Politiker können erfolgreich sein und wiedergewählt werden, nur indem sie über die Probleme reden. In der Wirtschaft muß man Ergebnisse bringen.** Die Wirtschaft ist der Raum, in dem die meisten von uns den größten Teil ihrer sozialen Beziehungen pflegen. Es wäre ignorant und ideologisch zu übersehen, daß die Wirtschaft in der Entwicklung des Menschen eine entschiedende Rolle spielen kann und muß. Ich bin davon überzeugt, daß bereits heute eine neue Generation von Führungsverantwortlichen damit beginnt, ihre wichtigste Aufgabe in der Weiterentwicklung der menschlichen Fähigkeiten und in der geistigen Anregung und der persönlichen **Transformation** der Menschen zu sehen, indem sie ihnen eine Gebrauchsanweisung geben, mit der sie die alten Wirklichkeiten in Frage stellen können, bevor sie sich auf eine neue einlassen. Wer sich auf dieses In-Frage-Stellen, diese Kritizität nicht einläßt, betrachtet die Möglichkeiten der Zukunft aus dem Blickwinkel der Vergangenheit. Transformation, damit wir uns recht verstehen, heißt nicht, eine neue fertige Wahrheit oder Ideologie zu übernehmen, an die man ab jetzt glauben muß. Transformation heißt, fähig zu sein, eigenständig zu denken und sein Leben in autonome Bahnen zu lenken, um wie alles Lebendige immer komplexer zu werden, und das heißt weiter zu wachsen.

Das Siedlersyndrom

Das deutsche Wort "Reformstau" genießt mittlerweile Weltruf. Es wurde in die amerikanische Sprache übernommen, ebenso wie *angst, waldsterben* und *schadenfreude*, was genug über das Weltbild von den Deutschen aussagt. Der jüngst vom Bundesforschungsminister hochgejubelte Innovationsboom kann nicht darüber hinwegtäuschen, daß die deutsche Volkswirtschaft beim großen Sprung nach vorn hinter anderen, z.B. den USA und Japan, zurückbleibt. Innovationen werden in Deutschland noch immer vorwiegend von traditionellen Branchen wie dem Fahrzeug- und Maschinenbau oder der chemischen Industrie getragen. Dagegen ist es Unternehmen bei künftigen Schlüsseltechnologien wie der Mikroelektronik, Biotechnik und Multimedia gerade gelungen, ihren Anschluß an die internationale Entwicklung zu halten. Innovatoren kommen hierzulande sicher, systematisch und beständig voran, im Bereich der Spitzentechnologie ist Deutschland eindeutig im Rückstand. Während in Kalifornien Zehntausende von Arbeitsplätzen in der Computerbranche entstehen, zigmillionen Menschen auf der ganzen Welt Computer nutzen und viele von ihnen damit neue Ideen, Leistungen und Produkte kreieren, haben es Kreative, Gründer und junge Unternehmer in Deutschland offenbar schwer. Nicht anders geht es den Spielkindern und Tüftlern in den Unternehmen. **Zwar stellen 85 % der Vorstände laut einer Kienbaum-Studie Innovationen an die Spitze ihrer Ziele, 95 % geben an, daß die Pflege innovativer Mitarbeiter oberste Priorität habe. Befragt man aber die Mitarbeiter, dann erfährt man, daß 60 % von ihnen Nachteile erfahren haben, weil sie kreative Vorschläge machten.** Das Neue scheint doch das Böse zu sein; es gefährdet Ansehen und Karriere.

Wer neue Wege aufzeigt, läuft Gefahr, im Klüngel der Kader seine Position und seinen guten Ruf zu gefährden. Die alten Systeme reagieren negativ mit offenen oder subtilen Bestrafungen, wenn Mitarbeiter oder Teams zu kreativ, und damit zu fremd werden. Warum ist das so? Kreativlinge leben andere Werte und denken wesentlich weniger rational, sie brauchen gute Gefühle und Wärme, lieben packende Herausforderungen, große Aufgaben und langweilen sich schnell. Ihr Habitus paßt nicht in den gepflegt-coolen Konservativismus oder in die selbstherrlich-machtbewußte Rüpelhaftigkeit, die in den Topetagen deutscher Unternehmen gern zelebriert wird. Den Machern sind sie einfach suspekt.

Echte *Start-up*-Unternehmen, meist mutige und unbekümmerte junge Senkrechtstarter, die oft die Spielregeln der Machbarkeit noch nicht kennen und keine Mühe haben, sie durch ihre gute Idee zu brechen, solche Phänomene scheint es eher jenseits des Atlantiks zu geben. In Deutschland muß einer, der mit einer guten Idee in ein Unternehmen oder zu seiner Bank geht, damit rechnen, daß er ohne sie zurückkommt. Man schaut oft gebannt auf die Risiken und zu voreingenommen auf die Chancen. Bei den Banken ist eine solche Haltung geradezu Programm. Schließlich vergibt man Risiko- und nicht **Chancenkapital.**
Aus Wirtschaft und Politik hallt zwar der Ruf nach ungewöhnlichen Ideen und bahnbrechenden Innovationen, gleichzeitig werden viele wertvolle Ideen und Visionen bei uns sofort mit der Säure des Argwohns durchtränkt. Weil Ideen und Zukunftsvisionen keine direkte Fortschreibung der Realität sind, werden sie von Pragmatikern und Effizienzspezialisten mit Fleiß kaputt gemacht. Und auf die trifft man überall. Leute, die zuerst die Risiken und Schwachstellen sehen und darauf spezialisiert sind, Ideen zu killen. Das geht schnell, macht keine Arbeit, hinterläßt keine Flecken, und vor allem war es ja auch nicht ihre Idee. Bei möglichen Auftraggebern kommt noch hinzu, daß ungewöhnliche Ideen sie leicht erschrecken, sie haben Angst davor, ein Experiment mitzumachen und etwas zu finanzieren, das von der Marktforschung noch nicht abgesichert ist. Doch Marktforschung ist retrospektiv. Sie sagt immer nur etwas über die Vergangenheit aus und beschreibt nur das, was in den Köpfen der Menschen bereits existiert, nicht das, was morgen darin sein könnte. Und genau um das geht es bei brillanten Ideen. Großartige Ideen bedeuten immer Unsicherheit, vielleicht sogar Provokation und Polarisierung. Nur so wird man auf sie aufmerksam.
Unter den von *BUSINESS WEEK* für das Jahr 1997 ausgezeichneten *"heißesten Unternehmern des Jahres"* war die 25jährige Dineh Mohajer. Sie hatte zu Hause damit begonnen, recht ungewöhnliche Nagellackfarben zusammenzumischen und sie unter "Zucht", "Köder" oder "Porno" zuerst den Szenegrößen und dann großen Kaufhäusern anzubieten. Das brachte ihr 1997 einen Umsatz von 20 Millionen Dollar. Der 33jährige Halsey M. Minor hat in fünf Jahren ein Online-Medien-Imperium mit vier Fernsehkanälen und elf Internetsites aufgebaut, die sich ausschließlich mit Technikthemen beschäftigen. Oder der 38jährige Irwin D. Simon. Er setzte über 65 Millionen Dollar mit fett-, cholesterin-, zucker-

oder milchfreien sowie koscheren Tiefkühlprodukten um. Daran finden auch Finanzjongleure wie Georges Soros Geschmack. Er hat sich mit 14% an der guten Idee beteiligt. Auch der 29jährige Anthony Mark Hankins gehört zu den in *BUSINESS WEEK* ausgezeichneten *start-ups*. Er machte in einer Zeit des ungebrochenen Trends zu Schwarz und Purismus-Design 40 Millionen Dollar mit Kleidung aus knallbunten Stoffetzen. Für 1998 hat er sich vorgenommen, den seit Jahren vor sich hindümpelnden Markt der Innendekorationen zu erobern. Hätten die vier in Deutschland eine Chance gehabt?

"Die Stadtsparkasse Köln war traurig, daß wir gehen", erklärte Jungunternehmer Julian Eggebrecht in einem Interview der *Wirtschaftswoche* (Nr. 23/ 30.5.1996). Weil das expandierende Geschäft mit dem Spieltrieb hier nur mit Argwohn betrachtet wird, der deutsche Markt wenig Grafikernachwuchs für ihr Geschäft hervorbringt und die meisten Aufträge sowieso aus den USA kommen, packten er, seine Frau und neun Kollegen vom Videospieleproduzenten Faktor 5, alle zwischen 23 und 28 Jahren alt, ihre Koffer in einem Vorort von Köln ein und in einem Vorort von San Francisco wieder aus. Das Unternehmen war der wohl einzige Videospielemacher Deutschlands, der es geschafft hatte, mit den internationalen *big players* der Branche ins Geschäft zu kommen. Doch die typisch deutsche Mischung aus Pingeligkeit, Arroganz und Angst machte auch ihnen die Arbeit schwer. Wen wundert's dann, wenn die besseren Arbeitsbedingungen, die kreative Spannung des Silicon Valley und nicht zuletzt die kalifornische Küste deutsche Gründer in den fernen Westen locken. Die Avantgarde der High-Tech-Tüftler und die Erfinder- oder Designerszene sind hochmotiviert, kreativ, risikofreudig, und viele von ihnen haben von Deutschland die Nase voll.

Die jungen Gründer wandern ins Ausland, vor allem in die USA und nach Kanada, ab. Jedes Jahr verlassen Tausende von Bundesbürgern das Land, mit steigender Tendenz.

Die jungen Macher sind gut ausgebildet und haben bereits in der Schulzeit, während der Ausbildung oder im Studium Auslandserfahrung gesammelt. Sie haben genau das Unternehmerprofil, von dem Politiker und Wirtschaftsvertreter hierzulande gern ins Schwärmen geraten: Pioniergeist, Mut und vor allem Kreativität. Ob Mode, Medien, Computer, Telekommunikation oder Entertainment und Video, gerade die Vereinigten Staaten, und besonders New York und die Bay Area um San

Francisco, ziehen junge Deutsche magisch an. Die Gründer sind davon überzeugt, daß sie das, was sie im Ausland geschafft haben, niemals in Deutschland schaffen würden.

Niedrigere Steuern, Sozialabgaben und Telekom-Gebühren, einfachere Gründungsprozeduren, geringere Einstellungsrisiken, dafür höhere Risikobereitschaft bei Kunden und Banken, weniger Vorurteile gegenüber Neuem und noch nicht Bewährtem, höhere Lebensqualität sowie ein besseres Image von Zukunftsbranchen, wie z. B. Dienstleistung oder Unterhaltungsindustrie, machen die USA wieder zum gelobten Land für Gründer. Mit jedem Auswanderer wird unser Land ein Stück ärmer an Fachwissen, Motivation, Begeisterung und vor allem an Vorbildern, die anderen Mut machen und sie anregen, etwas Verrücktes, Außergewöhnliches und in jedem Falle Großartiges zu tun.

Im Modell der morphischen Felder könnte man sagen, jeder Auswanderer unter den jungen Gründern schwächt die morphische Resonanz für neue Ideen und Innovationen. Das erste Feld einer neuen Idee entsteht nach Sheldrake durch einen kreativen Sprung. Das gleiche Muster (spontane, großartige Ideen) wird um so wahrscheinlicher wieder auftreten, je häufiger diese Muster sich wiederholen. Jede Wiederholung verstärkt durch morphische Resonanz das gleiche Verhalten. Das heißt nichts anderes als: Gute Ideen führen zu immer mehr guten Ideen. Erfolgreiche Gründungen führen zu neuen erfolgreichen Gründungen. Wer es nicht glaubt, der sehe sich mal in New York und der San Francisco Area um. **Sie sagen, die Amerikaner sind einfach verrückter als wir. Ach ja? Das ist vermutlich keine genetische Disposition. Nennen Sie es morphische Resonanz oder Gesetze der Form (George Spencer-Brown) oder Selbstverstärkungseffekt oder wie Sie wollen.** Diese Leute sind verrückter, weil viele andere verrückt sind, und zwar so verrückt, selbst eine Menge verrückter Ideen hervorzubringen und zu glauben, die anderen Verrückten würden sie finanzieren, realisieren oder kaufen. Und genau das tun sie.

Manchmal ist es nur ein kleiner Schritt von visionärer Träumerei zum Entschluß auszuwandern. Für den sorgt die von Gründern immer wieder zitierte Arroganz der Deutschen. Wenn ein Konzept nicht hundertfach erprobt, sein

Nutzen präzise nachgewiesen, seine Rentabilität bis ins Detail vorauskalkulierbar ist, dann gibt es hierzulande mehr Ressentiments als Resonanz. Wissen gedeiht aber nur unter bestimmten Bedingungen: in einem Klima, in dem man hundert Dinge probieren kann, auch wenn nur zehn zum Ziel führen. Das meint einer, der bekannt für seine ungewöhnlichen Ideen ist: Peter Littmann, Chef des Hamburger Wünsche Konzerns in der Zeitschrift *IMPULSE* (1/98): *"Wer etwas Neues probiert und scheitert, darf nicht mehr als Versager stigmatisiert werden, sondern muß eine zweite, dritte Chance bekommen ... Wir brauchen eine höhere Fehlertoleranz und zwar kombiniert mit einem deutlich höheren Druck auf diejenigen, die mit einer Strategie des minimalen Risikos Innovationen unterdrücken. Ein Produktmanager, der sich stets hinter Me-Too-Strategien verschanzt, darf sich nicht mehr in Sicherheit wiegen können."*
Wirtschaften heißt Bedürfnisse befriedigen, und das bedeutet in einer Wissensgesellschaft, intelligente Faktoren einzusetzen, um Wohlstand aber auch Wohlbefinden herzustellen. Dies sagt jemand, der schon seit Jahren in die Zukunft denkt und mit diesem Wissen sein Geld verdient, der Unternehmer und CompuNet-Gründer Jost Stollmann: *"In der Nachkriegszeit waren die wichtigsten Bedürfnisse Häuser, Verkehrsmittel, eine Infrastruktur. Heute ist es vielleicht Luft, die man atmen kann. Oder Gesundheit, Unterhaltung, die Chance, zu arbeiten und dennoch Zeit für eine Familie zu haben, oder einfach die Möglichkeit, schneller und bequemer von A nach B zu kommen ... Ich meine, daß dies eine Vision ist, die in ein aufregendes Land führt. Und daß wir alle bald aufbrechen sollten."*

Zumindest in der internationalen *scientific community* herrscht schon seit einigen Jahren die Atmosphäre eines interdisziplinären, auch die Philosophie erfassenden, gemeinschaftlichen Aufbruchs. Übrigens: Die dazu gehörenden deutschen Wissenschaftler, wie z. B. den Spieltheoretiker und Nobelpreisträger Manfred Eigen, der in Bonn lehrt, pflegt man hierzulande, insbesondere in der Wirtschaft, wohlwollend zu ignorieren.

Die vorwiegend amerikanisch geprägte, internationale Wissenschaftsszene verbindet die Frage nach etwas Verläßlichem, einem konkreten Muster, das über jeden Zweifel erhaben und gewiß ist. **Gibt es eine Art Weltformel, ein Gesetz, das alles umfaßt und scheinbar getrennte Teilbereiche wie Natur-**

wissenschaften und Wirtschaft, Physik und Psychologie, Religion, Mathematik usw. verbindet? Was haben die Erkenntnisse der Naturwissenschaften mit den Geisterbeschwörungen und Bräuchen, den Mythen und Ritualen der Naturvölker zu tun? Eine ganze Menge, sagt der amerikanische Naturwissenschaftler George Johnson, der in einem abgelegenen Landstrich New Mexicos aufgewachsen ist, wo auf engstem Raum die Spitze der Atomphysik, die Weltelite der Informatiker, die Tewa-Indianer und eine strenggläubige katholische Laienbruderschaft leben und arbeiten. Vor einem halben Jahrhundert wurden die Naturwissenschaftler in geheimer Mission (Manhattan-Projekt) in die schroffe Bergwelt geschickt, um als Antwort auf Hitlers angebliche "Wunderwaffe" die Atombombe zu bauen. Die künstliche Siedlung entwickelte sich im Laufe der Jahre zu einer Großstadt: Los Alamos.
Im benachbarten Santa Fe ließen sich die Informatiker, berühmte Nobelpreisträger und junge *science freaks* nieder, die der etablierten akademischen Forschung den Rücken gekehrt haben und eine neue Wissenschaft von der Komplexität begründen wollen. Das Santa Fe Institute wurde zu einem Zentrum für die Forschung nach Gesetzen der Komplexität, mit denen man die Entstehung von Leben, Verstand und Gesellschaft in einem Universum erklären will, "das sich selbst lebt", d. h. in dem es keine Gefühle, keine moralischen Kategorien, sondern nur das zeitlose Streben zu immer neuem, offenem Werden, nach Evolution, gibt.
George Johnson, Wissenschaftsredakteur bei der *New York Times* und Autor mehrerer Bücher, hat die recht spannende Entdeckung gemacht, daß die scheinbar völlig unterschiedlichen Glaubenswelten der Wissenschaftler und der Menschen, die einem kulturell gewachsenen Glauben anhängen, einen gemeinsamen Ursprung, ein gemeinsames Ideal haben: Beide suchen überall in der Natur nach Mustern und Ordnungsprinzipien – sei es im Mikrokosmos der Atome, in der belebten Welt oder im Makrokosmos des Sternenhimmels. Hinter all diesen Fragen wartet letztendlich diejenige nach dem Woher und Wohin, nach dem Sinn unserer Existenz.

Wir leben in einer Zeit, in der Schranken zwischen den Erkenntnisbereichen und Erscheinungen fallen und sich eine große Freiheit öffnet, spontan, unvorhersehbar, allen möglichen neuen Erklärungsansätzen und Gedanken gegenüber offen. Die Welt ist eine Welt der Widersprüche und Gegensätze.

Der Mensch sucht darin nach Eindeutigkeit und Orientierung. Der Religiöse sucht Gott, der Naturwissenschaftler die Weltformel, der Manager die Passepartout-Strategie für den Erfolg.
Auf dieser Suche haben wir damit begonnen, neue Strukturen und verborgene Ordnungen zu erkennen, wo wir bisher nur Chaos vermuteten. Doch noch immer ähneln unsere Organisationen und Unternehmen Newtons Gesetzmäßigkeiten der Mechanik. Wir glauben, Einfluß sei die direkte Folge einer Kraft, die ein Mensch auf andere ausübt. Wir machen komplizierte Pläne für eine Welt, die wir für berechenbar halten, und wir versuchen ständig, unsere Methoden zu verfeinern, um unsere Welt doch noch logisch erfassen zu können und die Ergebnisse unserer Handlungen kalkulierbar zu machen.
Kontrollverlust ist eine unserer schlimmsten Ängste, ganz besonders im Management, dabei ist es eine alte Angst, die nichts mit der Vielfalt, der Komplexität an sich zu tun hat, sondern mit unserem alten Bild von einer Welt als riesiger Maschine, deren dynamische Kräfte man im Auge behalten mußte, damit einem ihre wild gewordenen Teile nicht um die Ohren fliegen.

Wir sollten vielleicht damit aufhören, die Brüche, Überraschungen und Unkalkulierbarkeiten von heute mit den Instrumenten des 17. Jahrhunderts zu untersuchen. Wenn wir heute etwas über ökonomisches Handeln, Veränderungsprozesse und menschliches Verhalten erfahren wollen, dann wäre es vermutlich nützlicher, die wissenschaftlichen Erkenntnisse unserer Zeit zugrundezulegen. **Doch wir haben noch gar nicht richtig erfaßt, welche Bedeutung die Neuen oder Kinetischen Wissenschaften (Quantenphysik, Molekularbiologie, Chaostheorie) für unsere praktische Arbeit haben. Wir beginnen aber zu erahnen, daß diese ersten Ansätze zu einer völlig neue Denkweise führen werden.** Auslöser dieses neuen Weltbildes war vor allem der Chemiker und Physiker Ilya Prigogine mit seinen Studien über Ungleichgewichtssysteme, die nicht auf die Naturwissenschaften beschränkt, sondern auf alle offenen Systeme, also auch auf die soziale und wirtschaftliche Entwicklung anwendbar sind, und für die er 1977 mit dem Nobelpreis für Physik ausgezeichnet wurde.
Die quantenmechanische Wirklichkeitssicht fegt alles vom Tisch, was wir bisher als Realität betrachtet haben. Nach den Erkenntnissen der Quantenphysik lassen

sich nicht etwa die Teilchen selbst, sondern nur die Beziehungen dieser Teilchen untereinander beobachten. Materieteilchen können nur im Zusammenhang mit etwas anderem entstehen und beobachtet werden. Sie können nicht einzeln und voneinander unabhängig existieren, sondern sind durch unsichtbare Verbindungen verknüpft, wo man bisher separate Einheiten betrachtete. Die Welt der Quantenphysik erschien dem Physiker Werner Heisenberg *"wie ein kompliziertes Gewebe aus Ereignissen, bei dem Verbindungen verschiedenster Art entstehen, sich miteinander verflechten, einander überlappen und so die Struktur des Ganzen bestimmen".*

In den Neuen Wissenschaften denken Wissenschaftler verschiedener Disziplinen, teilweise berühmte Nobelpreisträger, darüber nach, wie komplexe Strukturen entstehen, was sie mit Galaxien, Planeten, Gehirnen, Bakterien, Pflanzen und Wirtschaftssystemen verbindet. Sie interessiert, warum ein Ökosystem oft Millionen Jahre unverändert bleibt, um dann in einem einzigen geologischen Moment zu verschwinden, und was das z. B. mit dem plötzlichen Zusammenbruch des kommunistischen Regimes der Sowjetunion am Ende der 80er Jahre zu tun hat.

Zukunftsangst – Angst vor uns selbst?

Bis vor wenigen Jahren orientierten wir uns in Fragen, wie die Welt denn sei, an Köpfen, die von der Philosophie und der Literatur geprägt waren. Das Erbe von Hans Magnus Enzensberger, Hans Mayer und Jürgen Habermas ist verteilt, aber nicht an eine neue Generation klassisch geschulter Intellektueller, sondern an Naturwissenschaftler, deren geistige Heimat am Hochleistungscomputer, in Laboratorien und in der Welt der Formeln liegt. Das Interesse an populärer Naturwissenschaft wächst, und so rückt eine neue Art der Intellektuellen nach: Naturwissenschaftler und Denker aus deren Umkreis, die mit ihren Veröffentlichungen den Schleier von der tieferen Bedeutung des Lebens ziehen und auf eine neue Weise definieren, wer und was wir sind und wie wir uns selbst und die Welt sehen. Seit Beginn der Neuzeit vor etwa 400 Jahren haben die Naturwissenschaften die Welt immer mehr in Besitz genommen. Zuerst entwarfen Astronomen und Physiker ein neues Bild des Kosmos und der Erde, später löste die Mechanik die Metaphysik ab. Heute sind die Genetiker und Neurobiologen dabei zu erklären, was unser Bewußtsein und unsere Individualität tatsächlich ist. Suchten die Menschen in der Vergangenheit bei den Philosophen Antwort auf die letzten Fragen, so sieht man den Schlüssel zu den Menschheitsfragen jetzt in den Neuen Naturwissenschaften.

Der Schauplatz des Geisteslebens hat sich in den letzten Jahren gewandelt, und so reicht das von Norbert Bolz beschriebene Bildungsideal der 50er Jahre – Freud, Marx und Moderne – für den intelligenten Menschen unserer Tage nicht mehr aus. Traditions- und Sinnverlust, Wertewandel, wachsende Unkalkulierbarkeit, komplizierter werdende Beziehungen und unklare Zukunftsperspektiven gehören zu den Grunderfahrungen des Menschen im ausgehenden 20. Jahrhundert. Die tiefen Bindungen an Beruf und Arbeit, Heimat und Religion waren verläßliche Eckpfeiler der Moderne, und sie bildeten einen Orientierungsrahmen für die alltägliche Lebensführung und das, was man von der Zukunft erwarten konnte.
In den vergangenen Jahren haben zahlreiche naturwissenschaftliche Themen in den Medien eine bedeutende Rolle gespielt. **Begriffe wie Chaostheorie, neuronale Netze, künstliches Leben, Fraktale, komplexe Systeme, Synergetik, Molekularbiologie, Quantenphysik, virtuelle Realität, um nur einige zu nennen, führten plötzlich die Terminologie- und Themencharts gebildeter Kreise an. Die wenigen noch verbliebenen traditionell gebildeten Intellektuellen riefen derweil laut nach der Verantwortung, doch sie waren vor allem stolz darauf, von den wirklich bedeutsamen Themen unserer Zeit, Technik, Komplexität und Wirtschaft, keine Ahnung zu haben.** Gerade die literarischen Intellektuellen begannen unbemerkt, sich selbst als Intellektuelle zu bezeichnen, als gäbe es keine anderen. Die Hommes-de-lettres-Definition schloß Naturwissenschaftler wie den Astronom Edward Hubbel, die Physiker Albert Einstein, Niels Bohr, Werner Heisenberg, den Mathematiker John von Neumann, die Biologen Francisco Varela und Humberto Maturana, den Kybernetiker Norbert Wiener und Hermann Haken, Physiker und Begründer der Synergetik (Lehre vom Zusammenwirken der Dinge oder Selbstorganisation), einfach aus. Was waren die Gründe? Zum einen machten die Naturwissenschaftler keinen großen Wirbel um ihre Arbeit, was im Medienzeitalter unerläßlich ist, um im großen Rauschen überhaupt wahrgenommen zu werden. Zum anderen nahmen die

selbstdefinierten Intellektuellen die Arbeit der Naturwissenschaftler einfach nicht zur Kenntnis. Der Wert und die Bedeutung der von ihnen entwickelten Theorien blieben als intellektuelle Leistung unerkannt, weil die Naturwissenschaften als schwerverdaulich galten und damit für die populären Zeitschriften und Zeitungen tabu waren.

Doch die führenden Naturwissenschaftler haben mittlerweile gelernt, in spannendem, gut lesbarem Erzählton von schwarzen Löchern, Zellteilung, der menschlichen Wirklichkeitskonstruktion, Punktzeit und künstlicher Intelligenz zu erzählen und uns die Welt und das Universum auszuleuchten. Naturwissenschaftler sind die neuen Stars unter den Welterklärern, sie formen eine "Dritte Kultur" (John Brockman) – die **Popscience.** Ob in Hochglanzmagazinen um Rat gefragte Trendphilosophen oder Bestseller produzierende Nobelpreisträger, die Vertreter der Populärwissenschaften bilden eine eigene, neben Natur- und Geisteswissenschaften angesiedelte Kultur in den Medien. Wissenschaftler wie der Psychologe Oliver Sacks, der Astrophysiker Stephen Hawking oder der Physiker Murray Gell-Mann betreten die Bühne der Öffentlichkeit und nehmen den Platz einer neuen Generation der klassischen Intellektuellen ein – mit entsprechendem Erfolg. Was die Welt braucht, ist Mut zum Aufbruch, Orientierungshilfen, wie man durch den Dunst der Ungewißheit navigiert. Da leisten die modernen Naturwissenschaften Beachtliches, daher ist ihnen in diesem Buch ein umfangreiches Kapitel gewidmet. Der erste Schritt ins Rampenlicht des öffentlichen Interesses geschah für die Naturwissenschaften in den 70er Jahren, als die Biologen Francisco Varela und Humberto Maturana die Systemtheorie entwickelten. Ihr Grundgedanke bestand darin, daß alle Lebewesen, egal, ob Einzeller, Menschen, Gesellschaften und Organisationen, sich selbst organisieren und reproduzieren. Niklas Luhmann, geistiger Vater der Systemtheorie in den Sozialwissenschaften, hat dieses Modell übernommen und in den letzten Jahren auf verschiedene Bereiche der Gesellschaft übertragen, auf die Wirtschaft, das Rechtssystem und zuletzt auch auf den Kunstbetrieb. Die Selbstorganisation hat sich als universales Modell entfaltet, das eine Brücke über den Graben zwischen Geist und Natur schlägt, auf den der britische Romancier und Physiker C.P. Snow in den 50er Jahren hingewiesen hatte, als er behauptete, die geistige Kultur der westlichen Welt sei in zwei Lager gespalten, in Natur- und Geisteswissenschaften, die nicht miteinander kommunizierten.

Die Grenzen zwischen den Erkenntnisbereichen sind durchlässiger geworden, Forscher und Denker beider Seiten beeinflussen sich gegenseitig. So setzt sich der Biologe Francisco Varela mit dem Buddhismus auseinander, für den das Ich eine Illusion ist. Auch in Varelas Modell komplexer Systeme gibt es keinen Mittelpunkt. Er ist davon überzeugt, daß die Wiederentdeckung der asiatischen Philosophie, besonders der buddhistischen Denktradition des Tao für die westliche Kulturgeschichte eine Art zweite Renaissance bedeutet und ein genauso großes Potential birgt wie einst die Renaissance des griechischen Denkens für Europa. Das neue Modell des offenen Werdens beruht auf der Annahme, daß es einen Geist oder ein Informationsfeld gibt, das die biologische und kulturelle Evolution des Menschen und der Natur steuert. Dieser Geist, und das ist wichtig für das **Tao**, schreibt nicht vor, in welche Richtung die Entwicklung zu gehen hat, es gibt allein die Absicht zu werden. Solche Prozesse des offenen Werdens beschreibt das Tao als Fließen durch Wandlung, wobei Paradoxien und Offenheit normale Begleiterscheinungen sind. Nur der kann die Kraft nutzen, der seinem Geist eine entsprechende Form gegeben hat, zeitgemäßer gesagt, kann nur der die Kraft der Co-Evolution nutzen, der Evolution sehen oder zumindest erahnen kann, um sich mit ihr zu verbinden. Die Lehre des Tao besagt: *"Wo keine entsprechende Form ist, verweilt das Tao nicht. Wo keine äußere Korrektheit ist, wirkt das Tao nicht."* Die philosophische Welt allerdings ist eine Welt, zu der die meisten Manager keinen Zugang haben, weil sie ihnen nicht pragmatisch genug erscheint oder weil ihnen einfach die Zeit fehlt. **Doch der Blick auf das Ganze und Konzepte der Selbstführung werden in Zukunft zu Kernkompetenzen in einer sich rasant verändernden Zeit.** In den letzten zwanzig Jahren hat die westliche Gesellschaft eine extrem turbulente Zeit durchlebt. Es war eine Zeit, in der sich fundamentale Regeln und die grundlegende Art, wie wir Dinge tun, verändert haben. Bei vielen Menschen ist deshalb die Angst vor der Zukunft viel stärker als die Neugier und die Vorstellungskraft, wie sie denn aussehen könnte. Was ist passiert? Die großen absoluten Wahrheiten sind uns in den Erkenntnissen und Ereignissen des 20. Jahrhunderts abhanden gekommen. Es gibt keine gesellschaftlich, politisch oder religiös zu rechtfertigenden Ziele mehr, denen wir die Verantwortung für unser eigenes Tun wie einen Hut dem Haken übergeben. Wir sind auch nicht Spielbälle oder Gefangene irgendwelcher böser Mächte, die im

Hintergrund wirken, noch gibt es eine höhere Macht, die dafür verantwortlich ist, ob und wie wir unsere Denk- und Arbeitsweisen verändern können. Zukunftsintelligenz und Phantasie sind nichts Mystisches. Sie lassen sich beschreiben und trainieren. Es liegt daher an uns, die persönliche Verantwortung für die uns steuernden Codes und inneren Wahrheiten zu übernehmen, anstehende Probleme durch komplexere Intelligenz zu lösen, kreativere Ergebnisse zu bekommen und Vorurteile abzutragen.

In der Produktionsgesellschaft waren die wichtigsten Funktionen der Technologie: Wiederholung, Optimierung und Standardisierung. An die Technologie in einer Informations- und Wissensgesellschaft werden genau entgegengesetzte Erwartungen gestellt: Innovation, Schnelligkeit und Diversität. Dieser neue Anspruch verändert eine zentrale Grundlage der Industriegesellschaft. Statt um die Anhäufung von immer mehr Gleichem geht es jetzt um die Kreation von immer mehr Unterschiedlichkeit. Ähnlich ist es mit Erfolg und dem neuen Weg zu Reichtum. **Reichtum durch Informationen verändert sich sprunghaft, er stützt sich auf Faktoren, die so flüchtig sind wie Schloßgespenster: Zinssätze, Börsenkurse, Popularität, Reputation, Kredit, Trends, Ideen.** Die soliden Grundlagen physischer Materie, die man in Form von Immobilien, Stück Vieh, Gold und Wertpapieren anhäufen und subtrahieren, vor allem aber, auf die man sich verlassen konnte, gehen verloren. Wir leben in einem Universum der Symbolismen, in dem Reichtum an Risiko und an Ideen geknüpft ist.

Die Zeit, in der Entwicklungen berechenbar waren, ist vorbei. Dafür ist unsere Zeit um so spannender – für den, der mit Ungewißheiten leben und Paradoxien ertragen kann. Ratio, Logik und sachbezogene Erfahrungen reichen für intelligente Lösungen nicht mehr aus. Wer die Menschen erreichen und leiten will, der muß sensibler Motivator, kühler Denker und leidenschaftlicher Macher in einer Person sein. In überschaubaren Märkten mit berechenbaren Kunden, die als Nutzenmaximierer auftraten und nach den Gesetzen von Angebot und Nachfrage reagierten, deren nächster Schritt sich voraussehen und planen ließ, da kamen wir mit logischer Vernunft, Erfahrung und ein bißchen Phantasie ganz gut zurecht. Heute sind Unternehmen in einen weltumspannenden Veränderungsprozeß eingebunden. Kleinste Impulse können enorme Veränderungen auslösen.

Ein Unternehmen ist das, was es von sich glaubt. Führung heißt nicht, Verhalten oder Handlungen zu steuern, sondern den *global brain* und das morphische Feld des Unternehmens zu führen und Energien freizusetzen, die sonst unerschlossen blieben. Erfahrungen und Überzeugungen sind mächtig. Ein Unternehmen, das seine Erfahrungen und Überzeugungen als Dinge betrachtet, wird sie auch als Dinge behandeln. Sie werden bestimmte Grenzen haben, nämlich ihre Definitionen. Aber was noch schlimmer ist: Sie werden auf einen Gedanken zur Zeit zusammengedampft und beschränkt sein. Folge: Das geistige Feld wird immer in Übereinstimmung mit dem gesamten früheren Denken bleiben, und das ist pures Gift für Kreativität und Innovation. In der Welt von Multimedia, Internet und globaler Vernetzung brauchen wir eine Führungselite, die Mut zum Experimentieren hat, weil sie den *Code for Change* besitzt, der es ihr ermöglicht, Grenzen des Gewohnten zu überschreiten, logisch und fiktionär zugleich zu denken und trotzdem zu funktionieren. Unsere Denkprogramme, unsere Codes sind das Medium, durch das wir mit der Welt in Verbindung treten und mit unserer Umwelt interagieren. Sie sind tief in unsere persönliche Lebensgeschichte verwickelt und bilden unseren Blick auf die Welt ab. Auch hier gilt: Neue Blickwinkel schaffen neue Möglichkeiten.

Es sind indirekte Strategien, die zukünftige Führung prägen. Doch das Indirekte wird meist als Umweg verstanden. Wir wollen das Problem dort packen und lösen, wo es sich zeigt. Und wir wollen dazu Methoden benutzen, die zur Lösung dieses Problems scheinbar nötig sind. Damit behandeln wir immer wieder die direkten Symptome, ohne die indirekten Ordner zu sehen, die diese Problemsymptome hervorbringen. **Indirekte Ordner** sind z. B. die Vorstellungen, die die Menschen innerhalb und außerhalb des Hauses von einem Unternehmen haben. Diese Ordner sind alles andere als rational und schon gar nicht konkret. Sie gehören in den Bereich des Insgeheimen, der kollektiven und persönlichen Mythen, der nur durch Geist beeinflußt werden kann. Die wachsende Bedeutung von Fiktionen, d. h. Entwürfen aus Phantasie, wird das Management komplett wandeln. Wenn wir uns in Zukunft von der Produktion materieller Dinge mehr und mehr verabschieden und ins Zeitalter der Ideen und Erfindungen eintreten, werden vor allem solche Erscheinungen wichtig, die im Raum der Möglichkeiten liegen, die noch nicht Realität sind. Die Möglichkeiten unseres Gehirns und die Fähigkeiten unseres Geistes nehmen dabei eine zentrale Rolle ein. Brain-Power wird immer wichtiger, aber mit

ihr allein ist es eben nicht getan. Was nützt uns die ganze Intelligenz, wenn wir nicht in der Lage sind, sie intelligent zu organisieren und ihre Grenzen immer wieder weiter zu stecken, um das Unmögliche zu denken. Die Welt verstehen heißt, sie simulieren zu können!
Wir durchlaufen einen unvergleichlichen und atemberaubend schnellen Wandel in unseren Vorstellungen über die Welt und uns selbst, unsere Jobs, Karrieren, über unsere Art zu leben und über unsere Zukunft. Alte Werte und Institutionen haben ausgedient, und wir wissen noch nicht, was sie ersetzen wird. Revolutionäre Technologien, die weltweite wirtschaftliche Integration und kulturelle Anpassungsprozesse treiben das Karussell des Wandels immer schneller an:

- Wir erleben eine Explosion des Geistes. Immer mehr technische Erfindungen prasseln auf uns herab und multiplizieren und beschleunigen unser Wissen.
- An der Spitze bleiben heißt, Zugriff auf Daten und Informationen aus aller Welt zu haben, die relevanten zu erkennen, aufzunehmen, zu interpretieren und dann schnelle Entscheidungen zu treffen.
- In unserer Gesellschaft breitet sich immer größere Vielfalt aus. Die Wirklichkeit wird zu einem Tanz der Optionen.
- Der Zeitgeist wird zum Instrument der Welterschaffung und zur Blaupause für neue Wirklichkeitsentwürfe.
- Weltweite Kenntnisse, ein gemeinsamer Markt und eine internationale Sprache werden unser Wissen und unsere Beziehungen verändern.
- Der geographische Standort erlebt im wirtschaftlichen Handeln denselben Bedeutungsverlust wie Entfernung und Zeit.
- Satelliten und Telekommunikation werden zu mehr politischer und wirtschaftlicher Gleichheit und Stabilität führen.
- Ein globales Informationsnetz wird weltweit den Menschen den gleichen Zugriff auf Bildung bieten.
- Die globale Dienstleistungswirtschaft wird eine wissensgetriebene Gesellschaft sein, deren wichtigste Ressourcen Informationen, Ideen und Kreativität sind.
- Nur noch einige hochqualifizierte Fachleute werden in Zukunft eine gute Chance auf Dauerbeschäftigung haben. Fraglich ist, ob sie darauf Wert legen.

- Dienstleistungen, vor allem Finanzdienstleistungen, Telekommunikation und Transport schaffen eine globale Infrastruktur für die Weltwirtschaft.
- Die zentrale Idee von Identität verändert sich, wir können viel mehr, als wir bisher glaubten. Es entsteht ein neues, verborgene Ressourcen aktivierendes Konzept des *Multi-Minds:* Wir sind viele.
- Überall lösen sich starre Strukturen auf. An ihre Stelle treten Prozesse fließender Evolution, die wir durch kleinste Impulse beeinflussen können.
- Die Menschen stellen ihre persönlichen Wertvorstellungen und Visionen stärker in den Mittelpunkt ihres Handelns. Der Konsument gewinnt eine nie dagewesene Macht über die Handlungsleitlinien der Unternehmen.
- Die Wirtschaft wird zum Motor der Ökologiebewegung.
- Wachstum entsteht durch Wissen und Intelligenzprodukte.
- Wissen entwickelt sich zum wichtigsten Produktivfaktor und zum nachwachsenden Rohstoff.
- Erziehung, Kultur, Aus- und Weiterbildung, Design, Unterhaltung, Kommunikation und gesellschaftliche Servicebereiche werden zu zentralen Kategorien der Zukunftsgesellschaft.
- Der Ausbildungslevel wird gerade in den Industrienationen rapide steigen. Die Menschen werden immer mehr erkennen, daß ihr wirtschaftliches Überleben von ständigem Lernen, Flexibilität und Mobilität abhängt.
- *Made in* wird zu *Made by*. Das Qualitätsniveau der Warenproduktion gleicht sich weltweit an.
- Das Potential der grenzenlosen Technologien erhöht die Chancen, die Kluft zwischen den entwickelten und weniger entwickelten Ländern zu verringern.
- Die Länder, die die Technologien am schnellsten anwenden, kreieren die Berufe der Zukunft.
- Berufliche Fähigkeiten des 20. Jahrhunderts verlieren zunehmend an Relevanz. Permanentes Lernen ersetzt Lernen als zeitlich begrenzte Ausbildung.
- Der Gegensatz zwischen den Produktionsfaktoren Arbeit und Kapital verschwimmt.

- Es wird kaum mehr feste Arbeitsplätze geben. Die Menschen werden sich zu bestimmten Aufgaben vorübergehend zusammenfinden und dann wieder neue Aufgaben übernehmen. Dies kann weltweit sein.
- Man hat zehn Jobs und drei bis vier Karrieren im Laufe eines Arbeitslebens; darunter auch unbezahlte Jobs, die der Gemeinschaft dienen.
- Der geographische Standort eines Unternehmens und der damit verbundenen Menschen spielt eine immer geringere Rolle.
- Die Weltwirtschaft regionalisiert und globalisiert sich gleichzeitig. Das führt zu neuen Wirtschaftszentren und neuen Erfolgsregeln.
- Arbeiten, Lernen, unbezahlte soziale Tätigkeiten und beschäftigungslose Phasen werden sich abwechseln.
- Jeder einzelne Arbeitnehmer tritt eigenverantwortlich in den Wettbewerb und kann die Bedingungen seiner Beschäftigung selbst aushandeln.
- Schlüsselindustrien der Zukunft werden Halbleiter, Software, Bildung, Ökotechnologie, Unterhaltung, Telekommunikation, Finanzwesen und Biotechnologie sein.
- Schneller Wandel ist untrennbar verbunden mit Zufall, Ungewißheit, unerwarteter Konkurrenz, neuen Fertigkeiten, kurz: Unkalkulierbarkeit.
- Erfolg ist untrennbar mit der Bereitschaft zum Risiko verbunden.
- Es entsteht eine neue geistige Dynamik, die einen epochalen Sprung ins Unbekannte bedeutet und ganz neue Chancen eröffnet.

Neben den Zeichen der Ungewißheit gibt es auch starke Signale neuer Vitalität. Unsere Exporte steigen, die Auftragsbücher füllen sich wieder, Unternehmensgewinne wachsen. Das Gesamtbild ist viel positiver, als es die allgemeine Stimmung vermuten läßt. Doch eins ist sicher, die Zukunftsperspektive für Berufsbilder, die durch Computer rationeller zu organisieren sind, sieht düster aus. Menschen mit geringer Ausbildung und Flexibilität werden einen hohen, vielleicht den höchsten Preis für den Strukturwandel zu zahlen haben, wenn sie nicht bereit sind, weiter zu lernen und sich auf eigene Verantwortung und möglicherweise mit ganz anderen beruflichen Leistungen in den Arbeitsmarkt zu reintegrieren. Es gibt heute ein riesiges Bedürfnis nach Serviceleistungen, Ideen und Problemlösungen. Dienstleistungsnetzwerke aller Art können das Leben heute erleichtern. Die Online-Angebote werden selbst in Deutschland immer branchenübergreifender: Apotheken, Religionsgemeinschaften, Handwerker, Buchhändler sind darunter; bei einigen Ärzten kann man sich über die neueste Diabetestherapie informieren und per Computer in die Warteliste eintragen. In den USA gibt es eine ganz neue Art der Online-Angebote: *engineering animation*, ein interaktives Konsumentenprogramm. **Kunden können das neue Auto von Ford oder den Traktor von Deere genau nach Wunsch herstellen lassen, und beim Barbie-Hersteller bestimmten die Kids selbst, welche Haarfarbe ihre Puppe haben soll. Die Aktie dieses Unternehmens ist übrigens 1997 um 77 % in die Höhe geschnellt. Kein Wunder, der Gewinn stieg in einem Jahr um mehr als 200 %.** Service wird immer wichtiger. Um den hektischen Tagesplan der Menschen zu entlasten, bieten Selbständige alle möglichen Dienste an, ob sie nur kleinere Einkäufe oder ganze Dinnerparties liefern, die Garderobe zusammenstellen oder als Computerspezialisten rund um die Uhr Rat bei kleineren und größeren Software-Katastrophen anbieten. In den USA gibt es bereits eine Telefonnummer, die unter *1-800-All-Night* so gut wie jede Krise bewältigen hilft.

Die Krise vieler amerikanischer Highschools, gerade im Technikbereich qualifizierte Veranstaltungen anzubieten, hat 1997 zu einem spannenden Experiment geführt. Eine **virtuelle Highschool** bietet rund 500 Studenten eine Ausbildung durch schriftlichen Austausch über das World Wide Web an, der Lehrplan reicht von Englisch bis zur Bioethik. 27 Schulen nehmen daran teil und unterstützen das Curriculum durch einen oder mehrere Kurse. Für jeden ins Web eingespeisten Kurs dürfen sich bis zu zwanzig Schüler der zuliefernden Schule in die virtuelle Klasse einklinken. Ein Beispiel, das Schule machen könnte.

Ob in Wirtschaft, Bildung, Gesundheit oder Kunst, man kann davon ausgehen, daß die technologische Revolution auch sie verändern wird. Das gilt auch für Bereiche, die mit dem Empfindungsvermögen und der Stimmung eng verbunden sind. Der japanische Videokünstler und Professor Keigo Yamamoto der Musashino University in Tokio beurteilt die Bedeutung globaler Vernetzung für die Kunst, aber seine Antwort reicht weit darüber hinaus: *"Wesentlich daran ist nicht die bloße Verbindung von Computern an entfernt liegenden Orten, sondern die Frage, wie unser analog funktionierender Lebensraum mit dem Lebensraum anderer Menschen verbunden ist. Weit wichtiger sind also, anders gesagt, die Intensität und Tiefe der Verbindung, die man über die Installation von Netzwerken zwischen den Menschen herstellen kann."*

Der Wandel verlöre vielleicht ein paar seiner Schrecken, wenn da nicht unsere vielen Vorurteile wären. Beispielsweise solche gegen das Internet, hinter dem die meisten über vierzig häufig die totale Isolation der Menschen wittern. Über zwanzig Millionen Menschen waren Anfang 1997 weltweit ans Internet angeschlossen. Daraus sind rund um den Globus operierende Online-Interessengruppen, Selbsthilfegruppen, Diskussionsforen, Freundschaften, ja sogar interkontinentale Flirts entstanden. Wer heute ein medizinisches Problem hat, kann sich innerhalb weniger Minuten über die neuesten Diagnostik- und Behandlungsmethoden, ein Medikament sowie die Erfahrung anderer Betroffener informieren. Er kann mit Spezialisten kommunizieren, sei es mit dem Herzchirurgen aus Seattle oder dem *healer* aus Shanghai. Er kann sich in eine 24 Stunden erreichbare Selbsthilfegruppe einlocken und zu jeder Zeit Trost und Rat bekommen von Leuten, die er nie gesehen hat. Natürlich ist das kein Ersatz für echte menschliche Nähe. **Ich will nur mit dem Vorurteil aufräumen, die Welt würde durch den globalen Technikverbund immer unpersönlicher und kälter. Unsere Welt bietet eine Nähe, die immer globaler wird.** Das könnte auch Konsequenzen für die Politik haben. Wenn immer mehr Menschen immer mehr wissen, Kommunikation und Informationssysteme rund um die Uhr anzuzapfen sind, dann werden Diktatoren und politische Abenteurer es schwieriger haben. Manipulation und Zensur sind nicht mehr so leicht, wenn sich über Computer blitzschnell politische Daten und Dokumente verbreiten lassen oder Pop-Kanäle wie MTV westlichen Lebensstil in die entlegensten Dörfer bringen. Daß jede Entwicklung ihre Gegenbewegung hat, wissen wir aus der Selbstorganisationstheorie. Das erklärt den gleichzeitig aufflammenden Fundamentalismus, der mit aller Gewalt versucht, geschlossene Systeme zu erzeugen, und Vielfalt mit Waffengewalt bezwingen will.

Warum so viel Zukunftspessimismus? Vermutlich, weil viele Menschen sich nach Übersichtlichkeit und Berechenbarkeit sehnen. Der Wunsch, die Dinge klar und deutlich zu sehen und an Altbewährtem festzuhalten, ist gerade in einer Industrienation wie Deutschland stark verbreitet. Er findet als deutsche Krankheit oder ***german disease*** internationale Beachtung. Die Menschen verfallen vielleicht auch in Zukunftslarmoyanz, weil ihre berufliche Situation sich in den vergangenen Jahren teilweise dramatisch verschlechtert hat und sie kein Land sehen können. Angst vor einer Zukunft, in der einmal erlernte

Fähigkeiten nicht mehr gebraucht werden und dabei eine Familie ernähren zu müssen, ist sehr verständlich. Dagegen mehr Risikobereitschaft und Mut zum Schritt ins Unbekannte zu empfehlen klingt wie reiner Zynismus. Und trotzdem gibt es am Ende keine Alternative.

Es gibt noch mehr Gründe für Zukunftsangst: weil die Menschen ihre alten Erfahrungen, Glaubensmuster und Überzeugungen verteidigen wollen, weil sie sich keine andere als ihre gewohnte, eingerastete Welt vorstellen können und weil sie Angst haben, die Dinge nicht mehr kontrollieren zu können. Aber ist diese Angst denn ein Wunder? Es gibt heute keine Wahrheiten mehr, auf deren endlose Gültigkeit man sich verlassen könnte. Nicht in den Naturwissenschaften, nicht in der Geschichte, der Politik, den Kulturen und auch nicht in der Wirtschaft. Das, so der französische Philosoph Jean-François Lyotard, sei typisch für den Postmodernismus. Es gäbe keine großen Metaerzählungen mehr, keine endlichen, alles umfassenden Handlungen, die irgendwann einfach abgeschlossen werden und aus denen man eine Erfahrung oder zumindest einen Schluß ziehen kann. Die Dinge gehen einfach immer weiter. Das ist spannend – oder löst Panik aus, je nachdem wie gut man damit zurecht kommt, die Dinge einfach auf sich zukommen zu lassen, um dann etwas zu entscheiden, von dem man heute noch keine Ahnung hat, wie das Ergebnis aussehen wird. Wie kommt man damit zurecht, nicht mehr zu wissen, wo man in zehn, ja in fünf Jahren sein wird? Ob man dann noch mit denselben engen Freunden am langen Eßtisch sitzt oder das Netz der Vertrautheit einfach locker hängen bleibt, weil man in einem globalen Arbeitsmarkt plötzlich kein festes Zuhause mehr hat und auch keine festen Rhythmen, die das Jahr in seine Abschnitte teilen. Wie fühlt man sich, wenn man in der Welt daheim ist und seine Abende mit guten Bekannten teilt, die viele neue Geschichten zu erzählen haben, deren Freundschaft und Loyalität aber von eigenen Interessen und dem haltlosen Treiben von Job zu Job, von Aufgabe zu Aufgabe begrenzt ist?

Heute erfahren wir denselben Kontrollverlust, den unsere Vorfahren erlebten, als sie im 19. Jahrhundert ihre Höfe verließen und in der Stadt Arbeit suchten, um zu überleben. Alles war für sie damals anders: die Arbeitsabläufe, die Bedingungen, die Gerüche und Geräusche und ihr Gefühl für die Zeit. Sie müssen tief erschüttert über das Verlorene gewesen sein und heftigen Widerstand gegen das Neue geleistet haben. Nicht anders ist es bei uns heute. Wir sind aufgerufen, neue Beschäftigungs- und Karrierewege zu finden, neue Gemeinschaften zu bilden und mit anderen ökonomischen Realitäten umzugehen. Auch wir sind wieder Pioniere, die mit Mut zum Risiko und ohne genaue Karte, mit Intelligenz und Intuition, aber vor allem mit einer Menge Abenteurergeist und bestenfalls genausoviel Humor das neue, unentdeckte Territorium durchqueren, um einen Teil der fremden Landschaft für die uns Nachfolgenden zu kartographieren.

Wirtschaft im Aufbruch

Die Hello-Good-Bye-Elite

In unübersichtlichen Zeiten pflegten sich die alten Griechen ans Orakel, die Frommen an die Priester und Naturvölker an ihre Schamanen zu wenden, an Ratgeber, die eine Berufung zur Weisheit hatten. Heute sind wir alle zur Entwicklung von mehr Weisheit gerufen, ganz besonders gilt das für Menschen, die andere führen. Sie brauchen in Zukunft ganz neue Kompetenzen.

Hans Primas, Professor für physikalische Chemie in Zürich, schreibt: *"Erst wenn neue Bilder Einfluß gewinnen, können wir neue Fakten wahrnehmen."* Wir sollten daher Information nicht mit Bewußtsein verwechseln und in der Lage sein, ständig neue Bilder zu entwerfen und zu transportieren. Information wird erst zu Bewußtsein, wenn sie in den Köpfen neue Vorstellungsbilder entstehen läßt. Das ist nicht rational und planvoll zu erreichen, da hilft auch keine noch so ausgetüftelte Kommunikationsstrategie.

Es geht darum, einen kollektiven Code des permanenten Lernens und Ent-Lernens zu etablieren, dem die Metaphern eines prozeßorientierten, systemischen Weltbildes zugrundeliegen. Und es geht darum, daß die Führenden eine Art Lehrer oder Coach für den kollektiven Geist des Unternehmens und das menschliche Potential ihrer Mitarbeiter werden. Das kann nur werden, wer ein starkes Selbstführungskonzept besitzt.

Die Effektivität unserer Handlungen ist heute abhängig von der permanenten Qualifikation und Anpassung unserer mentalen Modelle. Wer auf Selbstorganisation baut, der muß souverän Bewußtsein als Führungsinstrument einsetzen können. Warum? Je mehr Selbstorganisation in einem Unternehmen herrscht, um so mehr Diversität und unterschiedliche Erfahrungen gibt es. Aufgabe der Führung ist es, diese Diversität zusammenzubringen. Das geht nicht durch noch mehr Information, noch mehr Kommunikation, denn da bleibt kaum mehr Zeit für die eigentliche Arbeit. Das morphische Feld, um mit Sheldrake zu sprechen, muß geformt werden. Der Soziologe Kenneth J. Gergen schlägt daher vor, nicht das zu kommunizieren, was man zu lernen hat, sondern solche Diskurse anzuregen, die das kollektive Bewußtsein in die gewünschte Richtung formen.
Die neue Elite hat sich längst von dem Vorurteil gelöst, daß mehr Geld, Lob und Druck zu *winning spirit* animieren. Wer in Widerstand, Stillhalten oder Abtauchen tunnelt, der kann nicht mutig Neues erfinden. Ein Unternehmen oder eine Gesellschaft, die ihre Intelligenz und Kraft auf alles richtet, was schief gehen könnte und nur noch die Probleme und Risiken im Fokus hat, wird nicht den Mut aufbringen, die innovativsten Ideen zur Lösung globaler Herausforderungen beizutragen. Optimismus – und damit ist keineswegs naive Selbstbeschwichtigung gemeint – wird zum mitentscheidenden Rohstoff der Wirtschaft und zum Motor einer *self-fulfilling economy*. Die neue Elite setzt auf diesen *winning spirit,* den Optimismus für den Sprung ins Unbekannte, ins offene Werden.

Doch dieser Sprung endet in machtgeführten Unternehmen leicht auf dem Bauch. Innovative Quantensprünge entstehen nicht in einem Klima der Anordnung, auch wenn es heute viel eleganter "gemeinsame Zielvereinbarung" heißt. Wessen Geist darauf trainiert ist, endliche Spiele zu spielen, d. h. so zu

handeln, daß der Gewinn des einen der Verlust des anderen sein muß, der taugt vielleicht für kurzfristige Erfolge, für Reparaturkonzepte, aber gewiß nicht für die Bewältigung komplexer Probleme und zur Herstellung von fließenden, der wechselnden Realität angepaßten Kontexten.
Was kann Kontextarbeit leisten? Sie lädt einen bis dahin wenig beachteten, eher nebensächlichen Gedanken mit innerer Dynamik auf, bis er zu *"einer großen Idee"* wird, *"deren Zeit nun gekommen ist"*. John F. Kennedy sagte das am 25. Mai 1961, als er die Amerikaner für das Projekt der Mondlandung gewinnen wollte. Den Mann im Mond zu besuchen war bis dahin eine nette Idee, aber kaum ein Amerikaner sah es bis zum 25. Mai 1961 als dringend nötig an, zum Mond zu fliegen, um dort die Fahne zu hissen. Das änderte Kennedys Rede schlagartig.
Starker Kontext besitzt magische Qualität. Er macht aus idealem, diffusem Wollen konkrete Handlungen. Er bündelt Energien, durch die aus latenter Gleichgültigkeit eine packende, emotionale Auseinandersetzung und die Chance erwächst, zu etwas Großartigem beizutragen. "Das geht nicht"-Trägheit wird durch die Kraft des Glaubens fortgespült. **Kontext entwickelt sich nicht, wie viele glauben, durch Informationen langsam von ganz allein. Kontexte stellen immer einen geistigen Quantensprung des Unternehmens dar; sie verändern sich abrupt, sie springen.** Es gibt kein langsames Wachsen oder Driften. Wer Kontext schaffen will, muß wissen, wie er Informationen sammelt und verarbeitet, ohne seine eigenen mentalen Muster, sein Weltbild damit zu bedienen und zu verstärken. Auch das ist ein Teil des *Code for Change.*

Die Businesseliten von morgen werden eine besondere Kontextintelligenz brauchen, die einen neuen Zugang zu Vorstellungswelten und zur Sprache voraussetzt. Für Manager bedeutet dies, daß ein guter Redner nicht einer ist, der möglichst emotional und konkret sprechen kann, sondern einer, der durch seine Sprache innere Prozesse des Ent-Lernens und Erfindens auslöst; einer, der die Codes, die Wahrnehmungsfilter und Stimulanzien für Wandel kennt und einsetzen kann. Organisationstheoretiker wie Karl E. Weick unterscheiden deshalb Kontexte und Strategien. Strategien richten sich auf das, was bekannt ist, sie arbeiten mit Reduktionen und machen damit die Welt enger. Kontexte schaffen eine expansive, künstliche Welt, indem sie mit kreativen Imaginationen arbeiten. Kontextmanagement, d. h. höhere Stimmigkeiten herzustellen, wo andere nur Widersprüche erkennen, und das Unvereinbare zu harmonisieren, ist eine neue Eliteaufgabe.

Die neue Elite hat eine Art ***Hello-Good-Bye-Geist***. Sie haftet nirgends an, keine Überzeugung wird in ihr fest, kein Wissen zur Gewißheit. Das schafft Raum für Überraschung und Experiment. Sie sucht nicht die Optimierung aufgrund einer stabilen Situation, und sie glaubt auch nicht an die Berechenbarkeit eines lebendigen Systems. Ihre Vertreter suchen ständige Kritizität, stellen Gewißheiten in Frage, damit die Fähigkeit zum Mitfließen entsteht. Wer mitfließen will, muß Verbrauchtes erkennen und auflösen können. Hier ergeben sich Parallelen zur buddhistischen Tugend des Nichtfesthaltens, des *doing-by-nondoing,* was überhaupt nichts mit Passivität oder mangelndem Engagement zu tun hat. Konservative und eurozentrierte Businessleute wittern hinter Begriffen wie Tao noch immer Hokuspokus, New Age oder gar Sektentum. **Es gibt jedoch interessante Überschneidungen des prozeßorientierten Weltbildes mit östlichen Denktraditionen, vor allem mit dem Taoismus, der uns für den Umgang mit hoher Komplexität wichtige mentale Kompetenzen bieten kann.** So geht die philosophische Lehre des Tao davon aus, daß alle Wirklichkeit immer nur ein Erfinden sein kann, daß es niemals objektive Sicherheit gibt. Im Kern bedeutet das: Es ist alles bereits da. Man muß es nur aus dem tiefen See der Möglichkeiten heben. Hier zeigt sich ein völlig neues Paradigma des Managements: das Heben immer neuer Möglichkeiten und das Formen immer neuen Geistes, damit das vierte Feld entstehen kann.

Einige der bekanntesten Top-Manager in Deutschland haben bereits fernöstliche Denkmodelle und Praktiken in ihr Selbst-Management-Konzept integriert. Was man dadurch gewinnt, ist Aufmerksamkeit, Klarheit, höhere Streßtoleranz und die Fähigkeit, Widersprüchlichkeiten des Alltags besser auszuhalten. Tao und Management ist ein wichtiges Thema, dem auch im Elitetraining *Code for Change* Raum gewidmet ist. Was wir ebenfalls aus den östlichen Gedankenmodellen lernen können, sind Demut, Dankbarkeit und die bereits angesprochene Bereitschaft des Dienens, die gewiß nicht reinem Altruismus entspringen. Demut, Dankbarkeit und Dienen sind keine Kaugummi-, sondern Kernkompetenzen im Umgang mit hoher Komplexität und ihrer Dynamik. Dieses einzusehen und dann einzuüben wird möglicherweise leichter fallen, wenn man weiß, daß es in den östlichen Weisheitslehren eine direkte Verbindung zwischen Demut und Intelligenz gibt, die von den neuen Wissenschaften nur bestätigt werden kann. Je mehr Demut, je höher die Intelligenz. Wie kommt man darauf? Die Japaner sagen, wer demütig ist, kann mehr Vielfalt erkennen, hängt weniger an Wahrheiten, ist flexibler. Demut hält den Geist offen. **Der Geist des Dienens entsteht, wenn man sich entschieden hat, nicht nur für die eigene Karriere oder den eigenen Profit zu arbeiten, sondern für die permanente Transformation des Bestehenden in das nächst bessere Bestehende.** Dienen heißt das zurückgeben, was man bekommen hat. Man könnte hinzufügen: um durch Vertrauen, Anerkennung und Leistungsbereitschaft noch mehr zurückzubekommen. Ein Reporter der *New York Times* hat 1975 Muhammad Ali gefragt, warum er als Schwarzer und Moslem ausgerechnet einem bedürftigen Altenzentrum für jüdische Weiße Geld gespendet hat. Ali antwortete: *"Anderen zu dienen ist die Miete, die ich für mein Zimmer hier auf Erden bezahle."* Man kann es mit solch frommen Reden halten, wie man will. Der Ex-Boxweltmeister ist ein äußerst erfolgreicher Geschäftsmann geworden, und er wurde das in den USA, wo man ihn noch immer "The Greatest" nennt, nicht zuletzt deshalb, weil er über das erwartete Maß hinaus großzügig ist und jeden mit Respekt und Rücksichtnahme behandelt. Warum sollte es hier anders sein? Dankbarkeit ist einerseits eine starke persönliche Energiequelle. Und wer dankbar ist, denkt "quantisch", d. h. er hat erkannt, daß nichts existiert und sich weiterentwickelt, ohne die Unterstützung seiner Umwelt. Dankbarkeit entspricht der intuitiven Erkenntnis, daß alles mit allem zusammenhängt.

Die Materie des Business in einer Wissensgesellschaft ist Bewußtsein; fähig zu sein, neue Kombinationen zu entdecken. Die Zukunft gehört daher einer Führungselite, der es gelingt, Kräfte und Kombinationen freizusetzen, die sonst unerschlossen blieben. Es kann nur werden, was im Geist geworden ist. Doch in den meisten Unternehmen gilt ein Manager noch immer als effektiv, wenn er weiß, was läuft, kontrolliert auftritt, immer eine Antwort hat und seine

Meinung so überzeugend vorbringt, daß er andere auf seine Seite zieht. Zu den wichtigsten Qualifikationen der Zukunft wird deshalb eine Persönlichkeitsstruktur gehören, die **Überraschungstoleranz** besitzt und keine Angst vor Irritation und Unübersichtlichkeit hat. Denn: Die Position eines Unternehmens scheint sich am besten zu stabilisieren, wenn man es offen für Störungen hält. Die hartnäckigste, produktivitätsfeindlichste Trägheit lauert im routinierten Ablauf. Instabilitäten kommen der neuen Elite daher gerade recht. Sie weiß, Lernen und Identität gibt es nur durch Schieflagen.

Es ist Zeit, sich von verbrauchten kulturellen Mythen zu trennen, die uns heute lähmen oder deren Auflösung uns angst macht. Gleichgewicht als Idealzustand, Harmonie als höchstes Ziel, Kontrolle als Wundermittel gegen Hilflosigkeit sind solche Mythen, die uns verunsichern, wenn sie abhanden kommen. Der Philosoph und Mitbegründer des Club of Rome Indries Shah bietet ein typisches Beispiel für die manchmal erschreckenden geistigen Welten, die doch nichts als Fiktionen und damit unsere eigenen Erfindungen sind: *"Nachts erschien eine Stimme an meinem Bett und flüsterte mir zu: Es gibt keine Stimme, die nachts an deinem Bett flüstert."* Die Moral von der Geschicht'? Die meisten Ängste nähren sich aus selbstgestrickten Wahrheiten, die tief in uns verborgen unser Denken und Handeln steuern.

Und die meisten unserer Verhaltensweisen sind durch die Erfahrung ihrer Konsequenzen, also durch Verstärker erlernt worden. Angst, Scham und Schuld sind solche Verstärker. Doch wir selbst sind es, die diese Verstärker erfunden und generalisiert haben. Wir haben sie erfunden oder erlernt, wir haben unsere individuellen Lösungen gegen die Angst erfunden, indem man ein netter Mensch wird oder ein Revoluzzer oder indem man sich von engeren Beziehungen oder vom Leben insgesamt fernhält. **Wir können unsere erfundenen Ängste und Gegenstrategien verändern und lernen, daß Liebe oder Offenheit, gegenseitige Unterstützung, Engagement, die einzigen Mittel gegen die Ängste sind. Dazu gehörten Mut und Optimismus, und beides ist nicht so leicht zu haben.** Die Arbeit des Teams um den Tübinger Professor Niels Birbaumer, ein führender Wissenschaftler in der Biofeedback-Forschung, hat herausgefunden, daß positive Vorstellungen ein sehr wichtiger Verstärker für Handlungsoptimismus und Selbstsicherheit sind und daß sie zu einer langanhaltenden Selbstregulation führen. Birbaumer ist auch einer der bedeutendsten europäischen Epilepsie-Experten und konnte nachweisen, daß die Kraft positiver Bilder und Affirmationen epileptische Anfälle verhindern kann. Computerauswertungen haben gezeigt, daß sich durch energetisierende innere Bilder der gesamte Organismus und seine Handlungen selbst optimieren und stimulieren lassen. *Code for Change* hat diese wichtige Erkenntnis zur Selbstführung umgesetzt.

Diese **10 Kernkompetenzen** zeichnen die neue Führung aus:

- Offenheit
- Fiktionales und reales Denken
- Lust am Unbekannten
- Selbststeuerung
- Empathie
- Breitwandblick
- Kritizität
- Experiment und Spiel
- Kontextfähigkeit
- Kulturelles Bewußtsein

Die Zukunftselite wird daran gemessen werden, ob sie den Menschen die Angst vor ihren Erfindungen nehmen kann, die Angst, unbekanntes Terrain zu betreten, Risiken einzugehen, sich selbst und anderen zu trauen, Krisen als Sprungbretter der Verbesserung zu nutzen und dem Zufall eine Chance zu geben. Und man wird sie daran messen, wie gut sie Unternehmenswirklichkeiten und, als Voraussetzung dazu, wie gut sie sich selbst erfinden kann. Wer es pragmatischer mag, dem sei Werner Heisenberg mit seiner 1927 entwickelten Unschärferelation empfohlen, mit der er gezeigt hat, *"daß die Realität in ihrem fundamentalsten Bereich, nämlich im subatomaren, von den Wissenschaftlern nicht erkundet, sondern regelrecht erfunden wird"*. Freunde komplizierter Denksporträtsel werden in diesem Zusammenhang Schrödingers Wellengleichung samt Katzenexperiment zu schätzen wissen, auf die ich später kurz zurückkommen werde. Die Wellengleichung beschreibt die Energie jedes einzelnen Teilchens im Universum, eine Erkenntnis, von der man glaubte, dadurch mehr über die Realität zu erfahren. Im alten Maschinenweltbild dachte man immer, wer die Materie versteht, der versteht die Welt. Doch

wer Schrödingers Experiment verstanden hat, sollte nicht darauf hoffen, demnächst Manager des Jahres zu werden oder zumindest die Probleme in seinem Liebesleben lösen zu können, wie das James Ogilvy, Gründer und Vizepräsident des Global Business Network im kalifornischen Emeryville offenbar tat: *"Ich verstand nicht, daß meine neuerworbene Fähigkeit, die Position eines Subatomteilchens vorherzusagen, nichts zählte, wenn es darum ging, das Verhalten der Studentinnen am Bennington College vorherzusagen, das in Vermont nur ein Stück weit die Straße hoch lag. Meinem Lebensziel wäre ich mit einem Strauß Blumen näher gekommen."*
Auch wenn uns die moderne Physik nur begrenzte Lebenshilfe bietet, bringt sie in Form der Quantentheorie doch Licht in die Finsternis des Mysteriums, wie wirklich unsere Realität ist und wie wir uns darin zurechtfinden können. Folgendes Zitat des Physikers Hans-Peter Dürr zeigt, daß man ihre Bedeutung für unsere Art, die Welt zu sehen, kaum unterschätzen kann: *"Unsere gesamte heutige Welt ist von der Quantenphysik geprägt, unsere gesamte Technologie läßt sich daraus ableiten. Nur philosophisch ist ihre Grundentdeckung nicht aufgenommen worden. Die Zukunft ist offen. Wir aber leben weiterhin in der deterministischen kausalen Welt und nützen diese Offenheit nicht, wir wagen uns nicht in diese Freiheit hinaus."*
Diese Offenheit der Zukunft schenkt uns die Freiheit. Was uns noch fehlt ist ein Instrumentarium zur Gestaltung von Geist und Intelligenz, die die Zukunft formen. Offenes Werden kann man am eindrucksvollsten mit einer östlichen Metapher beschreiben, dem Fließen des Wassers, das den Fluß erzeugt, in dem es fließt. Offenes Werden ist davon abhängig, welche Entwürfe, welche Bilder man entwickelt, um die Zukunft zu gestalten. Es gibt keinen festen Plan, nur offene Verlaufsprozesse, die durch unser Bewußtsein gesteuert werden. Das ist unsere Freiheit, deren Preis die volle Verantwortlichkeit für unser Denken, Fühlen und Handeln ist.
Wir werden alle immer individueller, und zur gleichen Zeit werden wir immer mehr Teil eines großen Ganzen, egal, ob wir Aufsichtsrat eines multinationalen Konzerns, Unternehmer, Manager, Arbeiter oder Bürger eines Landes sind. Wir lernen, mit Paradoxien zu leben. Einerseits wissen wir immer mehr über uns selbst, und das erweitert unsere Individualität. Andererseits knüpft uns der globale Markt und ein immer kleiner werdender Planet immer enger zusammen, wodurch auch unsere Abhängigkeit wächst. Führung in der Zukunft erfordert

also ein tieferes und erweitertes Bewußtsein für das, was in und um uns herum geschieht, es fordert Visionen, ja Weisheit, und was das Wichtigste sein wird: die Fähigkeit, heute schon in der Zukunftsform zu denken.
Dazu gehört vor allem ein kombinatorischer Sinn, ein Blick, der dort die Möglichkeiten sieht, wo andere nur Hindernisse erkennen, und der Mut zu einem Handeln, für das man im Moment keine rationale Erklärung geben kann, dessen Ziel noch nicht in allen Einzelheiten klar ist und über dessen mögliche Folgen nicht alle verfügbaren Daten vorliegen (können). Dieses Handeln schafft eine neue Wirklichkeit, neue Kombinationen, die unumkehrbar sind und die Reaktionen auslösen: Das Spiel beginnt, wenn Handeln dem Handeln vorausgeht. Es wird zum unendlichen Spiel, wenn alle gewinnen.

Der Risikofaktor

Dem französischen Philosophen und Vater der Postmoderne Jean-François Lyotard erschien Komplexität keineswegs als das größte Problem der heutigen Menschheit, sondern er sah im Gegenteil die Menschen im Dienste wachsender Komplexität. Doch wir organisieren uns ständig, um Komplexität zu reduzieren, was diese natürlich nicht vertreibt, sondern nur verlagert. Es bleibt uns nichts anderes übrig, als mit Komplexität zu leben und ihre Unsicherheiten als Chance zu interpretieren. Das läßt sich zunächst einsehen, dann einüben.

Wirtschaftliche Unsicherheit gehört heute zum Leben. In einer Zeit, da Konzerne hunderttausende Arbeitsplätze abbauen, kann niemand mehr davon ausgehen, seinen Job in fünf Jahren noch zu haben. In einer Zeit rapiden technischen Wandels gibt es keine genaue Prognose, welche Industrie in den kommenden zehn Jahren wachsen und welche schrumpfen wird. In einer Zeit globalen Wettbewerbs kann man nicht einmal vorhersehen, welche Länder im nächsten Jahrhundert die Weltwirtschaft dominieren werden.
Der alte Schutz gegen Unsicherheit bröckelt. Längst funktioniert das Tauschgeschäft Arbeitsplatzsicherheit gegen Loyalität und *committment* nicht mehr. Beförderungen und Gehaltserhöhungen sind von Automatismen abgekoppelt, sie haben heute den Charakter einer besonderen Auszeichnung. Gleichzeitig zieht sich der Staat aus seiner traditionellen Rolle als oberster Garant der

Sicherheit für die Wirtschaft und ihre Beschäftigten zurück. Weitreichende Deregulierungen zeigen, daß die Regierung nicht mehr länger Industrien, wie z. B. die Telekommunikation, gegen den Wettbewerb schützen will. Darüber hinaus sind die meisten Errungenschaften der sozialen Sicherheit entweder ins Kreuzfeuer geraten oder in Gefahr, massiv gekürzt zu werden. Unbehagen breitet sich über Einkommens- und gesellschaftliche Grenzen hinweg aus. Menschen ohne Ausbildung und besondere Fähigkeiten haben allen Grund, um ihren Arbeitsplatz zu fürchten. Doch auch gut ausgebildete Angestellte des mittleren Managements machen sich Sorgen. **Sie haben gesehen, wie ihre Freunde oder Kollegen dem internationalen Wettbewerb zum Opfer fielen, durch neue Technologien ersetzt wurden, auf der Karriereleiter abstiegen, weil sich das Unternehmen neu strukturiert hat, und sie können keinen Grund erkennen, warum das morgen nicht auch ihnen passieren sollte.**

Die wachsende Unsicherheit reicht tief in unser persönliches Leben hinein.

Die Wirtschaft in Deutschland wächst, in den USA bereits deutlich. Zur gleichen Zeit verändert sich die Art des Wirtschaftswachstums. Die meisten Wirtschaftsländer bewegen sich auf eine neue Ära zu, in der Wachstum und Unsicherheit untrennbar verbunden sind. Wachstum in den 90er Jahren ist spontan und unvorhersehbar. Die wachstumsverursachenden Kräfte sind globaler Markt, technologischer Wandel, Unternehmensrestrukturierungen und politische Deregulierungen. Diese Kräfte erfordern radikale Transformation und nicht gleitende Veränderungen. Wirtschaftliches Wachstum ist in Zukunft unmittelbar mit massiven und unvorhersehbaren Konsequenzen für Arbeiter und Unternehmen verbunden.

Unsicherheit ist zur Konstanten in unserem Leben geworden. Ökonomen und Politiker werden lernen müssen, in zwei Dimensionen zu denken. Bisher haben sie sich nur auf einen Faktor des Wohlstands konzentriert: die Menge Geld, die die Leute verdienen. Höhere Einkommen wurden als besser eingeschätzt, weil der wirtschaftliche Fortschritt normalerweise durch Wachstum und das Bruttosozialprodukt gemessen wird. Doch wirtschaftliches Wachstum hat heute noch eine andere Dimension: Unsicherheit. Die Angst, daß den Menschen das, was sie haben, genommen wird, die Sorge, daß sie ihre Jobs verlieren könnten, ihre Pensionen und Renten, ihre Zukunft, all das hat einen wesentlichen Einfluß auf unsere Vorstellung von Wohlstand.

Die vorgezeichneten Karrierelaufbahnen, die sicheren Jobs, die gleichbleibenden Arbeitgeber, all das gibt es in Zukunft nicht mehr. Hinter dem Appell der Politiker, die Unternehmen mögen doch jetzt endlich Arbeitsplätze schaffen, steht eine *"Schlichtheit des Denkens, das sich Arbeit nur in Form abhängiger, industriell geprägter Ganztags- und Vollerwerbstätigkeit vorstellt. Aber genau diese Arbeit verschwindet"*, schreibt Dagmar Deckstein in der Süddeutschen Zeitung. Statt dessen müssen Studienabgänger zwischen ausgesprochen unsicheren Alternativen wählen. **Die alten Erfolgsgesetze funktionieren in einer Wirtschaft nicht mehr, in der die Quellen des Wachstums auch die Quellen der Unsicherheit sind.** Ärmel aufkrempeln hilft nicht mehr, wir müssen das Denken aufkrempeln. Uns wird in Zukunft gewiß nicht die Arbeit ausgehen, aber der klassische Ort, die Inhalte und der Rahmen, in dem sie geleistet wird. Die Zukunft liegt in der Bildung, in der Verbesserung der Kompetenzen, der ständigen Weiterqualifizierung. Die Arbeitsgesellschaft von heute zeigt bereits Strukturen eines hochspezialisierten, flexiblen Netzwerks und hat kaum noch etwas mit der starren Fabrikwelt der industriellen Massenproduktion gemeinsam. Ehemals abhängige, aber sichere Arbeit wird ersetzt durch unternehmerisches Denken mit entsprechenden Risiken.

Auf eine erkennbare Zukunft hin werden Wachstum und Unsicherheit in einer Weise verknüpft sein, die es in der Nachkriegszeit nicht gegeben hat. Diese jetzt anbrechende Ära könnte man die **Risikogesellschaft** nennen. Was folgt daraus? Arbeitnehmer, Manager, Unternehmer, ganze Branchen und Länder müssen beginnen, wie Investoren auf den Finanzmärkten zu denken, wo es nur eine Möglichkeit gibt, konsistenten Erfolg zu erzielen: Risikobereitschaft. Risikoscheue Investoren erwartet nur geringer Gewinn. Dieses Denken überträgt sich jetzt auch auf die reale Wirtschaft. Offensichtlich müssen wir in der unsicheren Dekade der 90er und auch in Zukunft das Risiko geradezu suchen und mit Brüchen leben, um Erfolg zu haben. Hohe Gewinne erfordern hohe Risiken. Wirtschaftliche Unsicherheit ist zum Preis des Wachstums geworden.

Praktisch heißt das, jemand kann einen Job in einer schnell wachsenden Industrie, wie Unterhaltung oder Computer, annehmen und akzeptieren, daß er den genauso gut wieder los wird. Ein Unternehmen kann sich für ein möglicherweise lukratives Investment, z. B. in Rußland oder Indonesien, entscheiden und akzeptiert gleichzeitig die Möglichkeit politischer und ökonomischer Turbulenzen. Ein Land kann den freien Handel mit seinen Chancen für niedrigere Preise fördern und gleichzeitig die Risiken und Unsicherheiten akzeptieren, die der globale Handel für die Arbeitsplätze im Land mit sich bringt.
Doch die Gefahren der **Unsicherheit** verwandeln sich schnell in Möglichkeiten der Überraschung. In der Risikogesellschaft ist es die persönliche Entscheidung jedes einzelnen, ob er bereit und in der Lage ist, Risiken zu übernehmen. Diejenigen die am besten mit Risiken umgehen können, entweder durch ihr Temperament, ihre Fähigkeiten und Talente oder ihren finanziellen Background, werden auf lange Sicht viel besser fahren als jene, die an der Sicherheit hängen. Das gilt für Individuen genauso wie für Unternehmen und Organisationen. In einer Risikogesellschaft wird der größte Vorteil für jeden darin liegen, fähig und bereit zu sein, intelligente Risiken einzugehen. Die Erfolgsregel am Ende der 90er Jahre scheint so simpel wie vielleicht überraschend: Bewege dich auf jene Bereiche zu, die beides vereinen: Unsicherheit und Wachstum, und habe den Mut, einen Schritt ins Unbekannte zu tun.
Der gegenwärtige Umbruch ist gewaltig und in der Geschichte der Menschheit einzigartig. Zehn Millionen Jahre lang entwickelten wir uns von der Jäger- und Sammlergesellschaft zur Agrargesellschaft. 8000 Jahre dauerte es dann, bis die städtische Industriegesellschaft entstand, und heute, weitere 200 Jahre später, ein Wimpernschlag der Geschichte, leben wir in einer weltumspannenden Dienstleistungs- und Wissensgesellschaft. Schon zeichnet sich die nächste Wirtschaftsrevolution ab: die Bioökonomie, die Genmanipulation mit Elektronik verbindet. Wir stehen am Beginn des "Cyber-Zeitalters", eine neue Kultur der Systeme und ihrer Vernetzung entsteht. **Man spricht von uns als zukünftigen "Cyborgs" *(cybernetic organisms)*, hybriden Wesen, halb Mensch, halb Maschine, deren physische Anlagen und Potentiale in einem Maß erweitert werden, das bisherige hominide Grenzen sprengt.** Angst wird geschürt, Labors werden angezündet, und der Sozialwissenschaftler Ulrich Beck beschwört den *"Endsieg der Humangenetik"*. Mutlosigkeit und repressive

ethische Aggression fördern gerade in Deutschland eine Angst, die jeden, der biotechnologischen Fortschritt und Genetik nicht per se als Teufelswerk bezeichnet, automatisch der Verbrechenstoleranz bezichtigt. **Unser Umgang mit den modernen Technologien repräsentiert nicht die möglichen Ambitionen der Wirtschaft, sondern definiert in diesem Kontext nur den aktuellen Stand unserer Angst.** Der Philosoph Vilém Flusser hat sich mit den Hintergründen unserer Destruktionsphobie, der intensiven Hinwendung zu Katastrophen, Krisen und Gefahren beschäftigt und dabei von einer kollektiven Psychose gesprochen, die in den letzten Jahren vor dem Millennium aufkommt und in dem hysterischen Glauben gipfelt: *"... eine Katastrophe ... ein letztes Gefecht ... müsse der Errichtung des Millenniums vorangehen"*.

Was wir heute erleben, bezeichnet Kevin Kelly, Chefredakteur des amerikanischen Computermagazins *WIRED* und Experte zum Thema Postmoderne, als *"Vermählung des Geborenen mit dem Gemachten"*. Was heißt das? Die Welt, die wir hergestellt haben, ist so kompliziert und komplex geworden, daß wir die Welt der Natur befragen müssen, um ihre Funktionsweise und ihre Steuerung zu verstehen. Damit verschmelzen die Sphäre des Geborenen, alles, was Natur ist, und die Sphäre des Gemachten, alles, was vom Menschen hergestellt wurde. *"Maschinen werden biologisch, und das Biologische wird zur technischen Konstruktion."* Technik und Natur wachsen zusammen, denn während die Logik der Natur in die technische Welt übernommen wird, konstruieren wir unser Leben immer technischer. Die Grenzen verschwimmen.

"So viele Unternehmer, die nicht wirklich etwas unternehmen, so viele Politiker, die nicht wirklich etwas bewegen, sondern als Unternehmer oder Politiker geschätzt, geliebt, bewundert, beneidet oder sonstwas werden wollen! Welch armselige Ambition, welch schnöder Verrat am eigenen Ich, welch traurige Kapitulation vor dem Mittelmaß!" so rechnete Stefan Baron, Chefredakteur der *Wirtschaftswoche* (46 / 1996), mit der Art und Weise ab, wie man in Deutschland unabhängigen Geistern, Menschen begegnet, die etwas konstruieren, austüfteln und bauen, so wie es ihnen gefällt, die Verbrauchtes kennzeichnen, Neues skizzieren – und die dafür mit Argwohn verfolgt, belächelt, ja angefeindet werden.

Gleichzeitig klagt man: Was ist aus unserem Erfindungsgeist, unserer Kreativität geworden, unserer berühmten technischen Überlegenheit? Ist unsere westliche Wirtschaft noch wettbewerbsfähig? Machen die Asiaten unsere Industrien kaputt? Oder eher die Gewerkschaften, vielleicht doch die Grünen? Vielleicht zerstören die internationalen Finanzjongleure den Wert deutscher Präzisionsarbeit? Fragen, denen der für den Nobelpreis vorgeschlagene amerikanische Wirtschaftswissenschaftler Brian Arthur schlicht Trägheit des Denkens entgegenhält: *"Bis vor fünfzehn, zwanzig Jahren dachte man, Technik fiele in Form von Blaupausen für die Herstellung von Stahl oder Siliziumchips vom Himmel. Alle diese Dinge wurden von Erfindern möglich gemacht, von klugen Leuten wie Thomas Edison, die wie einst Archimedes im Bad eine Idee hatten und dem himmlischen Buch der Blaupausen eine Seite hinzufügten."* Technik, so der Stanford-Professor, ist strenggenommen nicht ein Teil der Wirtschaft, sondern entsteht außerhalb davon, durch wirtschaftsfremde Prozesse. **In der Regel betrachte man die Technik aber als Ergebnis von Investitionen in Forschung und Entwicklung, gleichsam wie eine Ware. Geld rein, Innovation raus.** Ganz viel Geld rein, ganz tolle Innovation raus. Technik ähnele aber eher einem vernetzten Ökosystem, das der Evolution unterworfen ist: *"Neue Entwicklungen geschehen selten in einem Vakuum. Sie beruhen gewöhnlich auf anderen neuen Entwicklungen, die sich schon bewährt haben. So ist zum Beispiel ein Laserdrucker im Grunde eine Kopiermaschine mit einem Laser und einem kleinen Computerschaltkreis, der dem Laser sagt, wo er auf der Kopiertrommel eine Spur hinterlassen soll. Ein Laserdrucker setzt also Computertechnik, Lasertechnik und ein Kopierverfahren voraus. Er ist nur entstanden, weil ein schneller Druck von guter Qualität gefragt war."* Auch Technologien bilden ein dichtes Gewebe, eine Art Netzwerk und ähneln damit dem Verhalten aller lebendigen Systeme. **Das Netz ist das Muster des Lebens. Es hat kein Zentrum, es ist eine Ansammlung untereinander verknüpfter Punkte, ein an den Rändern unscharfes Muster aus Linien, die ineinanderlaufen und sich verbinden.** Das Netz ist der Archetyp, der alle Kreisläufe, allen Zusammenhang, alle ökonomischen, sozialen, kulturellen Systeme und alle Intelligenz darstellen soll. Es hat keinen Anfang und kein Ende, keinen Mittelpunkt, es gewährt keinen festen Halt, aber in seiner scheinbaren Unordnung liegt eine tiefere Ordnung verborgen, die sich nicht sofort entschlüsselt. Lange bevor wir uns mit dem Thema der globalen Vernetzung beschäftigten, kannte die **indische Mythologie** bereits ein Bild dafür. Der Schutzgott Indra umfängt mit seinem Netz den Kosmos. In jedem Knoten dieses Netzes ist eine Kristallperle eingewoben, in der sich das ganze Netz und gleichzeitig jede andere Perle widerspiegelt. So spiegelt sich im Prozeß des Gebens und Nehmens die Wahrnehmung des eigenen Wesens – gespiegelt im anderen. Ähnliche kosmologische Entwürfe eines riesigen, sich selbst widerspiegelnden Netzes als Symbol für die Brechung von Grundwahrheiten und als Hinweis darauf, daß kein Wesen und kein Ding unabhängig für sich existiert, sondern alles auf direkte oder indirekte Weise miteinander verbunden ist, gibt es auch im Buddhismus.

Vernetzung von Eigeninteressen

Das Netz symbolisiert die Vielheiten, z.B. der miteinander verknüpften Eigeninteressen. In ihm verborgen liegt das Geheimnis eines unsichtbaren Regulativs, einer Kontrolle ohne Hierarchie und ohne die Mittel der Macht. Das Netz steht für Unkontrollierbarkeit. Es ist offen für Störung und fördert kleine Fehler, damit es selten zu großen kommt. Es hält Turbulenzen und Fehler eher aus, als daß es sie aussperrt, das führt zu seiner hohen Qualität des Lernens und der Anpassung. Netze folgen ihrer eigenen Logik, die für uns nicht in Ordnung scheint, die unserer Kultur in einer vernetzten Welt aber ihre Prägung geben wird. Noch einmal Kevin Kelly:
"Ein verteiltes, dezentralisiertes Netzwerk ist mehr ein Prozeß als ein Ding. In einer Netzlogik gibt es einen Wechsel von Namen zu Verben ... Es geht nicht darum, was man dem Kunden verkauft, sondern was man für ihn tut. Es zählt nicht, was etwas ist, sondern womit es verschaltet ist, was es tut."
Die neuen Naturwissenschaften haben den Schleier zwischen den Organismen und Ökologien einerseits und den komplizierten Maschinen, Unternehmen, digitalen Netzwerken andererseits gelüftet und zeigen uns, daß die beiden den gleichen Grundprinzipien gehorchen und in Wirklichkeit eins sind. Auch diese technologischen Gewebe sind sehr dynamisch und instabil und wachsen gelegentlich fast wie biologische Organismen. Brian Arthur bringt ein Beispiel: Laserdrucker hätten zur Entwicklung von Software geführt, die die Herstellung

druckreifer Vorlagen erlaubte. Das hat wieder den Grafikprogrammen eine Marktnische eröffnet. *"Die Verfahren A, B und C ermöglichten das Verfahren E und so weiter. So konnte ein Netzwerk aller möglichen Technologien entstehen, die alle miteinander verknüpft waren und um so größer wurden, je mehr Möglichkeiten sich ergaben. Deshalb wird die Wirtschaft immer komplexer."*

Planetarische Telefonsysteme, Brutkästen für Computerviren, Roboter, künstliche Ökosysteme, Computernetzwerke und Wirtschaftssysteme sind lebendige oder, wie die Erforscher künstlicher Intelligenz sie nennen, **Vivisysteme**, weil ihnen eine systematische Lebensähnlichkeit innewohnt. Sie sind in ihrer Komplexität beinahe bodenlos, gewaltig in ihrer Reichweite und folgen wie alle natürlichen Organismen ihren eigenen Regelmäßigkeiten. Die ungezähmten Kräfte der Natur werden daher für uns zur wichtigsten Informationsquelle, wie solche Vivisysteme funktionieren, und diese wird uns vermutlich entscheidende Einsichten für mögliche Prognosen geben, in welche Richtung ihre Entwicklung und Anpassung verlaufen könnte.

Wie der Mensch sein Verhalten aufgrund von Veränderungen bei der Atmung, des Herzschlags und Stoffwechsels umstellt (und umgekehrt), verändern auch Technologien ihr Verhalten unter dem Einfluß ihrer Ergebnisse. Anders als der Mensch, der von der Umwelt abhängig und als Typus festgelegt ist, sind Technologien frei in der Vielfalt ihrer Möglichkeiten. **Die Natur ist eine Genbank, die Heilmittel für zukünftige Krankheiten birgt, und sie ist auch eine Ideenbank, in der multipelste Anpassungsmöglichkeiten und Variationsbreiten lagern.** Und die Natur besitzt, nach Sheldrakes Modell der morphischen Felder, ein Gedächtnis, das ihr hilft, sich immer wieder zu regenerieren und zu erneuern. Sie ist also nie ideal und somit fertig, sondern stets durch *shifts* und *drifts* im Werden. Und sie bedient sich dabei kraftvoller Energien, die stets aufs neue zerstören und erneuern.
Eine Verschmelzung von natürlichen und gemachten Systemen könnte also dazu führen, daß das, was Menschen hergestellt haben, die Lebensmechanismen der Natur übernimmt, d. h. daß es lernt, sich anzupassen, sich selbst zu heilen und seine eigene Komplexität zu erhöhen, indem es sich permanent weiterentwickelt.

Die Welt des vom Menschen Gemachten wird sich immer mehr wie die Welt des natürlich Entstandenen, des Geborenen verhalten, d. h. sie wird flexibel, anpassungsfähig, autonom und kreativ sein, aber wie die Welt der Natur auch nicht von uns kontrollierbar. Technologische Systeme durchlaufen, ebenso wie biologische Systeme, Phasen evolutionärer Kreativität, die andere Systemteile absterben lassen. Als die neue Technik Auto das Pferd als Transportmittel verdrängte, sind zusammen mit dem Pferd Schmiede, Futtertröge, Ställe etc. verschwunden. Das ganze vom Pferd abhängige Subsystem der Wirtschaft hat sich aufgelöst. Dafür sind mit dem Auto Tankstellen, Pflasterstraßen, Verkehrspolizisten, Werkstätten, Reifenhersteller, Verkehrsampeln und die Radarfallen gekommen. Ein neues Netzwerk von Gütern und Dienstleistungen hat sich herausgebildet, die alle eine Nische füllen, die die alten geräumt hatten. Das Wirtschaftssystem ist ein Gewebe von Transformationen zwischen Gütern und Dienstleistungen, das seine eigene Evolution antreibt, indem es im Laufe der Zeit immer komplexer wird. Fortschritt entsteht darin durch Probleme und ihre Lösung.

Die globale Gesellschaft wird zu einer Art Technologieverbund, dessen Teile nicht mehr nebeneinander existieren, sondern die sich überlappen, inspirieren und verstärken. Nur auf eine Technologie zu setzen wird für Unternehmen lebensgefährlich. Wenn Neuerungen also nicht vom Himmel fallen, sondern sich aus Neukombinationen und Weiterentwicklungen bekannter Technologien ergeben, dann hat derjenige den größten Erfolg, der solche Übergänge, solchen Paradigmenwandel, z. B. in der Technik, voraussieht. Es reicht nicht mehr aus, sich ein wenig zu beeilen und hier und da einen kleinen technischen Vorteil gegenüber anderen zu bieten: Man wird den echten Konkurrenten nicht wahrnehmen und von ihm einfach überrollt. **Am besten gedeihen werden nicht Unternehmen, die besessen sind vom Gedanken der Total Quality und der Prozeßverbesserung, sondern solche, die die Probleme von morgen und ihre Lösungen vorhersehen, die in die entgegengesetzte Richtung steuern und damit die Branche revolutionieren.** Die technologischen Potentiale der Zukunft zu sehen heißt, Probleme und ihre Lösungen vorherzusehen, Produkte und Dienstleistungen, die dafür geeignet sind, zu entwickeln und das erstklassig zu tun. Es ist wichtig, frühzeitig zu erkennen, daß sich ein Paradigma verändert, weil wir dann bestimmten Aspekten mehr Aufmerksamkeit schenken, als wir es normalerweise tun würden. Wo die Zukunft entsteht, heißt das Ziel, ein neues Spiel zu erfinden. Dieses Spiel gewinnt nur, wer immer Neues lernt und dabei immer besser wird. Doch es gibt Probleme, die nicht mehr verschwinden, nachdem man klüger geworden ist oder neue Instrumente gefunden wurden. Früher oder später beginnt jedes wirtschaftliche, technische oder auch ethisch-soziale Paradigma, ein bestimmtes Set von Problemen aufzuwerfen, die jeder gerne lösen würde, ohne dazu mit den alten Mitteln in der Lage zu sein. Alle Paradigmen enthüllen irgendwann Probleme, die sie nicht mehr lösen können. Das ist eben die Chance für ein neues Spiel. Die Kernfrage für Paradigmenpioniere lautet: Wo gibt es in meinem Spezialgebiet Probleme, die jeder meiner Kollegen oder Konkurrenten gerne lösen würde, ohne auch nur die geringste Idee zu haben, wie das gehen soll?

Doch wenn die Tachonadel am Anschlag klebt, bricht leicht Panik aus. Wenn die Menge möglicher Neuerungen sehr schnell wächst, weil immer mehr Technologien immer schneller in die Welt kommen, so wird irgendwann eine bestimmte Schwelle der Komplexität überschritten. Es kommt zu einer Art Phasenübergang, einem *shift*, jenseits dessen eine Wirtschaft in einen Wachstums- und Innovationsschub verfällt. Es gibt aber noch andere Gründe für einen solchen *shift*: ungelöste Probleme. Doch was tun wir mit den ungelösten Problemen? Normalerweise legen wir sie beiseite und nehmen uns vor, früher oder später darauf zurückzukommen. Der Paradigmenforscher Thomas Kuhn nennt zwei wesentliche Punkte, warum solche Probleme nicht sofort gelöst werden:
1. weil uns eine bestimmte Technologie oder ein Instrument fehlt,
2. weil wir noch nicht schlau genug sind.

Und drittens, weil wir Angst vor ihnen haben und hoffen, daß sie von allein wieder weggehen werden, wenn wir sie nur lange genug ignorieren. Manchmal geraten wir auch an ein Problem, das einfach zu anspruchsvoll für uns ist. Es ist nicht das fehlende Instrumentarium, es ist einfach die Unfähigkeit, das geltende Set von paradigmatischen Regeln auf eine wirkungsvolle Weise anzuwenden. Was immer wir in der materiellen Welt erreichen wollen, welches konkrete Problem wir auch lösen wollen, es ist immer das Ziel vorangegangener geistiger Prozesse.

Viele Manager planen, was bereits da ist, und lösen, was sich als Problem zeigt. Dabei ist es ihre Aufgabe zu planen, was noch nicht da, ja vielleicht noch undenkbar ist: das Auftauchen von Problemen und ihre Lösung in der Zukunft.

Die Welt wird, weil wir handeln. Probleme und ihre Lösungen entstehen, weil wir sie erkennen. Strategische Problemlösung bedeutet genau das Gegenteil: Während wir handeln, bleibt die Welt, wie sie ist. Auch wenn das nicht stimmt.

Probleme sind Abweichungen, Unterschiede, die evident werden. Für Evolutionstheoretiker sind solche Abweichungen oder Probleme etwas ganz Natürliches. Alle lebendigen Systeme benötigen die Entgleisungen und Abweichungen, um ihre Evolution voranzutreiben, und sie besitzen in der Regel genug Energie und Selbst-Reparatur-Intelligenz, um nicht einem Problem-*overload* zum Opfer zu fallen. Doch warum kommen dann so viele Prozesse zum Erliegen? Weil ein evolutionäres System für seine Problemreparatur eine Menge zusätzlicher Energie benötigt. Führungskraft zeigt sich darin, wieviel zusätzliche soziale Energie sie entfacht.

Metamorphose der Macht

Macht bedeutet noch immer den Einsatz von Druck und Geld, damit sich Menschen auf eine bestimmte Weise verhalten. Doch Gewalt macht Menschen teilnahmslos, regt ihren Widerstand und treibt ihre Kreativität nur in einer Hinsicht an: eine Chance zu finden, die eigene Hilflosigkeit und Unterlegenheit heimzuzahlen. **Druck als Machtinstrument hat eine entscheidende Schwäche: Er bremst natürliche Prozesse und führt schließlich zur tödlichen Erstarrung des ganzen Systems.** Mit Geld als Machtinstrument ist es schon etwas anderes. Wer Kapital hat, kann Leistungen einkaufen und seine Ziele durch unterschiedlichste Belohnungen, Vergütungen oder das Gewähren von bestimmten Vorteilen erreichen.

Geld erzeugt eine flexiblere Macht als Druck, aber in einem Wertschöpfungssystem, wie es jetzt entsteht, läuft Geld allein ins Leere. Erfolg hat hier die multipel intelligente Persönlichkeit, eine, die die mentalen Räume anderer prägen kann und leichter Hand mit Ideen, Symbolen und Bedeutungen

jongliert. Wer rein taktisch operiert und in reinen Machtkategorien denkt, wird sich schon bald ziemlich abgetrennt fühlen, so wie jemand, der seine Sachen für die falsche Reise gepackt hat. Was müssen wir für die große Reise packen? Die kommende Wirtschaft ist eine Wirtschaft der Beschleunigung und des Mitfließens. Je komplexer und unübersichtlicher die Verhältnisse werden, desto wichtiger ist es, Einfluß statt Macht zu haben. Die Sowjetunion ist nicht zusammengebrochen, weil ihre Wirtschaft von einem amerikanischen Zentralkommando zum Kollaps gebracht wurde. Das Land kollabierte, weil jedes zentralgesteuerte komplexe System instabil und wenig anpassungsfähig ist. Eine zentrale Befehlsstelle ist für Konzerne, Fabriken, Organismen, Roboter oder Wirtschaftssysteme der beste Weg zum Zusammenbruch.
Auch unser Gehirn ist keine zentrale Befehlstelle, weil es kein Zentrum hat. Trotzdem scheint gerade in Konzernen die zentrale Anordnungsplanung der neueste Hit zu sein, besonders wenn sie als "gemeinsame Zielvereinbarung" daherkommt. Der MIT-Professor Rodney Brooks wundert sich in bezug auf zentralgelenkte Regierungen wie die Sowjetunion nicht, *"daß kopflastige Leute nicht einmal imstande waren, ein Geschöpf hervorzubringen, das komplex genug war, um zu kollabieren."*

Viele Unternehmen haben noch heute eine Kultur wie einst das Sowjetreich, und ihre zeitgeistig gestalteten Hausphilosophien wirken so rührend unbeholfen wie ein Potemkinsches Dorf.

Macht hat heute, wer die mentalen Räume der Menschen formt, wer die richtigen Kommunikationskanäle kennt und nutzt und wer soziale Prozesse managen kann. Es macht einen Unterschied, ob man sich Briefe schreibt, einander anruft oder kurz eine E-mail schickt. Apropos E-mail. Das Internet als Kommunikationsmittel und die damit entstandenen neuen Netzwerke haben die Qualität von Macht- und Beziehungsnetzen revolutioniert. Einer, der es wissen muß, weil er sich seit vielen Jahren mit Beziehungsnetzen beschäftigt, ist Harvey Mackey: *"Die neuen Netzwerke sind Teil der fortschreitenden Demokratisierung unserer nationalen Machtstrukturen. Zwar hat das Beziehungsnetz der `old boys´ immer noch alles fest im Griff, aber mehr und mehr Menschen, die nicht dem Prototyp entsprechen, strecken die Hand nach dem Ruder aus, indem sie eigene Netzwerke entwickeln."*
Top-Manager betrachten es noch heute als ein Insignium der Macht, daß auf ihren eleganten, leergefegten Schreibtischen ein Computer fehlt. Stolz rühmt

man sich, von Internet und World Wide Web keine Ahnung zu haben. Das kann fatale Folgen für die Macht der *big dogs* haben. **Das Netz ist auch ein Medium für Verschwörungen. Es entzieht sich leicht der Kontrolle und unterminiert die hierarchisch Mächtigen, indem sie von spielerisch begonnenen Beziehungsnetzen ausgeschlossen bleiben und immer komplexer werdende Verbindungsströme, die sich vermehren und ausdehnen, an ihnen einfach vorbeifließen.** Wer mitspielen will, für den genügt die Telefonnummer allein heute nicht mehr. Es gibt im Business und an den Eliteuniversitäten der USA schon heute eine Reihe von Spitzenleuten, die sich dadurch auszeichnen, niemals ans Telefon zu gehen oder zurückzurufen. Aber wenn Sie ihnen eine E-mail-Nachricht schicken, kriegen Sie innerhalb weniger Stunden eine Antwort.

Macht erfordert Teilnahme. In höchster Qualität setzt sie, man mag es kaum glauben, sogar Effizienz und Menschlichkeit voraus. Sie wird um so größer, je weniger Machtmittel sie einsetzt, um ein Ziel zu erreichen. Im Gegenteil. Echte Macht, etwas zu bewegen, hat, wer Macht abgibt und sich in den Dienst der Menschen stellt, die er führt.

Bewußtsein ist die flexibelste, elastischste Form der Macht – und die effizienteste dazu. Mit Geist läßt sich interpretieren, definieren, Sinn stiften, Zusammenhang herstellen, belohnen, bestrafen, beeinflussen und Wandel durchsetzen. Doch wir haben gelernt, Strukturen statt Energien zu sehen. Was nicht klar erkennbar ist, ist für viele noch heute Phantasterei. Wir glaubten, Macht hätte, wer die Dinge in der Hand hat. Stimmt aber nicht. **Echte Macht hat, wer führt, ohne zu führen; Sheldrake und seine Kollegen würden sagen, Macht hat, wer statt Strukturen der materiellen Welt die geistigen Inhalte des morphischen Feldes bestimmt und seine Energien steuert.** Macht hat demnach, wer das steuert, was Verhalten im Hintergrund organisiert: die Qualität des vierten, des morphischen Feldes. Dieses Feld speist sich aus Ressourcen und Rahmenbedingungen, aus Erinnerungen, Vorstellungsbildern, Vertrauen, persönlicher Entwicklung und Lernen, Sinn und gemeinsamer Vision, kreativen Irritationen und aus Initialaktionen, also offenen Projekten, die persönliche Leidenschaften mit selbstinitiierten Projekten verknüpft, und es speist sich

aus privaten Vernetzungen. Nach dem Synergetikmodell von Hermann Haken kann man diese Quellen des vierten Feldes auch als "Ordner" bezeichnen. Ordner steuern die Richtung und die Intensität der Selbstorganisation eines Systems. Ordner sind die Kräfte, die alle anderen Bewegungen mitreißen. Die neue Führungselite besteht daher nicht aus Informations- und Kontrollexperten, sondern aus Evolutionsexperten und Agenten der Selbstorganisation.
Die alten Dimensionen der Macht wie Sachlichkeit, Disziplin, Effizienz, Kontrolle oder strenges Patriarchat haben sich überlebt, weil sie kein neues Leben erzeugen und keine selbstorganisatorischen Prozesse anregen können. Macht muß sich verabschieden von Manipulationsregeln der *Win-Lose*-Spiele, die stets Folge direkter Machtverhältnisse sind. Macht verlangt in Zukunft Führungstechniken, die der Weiterentwicklung und der Transformation aller dienen und die ihre Kraft aus den *Win-Win*-Spielen des Mitfließens, der Co-Evolution beziehen.

Doch es hat sich neben der Struktur auch etwas an der Form, am Charakter der Macht verändert. Der rationale Charakter der Macht wandelt sich zum charismatischen Charakter. Für Michael Ray, Professor für Kreativität, Innovation und Marketing an der Stanford University, hat der neue Charakter der Macht viel mit Fürsorge, Dienen und Liebe zu tun. Charismatische Macht, so Ray, benötigt eine innere Heimat, eine Wurzel. Gute Selbstführungskonzepte sind so eine Wurzel. Liebe bedeutet in diesem Zusammenhang eine Art gefühlte Verknüpfung oder strukturelle Kopplung zwischen Führendem und Geführten. **Der sogenannte "starke Mann an der Spitze", sofern er als Vorbild versagt, und ein repressives Kaderprinzip wirken auf die Gestaltung eines vitalen morphischen Feldes lähmend. Rigide Kaderkulturen schaden immer den Mächtigen, weil sie durch sie an Einfluß verlieren.** Repression und Rationalität führen nie zu Verschworenheit und Passion. Der Begriff "egoistischer Altruismus" bezieht sich genau auf diese Grundlage der neuen Macht. Man weiß, daß man selbst mehr bekommt, wenn man andere mehr fördert und unterstützt, als es rational gesehen notwendig wäre. Aber man weiß auch, daß man dann am Zenit der Macht ist, wenn man die Dinge loslassen kann und die innere Dynamik (das vierte Feld) mit der äußeren Evolution (Entwicklung der Umwelt) im eigenen Sinne mitfließt. Nicht nur die Inhalte, auch die

Struktur der Unternehmen verändert sich, Wissen wird zum Hardfactor. Seit Jahren verliert Materie produzierende Arbeit weltweit an Wert. In den vergangenen 25 Jahren gingen über zwei Millionen Industriearbeitsplätze in Deutschland verloren, obwohl mehr Güter produziert wurden. Ein Trend, den neue Technologien und die ständig wachsende internationale Arbeitsteilung weiter verstärkten.
Am Beispiel des Pontiac Le Mans von General Motors demonstriert der US-Wissenschaftler Robert B. Reich, wie weit die internationale Arbeitsteilung geht und welches Stück sich die Wissensarbeiter vom Kuchen abschneiden: Das beim GM-Händler für 20000 Dollar angebotene Auto wird in Korea hergestellt, dort bleiben 6000 Dollar. 3500 Dollar kassieren die Japaner für hochentwickelte Teile, 1500 Dollar gehen nach Deutschland für Styling und Konstruktion. Die Engländer bekommen für das Marketing 500 Dollar, Taiwan und Singapur kassieren für Kleinteile 800 Dollar, jeweils 100 Dollar erhalten die Datenverarbeiter in Barbados und Irland. Die restlichen 7500 Dollar, vermutet Robert B. Reich, *"erhalten die Strategen in Detroit, Lobbyisten in Washington, Beschäftigte bei der Kranken- und anderen Versicherungen überall in den USA und die Aktionäre von General Motors".*
Die Anteile von Hard- und Software verschieben sich in den Industrieprodukten. Für die Industrieländer sind vor allem solche Teile interessant, die mit Wissen verknüpft sind und daher bessere Ausbildungsqualifikationen erfordern. Das undifferenzierte Klagelied um den Niedergang der Industriegesellschaft wird ebenso laut wie die konkrete Frage, wie weit der bei rund 36 % liegende Anteil an Arbeitsplätzen im produzierenden Gewerbe noch sinken kann, ehe der Wohlstand und mit ihm die Konsensgesellschaft in Deutschland Risse bekommt. Solche Fragen schüren die Angst, am Ende des Tunnels könnte nur noch der Abgrund warten. Doch Deutschland ist längst keine Industriegesellschaft mehr, nur knapp zehn Millionen Menschen verdienen ihr Geld in der Produktion, rund 17 Millionen arbeiten im Dienstleistungssektor, der bei uns noch immer den Hautgout von Dienen, Trinkgeld und kargem Lohn hat. Die Industrieländer werden zukünftig immer mehr einfache Tätigkeiten Ländern überlassen, deren Löhne gering sind, und statt dessen auf Wissen setzen. In Zukunft werden solche Länder den größten Erfolg haben, die am besten mit Wissen umgehen können, und damit unersetzbar und wertvoll

für die internationale Arbeitsteilung sind.
Vor allem wissensgeladenes Kapital garantiert heute Rendite und Vermögen. Als wissensgeladen bezeichnet Jost Stollmann Kapital, das sich mit *"hochalleinstehendem Wissen paart, also mit Intelligenz, Kombinatorik und Kreativität"*. Zur Chance wird die Wissensgesellschaft erst, wenn Qualifikation und Organisation zusammenkommen.

Der Faktor Arbeit löst sich aus der starren Organisationsmaschine. Die neue Technologiegeneration aus Multimedia, flexibler Automatisierung, benutzerfreundlichen Interaktivsystemen und Internet bringt selbst die Organisationen und Beziehungsnetzwerke aus unabhängigen Teams hervor, die uns helfen, mit dem, was der Philosoph Jürgen Habermas als *"neue Unübersichtlichkeit"* bezeichnet, umzugehen. Güter und Dienstleistungen entstehen maßgeschneidert im Dialog mit dem Kunden. Erfolgreich wird in dieser Welt sein, wer über bestimmte menschliche Qualitäten, Beziehungsnetze und Fachkompetenzen verfügt, die nicht einer intelligenten Maschine übertragen werden können.

Bedeutung schaffen

Wissen verändert auch die Unternehmen. Man kann es nicht herumschicken wie ein Paket, es entfaltet seine Kraft erst, wenn es fließt. Wir beginnen von fließenden, organischen Strukturen zu sprechen, deren Grenzen immer offener werden. Eine in sich geschlossene, fundamentalistische Unternehmenskultur blendet dagegen alle Informationen aus, die ihrem Selbstbild widersprechen und über den indirekt vereinbarten Erfahrungshorizont hinausreichen. Interne Opposition wird unterdrückt, alternative Denkansätze und neue Ideen werden durch die geltenden Mythen und Traditionen blockiert. Präzision und Disziplin sind meist höchste Werte, Angst und innere Kündigung ersetzen häufig kreative Freiheit. Das in fundamentalistischen oder machtgelenkten Unternehmen vorhandene Wissen ist langsam, oft auch veraltet, blinde Flecken breiten sich aus. Keiner weiß morgen noch, an welche Unternehmenswerte er ab heute glauben sollte, weil sie ihn unberührt lassen. Das geistige Feld lädt sich mit strengen, zögernden Bedeutungen auf, und damit werden auch die Handlungen unkreativ, mutlos und ängstlich. Warum? Bedeutungen lassen sich nicht von einer Zentralautorität über Informationen, also sprach-

liche Botschaften verordnen. Daniel Dennett, Philosophieprofessor an der amerikanischen Tufts University und mit der Erforschung des Bewußtseins beschäftigt, glaubt, daß sich *"Bedeutung aus der vernetzten Interaktion vieler kleiner Dinge erhebt, von denen keines irgendeine Bedeutung hat ... Mit den Gehirnen verhält es sich doch so: Schaut man in sie hinein, stellt man fest, daß niemand zu Hause ist."*
Für Daniel Dennett ist das **Bewußtsein** ein Emergenzphänomen. Es entsteht aus einem feingesponnenen Netzwerk vieler unbedeutender, bewußtloser Schaltkreise. Ein nachdenklicher Blick hier, eine kurze Bemerkung dort, ein Ritual, ein Statement, die Art, mit einem bestimmten Fehler umzugehen – Bedeutung ist ein ganzes Bündel von Modulen des Indirekten, die jedes für sich manchmal widersprüchliche Details darstellen.

Die Bedeutung, die wir einer Sache zuordnen, ist in hohem Maße abhängig davon, mit welcher Erinnerung wir sie verknüpft haben. Erinnerungen können genauso wie Perspektiven sehr selektiv sein. Am tiefsten werden Ereignisse gespeichert, die mit subtiler Angst oder Konfliktvermeidung zu tun haben. Ob wir uns leicht oder kaum an etwas erinnern hängt davon ab, in welcher Umgebung wir neue Informationen aufnehmen. Die Gestaltung von Räumen, die Atmosphäre, in der wir uns bewegen, das Betriebsklima, all das hat einen starken Einfluß auf unsere Handlungen und Reaktionen. Erinnerungen bilden einen Kontext für unsere Erwartungen und unsere Realitätssicht. Kontext kann fast alles sein, und je wohler wir uns mit ihm fühlen, um so besser erinnern wir uns. Im Wissenschaftsmodell Rupert Sheldrakes heißt das, daß Menschen in einem positiv aufgeladenen morphischen Feld besser lernen und das Gelernte leichter erinnern.
Bedeutung entsteht aus einer manchmal paradoxen Flut von Einzelbildern. Jedes für sich genommen ist ein Schnappschuß. Es ist die Vielzahl der so entstandenen Bedeutungen, aus denen sich das kollektive Gedächtnisfeld aufbaut. Im vierten Feld gibt es keine Fakten, nur Bedeutungen oder Kontexte. Bedeutungen bestimmen die Handlungen und Handlungen verstärken wieder die Bedeutungen. Menschen definieren Bedeutungen nicht nur über indirekte Kontexte, sondern auch über ihre direkten Handlungen. Verhalten drückt eine bestimmte Überzeugung aus, es gibt Auskunft über das Selbstbild. Die Chinesen haben schnell erkannt, wie wichtig dieses Prinzip der Selbstwahr-

nehmung ist, und arrangierten den Lageralltag so, daß die Gefangenen in einer gewünschten Weise handelten. Man wußte genau, daß dieses Handeln die Männer dazu bewegen würde, ihre Selbsteinschätzung nach ihren Handlungen auszurichten. Aus der Hirnforschung wissen wir heute, daß bestimmte Handlungen, über dreißig Tage regelmäßig vollzogen, in unser Unterbewußtsein eingehen und sich dort zu automatisch ablaufenden Bestandteilen unserer Identität kristallisieren. Wenn wir Veränderungen durchsetzen wollen, bei uns selbst oder in unseren Unternehmen, dann indem wir zunächst Handlungen (Rituale, Regelwerke) einsetzen, die neue Bedeutungen repräsentieren. Diese Handlungen formen ihrerseits neue Bedeutungen, die wiederum die Handlungen verbessern usw.

- Es gibt keine Fakten, sondern nur Bedeutungen.
- Wirklichkeiten sind geankerte Bedeutungen.
- Wollen wir Wirklichkeiten intelligent verändern, müssen wir nach intelligenteren Bedeutungen fragen.
- Bessere Handlungskonzepte entstehen durch bessere Bedeutungen.
- Bessere Bedeutungen werden initiiert durch qualifizierte magische Handlungen.

Die Forderung nach Innovation kann keine Forderung nach dem Neuen sein. Sie bleibt immer eine Forderung, dem bereits Vorhandenen eine neue Bedeutung zu geben, es neu zu arrangieren. Mit der Vorstellung, daß Innovationen eine Art spontane Offenbarung des Verborgenen seien, räumte der in Köln lebende russische Philosoph Boris Groys in seinem 1992 erschienenen Buch *Über das Neue* auf: *"Die Innovation besteht nicht darin, daß etwas zum Vorschein kommt, was verborgen war, sondern darin, daß der Wert dessen, was man immer schon gesehen und gekannt hat, umgewertet wird."* Das Neue ist somit eine Frage der Bedeutung und damit des Bewußtseins, das um so höher entwickelt ist, je mehr Sinn es eingehenden Informationen zuorden kann.

Unternehmen haben ein Bewußtsein. In der Vergangenheit haben wir das Intelligenzpotential eines Organismus definiert, indem wir sein Gehirn ausgemessen oder dessen Fehlen festgestellt haben. Wissen und Bewußtsein wurden aus der Maschinenperspektive betrachtet. Deshalb sind wir völlig ratlos bei der Entdeckung, daß ein Hummer, der nur 90000 Neuronen besitzt (im Gegensatz zum Menschen mit zehn Milliarden), viel mehr kann als das, was wir aufgrund unseres quantitativ-mechanistischen Denkens erwartet hatten. Ein Teil der Forscher, die sich in den USA mit künstlicher Intelligenz beschäftigen, ist der Meinung, daß Bewußtsein nicht aus einer ihm zugrundeliegenden materiellen Einheit (Gehirn) abgeleitet werden kann. Bewußtsein taucht immer dann auf, wenn eine bestimmte Organisationsebene erreicht ist. Alles, was zur Selbstorganisation fähig ist, besitzt danach ein Bewußtsein. Ein gut geordnetes System definiert sich nicht durch die Quantitäten seines Gehirns, sondern dadurch, wieviel Information es verarbeiten kann. Je größer seine Fähigkeit ist, Informationen zu Sinn zu verarbeiten, desto höher ist seine Bewußtseinsebene entwickelt. Mit dieser Definition von Bewußtsein qualifizieren sich auch Unternehmen und Organisationen als Bewußtseinsträger, und damit als lebendige Wesenheiten. Diese erweiterte Definition von Bewußtsein kommt Gregory Batesons Kriterien des *mind* entgegen. Bateson war zusammen mit Norbert Wiener in den frühen 70er Jahren einer der Gründerväter der modernen Kybernetikbewegung. Bateson, der in Oxford studierte, ist eine besonders schillernde Figur der Wissenschaftswelt. Er drehte einen Film über balinesische Tänze, studierte Delphine und entwickelte als *Multi-Mind* und Multitalent gleich noch eine anerkannte Schizophrenietheorie. Bateson lehrte in den 70er Jahren an der University of California in Santa Barbara seine als exzentrisch und brillant geltenden Auffassungen von *mental health* und Evolutionssystemen. Bateson und andere gehen davon aus, daß Sinn nicht erfunden, sondern entdeckt wird. Was entdeckt werden kann, muß aber bereits vorhanden sein, z. B. im kollektiven Bewußtsein oder in einem vierten oder morphischen Feld. Bateson gilt als wichtiger Vertreter der Kontexttheorie und weist als solcher immer wieder darauf hin, daß Kommunikation stark abhängig ist von den Kontexten, in denen sie stattfindet. Man könne Kommunikation, und sei sie noch so gut vorbereitet, nicht loslösen vom Kontext, in dem sie erfolgt.

Was ist Information? **Information** ist für uns noch immer ein Ding, eine meßbare Einheit. Dinge sind stabil, sie haben eine Dimension und ein Volumen, man kann sie anfassen, bewegen, hervorholen und zurücklegen. Dinge kann man managen, weil sie konkret sind. Diese materielle Einstellung zu Information steckt noch immer in den Köpfen vieler Manager. Sie glauben, je qualifizierter die Informationen sind, die sie verarbeiten, um so qualifizierter sei ihr Handeln. Information wäre danach eine Einheit, die man in unmittelbarer Qualität übertragen und empfangen kann. So ist es leider nicht. Information ist nichts anderes als die technische Chance, daß daraus eine Information werden könnte, die der Empfänger mit der gleichen Bedeutung füllt, ganz zu schweigen davon, daß er sie im unaufhörlichen Rauschen und hinter seinen persönlichen Filtern überhaupt wahrgenommen hat. Entscheidend ist nicht mehr die Information als solche, sondern daß wir in der Lage sind, sie zu interpretieren. Es ist zu kurz gegriffen, Informationen zu verteilen, man muß sie mit einem zusätzlichen Impuls versehen, der ihr einen erklärenden Rahmen zuordnet. **Allein durch mehr Information verbessert sich nicht der Wahrnehmungskontext. Wir sehen immer nur das, was wir mental sind.** Das Problem zu geringer oder zu komplexer Information ist daher nicht bei der Information selbst lösbar, sondern bei unseren im Kopf gespeicherten Programmen und Wahrnehmungsfiltern.

Herkömmliche Informationskonzepte verlieren auch in Unternehmen an Wirksamkeit, weil man Information eben nicht wie eine Sache managen kann. Informationsflüsse können nicht optimiert werden wie die Fließbandproduktion, weil Information nicht linear von einem Kopf zum anderen – möglichst entlang der Hierarchie von oben nach unten – fließt, sondern es völlig unvorhersehbar ist, auf welchem Wege und auf welche Weise sie wo ankommt.

Gibt es in Unternehmen so etwas wie Desinformation? Das Züricher Gottlieb-Duttweiler-Institut hat sich im Mai 1997 im Rahmen einer internationalen Tagung diese Frage gestellt. Der Soziologe Dirk Baecker gab darauf folgende Antwort: *"Man kann ein System nicht desinformieren, weil man es auch nicht informieren kann. Ein System kann nur sich selbst informieren."* Hier befindet er sich in Einklang mit den Systemtheoretikern und der Neuroforschung. Danach sind alle Systeme, auch unser Gehirn, in ihren Handlungen geschlossen, d. h. auf sich selbst angewiesen. Nichts, was als Impuls der Wahrnehmung auf ein System trifft, kann bereits eine gezielte Information sein. Alles ergibt sich aus der Eigendynamik dessen, was dieser Impuls im System auslöst, und das ist nicht gerade wenig. Hirnforscher haben herausgefunden, daß auf einen einzigen Außenimpuls 10 000 neuronale Impulse im Gehirn folgen.

Wir sehen, fühlen, schmecken, riechen mit dem Gehirn, d. h. durch seine elektronischen Impulse, die durch Außenreize stimuliert werden. Marvin Minsky, einer der Pioniere der Computerwissenschaft und der künstlichen Intelligenz und Professor am Massachusetts Institute of Technology (MIT) sagt dazu: *"Das Gehirn ist im Schädel eingeschlossen; einem stillen, dunklen und reglosen Ort; wie kann es erfahren, wie es draußen aussieht – die einzigen Wege zwischen der Welt und dem Gehirn sind Nervenstränge wie jene, die von Augen, Ohren und der Haut herkommen. Auf welche Weise gelingt es den Signalen, die durch diese Nerven gehen, das Gefühl zu vermitteln, uns 'in' der Welt außerhalb zu befinden? Die Antwort lautet, daß dieses Gefühl eine komplexe Illusion darstellt. Wir haben nie tatsächlichen Kontakt zur Welt außerhalb. Statt dessen arbeiten wir mit Modellen von der Welt, die wir in unserem Gehirn fertigen."* Das Gehirn orientiert sich an der Umwelt, indem es Signale aus ihr aufnimmt und entsprechend seiner eigenen inneren Muster interpretiert. Wenn wir aber mit selbstgefertigten Mustern arbeiten, dann sollten wir sie nicht mit zufällig aufgeschnappten Ideologien und eingerasteten Gewißheiten füllen, sondern dafür sorgen, daß sie so komplex und offen wie möglich sind. Information entsteht im System selbst, in einzelnen Köpfen wie in möglichen mentalen Feldern von Unternehmen. Wer gezielt eine Information verbreiten will, hat es nicht in der Hand, ob dabei ein spontaner Wechsel von der konkreten Aussage hin zu ganz anderen, indirekten Mitteilungen den eigentlichen Zweck unterläuft. Organisationen und Unternehmen können nicht gezielt von außen informiert werden. Sie sind insofern operativ geschlossene Systeme, als sie alle Informationen ausschließlich den eigenen Erkenntnissen und Verarbeitungsmechanismen verdanken.
In Unternehmen wird die Vorstellung gezielter Information und Kommunikation vermutlich noch am hartnäckigsten gepflegt. Gleichzeitig wird es für sie immer wichtiger, von dieser Illusion Abschied zu nehmen und sich einem raffinierteren Verständnis von **Kommunikation** zuzuwenden. In unserem Alltagsverständnis bedeutet Kommunikation, daß ein Absender einen Empfänger durch eine Botschaft über bestimmte Dinge informiert. Kommunikation, so könnte man glauben, sei ein Prozeß der Verständigung zwischen zwei oder mehr unabhängigen Subjekten, die für alle Beteiligten gleich bedeutsame Botschaften austauschen. Sinn und Bedeutung entstehen jedoch nicht durch

die technischen Bedingungen der Kommunikation, sondern durch die inneren Filter in den Köpfen der Beteiligten. Es ist nicht die Sprache, sind nicht die Gesten, die Kommunikation ausmachen, sondern es ist das, was sich dabei in den Köpfen als Bedeutung abspielt. Kommunikation wird so zu einer Sache des guten Willens. Sie ist nur möglich, wenn die an ihr Beteiligten bereit sind, das ihre dazu beizutragen.
Kommunikation ist nicht Übertragung, sondern Konstruktion von Bewußtsein. Im Mittelpunkt des Interesses stehen nicht mehr die am Kommunikationsprozeß beteiligten Köpfe, sondern der Prozeß selbst. Kommunikation scheint eine Eigendynamik zu besitzen, d. h. jeder Beteiligte hat die Wahl, auf welchen Aspekt der Kommunikation er sich konzentrieren möchte. Dirk Baecker unterscheidet dabei den Sachverhalt oder die (indirekt durch Gesten, Wortwahl, Habitus, Symbolismen, Einschätzungen, Überzeugungen etc.) damit verknüpften Mitteilungen. In dieser Mehrdeutigkeit ist keiner von uns frei, wir *switchen* ständig hin und her zwischen Informations- und Mitteilungsverhalten, zwischen dem, was Gregory Bateson *report* und *command* nennt. Jede Aussage ist zugleich Bericht und Befehl. *Report* (Bericht) bezeichnet etwas, das definitiv da ist, *command* (Befehl) bezeichnet etwas, das durch die Aussage erst geschaffen worden ist. Wenn wir einer Informationsquelle Aufmerksamkeit schenken, wechseln wir ständig hin und her zwischen den konkreten Aussagen und der Art, wie etwas vermittelt wird, welchen Eindruck es auf uns macht, welche inneren Muster dabei in uns abgerufen werden. Kommunikation ist niemals zielgerichtet, sondern prinzipiell ambivalent.

Unsere Zeit ist außerordentlich produktiv in der Entwicklung neuer Paradigmen, immer schneller ist die Folge von Auflösung und Neuentstehung von Erklärungsansätzen. Wir leben in einer Art Achsenzeit. **Die letzte Achsenzeit (ca. 1500 v. Chr. bis ca. zum Jahr 0) benötigte mehrere hundert Jahre, um die Basis unserer abendländischen Kultur (vor allem unseres Vernunft- und Logikkonzepts) hervorzubringen. Nur einige Jahrzehnte haben genügt, um unser Mensch-Sein und unsere Wirklichkeitssicht radikal zu verändern und als Weltbild durchzusetzen.** Viele Unternehmer und Manager scheinen noch keine Ahnung davon zu haben, daß der grundlegende Wandel unserer Perspektiven auch die Prinzipien der Wirtschaft völlig verändern wird. Sie glauben noch immer an die ordnende Kraft der Sachzwänge. Doch die neuen Paradigmen werden eine ganz neue Wirtschaft formen. Wir fangen bereits an, Organisationen und Unternehmen als Systeme zu betrachten und in ihnen eine Art Fähigkeit zur Selbsterneuerung zu erkennen. Wie wir sehen, bringen sie bereits heute die Mittel zum Umgang mit der durch sie entstandenen Komplexität hervor, z. B. sich selbst entwickelnde autonome Teams, die sich zu projektbezogenen Beziehungsnetzwerken zusammenschließen. Dies sind die ersten Schritte einer völlig neuen Art, Unternehmen zu führen. Wenn Wissen optimal genutzt wird, verschwimmen die Grenzen zwischen den Ressorts. Produktionsleute gehen in die Forschung, Forscher zum Kunden, Verkäufer in die Produktion. Wissen macht aus dem Hersteller von Kläranlagen einen Dienstleister für sauberes Wasser, aus dem Kraftwerkbauer den Dienstleister für den Energiebetrieb am Ort und aus dem Pharmahersteller den Dienstleister in der Gesundheitsberatung. Bereits heute prüft Boehringer Mannheim die Idee, aus der im kleinen praktizierten Beipackzettelberatung ein eigenständiges Produkt zu machen.

Andere Unternehmen denken darüber nach, ob sie ihre Produkte nur noch im Leasingverfahren vertreiben. So würden hochwertige Materialien und qualifizierteste Verarbeitung konkurrenzfähig, denn der Kunde bezahlte nur die Nutzungshäufigkeit oder -dauer. **Der Büromöbelhersteller Wilkhahn prüft bereits, ob die Möbel in Zukunft immer wieder zurückgenommen und überarbeitet werden können. Beim Hausgerätehersteller Miele denkt man darüber nach, ob der Kunde in Zukunft nicht mehr die Maschine kauft, sondern nur noch eine vereinbarte Anzahl von Waschvorgängen.** In der Schublade liegt auch ein Leasingkonzept im Teppichbereich. Man least einen Teppichboden, der ökologisch vertretbar ist, alle fünf Jahre wird der Teppich abgeholt, und man bekommt einen neuen. Der Kunde bezahlt für die Nutzung, nicht für das Produkt.

Der Umbruch zur Wissensgesellschaft ist radikal, *"auf das hyperindustrielle könnte ein `kulturelles´ Zeitalter folgen. Das zu Ende gehende Modell ist der Komplexität, die es erzeugt hat, nicht mehr gewachsen"*, meint Christian Lutz, Direktor des Züricher Gottlieb-Duttweiler-Instituts. Erfolg bedarf in Zukunft mehr als guter Produkte, zeitgeistiger Werbung und der Kunst des Kostensenkens. Wir müssen in der Lage sein, ein komplexes Beziehungsnetzwerk aufzubauen, wichtige Ideen und Gefühle zu erkennen und diese zu transportieren.

Die Wertschöpfung in einem Unternehmen, egal wie groß es ist und welcher Branche es angehört, speist sich in Zukunft aus drei Quellen: Intelligenz, Kreativität und Beziehungen.

Da sind Klein- und Kleinstunternehmen vielfach im Vorteil. Weil sie total flexibel, total risikofreudig, total offen sein können, haben sie gute Chancen, auch total erfolgreich zu werden. Mit dem Aussterben der Massenfabrikation geht auch die Ära der uniformen Arbeitnehmer zu Ende. Wir erleben einen Wettlauf des Menschen mit der Technik, die immer komplexere, höher qualifizierte Aufgaben übernehmen kann.
Unscharfe, veränderliche Tätigkeiten, die Emotion, Kreativität, Initiative, Kontaktfreudigkeit oder komplexe Wahrnehmung erfordern, brauchen menschliches Wissen. Dieses Wissen ist die einzig bekannte Ressource, die nachwächst, die sich durch ihren Verbrauch nicht verzehrt. Je mehr man davon Gebrauch macht, desto mehr kommt nach. Wir erleben das Ende des Denkens in knappen Ressourcen, wie wir es aus der klassischen Ökonomie kennen. Es geht nicht mehr um die Verteilung begrenzt verfügbarer Ressourcen, sondern es geht darum, diese wertvolle Ressource Wissen kontinuierlich zu züchten und abzuernten.

Würde man heute ein grundlegendes Buch verfassen, das ähnlich wie *Das Kapital* von Karl Marx jene Basis beschreibt, auf der die moderne Welt sich entfaltet, so könnte es *Das Netzwerk* heißen. Denn das Zentrum der Macht hat sich seit Marx verschoben, wir haben einen ***powershift***, ein "Machtbeben" erlebt, das der amerikanische Bestsellerautor Alvin Toffler in seinem gleichnamigen Buch zuerst beschrieben hat. Macht hat, wer die nützlichsten Verbindungen besitzt, Zugang zu Information und Daten hat und wer die jeweils wichtigsten herausgreifen und aktivieren kann.
Ich höre Sie an dieser Stelle schon sagen: Verbindungen brauchte man immer, um an die Macht zu kommen. Das stimmt. Aber die Partner, zu denen man Verbindungen braucht, haben sich geändert. Heute kann man mehr von guten Beziehungen zu Biologen, Techniktüftlern, Religionssoziologen, Feuerschluckern, Computerfreaks, Künstlern, Kommunikationsdesignern und leicht

Verrückten profitieren als von einflußreichen, vernünftigen Wirtschaftsbossen, die meist furchtbare Angst haben, einen Fehler zu machen und durchs Netz zu fallen, und die sich Freiräume durch Ignorieren schaffen. Wer oben ist, glaubt, angekommen zu sein und, statt weiter zu suchen, nur noch fest- und durchhalten zu müssen. Schlimmstenfalls glaubt man, außer seinem Vorstand, vielleicht dem Aufsichtsrat oder den Herren von der Hausbank, niemanden mehr zu brauchen. Wer täglich mit der Unsicherheit lebt, wo er den nächsten Auftrag, einen Sammler, die Website mit dem Fortsetzungskrimi oder das Heft mit dem unendlich wichtigen Artikel über "Bewußtseinsfenster" herbekommt, der braucht Kontakte. Wer auf der Suche ist, trifft wieder eine Menge Leute, die auch auf der Suche nach irgendetwas und daher bereit sind, Kontakte zu knüpfen, Verbindungen herzustellen und vielleicht das beizutragen, was dem anderen gerade fehlt. Man geht nicht aus reinem Altruismus aufeinander zu, sondern weil man neugierig ist, intuitiv verstanden hat, wie so ein morphisches Feld und ein lebendiges Wissensnetzwerk funktionieren könnte und wie man seine Früchte pflückt: durch *Win-Win*-Spiele, bei denen man entweder etwas gewinnt oder etwas lernt. In den weihevollen und von echten Exzentrikern und abgedrehten Hirnen meist reinen Hallen der Vorstandsetagen will man dagegen stets etwas Konkretes gewinnen und sucht sich danach die *players* aus. Dabei wird eines völlig übersehen: Netzwerke bestehen aus unendlich vielen Agenzien, die langsam aber unaufhörlich arbeiten, neue Kreativität entfalten und Gedächtnisfelder formen. Diese Felder bleiben.

Nehmen wir Platz im Schleudersitz. Jeder von uns kennt das Gefühl, wenn Lösungen, die einmal funktionierten, plötzlich völlig daneben liegen, wenn ein Teppich nach dem anderen unter unseren Füßen weggezogen wird und Desorientierung um sich greift. Wir in Deutschland erleben uns schwankend zwischen Ängsten und Hoffnung, zwischen Schuld und Befreiung. Da wirkt ein Blick in die nur scheinbar praxisfremde Welt der Theorie wie ein Aspirin. Die Selbstorganisationstheorie zeigt uns nämlich, daß komplexe Systeme, also auch menschliche Individuen und Gesellschaften, Unternehmen oder ganze Wirtschaftssysteme, instabil und irritiert hin- und herpendeln, wenn ein Transformationssprung zu einer neuen, komplexeren und damit intelligenteren Ordnung bevorsteht.
Die sich vor uns entfaltende Welt der Beziehungen und Muster, die Welt des

offenen Werdens von Auflösung und Neubeginn gibt uns auch große Hoffnung, weil sie einen Weg aus der Abhängigkeit zeigt. Der Sprung zu einer neuen Ordnung ist gleichzeitig ein Sprung zu neuer Selbstverantwortlichkeit. Wer den Code für Selbstverantwortung besitzt, für den gibt es keine Sachzwänge, sondern Freiheit, nach viableren, passenderen Lösungen zu suchen. Diese neue Welt des offenen Werdens ermutigt uns, in diesem unbequemen Schleudersitz aus Zufall, Unkalkulierbarkeit, Risiko und spontanen Brüchen Platz zu nehmen, die eigene Ohnmacht abzuschütteln und uns für radikal neue Ideen und eine kühne, verrückte und aufregende Zukunft zu öffnen. Wichtigstes Gepäckstück auf dieser Reise in die Freiheit werden unser Bewußtsein, unsere Ideen, unsere Kreativität sein.
Wir haben diese Entdeckungsreise gerade angetreten und damit begonnen, neue Organisationsformen einzuführen, die das 21. Jahrhundert prägen werden. Wenn wir Organisationen und Unternehmen von Grund auf verändern wollen, dann müssen wir vor allem ihr viertes Feld verändern, das, was sich die Menschen unter ihrem Unternehmen vorstellen, wie sie sich fühlen, wie sie mit ihren Problemen fertig werden, unter welchen Bedingungen sie arbeiten, wie sie mit Rückschlägen umgehen, ob sie Freude an ihrem Tun haben.

Obwohl wir durch widersprüchliche Zeiten gehen, ist unser Geist so weit offen wie nie zuvor. Wir beginnen zu ahnen, daß viele unserer Probleme Hinweise geben auf die Glaubensmuster, die dahinterstecken und die sie letztlich hervorgebracht haben. Wir sollten bereit sein, an ihrer Lösung teilzunehmen, einzugreifen und dabei mit unserer Angst und den Widerständen umzugehen, die jeden Wandel begleiten. Seien wir sensibel gegen den süßen Klang der Nostalgie, geduldig mit unseren Fehlern, aufmerksam für andere Möglichkeiten, schauen wir uns um, denken wir voraus.
Was wir alle brauchen, ist *winning spirit*, einen Zukunftsoptimismus, der nicht naiv ist und auch kein Pfeifen im Wald, sondern ein Optimismus, der mutig und eigenverantwortlich ist. Statt ritualisierter Mutlosigkeit und Wertenostalgie brauchen wir besonders im ängstlichen Deutschland einen Zukunftsoptimismus für das *global village,* für die Risiken und Chancen der *"telematischen Gesellschaft"* (Vilém Flusser, aus Prag stammender Professor für Kommunikationsphilosophie, prägte diesen Begriff) und auch für die Risiken, die jede Offenheit mit sich bringt.

Auch wenn es in der derzeitigen Larmoyanz so wirkt – es gibt kein Zurück, kein Einfrieren von Entwicklungen, deren Potentiale wir noch nicht genau abschätzen können und die uns daher heute Angst machen. Dieser diffusen Angst sollten wir Vertrauen in wachsende Intelligenz entgegensetzen. Es gilt nicht, die Beschleunigung des Fortschritts zu drosseln, sondern die Intelligenz des Umgangs mit ihm zu steigern, d. h. die Eigendynamik des offenen Werdens und der schöpferischen Zerstörung immer besser kennenzulernen.

Um Mißverständnissen vorzubeugen: Es geht nicht darum, der grenzenlosen Ressourcenausbeutung und blindem *anything goes* das Wort zu reden. Es geht darum, die Konsequenzen einzukalkulieren, die aus einem Fortschrittsverzicht entstehen. Wir müssen dafür sorgen, daß die dramatisch wachsende Menschheit ernährt und unsere ökologischen Probleme gelöst werden. Warnungen, gute Gesinnung und politische Bekenntnisse allein werden die Klimaveränderung nicht aufhalten, Drohungen und politische Adressen beim Kamingespräch machen aus einem diktatorisch geführten Milliardenvolk vermutlich keine Demokratie und aus zänkischen Nationalstaaten keine *one world family* mit mehr Wohlstand und besserer Verteilungsgerechtigkeit. Die Kapazität, den großen kulturellen und wirtschaftlichen Herausforderungen zu begegnen und eine innovative Führungsrolle bei der Zukunftsgestaltung einzunehmen, scheint heute nur die Wirtschaft zu haben. Zum erstenmal in der Geschichte kann der Weltgesellschaft vermutlich mehr durch die Wirtschaft als durch irgendeine andere Organisation gedient werden, auch wenn viele unserer globalen Probleme von heute direkte oder indirekte Folgen des westlichen Industrieparadigmas sind. Doch aus Fehlern kann man lernen. Wenn sich der Geist eines umfassenden Paradigmas verändert, dann muß sich auch der Geist der Wirtschaft verändern. Wir leben nicht von der Vergangenheit, sondern von der Zukunft. Zeitgeistige Formulierungen in den Geschäftsberichten genügen nicht, um in den Menschen den Code für die Chancen einer offenen Zukunft zu formen. Weil den Unternehmen der Mut fehlt, an die Zukunft zu glauben, zelebrieren und verankern sie sie nicht in ihrem morphischen Feld. Sie sind hypnotisiert von der Globalisierungsangst, der Technologieangst, der Angst vor Zerstörung, Veränderung und der Angst vor dem Unbekannten schlechthin. Doch wir werden unserer Verantwortung für einen kollektiven Aufbruch in die Zukunft nicht gerecht, wenn wir uns der neuen Welt und ihren

Ausdrucksformen verschließen. Auf Worte wie "virtuell", "Simulation", "systemisch", "konturenlos", "expansiv" reagieren viele Menschen spöttisch oder verärgert, weil sie mit Begriffen konfrontiert sind, die sie nicht sofort zuordnen können und die sie ins Schleudern bringen. Alles muß auf ihren Erfahrungsbereich zurechtgeschnitten sein und leicht verdaulich präsentiert werden. Doch Vorsicht! Wir können nicht jeden dort abholen, wo er steht; man muß bereit sein, selbst ein paar Schritte nach vorn zu gehen. Wer zu lange in der alten Begriffswelt stehen bleibt, verliert den Anschluß an neue Wirklichkeiten und hat in unserer Welt schnell ein Problem. Die neuen Begriffe und Gedankenmodelle gehen, genauso wie das neue Weltparadigma, nicht wieder weg, wenn man nur lange genug den Kopf in den Sand steckt.
Wir sollten uns schnell an die Begriffe gewöhnen, uns auf sie einlassen, versuchen, die Welt hinter ihnen zu verstehen und ihre Bedeutung nachzuvollziehen, denn eine neue Sprache öffnet neue Blickwinkel. "Welt" entsteht durch Sprache und ihre Bedeutung. Fragen wir uns lieber, wie leicht es uns fällt, neue Wörter zu benützen? Wie oft passiert es uns, daß wir einen Terminus nicht verstehen, den wir immer wieder hören, wie z. B. "Synergie" oder "Paradigmenwandel"? Wie beweglich sind wir beim Lernen neuer Wörter? Von unserer sprachlichen Flexibilität ist unsere Fähigkeit zu denken und zu kommunizieren abhängig. Sie läßt auch Rückschlüsse zu auf unsere Flexibilität insgesamt – übrigens genauso wie unsere Eßgewohnheiten. Wie soll man offen für Veränderungen sein, wenn man nicht einmal offen für ein neues Gewürz ist. Dabei ist es viel leichter, die Zunge als den Geist zu strecken. Das wußte schon Albert Einstein: *"Kein Problem kann mit demselben Geist gelöst werden, aus dem es entstanden ist."*

Paradigmenwandel

Der Breitwandblick

Weltbild-Paralyse

1687 vollendete Sir Isaac Newton die *Principia,* sein Meisterwerk und die erste umfassende, rationale und nachprüfbare Beschreibung der Welt. Newton sah Himmel und Erde als gigantisches Räderwerk ineinandergreifender Teilchen, bei dem nichts dem Zufall überlassen ist. Dieses Weltbild prägt die westliche Kultur bis heute, und das erscheint im Rückblick kaum faßbar, denn es besagt, daß allem, was wir kennen, sehen, erfahren und fühlen, etwas unveränderlich Bleibendes zugrundeliegt.

In Newtons Physik gab es einerseits die ewige Gültigkeit mathematischer Naturgesetze, die Newton und Descartes für Gesetze Gottes ansahen. Die andere Art von Ewigkeit bezieht sich auf die Bewegung der Atome. Man ging davon aus, daß die Menge der Materie unveränderlich gleich bleibt, ebenso wie die Menge an Energie. Das heißt, daß sich auch auf der elementarsten Ebene im Grunde niemals etwas verändert. Dem jetzt in den Vordergrund getretenen Blick auf die Welt liegt der Gedanke der Evolution zugrunde, der übrigens keine Erfindung dieser Zeit, sondern dem jüdisch-christlichen Kulturerbe zuzuordnen ist. Die biblische Schilderung beschreibt bereits die Geschichte als fortschreitenden Entwicklungsprozeß, der jedoch nur auf die menschliche Sphäre beschränkt war, während alles andere in ewiger Statik ruhte. Nachdem Wunder als traditionelle Tätigkeitsnachweise Gottes immer mehr ausblieben und der Astronom Chris Clayton vom britischen Rutherford Appleton Laboratory den Weihnachtsstern als Folge einer Jupiter-Venus-Konstellation entlarvt hatte, hoffte man in Kirchenkreisen kaum noch, daß die Astronomie die Theologie retten konnte. Doch dann schien es anders zu kommen.

Paradigmen entwickeln sich auch nicht Schritt für Schritt, sie springen. Der letzte große Paradigmensprung war die Kopernikanische oder Wissenschaftliche Revolution, in der Nikolaus Kopernikus um 1500 das Ptolemäische Paradigma widerlegte, nach dem die Erde und damit der Mensch das Zentrum des bekannten Universums war. Dieser Wandel hatte enorme Auswirkungen auf die Wissenschaft und auf alle mächtigen Institutionen der damaligen Zeit, besonders die Kirche, weil sie damit ihre gesellschaftliche Führungsrolle an die Wissenschaften abgeben mußte.
In den 50er Jahren des 20. Jahrhunderts gab die Urknalltheorie des Physikers George Gamov den Startschuß dafür, auch das Universum und alles, was darin lebt, im wesentlichen evolutionär zu betrachten. Aufatmen bei der Kirche, denn plötzlich gab es wieder die Möglichkeit eines göttlichen Schöpfers, nachdem die Astronomen seit der zweiten Hälfte des 18. Jahrhunderts ein Universum ohne Anfang und damit ohne Gründervater postuliert hatten. Kreative Bedrängnis bei der Wissenschaft, denn wenn sich das Universum entwickelt, dann müssen sich auch die Naturgesetze entwickeln. Seit einigen Jahren gehen die Wissenschaftler davon aus, daß die Natur eher von Gewohnheiten als von Gesetzen gelenkt wird, die sich im Laufe der Zeit bilden und in jedem Organismus ein Art Gedächtnis ausgeprägt haben. Das Universum ist danach ein in permanenter Entwicklung begriffenes System von Gewohnheiten und das allein würde schon einen radikalen Wandel in unserem Weltbild bedeuten. Weltbilder und die mit ihnen verknüpften Denktraditionen halten sich, solange die meisten neuen Entdeckungen und die herrschenden Umstände ihren Grund-

strukturen angepaßt werden können, ohne daß es radikaler Veränderungen bedarf. Erst wenn der Abstand zwischen der herrschenden Struktur und den neuen Umständen zu groß wird, beginnt sich anfangs ein Bedürfnis nach neuen Erklärungen und dann eine Paralyse des geltenden Weltmodells abzuzeichnen. Das heißt noch lange nicht, daß ein solches auch entsteht, es heißt nur, daß die Umstände reif sind für ein neues Weltmodell, für einen Paradigmenwandel. Ein Paradigma schließt sämtliche Fähigkeiten, Einstellungen, Überzeugungen und Handlungsweisen mit ein, die man während seiner Erziehung, der Ausbildung und in der praktischen Arbeit aufnimmt. Ein geltendes Paradigma hat einen gewaltigen Einfluß darauf, wie man über die Natur insgesamt, die Menschen und Organisationen denkt und wie man sich ihnen gegenüber verhält.

Zum letztenmal war es zwischen 1450 und 1650 Zeit für einen großen Paradigmenwandel, als mit dem Aufkommen der Wissenschaften die Gedankenwelt des Hochmittelalters der Moderne weichen mußte und ein großer Wandel in den Künsten, der Philosophie, den Naturwissenschaften und in Handel und Wirtschaft erfolgte. Zugleich bedeutete dieser **Weltbild-*shift*** auch das Ende des Kirchenstaates und die Hinwendung zu den Naturwissenschaften, die jetzt den Weg zeigen und für das Gefühl der Sicherheit in einer unsicheren Welt sorgen sollten. Seit dem 22. Oktober 1996 stammt der Mensch auch nach Ansicht der katholischen Kirche aus derselben Evolutionslinie wie der Affe. An diesem Tag legte der Papst den letzten großen historischen Streit zwischen Kirche und Wissenschaft zu den Akten ins Vatikanische Archiv. Johannes Paul II. konnte in den vergangenen Jahren Nikolaus Kopernikus und Galileo Galilei rehabilitieren, der um 1600 als erster Mondgebirge und -krater beobachtete und wichtige Grundlagen für die Physik festlegte. Jetzt war der Papst sogar mutig genug, um Frieden mit Charles Darwin, dem Vater der Evolutionstheorie, zu schließen: *"Neue Erkenntnisse"*, schrieb das Kirchenoberhaupt, gäben Anlaß, in der Evolutionstheorie *"mehr als eine Hypothese"* zu sehen. Entdeckungen unserer Tage kommentiert man in Rom eher nach alter Väter Sitte. Als NASA-Wissenschaftler im August 1996 von möglichem Leben auf dem Mars berichteten, blieb der Sprecher der Deutschen Bischofskonferenz angesichts potentiell exisitierender grüner Männchen ganz entspannt: *"Bei Gott ist kein Ding unmöglich."*

Jedem Weltbild liegen herrschende Ideologien, gemeinsame Werte, philosophische Annahmen, Mythen und Metaphern zugrunde, die sich quer durch alle kulturellen, wirtschaftlichen und gesellschaftlichen Bereiche ziehen. So war es lange Zeit eine gültige philosophische Annahme der Wissenschaft, daß jeder Wirkung eine bestimmte Ursache zuzuordnen sei. Diese Annahme leuchtete lange ein, denn sie ist eng verbunden mit der Maschinenmetapher, die uns ein Bild geliefert hat, durch das wir Menschen, Gesellschaften, die Wirtschaft, ja das ganze Universum betrachtet und behandelt haben. Jedes Weltbild ist ein Spiegel der grundlegenden Ideen, die auf vielfältigste Weise sein Wissenschaftsbild, seine Religion, seine Wirtschaft und seine soziale Struktur prägen. Wir nehmen heute Abschied von einem wissenschaftlichen Weltbild, das uns eine vollständige, exakte Beschreibung der Welt bietet und diese in Ursache-Wirkungs-Relationen völlig vorhersehbar machten sollte, wenn man die Bedingungen nur genau kennt. *"Seit Werner Heisenberg im Jahre 1927 die Unschärferelation der Quantenmechanik formuliert hat, ist im Bereich der Quantenmechanik die Kausalität dahin"*, schreibt Christian Weber im *FOCUS* (52/1996), *"wer weiß, wo ein Elektron ist, weiß nicht, was es tut. Wer weiß, was ein Elektron tut, weiß nicht, wo es ist. Die Welt ist offen."* Die Wissenschaften sagten uns, wie genau die Welt denn sei, und wir waren begeistert, nun fast alles über sie zu wissen. Doch heute ist nur sicher, daß uns die Wissenschaft längst nicht alles über die Welt erzählt hat, möglicherweise nicht einmal das Wichtigste. Hans-Peter Dürr zieht den Vergleich mit einer Schallplatte: *"Man kann mit dem Mikroskop die Linien der Platte ansehen, aber dennoch absolut nicht verstehen, daß hier in diesen Rillen eine Symphonie verborgen ist, nämlich in der Form, nicht in der Substanz."* Die Welt war eine Scheibe, dann wurde sie eine Kugel, vielleicht ist sie doch eine Schallplatte – wer aber ist ihr Produzent?

Das Universum, wie es Sir Isaac Newton vor 300 Jahren gesehen hat, warf solche Fragen nicht auf, es ließ Raum für einen Meister, war rund wie eine Christbaumkugel und ein berechenbarer Ort. Das große Uhrwerk tickte vorhersehbar und regelmäßig, und selbst Gott hatte darin für die Gläubigen seinen Platz – als gütiger Uhrmacher mit erstaunlichen mathematischen Kernkompetenzen. Kein Wunder, daß die Deutschen als das "Volk der Kuckucksuhren" geradezu euphorisch das Zeitalter der Mechanik, das Maschinenzeitalter, ausriefen. Der perfekte Schwung des Pendels und die Erkenntnis, daß die Erde sich um die Sonne dreht, bestärkten uns im Glauben, daß schon alles seine vorhersehbare Ordnung habe. Stillschweigend gingen wir von ewig bestehenden Regeln aus und organisierten Arbeit und Wissen so, daß sie in dieses Regelwerk paßten. Sportlich ausgedrückt beschreibt der Paradigmenwandel unserer Zeit folgende Erkenntnis: Weil alle Golfspieler samt Bällen dem Gesetz der Schwerkraft unterliegen, können die Golfregeln noch lange nicht vom Gesetz der Schwerkraft abgeleitet werden.

Die meisten Unternehmen arbeiten noch heute so. Begeistert nahmen sie die Maschinenmetapher auf und schufen Strukturen und Abteilungen. Verantwortlichkeiten wurden zu Funktionen und Menschen nach Aufgaben organisiert. Immer präziser glich die Unternehmensorganisation dem Bild einer Maschine – bis diese Maschine immer mehr originelle Ideen brauchte und plötzlich nicht mehr richtig funktionierte. So begann man sich zu fragen, wie sie denn zu reparieren sei. Es ist noch nicht lange her, als wir tatsächlich glaubten, wir bräuchten nur die Teile zu studieren, egal wie viele das sind, um daraus Erkenntnisse für das Ganze zu gewinnen, und nur Teile zu reparieren, damit das Ganze wieder funktioniert. Wir haben verkleinert und parzelliert, Dinge in Fälle zerteilt und die Welt in Zeilen und jede Menge Schachteln gepackt. Doch eine Welt, die wie eine Maschine betrachtet wird, hat eine Fülle von Grenzen. In einer Maschine hat jedes Teil seinen genauen Platz. Unternehmen, die diesem Bild entsprechen, haben überall Grenzen: Zuständigkeitsgrenzen, Autoritäts- und Verantwortungsgrenzen, aber vor allem kreative Grenzen und Grenzen der Vorstellungskraft.

Diese Vorstellung einer dualen Welt, in der es klare Grenzen gibt zwischen gut und böse, oben und unten, innen und außen, hier und dort, hat lange Zeit brauchbar funktioniert. Deshalb haben wir sogar unserer Erfahrung Grenzen gesetzt, um nicht unser Weltbild in Frage stellen zu müssen. Wir verständigen und informieren uns im Business in Form von Analysen, Ablaufplänen, Zahlenkalkulationen und Charts. Immer kleinere Charts zeigen uns Marktanteile, Kundenmeinungen und Umsätze. Wir denken sogar, daß Macht eine fixe und also meßbare Größe und keine energetische Kraft sei. Meßbar als unser Stück vom Kuchen. Diese Vielzahl von Grenzen läßt uns zwar keine großen

Sprünge machen, aber sie gibt uns zumindest Sicherheit und das tröstliche Gefühl, im stickigen Dunstkreis des Bewährten geborgen zu sein. Grenzen fördern Identität und sie ermöglichen, das eine vom anderen zu unterscheiden. Die gesamte klassische Physik baute auf der Unterteilung der Dinge auf und interessierte sich vorwiegend dafür, wie Teile entstehen und wie sie auf andere einwirken. Das hatte etwas Beruhigendes, weil es Trennungen gab, man konnte genau erkennen, wo ein Teil aufhört und ein anderes beginnt. **Man glaubte sogar, die Dinge wie ein unbemerkter Voyeur beobachten zu können, ohne sie dabei im geringsten zu stören oder zu beeinflussen, ja man war rührend stolz darauf, ein objektives Urteil abgeben zu können, in der Wirtschaft, im Leben und natürlich in der Wissenschaft.** Wir erleben das Ende der Vernunft, die Mechanismen, die heute am Werk sind, lassen sich nicht mehr mit ihr erklären. Auch die absolut gültigen Wahrheiten sind uns abhanden gekommen, die einzige Wahrheit, so klammern sich noch manche an einen letzten rettenden Strohhalm, liege in den Naturgesetzen. Alles aus und vorbei. Die Welt ist keine Maschine und auch kein wüstes Durcheinander. Ihr Charakter ist das Chaos, die Vielfalt der Lebensformen, aus denen sie sich immer wieder selbst erschafft. Kein Grund zur Panik, so ertönte die frohe Botschaft einer neuen Theorie, in die sich die Menschen Anfang der 90er Jahre regelrecht verliebt haben. In Scharen strömten sie in Akademien, Tagungscenter und Kurvereine, um die Heilsbotschaft entgegenzunehmen: Fürchtet Euch nicht, jedenfalls nicht vor dem Chaos. Chaos ist gesund, wenn das Herz zu regelmäßig schlägt, ist der Infarkt nicht fern. Bleibt die Frage: Wieviel Chaos verträgt der Mensch?

Als könnte man ein Weltbild wie ein verschlissenes Hemd einfach wegwerfen! In Zeiten des Paradigmenwandels ist plötzlich nichts mehr klar, Grenzen lassen sich nicht so leicht ziehen, weil sich verbrauchte und neue Strukturen oft überschneiden. Es kann lange dauern, bis die kritische Masse an Leuten davon überzeugt ist, daß ein Denkmodell oder eine Struktur überholt ist, durch eine angemessenere ersetzt werden sollte. Es kann Jahre dauern, bis die Menschen erkennen, daß es keinen unheilvollen Zusammenbruch bedeuten muß, wenn sich Gleichgewicht, Stabilität und Ordnung ihrer Kontrolle entziehen und andere, komplexere Steuerungsmöglichkeiten wirksamer werden. Dieses Zögern ist verständlich. Der Sprung auf eine neue, komplexere Entwicklungsebene ist nicht nur eine existentielle Anpassungstechnik, sondern zunächst eine *katastrophische* (griech.: Wendung) Reaktion. Wer mag schon freiwillig glauben, daß es auch gute, nützliche Katastrophen gibt, und vor allem, wer mag sich freiwillig auf sie einlassen? Wenn wir uns inmitten einer Krise befinden, wissen ja wir meist nicht, was dabei herauskommen wird. Alles ist plötzlich offen.

Doch auch **Paradigmen** halten nicht ewig. Sie sind gültig in ihrer Zeit und verkörpern keine dauerhaften Wahrheiten, sondern sie sind selbst ein Teil des offenen Werdens. Ein Paradigma legt die grundsätzliche Art des Denkens, Bewertens und Handelns fest, die innerhalb einer bestimmten Kultur über Generationen weitervermittelt wird. Umfassende Paradigmen sind Modelle oder Rahmenkonzepte, die einen allgemeinen Überblick über ein Erfahrungsgebiet, z. B. Technologie, Wirtschaft, Wissenschaft, geben und in ihrer Wirkung weit über sie hinausreichen. Sie beschreiben ein unausgesprochen gültiges Gedankengebäude, ein Schema von Modellen, Regeln und Regulierungen, die uns die Realität erklären sollen und die uns sagen, was geht und was nicht geht. Ob sie nützlich sind, hängt davon ab, wie gut ihr Erklärungsansatz ist und ob sie uns verstehen helfen, warum Ereignisse so auftreten, wie sie es tun. Paradigmen geben unserer Erfahrung Struktur und Signifikanz.

In der Wirtschaft könnte man ein Paradigma bezeichnen als ein Set von Regeln oder Regulierungen, die Grenzen beschreiben und uns sagen, was wir tun müssen, um innerhalb dieser Grenzen erfolgreich zu sein. **Kein Wunder, wenn im alten Maschinenweltbild alle Jungen Lokomotivführer werden und mit einfachen Befehlen die Züge über die Gleise steuern wollten. Doch das blieb nicht ohne Folgen. Waren doch die Regeln in der Erwachsenenwelt von klaren Abläufen gekennzeichnet und ihre Strategiespiele streng auf ein Denken in reiner Vernunft reduziert. Die *Top-Thinkers* saßen dazu in ihren klimatisierten Räumen, an polierten, leeren Schreibtischen hoch oben in den Unternehmensfestungen, knackten Zahlen und spannen Szenarien, wie sie fremde Bastionen erobern oder bestimmte Umstände besiegen konnten.**

Diese Liebe zu Kriegsstrategien ließ eine ganze Armada von Beratungsboutiquen entstehen, die man jenseits des Atlantiks *brainy* nennt. Jeder Manager, der seine Nadelstreifen wert war, lernte plötzlich, wie man das Business in Hunde, Kühe, Sterne oder Fragezeichen unterteilt, mit unterschiedlichen Farben, versteht sich. Herrliche Zeiten waren das! Man konnte alles kategorisieren, analysieren, quantifizieren und natürlich vorhersagen. Man konnte eine Strategie entwickeln, die das Unternehmen sicher, ohne Stolpern und unerwünschte Nebenwirkungen zum Triumph führte, falls man nur angestrengt genug darüber nachgedacht hatte und rechtzeitig aus dem Hinterhalt schoß. Man war begeistert. Bis der Schuß in den Ofen ging. Als in den 80er Jahren immer mehr globale Wettbewerber und kleine, wendige Unternehmer auftauchten, sahen die alten Effizienz- und Logikstrategien genau so aus, und ihre *brainy* Sandkastenspiele wirkten wie der luxuriöse Zeitvertreib einer gemütlichen, aber untergehenden Ära. Statt elegante Planungsszenarien zu entwickeln, wandte man sich jetzt blitzschnell einer anderen Art mechanischer Zahlenakrobatik zu und riß aufgeweckten Beratungshändlern ihre magischen Zaubertränke wie warme Brezen aus der Hand: Total Quality, Restrukturierung, Verschlankung und Re-Engineering. Man war wieder mal begeistert. Jetzt treten wir ins Zeitalter der Co-Evolution ein und stellen plötzlich fest, daß ein Unternehmen größeren Erfolg haben kann, wenn es mit Konkurrenten, Kunden und Lieferanten zusammenarbeitet. Vorbei sind Abstraktion, Sterilität und die *Top-down*-Arroganz der alten Modelle. Das neue Paradigma verlangt systemisches Denken und damit die Fähigkeit, sich selbst als Teil des Ganzen wahrzunehmen.

"Seit den 60er Jahren", so Rupert Sheldrake, *"bietet uns der Kosmos in seiner Gesamtheit immer weniger das Bild einer gewaltigen Maschine und immer mehr das eines sich entwickelnden Organismus."* Dieser bringe unzählige Unterorganismen hervor, von Galaxien und Einzellern bis zu subatomaren Teilchen. All diese lebendigen Strukturen glaubt Sheldrake in seinem Modell der morphogenetischen Felder in Zusammenhang gebracht zu haben. Er geht davon aus, *"daß die Ganzheit auf morphischen Feldern beruht, die das Gedächtnis der Natur darstellen. Jeder Organismus besitzt eine Art kollektives Gedächtnis."* Sheldrake glaubt, die tief in das westliche Paradigma eingeprägten mechanistischen Anschauungen von René Descartes und Isaac Newton, hätten dem Menschen erlaubt, die Natur willkürlich zu unterwerfen und gnadenlos auszubeuten.

Die ökologischen Probleme (Bevölkerungsexplosion, Umweltkatastrophen, Klimaveränderungen etc.) unserer Zeit betrachtet Sheldrake als direkte Konsequenz des alten Paradigmas.
Der Umbruch in unserer Kultur und Gesellschaft gründet auf einem Paradigmenwandel, der in seiner radikalen Art wenig unbeeinflußt lassen wird. Jede Bewegung zu etwas Neuem hin ist gleichzeitig Bewegung von etwas anderem weg. Hier ist eine kleine Auswahl an Überzeugungen des **alten Paradigmas**, die noch immer weitgehend unser Denken und Handeln prägen, von denen wir uns aber schnell befreien sollten, um mit den neuen Dynamiken zurecht zu kommen:

Altes Paradigma:

- Jede Veränderung betrifft entweder die Position oder die Bewegung. Andere Arten von Veränderungen lassen sich auf solche der Position oder der Bewegung zurückführen. Jeder Veränderung liegen die Regeln der mechanistischen Wissenschaften zugrunde.
- Grundlage der materiellen Welt sind Teile aus Materie.
- Einzelteile sind autonom, sie enthalten keine Informationen über das gesamte System.
- Natur dreht sich überwiegend um Materie.
- Jeder Wirkung ist eine Ursache zuzuordnen. Ursachen entfalten ihre Wirkung immer Schritt für Schritt, also linear.
- Die Welt ist rekonstruierbar, vollständig zu erklären, und damit kalkulierbar.
- Körper und Geist sind strikt voneinander getrennt. Vernunft entsteht durch objektive Abwägungen aller Möglichkeiten und ist frei von Emotionen.
- Erkenntnisse lassen sich formalisieren und quantifizieren.
- Es gibt objektive Erkenntnisse und objektive Wahrheiten.
- Sein heißt an einem bestimmten Ort sein, im absoluten Raum und zu einer absoluten (linear ablaufenden) Zeit zu sein. Der Raum ist dreidimensional, die Zeit abhängig vom physikalischen Wandel.
- Alle Ereignisse sind prinzipiell vorhersehbar, wenn wir die Zeit und die Ressourcen haben, um die Ursachen festzustellen.
- Es gibt keine paradoxen Spielräume. Was geschieht, mußte geschehen.

- Energie ist abhängig von der Materie.
- Nur sinnliche Wahrnehmung und Vernunft sind Grundlagen für Wissen. Alles was sich der sinnlichen Wahrnehmung und/oder rationaler Erklärung entzieht, gehört in den Bereich des Glaubens oder ist irrational.
- Die Natur findet von uns getrennt "da draußen" statt und wartet darauf, ihre Gesetze dem unvoreingenommenen und kritischen Menschen zu offenbaren.
- Höhere, komplexere Organisationsformen entwickeln sich aus niedrigeren Organisationsformen.
- Immer erklärt sich das Größere aus der Kenntnis des Kleineren.
- Es gibt Wahrheit. Naturwissenschaftliche Erkenntnisse dienen zu ihrer Erkenntnis.
- Fakten sind objektiv, Werte subjektiv und relativ.
- Macht bedeutet immer, Macht über jemanden zu besitzen.
- Erziehung zielt darauf ab, eine bestimmte Funktion zu erfüllen.
- Wenn A gilt, kann ≠A nicht zugleich gültig sein.
- Auf alle Fragen gibt es eine Antwort, die das Gegenteil ausschließt.

Diese Liste ist gewiß nicht vollständig. Sie bildet jedoch so etwas wie den Extrakt aus 2500 Jahren westlichen Denkens, das durch die Erkenntnisse der modernen Naturwissenschaften und dem damit eng verbundenen Welterklärungsmodell der Philosophie im 20. Jahrhundert einem kritischen Druck ausgesetzt ist. In der gesamten Geschichte der westlichen Philosophie und Wissenschaft gab es eine starke Beziehung zwischen Substanz und Form einerseits sowie Volumen und Struktur andererseits, man interessierte sich im Westen vor allem für Mengen. In östlichen Kulturen dagegen widmete man sich schon immer dem, was man das "Große Muster" nannte. Man schenkte ihm mehr Aufmerksamkeit, weil es alles zusammen, Substanz und Form und Volumen und Struktur, enthielt. Nicht zuletzt deshalb vollzieht vermutlich der Westen seit einigen Jahren eine Hinwendung zum Osten. Irgendwie, so scheint es uns, liegen dort Einsichten und Weisheiten, die wir in den Grenzen des physikalisch-rationalen Weltbildes nicht gewinnen konnten.
Mit der Veröffentlichung von Thomas Kuhns Buch *The Structure of Scientific Evolution* im Jahr 1970 bekam das Wort Paradigma (griech. *paradeigma* =

Muster, Modell, Beispiel) seine heute überwiegende Bedeutung von fundamentalen Annahmen über die Natur der Welt, insbesondere in den Wissenschaften. Für Thomas Kuhn war eine Wissenschaft keine, bevor sie nicht ein Paradigma hatte, an dem sich wissenschaftliche Fortschritte oder gar Revolutionen erkennen ließen, und zwar immer dann, wenn ein altes Set von Regeln und Annahmen nicht länger anwendbar war und eine kleine Gruppe von Wissenschaftlern ein **neues Paradigma** entwickelte, das jeder anerkannte und anwendete, bis wieder ein Wechsel zu einem anderen Paradigma notwendig wurde. Es war soweit, nachdem die Quantenphysik die Objektivität des Beobachters als Trugbild entlarvte, die Nichtlinearität, d. h. die sprunghafte Entwicklung komplexer Systeme entdeckt war und die Kybernetik (zweiter Ordnung) mit ihren Kernbegriffen Selbstorganisation, Feedback und Rückkopplung die Wirklichkeit als interaktives Prinzip entzaubert hatte. Seit es Hochleistungscomputer gibt, werden auch die chaotischen Ordnungsmuster in der Wettervorhersage, im Börsenverlauf und in wohlklingenden Melodien sichtbar. Das neue Paradigma geht von der Physik des 20. Jahrhunderts aus, aber es umfaßt viel mehr als diese, z. B. die Gesellschaftswissenschaften. Eine Provokation der neuen Theorie war, daß sich unsere Gesellschaft nicht planen und schon gar nicht vernünftig organisieren läßt. Der Satz, daß sich die Gesellschaft nicht durch die Vernunft steuern läßt, genausowenig wie die Wirtschaft, ist der Abschied vom Paradigma der Aufklärung. Der von der Öffentlichkeit kaum wahrgenommene erbitterte Gelehrtenstreit zwischen Jürgen Habermas und Niklas Luhmann drehte sich genau um diese Frage: Gibt es eine Art letzte Instanz, nämlich die Vernunft, mit der sich eine Gesellschaft steuern läßt, oder sind ganz andere Kräfte am Werk, die sich grundsätzlich nicht mit Kriterien der Vernunft erfassen lassen? Der Systemtheoretiker Niklas Luhmann glaubt nicht an die ordnende Kraft der Vernunft und hat diesen Streit gegen Habermas unauffällig, aber klar gewonnen. In unserem Bemühen, jene Dinge zu beherrschen, die die Materie beherrschen, glaubten wir in gewissem Sinne die Welt zu verstehen, wenn wir die Materie verstehen. Doch heute gilt, wer die Welt verstehen will, muß sie simulieren können. Simulationen und Fiktionen sind nicht das Gegenteil von Wirklichkeit, sie sind Werkzeuge, die diese entstehen lassen.

Ging es im alten Paradigma um die Meßbarkeit der wirklichen Welt, so interessiert uns heute das Als-ob, die Simulation vieler möglicher Welten.

Gab es früher eine Trennung zwischen

Schein und Sein, so ist heute die Simulation in den Computern ein Bestandteil, ja geradezu die Voraussetzung der Realität. Wenn sich die Bedeutung des Begriffes Wirklichkeit verändert, dann verändert sich selbstverständlich auch die Bedeutung seines Gegenpols Schein, und vermutlich ergibt diese Gegenüberstellung heute keinen Sinn mehr.

Apropos Schein, im zahlengepeitschten Maschinenparadigma war auch Leistung stets irgendwie meßbar. Die Leistungen einer Wissens- und Intelligenzgesellschaft sind das nur schwer, weil es nicht mehr reicht, daß etwas passiert oder abgeliefert wird. Immer häufiger taucht das aus der Theaterwelt entliehene Wort "Performance" auf, das vom Laptop bis zur Liegestatt immer paßt, wenn es darum geht, wie sich eine Leistung anfühlt, wie sie inszeniert und wie leicht sie konsumierbar ist. Doch wir haben nicht nur Metaphern aus dem Theater übernommen, sondern das Theater selbst zur Lebensform erhoben. Der fromme Rat "Mehr sein als scheinen" beschreibt, tatsächlich angewandt, den sichersten Weg, um auf der **Oberfläche** übersehen zu werden, was heute so viel bedeutet wie nicht zu existieren. Inszenierungen, und damit das wirkliche Leben finden vor allem auf der Oberfläche statt. Oberflächen sind unser Halt, um nicht in wachsender Differenzierung und Pluralisierung wie in einer Moorlandschaft zu versinken. Halt an der Oberfläche suchen heißt auch, seinen eigenen Sinnen und Erfahrungen mehr zu trauen, als es das wissenschaftliche Ratioparadigma intelligenten und damit rationallogisch denkenden Menschen erlaubte.

Wir haben im Maschinenweltbild das Insgeheime, Irrationale und Unsichtbare ausgeblendet, das sich erst offenbart, wenn wir unseren Blick darauf richten. Zum Beispiel auf die Kraft von **Mythen**, von Gesellschaften und Kulturen, die Individuen weit mehr steuern als die Vernunft. Mythen sind Glaubensprozesse, an die man glaubt und nach denen man handelt, ohne es zu wissen, und weil sie deutungsoffen sind, können so viele Menschen an sie glauben. Ihre Inhalte sind in der Regel archetypisch und universal, ihre Haltbarkeit ist auf eine bestimmte Zeit begrenzt, aber da können schon mal einige Jahrhunderte zusammenkommen. Mythen, so Peter Sloterdijk, sind *"unkonkrete Träume, die alle träumen"* und an die deshalb alle glauben können, weil sie unscharfe Ränder haben. Mythen bilden Energiefelder, man kann sie umerzählen, und das macht sie so elastisch. Gleichgewicht, Stabilität, Linearität, Kausalität, Logik, Berechenbarkeit, Wahrheit, Ewigkeit, Objektivität waren die steuernden Mythen der Vergangenheit, die weit in unsere Zeit hineinreichen. Ein Produkt dieser Mythen ist z. B. die Marktforschung. Man glaubte, in die Zukunft blicken zu können, wenn man die Vergangenheitsereignisse beobachtet. In zappeligen Zeiten wie den unseren können Argumente von Religionssoziologen, Teenagern und Computerhackern besser in die Zukunft weisen, als Meinungen, die für 2 000 Leute zumindest zur Umfragezeit einleuchtend waren. Das neue Beobachten braucht eine Art Trüffelnase, man könnte auch zeitgeistiger sagen: Präkognition. Die Kundenansprache des alten Ratioparadigmas glaubte an Zielgruppen und die Vermittlung von Inhalten, weil es kausal orientiert war.

Heute wird der Kunde nicht mehr als Teil einer Zielgruppe gejagt, sondern er ist Mitspieler im großen Sinnspiel des Marketing. Statt vernünftig ganz konkrete Inhalte zu vermitteln, wird kommunikative Lust erregt.

Ob in Wissenschaft, Technik, Unternehmensführung, ein herrschendes Paradigma ist eine allgemein akzeptierte Geisteshaltung, eine kollektive Vereinbarung, wie man die Welt sehen, in ihr handeln und mit anderen in Kontakt treten soll, aber was entscheidend ist: diese Geisteshaltung kommt uns als völlig natürlich, als allein richtig, als wahr vor. Sobald ein Paradigma einrastet, blickt jeder davon Betroffene durch dieses Paradigma. Es beschreibt den kollektiven blinden Fleck. Ein blinder Fleck des alten Paradigmas liegt im Glauben an Vernunft, Nutzenmaximierung und Effizienz. Daher ist es für viele Unternehmer mit vergangenheitsgebundenem Geist auch eine Zumutung, daß sie gerade im Konsumgütermarkt plötzlich kein Bedürfnis mehr befriedigen, sondern ein Begehren wecken sollen, das am Rande der Sprachlosigkeit lebt und durch das beste Produkt nie ganz zu befriedigen ist. Statt erstklassiger Materie sollen sie plötzlich kommunikative Lust verkaufen! Und was heißt hier überhaupt **Sprachlosigkeit**? Kulturprodukte, wie wir sie heute auf den Lifestylemärkten haben, kommunizieren global, sie sind die eigentlichen *global players*. Je mehr sie sich durchsetzen, um so sprachloser werden die Märkte, und damit taucht ein weiteres Paradoxon unserer Zeit auf: Effiziente Kommunikation, also eine, die das Bewußtsein erreicht und dort Spuren hinterläßt, ist sprachlose Kommunikation, die über Mythen, Metaphern und öffentliche Rituale funktioniert. Als man noch an die Proportionalität glaubte, dachte man, je mehr man sich zu sagen hat, um so besser kann man kommunizieren. Heute gilt das Gegenteil: Je weniger man zu sagen hat, um so besser kann man kommunizieren. **Traditionelle Kommunikation wird ersetzt durch symbolische, bildhafte Codierungen, die zwischen den subjektiven Innenwelten und den religiös-kultischen Mythen und Metaphern (Marken) des öffentlichen Raumes vermitteln. Marketing wird zum Design religiös-kultischer Metaphern.**

Es gibt keine Absolutheit mehr, wie man sie früher z. B. in den Erkenntnissen der Wissenschaften, in der Religion oder einer geltenden Großmoral fand. Die neuen Wissenschaften waren Auslöser des Paradigmenwandels unserer Zeit, aber ein Weltbild umfaßt viel mehr als Aussagen über Physik und Biologie. Es enthält auch Regeln darüber, was man wissen kann, und noch viel wichtiger, *wie* man etwas darüber erfahren kann. So ist z. B. ein weitverbreiteter Glaubenssatz des untergehenden Paradigmas: Es ist, was zu messen ist. Auf diese Weise fällt alles unter den Tisch, was nicht in Zahlen auszudrücken ist, und das ist, ganz abgesehen von dem Modell morphischer Informationsfelder, auch nach den Erkenntnissen der Quantenphysik wissenschaftlich nicht mehr haltbar. Ein gutes Beispiel für die Bedeutung des Indirekten ist Qualität, die man bisher überwiegend in technischen Maß- und Leistungseinheiten definierte. Doch der meist technisch hohe Standard in einer Produktklasse gilt als selbstverständlich. Qualität entsteht erst, wenn sie durch eine öffentliche Inszenierung oder ein mentales Erlebnis dazu geworden ist. Inszenierungen und koevolutive Partnerschaften ergänzen oder ersetzen in Zukunft die technischen Qualitätsargumente. Statt durch Fakten zu überzeugen, werden Begeisterung und Identifikation stimuliert. Materie, und das ist ein großer Schritt aus dem alten mechanistischen Weltbild heraus, Materie hat sich von Qualität abgekoppelt. Qualität ist kein Faktum mehr, sondern das Ergebnis eines Prozesses, an dem der Kunde ebenso beteiligt ist wie der Hersteller, der Händler und der Verkäufer. Deshalb ist es zu kurz gesprungen, wenn man die Ursache für Wettbewerbsprobleme dort sieht, wo man sie nach den alten Rationalitätskriterien am liebsten hätte: bei den hohen Kosten und der feindlichen Konkurrenz. Die Ursache liegt viel häufiger darin, daß man den Kunden die eigenen Werte nicht glaubwürdig vermitteln kann und zuwenig attraktive Angebote für eine Co-Evolution mit ihm machen kann. Opel demonstriert mit seinem Werbeslogan *"wir haben verstanden"* zumindest, daß man verstanden hat, wie stark die Sehnsucht nach Sinn und einer gemeinsamen Mission ist.

Ordnung ist ein wichtiger Grundwert des alten Paradigmas, ja, *"Ordnung ist das halbe Leben"*. Daher tun wir uns vermutlich so schwer, wenn sie sich vor unseren Augen auflöst. Der Westen hatte sich einer wissenschaftlichen Weltsicht unterworfen, die als mechanistisch, reduktionistisch oder analytisch bezeichnet werden kann und nur geringe Freiräume bot. Seit die Chaostheorie weltweiten Unterhaltungswert erfahren hat und uns klar wird, daß Chaos nicht das Gegenteil von Ordnung, sondern ihr Spiegelbild ist, seit wir erkannt haben, daß Chaos uns nicht wie ein wilder Strudel erfaßt und in unkalkulierbare Tiefen reißt, sondern unerwartete Handlungsspielräume eröffnet, beginnen wir, uns mit ihm zu versöhnen. Unkalkulierbarkeit beschreibt im alten Paradigma Angstimpulse. Langsam beginnen wir einzusehen, daß in einer Welt, in der prinzipiell alles möglich ist, alles immer auch ungewiß und damit riskant ist. Doch es genügt schon ein Blick auf die Lifestylemärkte, um zu sehen, daß plötzlich eine völlig irrationale, aber doch ordnungsstiftende Macht auf sie einwirkt: der Kult. Wenn Produkte Kultcharakter bekommen, bringen sie Ordnung ins Leben und Faszination obendrein. Ordnung, weil Kulte und Rituale in Zeiten des Übergangs immer beruhigend wirken, und Faszination, weil beide Instrumente zur Wiederverzauberung sind, d. h., weil sie Bedeutung vermitteln. Immer ist in unserer Welt gleichzeitig das Gegenteil gültig, die verschiedenen Lebenswelten verhalten sich komplementär zueinander, und so etwas macht den Logiker verrückt. Aber es beschreibt das Lebensgefühl unserer Zeit zugleich richtig, daß man ins Traditionelle, Vertraute, Authentische flieht und sich durch Klick auf die Computermaus in die virtuellen Konsum-, Schwatz- und Informationswelten des Cyberspace einlockt. *"Paradoxerweise läßt sich die zunehmende Mobilität am besten nutzen, wenn man zu Hause bleibt,"* schreibt Harald Staun, *"die Welt kommt von selbst zu uns. `Cocooning´ ist nicht die Übersetzung von Stubenhockerei, es ist das Ticket für die virtuelle Reise."*
Das im Westen dominierende Maschinenparadigma hat auch tiefgreifende Wirkung auf Psychologie, Biologie, Wirtschaftswissenschaft und Soziologie gehabt. Sogar Geschichtswissenschaft und die Geisteswissenschaften wurden davon ergriffen. Es umfaßt inzwischen alle Lebensaspekte und beeinflußt nicht

nur sehr weitgehend das kollektive Bild von der Welt, sondern auch die Vorstellungen, die wir von uns selbst und den Werten in unserer Gesellschaft haben. Je mehr sich aber Absolutheiten und mit ihnen verbindliche Wertestrukturen auflösen, um so stärker werden wir überschüttet mit Werten, deren Maßstäbe sich nicht mehr an den traditionellen Werteschmieden wie Kirche, Schule, Philosophie und Politik, sondern an Werbung und Marketing orientieren. Was heute im öffentlichen Raum herumschwebt, bildet keine verbindlichen Orientierungen mehr, sondern zitiert Werteangebote, aus denen jeder entnehmen kann, was gerade zu seinem Selbstdesign paßt. Waren die 80er Jahre das Jahrzehnt des *anything goes* und des offen zur Schau getragenen Konsum- und Funrausches, so stand in den 90er Jahren die Sinnsuche im Vordergrund.

Es gibt ein tiefes Bedürfnis nach ethischen und moralischen Dimensionen, allerdings aus ganz anderen Gründen, als sie die Schuldethik der Vergangenheit angeboten hat. Wenn die Welt *"bis zur Bedeutungslosigkeit entzaubert"* ist, so Norbert Bolz, *"werden Sinnfragen interessant"*. Seit sich die großen Weltmodelle langsam auflösen, beginnt auch das Identitätskonzept zu zerbröckeln. An die Stelle des strengen Entweder-Oder trat in den 80er Jahren ein unerschrockenes Sowohl-Als-Auch, man wollte von allem etwas probieren, kreuzte Kulturen, Stilrichtungen, Küchenrezepte und Lebenskonzepte wild durcheinander. Es begann die Zeit des Eklektizismus, in dem klare Strukturen und Zuordnungen aufgelöst und die Verbindlichkeit zerstört wurden. Identität ist nichts Selbstverständliches, Gewachsenes, Gefestigtes oder Naturgegebenes mehr, sondern ein kunstvoll zusammengestellter sozialer Auftritt. Wenn alles inszeniertes Spiel und zelebrierter Zufall wird, dann brauchen wir ein umfassend neues Verständnis für die Rolle des Zufälligen, Unerwarteten, Ziellosen und offenbar Überflüssigen. Des Überflüssigen? Schon wieder eine Zumutung für Effizienzartisten, die mit Lean-Konzepten die Unternehmer genauso ködern wie die Foodartisten mit "Du-darfst-Produkten" die Frauen. Lean kommt gut, wenn mager als Schönheitsideal gilt, und beides wird für die, die daran glauben, schnell zur Falle. Wer nichts Überflüssiges hat, besitzt geringe Bewegungsspielräume, wenn sich die Dinge plötzlich ändern. Nur wer gelegentlich faul und satt in der Hängematte baumeln kann, wird kreativ und kräftig genug sein, im nächsten Moment seine volle Kraft auf das Unerwartete zu richten.

Aus der Evolutionstheorie haben wir gelernt, daß der **Zufall** keineswegs eine Dienstleistung des Bösen, sondern ein grundsätzliches Prinzip des Lebens und seinem Drang nach Vielfalt ist. Das neue, evolutionäre Paradigma sieht daher im Zufall nicht länger den Feind der Realität, sondern ihren wichtigsten Verbündeten. Die Natur geht mit Komplexität in verschwenderischer Vielfalt um, ihr Arsenal an kreativen Lösungen scheint übervoll zu sein, und die Natur ist deshalb so kreativ, weil in ihr der Zufall eine entscheidende Rolle spielt.

Wie arm wirkt dagegen das mechanistische Paradigma, in dem man versuchte, was übrigens viele Gurus heute noch als Kreativitätstechnik anbieten, mit einem Plan und genauen Anweisungen vorzugehen: sieben Regeln zur Kreativität. Aber so simpel funktionieren Kreativität und Phantasie leider nicht. Sie verlangen offene Grenzen, Freiheit von Form und Zielen und verschwenderische geistige Vielfalt. Wie könnte man die neue Kundengeneration mit ihren unberechenbaren Lebensstilen sonst erreichen? Sie spielt mit Marketingstrategien, solange diese überraschend und erregend sind, und hüpft dann aus der für sie gebastelten Lifestyleschablone heraus. Sie findet es selbstverständlich, Stadtflucht und Medienkompetenz, Ökologie und New-York-Weekend, chaotisches Loftleben mit Kind und Hund, japanischen Reduktionismus mit einem Schlafzimmer in schwülstigem Samtdekor zu kombinieren.

Warum sollten wir unseren Kopf auch noch mit den Hintergründen eines Paradigmas oder eines herrschenden Weltbildes belasten? Kann es dem normalen Mitmenschen nicht völlig egal sein, wie einige abgedrehte Wissenschaftler und Intellektuelle die Welt interpretieren? Nein, denn Paradigmen betreffen uns alle, und Denkmuster, die nicht hinreichend mit chaotischen, d. h. zufälligen, unkalkulierbaren Entwicklungen rechnen, können die Welt noch gefährlicher machen, als sie ohnehin schon ist. Deshalb weisen kritische Geister heute schon auf die Dynamiken hin, die sich hinter scheinbar perfekter Planung und logischer Kalkulation verbergen. Kleine Abweichungen und Zufälle entfalten eine Hebelwirkung, die das ganze System in die Luft gehen oder zumindest in eine andere Ordnungsform springen lassen. Wer ein Paradigma kennt, versteht leichter, was hinter unerwarteten Veränderungen steckt. Willis Harman galt als Experte in der Erforschung von Paradigmen.

Er war einer der Top-Leader des Stanford Research Centers und Präsident des Institute of the Noetic Sciences, das sich in Sausalito bei San Francisco mit der Erforschung menschlichen Bewußtseins befaßt. Er definiert ein Paradigma als *"grundsätzliche Art und Weise, wie man aufgrund einer bestimmten Realitätssicht wahrnimmt, denkt, bewertet und handelt. Ein dominantes Paradigma tritt selten, wenn überhaupt, explizit in Erscheinung; es existiert als ungefragtes, stillschweigendes Verständnis, das nicht gelehrt wird, sondern sich eher durch die Kultur und die folgenden Generationen überträgt."*

300 Jahre, nachdem wir alles in Moleküle, Atome, Kerne und Quarks zerteilt, Wissen in Disziplinen gegliedert und selbst Maschinenbau zur Wissenschaft erklärt hatten, kehrt sich die Richtung um. Statt weiter immer kleineren Teilchen auf die Spur zu kommen, beobachten die Wissenschaftler jetzt, wie sich die Teile zu komplexen Gesamtheiten zusammenschließen. Die Biologen, seit fast fünfzig Jahren auf molekulare Vorgänge in der DNA und den Bestandteilen der Zelle fixiert, finden das eigentliche Geheimnis plötzlich in der Frage: Wie können mehrere Trillionen solcher Moleküle sich ohne ordnenden Eingriff zu einer Einheit zusammenfügen, die sich bewegt, reagiert, lernt, sich reproduziert und lebendig ist? Auf einmal interessieren sich Neurowissenschaftler, Psychologen, Computerwissenschaftler und die Erforscher künstlicher Intelligenz dafür, was unseren Geist ausmacht: **Wie bringen uns Milliarden eng verknüpfter Nervenzellen in unserem Kopf dazu, Gefühle, Gedanken, zielgerichtetes Handeln, Bewußtsein zu entwickeln, Computer zu bedienen und Snowboard zu fahren?**

Und auch die Physiker konnten sich der Schönheit der raffinierten Fraktale auf ihren Computerbildschirmen und der eigenartigen Vorgänge in Festkörpern und Flüssigkeiten nicht länger entziehen. Auch sie fragten jetzt nach dem dahinterliegenden Geheimnis: Warum verhalten sich einfache Teilchen, die simplen Regeln gehorchen, plötzlich völlig überraschend und unvorhersehbar? Warum organisieren sich einfache Teilchen zu so komplexen Strukturen wie Sternen, Galaxien, Schneeflocken und Wirbelstürmen? Gibt es in diesem vordergründigen Chaos einen verborgenen, subtilen Drang nach Organisation und Ordnung? Was zunächst als eine Art vage Analogie zwischen den auf verschiedenen Gebieten beobachteten Verhaltensmustern begann, entwickelte sich zum **Systemdenken,** einer ganz anderen Art des Nachdenkens über die Welt. System bedeutet: in Verbindung miteinander sein. In einem System sind die Teile miteinander verflochten und an ein gemeinsames Schicksal gebunden. In einem System sind das Ganze stets mehr als die Summe seiner Teile; es hat ein Eigenleben, das mehr umfaßt und komplexer ist als die in ihm verbundenen einzelnen Leben.

Komplex ist im Systemdenken nicht länger ein Synonym für kompliziert, womit wir das bezeichnen, was uns schwer vorstellbar, unkalkulierbar oder verwirrend erscheint. Eine Sache oder ein System sind dann komplex, wenn seine Teile vielfältige Strukturen und Aufgaben haben und gleichzeitig in einem organischen Zusammenhang stehen, ganz unabhängig von der Größe. Ein Elefant ist biologisch nicht komplexer als eine Spitzmaus. Ein Wolkenkratzer muß in architektonischer Hinsicht nicht komplexer sein als ein Haus von Daniel Libeskind oder Frank Lloyd Wright.

Komplexität ist ein zentrales Prinzip der Evolution, die uns heute mit einem neuen Problem konfrontiert. Es läßt sich nicht mehr eindeutig feststellen, was lebendig ist und was nicht. Bisher war es für die Forschung einfach, für sie war alles, was sich fortpflanzt, lebendig. Leben bedeutet auch Überraschung. Wie ist es dann mit Tönen, Bildern, Ideen und Symbolen, die nur in unserem Kopf leben und sich dort weiterentwickeln? Was ist mit Quarzkristallen? Oder mit Haustieren wie Fin? Fin, eine kuriose Kreuzung aus Vogel und Delphin, will regelmäßig gefüttert werden, verlangt seine Streicheleinheiten und verzieht sich winselnd in die Ecke, wenn man mit ihm schimpft. Fin besteht aus Millionen Zeilen Computercodes und lebt auf einer CD-ROM. In der digitalen Ursuppe wachsen Spezies heran, die vermutlich nicht nur für die PC-Spieleindustrie Folgen haben werden.

Grippeviren, Quarzkristalle, virtuelle Haustiere, Ideen, digitale Rohstoffe im Internet, sie alle pflanzen sich auf ihre Art fort, ernähren sich von Energie, passen sich an, reagieren sensibel auf Umwelteinflüsse und lernen. Dann sind sie also lebendig? Jedenfalls sind sie, ob Ameisenhaufen oder Computersoftware, den Gesetzen der Evolution unterworfen, nach denen **komplexe Strukturen** im Grunde von allein entstehen, wenn nur eine große Zahl einfacher Dinge gleichzeitig passiert. Auch 60 000 stupide Ameisen bauen ihre Behausungen nicht nach Plan. Ihre Ameisenhirne werden nicht durch ein Netzwerk verschaltet, ihre Arbeit koordiniert auch kein Ameisen-Architekt. Es gibt keine Anweisungen und keinen Plan, trotzdem weist der aus tumbem Aktionismus entstandene Hügel eine brillante Ordnung auf. Die Forscher sind sich einig, daß solche Ordnungen nicht vom Himmel fallen, sondern aus den unzähligen simplen Handlungen der Insekten resultieren. Bleibt die Frage, woraus die Information kommt, die aus stupiden Einzelschritten eine solche komplexe Ordnung formt. Rupert Sheldrake glaubt die Antwort dafür gefunden zu haben.

Anders als das alte Weltbild uns glauben machen wollte, ist das Leben nach heutigen Erkenntnissen die Folge von Milliarden kleiner und großer Ereignisse, die meist zufällig zusammengewirkt haben und hinter denen vermutlich nur eine einzige große Absicht steht: die Absicht zu immer komplexeren Formen, der Drang des Lebens, sich selbst zu leben und dabei immer vielfältiger zu werden.

Der große Gedanke

Seit Mitte der 80er Jahre arbeitet in einem ehemaligen Kloster bei Santa Fe eine kleine Gruppe von Wissenschaftlern, darunter berühmte Nobelpreisträger wie die Physiker Murray Gell-Mann (Erfinder der Quarks) und Philip Anderson oder ein früherer Hippie wie Chris Langton an einer Art Weltformel. Langton stürzte vor Jahren mit dem Drachen ab und verlor dabei fast sein Leben. Diese heftige Lebenskrise brachte ihn auf ganz neue Ideen, und er begann als erster nach künstlichem Leben, *"artificial life"*, zu forschen. Langton ist heute überzeugt, daß *"wir Menschen nicht der Endpunkt der Evolution (sind). Eine künstliche Lebensform, die wir erschaffen, könnte selbst die nächste Stufe der evolutionären Leiter des Menschen sein."*
In diesem außergewöhnlichen Nest von Kreativen am Rande der Wüste sitzen neben berühmten Natur- und Wirtschaftswissenschaftlern mit allen Wassern gewaschene Computerfachleute aus Los Alamos, dem früheren geheimen Kernwaffenzentrum, und junge, gerade den Hörsälen entsprungene Wissenschaftsfreaks zusammen, um das zu entwickeln, was sie so brennend antreibt: eine neue, interdisziplinäre Wissenschaft, die Metawissen-

schaft von der Komplexität. *"Auf die Geschäftswelt übertragen"*, so der Wissenschaftsautor Mitchell Waldrop ironisierend, *"liefe es darauf hinaus, daß der Direktor der IBM-Unternehmensforschung in seiner Garage einen kleinen esoterischen Beratungsdienst einrichtet – und dann die Vorsitzenden von Daimler-Benz, BMW und Siemens zum Mitmachen überredet."*
Doch die Santa-Fe-*people* haben ebensowenig mit Esoterik zu tun wie vermutlich der IBM- oder Siemens-Vorstand. Was sie und viele ihrer Kollegen in Labors und an Hochleistungscomputern rund um den Globus verbindet, ist die gemeinsame Vision einer großen Einheit, eines alles verknüpfenden theoretischen Grundkonzepts der Komplexität und des Evolutionsverlaufs, die uns Natur und Menschheit besser erklären können. Die wohl wichtigste Frage für sie lautet: **Wenn es einen kosmischen Drang zur Unordnung gibt, wie kann dann gleichzeitig ein ebenso starker Drang zu Ordnung, Struktur und Organisation ablaufen? Bei der Suche nach einer Antwort blicken sie vor allem auf den Rand des Chaos, dorthin, wo neue Ideen und neuartige Genotypen entstehen und Verbrauchtes immer wieder zerstört wird.** Der Rand des Chaos ist dort, wo eingefahrene politische Imperien plötzlich zusammenbrechen und Aufruhr entsteht, wo durchschlagende Innovationen unvermittelt die gesamte Wirtschaft umpflügen, wo über Nacht Mauern fallen, die die Welt teilten, kurz: wo die Komponenten eines Systems nicht mehr richtig zusammenpassen und die ganze Sache trotzdem noch nicht zusammenbricht. Der Rand des Chaos beschreibt die ständig sich wandelnde Turbulenzzone zwischen Gleichgewicht und Entropie, d. h. total ungeordnetes Durcheinander. Am Rand des Chaos ist ein System gerade noch stabil genug, um sich selbst zu erhalten, und kreativ genug, um sich weiterzuentwickeln und Impulse seiner Umwelt für die eigene Anpassung zu nutzen. Am Rand des Chaos öffnet sich höchste schöpferische Kraft, die natürlich nicht ohne Risiken zu haben ist.

Die Leute von Santa Fe sind dabei, einige tief verankerte Überzeugungen der traditionellen Wissenschaften in Frage zu stellen und die New Sciences des 21. Jahrhunderts zu begründen. Sie wissen dabei auch um ihr Dilemma, das große Geheimnis, das alle Fragen überspannt: Gibt es die Gesetze, die sie in komplexen Systemen sehen, wirklich, oder sind auch sie von unserem biologischen Wahrnehmungsapparat vorgegeben, d.h., sind sie schlichte Vernetzungen von Nerven in unserem Gehirn? Inwieweit existiert die Ordnung, die wir zu erkennen glauben, wirklich, und inwieweit ist sie von unserem Wahrnehmungsapparat, unserem Nervensystem abhängig, das sich wie eine unsichtbare Brille vor unsere Erkenntnis legt? Die Komplexität liegt im Auge des Betrachters. Auf die Spitze getrieben, läßt sich dieses Erkenntnisdilemma mit folgender Frage skizzieren:

Sind die wissenschaftlichen Subkulturen in Santa Fe und dem nahegelegenen Los Alamos tatsächlich einem Funken neuer Wahrheit auf der Spur, oder würden außerirdische Besucher sie als ebensolche kulturellen Mythen ansehen, wie wir heute die Glaubenswelten von Naturvölkern oder Religionen betrachten?

Die Vertreter der ***New Sciences*** versuchen, die allgemeinen Prinzipien in der Natur zu verstehen, und sie schauen dazu nicht mehr auf die Materie an sich, sondern auf das Fließen und Strömen, auf Veränderung und Wandel, spontane Brüche und auf Instabilitäten. Anders als bisher wurde nicht mehr ignoriert, was plötzlich auftritt und sich einer Standardisierung entzieht. Es geht nicht mehr darum, die Dinge einfach zu sehen, sondern vielschichtig, daher sucht man nicht mehr nach klitzekleinen Teilchen, sondern nach übergreifenden Mustern. Wenn man diese Muster verstanden hat, so glauben die Forscher, wäre man auch in der Lage, die richtigen Fragen über unsere Zukunft zu stellen und geeignete Taten folgen zu lassen. Wissenschaftler in Santa Fe glauben, daß es Grundregeln geben müsse, die sich auf alle komplexen Systeme anwenden lassen, ja ihre Vorstellungskraft geht so weit zu denken, es könne alles denselben universellen Gesetzen gehorchen. Die meisten von ihnen betrachten dabei Information als so grundlegend wie Materie und Energie, und damit kommen sie Rupert Sheldrakes Modell eines vierten, morphischen Feldes sehr nahe.

Das Denken in Systemzusammenhängen hat heute praktisch alle Disziplinen erfaßt. An Universitäten in aller Welt wurden Abteilungen für Systemwissenschaften eingerichtet. Der Wirtschaftswissenschaftler und Nobelpreisträger Herbert Simon teilte bereits 1978 mit, er habe die mechanistische ökonomische Theorie aufgegeben und sich zur Informations- und Systemtheorie bekehrt. Systemdenken gilt als eine Art Breitwandintelligenz und als Brücke zwischen der Realität und unseren Vorstellungen von ihr. Wenn Aufträge ausbleiben,

Ideenlosigkeit und Unlust wie eine nasse Wollmütze über dem Betrieb liegen und das Image sinkt, dann können wir auf jedes Problem isoliert sehen und versuchen, es zu lösen, oder wir versuchen zu verstehen, daß alle Teile eines Unternehmens oder eines Wirtschaftsprozesses miteinander verknüpft sind. Wenn ein Teil in Turbulenz gerät oder sich verändert, dann kann das Auswirkungen auf alle anderen haben. Wir können die Leute noch so oft in den Club Med oder zum Wedelkurs mit Wasmeier schicken, solche Zuckerbrötchen werden nicht helfen, Ideen zu finden und neue Begeisterung für den Job zu wecken, wenn die Quelle unserer Probleme das ganze System betrifft und damit viel grundsätzlicherer Art ist. (Wenn man überhaupt an den Incentive-Hokuspokus glauben mag, bei denen so mancher Rausch, aber kein neuer Geist entsteht.) Systemdenken akzeptiert die Vernetztheit aller Dinge und ist in der Regel das beste Instrument, um herauszufinden, was eigentlich vorgeht und welche Lösungen nützlich sein können.

Komplexität ist auch ein zentrales Kriterium der Evolution. Wenn in der Natur zwei Organismen um Energie konkurrieren, hat derjenige mit der komplexeren Physiologie oder dem komplexeren Verhaltensrepertoire Vorteile. Sie wollen einen neuen Videorekorder kaufen. Vermutlich werden Sie ein Gerät vorziehen, das im Vergleich zu anderen einige besondere Programmierungsarten (Vielfalt) besitzt. Aber sie möchten das Gerät auch gerne bedienen können, daher müssen diese Programmierungsarten so zusammenwirken (Integration), daß sie benutzerfreundlich sind. Quantität allein genügt nicht, auch wenn wir gerade in der Wirtschaft Qualität und Erfolg noch immer durch quantitative Kategorien definieren. Vielfalt setzt sich aber nicht automatisch durch. Es gibt in der Evolutionsgeschichte Fehlstarts, Rückschläge, vorübergehende Richtungsänderungen. Perioden, in denen die Menschen mehr persönliche Freiheit hatten, wechselten mit Diktaturen, Schreckensherrschaften und anderen dunklen Zeitaltern ab. **Komplexität liefert uns einen Kompaß, wenn wir nach Orientierung suchen und uns fragen, ob die Dinge in die richtige Richtung laufen und für welche Option wir uns entscheiden sollen, wenn nichts mehr klar und kalkulierbar erscheint und uns die Dinge über den Kopf zu wachsen drohen. Folgen wir den Grundlagen der Komplexität, dann handeln wir am besten so, daß durch unser Handeln mehr lebendige Vielfalt entsteht und zusätzliche Möglichkeiten geschaffen werden.** Wir sollten als erzogene

Rationalisten und Analytiker vielleicht gelegentlich unsere Art zu denken daraufhin überprüfen, wie komplexitätskompatibel es ist, denn wir sind unseren Denkprozessen ja nicht hilflos ausgeliefert. Natürlich halten wir uns selbst für intelligent und *open-minded*. Aber wir beobachten uns beim Denken längst nicht so kritisch, wie wir das anderen gegenüber tun. Da können wir etwas von Tänzern oder Athleten lernen, die ganz genau auf ihre eigenen Bewegungen achten. Lehnen wir uns also gelegentlich zurück, und beobachten wir unsere gewohnten Denkschleifen und ihre Ergebnisse.

Bereits 1930 nahm der Astronom James Jeans einen Gedanken des neuen Bildes von der Welt vorweg: *"Das Universum ähnelt heute mehr einem großen Gedanken als einer großen Maschine."* Heute wird das Universum nicht mehr als Maschine gesehen, sondern als ein unteilbares, dynamisches Ganzes, dessen Teile in Wechselbeziehung stehen und miteinander Strukturen und Muster bilden. So hat man es in der Quantentheorie nie mit einzelnen Teilen zu tun, sondern immer mit einem Geflecht aus materiellen und immateriellen Wechselbeziehungen. Wir können die Welt nicht mehr in unabhängig voneinander existierende kleinste Einheiten zerlegen. Egal, wie tief wir in die Materie eindringen, immer stoßen wir auf ein kompliziertes Netzwerk von Beziehungen zwischen den unterschiedlichen Teilen eines einheitlichen Ganzen. Folgende Übersicht soll die wichtigsten Unterschiede zwischen dem neuen und alten Welterklärungsmodell noch einmal zusammenfassen. Man hat sich heute weitgehend geeinigt, das alte als Ewigkeits- und das neue als Evolutionsparadigma zu bezeichnen.

Das Ewigkeitsparadigma:

- Maschinenmetapher: Die Welt ist ein geschlossenes System.
- Kalkulierbare Ordnung.
- Alles ist umkehrbar und läßt sich daher wiederholen.
- Die Zeit ist zyklisch und skaliert.
- Alles wiederholt sich, daher ist alles vorhersehbar.

Das Evolutionsparadigma:

- Evolutionsmetapher: Die Welt ist ein offenes System.
- Offenes Werden.
- Alles ist Zufall und Spiel, daher ist prinzipiell nichts vorhersagbar.
- Die Zeit flieht.
- Nichts ist umkehrbar, alles entwickelt sich immer weiter.

– Ethik von Schuld und Strafe: Der Mensch an sich ist schlecht.	– Ethik der Selbstverantwortung: Der Mensch an sich ist gut.
– Es gibt ewige, feststehende Naturgesetze.	– Naturgesetze entwickeln sich; es gibt ein Gedächtnis der Natur.
– Es gibt objektive Erkenntnisse und objektive Wahrheiten.	– Es gibt keine objektiven Erkenntnisse und ewig gültige Wahrheiten.
– Es gibt eine feste, stabile Ordnung.	– Es gibt eine chaotische Ordnung.
– Plan und Ziel bestimmen die Realität.	– Zufall und offenes Werden bestimmen die Realität.
– Fokus auf Realität.	– Fokus auf Potentialität.
– Man orientiert sich an der Vergangenheit (Fakten).	– Man orientiert sich an der Zukunft (Fiktion).
– Prinzip von Entdecken und Optimieren.	– Prinzip von Erfinden und Auflösen.
– Rationalität.	– Widersprüchlichkeit.
– Schicksal.	– Selbststeuerung.
– Tiefe.	– Oberfläche.
– Es gibt das Absolute.	– Es gibt nur Kontexte.
– Wirklichkeit ist Abbildung des Seienden.	– Wirklichkeit ist Erfindung und Wechselwirkung.
– Objektivität und Wahrheit.	– Subjektivität und Viabilität
– Die Ordnung läßt sich kontrollieren.	– Komplexe Systeme lassen sich nicht kontrollieren.
– Akkumulierte Zeit: Vergangenheit verdichtet sich zur Form.	– Fließende Zeit: Zukunft bestimmt die Gegenwart.
– Fakten determinieren die Realität.	– Geist erschafft die Realität.
– Der Zufall ist der Feind der Realität.	– Der Zufall ist ein konstruktiver Teil der Realität.
– Prinzip der Rationalisierung.	– Prinzip der kreativen Verschwendung.
– Es gibt ein objektiv gültiges Weltbild	– Weltbilder sind Übergangsprojektionen

Wer hat, dem wird gegeben

Auch in der traditionellen Wirtschaftstheorie war für Zufälle und andere Zumutungen der Wirklichkeit kein Raum. Man huldigte dem Maschinenmythos, sah die Wirtschaft als gut geölte Maschine und orientierte sich an einem Konzept stabiler Märkte, in denen alles automatisch dem Gleichgewicht zustrebt, von Adam Smiths *invisible hand* milde regiert. Man hatte die Märkte im Griff, indem man sie auf mathematische Gleichungen eindampfte, in denen es meist nur drei Einflußgrößen gibt, die so selbstverständlich wie weltfremd als stabil angenommen werden und mit denen man bis heute recht abenteuerliche Theoreme beweist. Zufälle, Abweichungen, Irrationalitäten und Brüche wurden zur Rettung der Theorie wegstandardisiert.

Brian Arthur, Wirtschaftswissenschaftler am Santa Fe Institute und Professor an der Stanford University, störte, von den meisten deutschen Kollegen unbemerkt, bereits Mitte der 80er Jahre die Beschaulichkeit des akademischen Elfenbeinturms. **Überall auf der Welt gibt es Entwicklungen, Krisen, Zufälle, Brüche, Überraschungen, die Welt ist nicht stabil, warum sollte es ausgerechnet die Wirtschaft sein? So vieles läßt sich nicht planen und entwickelt sich aus dem Zufall: wer einem auf einer Tagung begegnet, neben wem man im Flugzeug sitzt, wer an Grippe erkrankt ist, wo ein Kulturzentrum eingerichtet wird, wo sich ein italienischer Stehimbiß niederläßt.** Die daraus entstehenden Impulse können das System so verstärken, daß seine Entwicklung unumkehrbar in eine bestimmte Richtung läuft. Wir Wirtschaftsmenschen sind nicht von reiner Vernunft geleitet, die uns als Nutzenmaximierer *cool* zu leicht prognostizierbaren Entscheidungen treibt. Der Gedanke, Menschen würden allein auf quantitative Anreize hin ihr Verhalten ändern, wird nicht erst durch Kultmarketing und den hybriden Konsumenten absurd. Das Wirtschaftsleben ist untrennbar mit Gesellschaft und Kultur verwoben.

Schluß mit dem Idealbild einer berechenbaren Wirtschaft, in der die Zauberfee eines freien Marktes stets alles zum besten, natürlich zum Gleichgewicht hin wendet. Diese Phantasiewelt der Ökonomen kann in einer vernetzten, immer komplexeren Welt nicht funktionieren, denn sie ist statisch, maschinenhaft und deshalb tot. Auch in der Wirtschaft muß man sich trennen vom Erklären und Vorhersagen, denn die Welt ist nicht rational bestimmbar, sie ist unabhängig von der Vergangenheit und in ihrer Entwicklung nicht vorherzusehen. Prozesse können jederzeit durch einen winzigen Zufallsimpuls ganz anders verlaufen, als es zu erwarten wäre.

Ein Beispiel: Die neoklassische Wirtschaftstheorie besteht darauf, daß auf einem freien Markt automatisch die besten Verfahren gewinnen. Wie kann dann, fragt sich nicht nur der Wissenschaftsjournalist Mitchell Waldrop, fast jede Schreibmaschinen- oder Computertastatur der westlichen Welt die QWERTZ-Anordung der Buchstaben haben (QWERTZ=die ersten sechs Buchstaben der oberen Buchstabenreihe von links nach rechts gesehen)? Vielleicht weil dies die effizienteste Anordnung der Buchstaben ist? Natürlich nicht. Diese Anordnung sollte im Gegenteil das Schreiben verlangsamen, weil sich die Typenhebel der ersten Schreibmaschinen bei schnellem Tippen immer verhakten. Dagegen hat ein Mechaniker namens Christoph Scholar 1873 das QWERTZ-System entwickelt. Als man in der Nähmaschinenfabrik Remington Schreibmaschinen in Serienfertigung herstellte, lernten die Kunden mit dieser Tastatur umzugehen, andere Hersteller übernahmen das System. Immer mehr Menschen lernten das Schreiben QWERTZ, bis die alte Gewohnheit selbst auf Computertastaturen für immer zum Standard eingerastet war.
Ein weiteres Beispiel sind die Bildaufzeichnungssysteme für Videorekorder VHS und Betacam, die Ende der 70er Jahre beide zur gleichen Zeit mit vergleichbaren Preisen und ähnlichem Komfort auf den Markt kamen. Bereits 1979 gab es keinen Zweifel mehr, daß VHS den Markt beherrschen würde, obwohl Fachleute das Betasystem für überlegen hielten. Was war passiert? VHS-Geräte wurden am Anfang etwas mehr verkauft als Betageräte, und schon stellten sich die Videotheken und kurze Zeit später die Videoproduzenten darauf ein. Das verstärkte den Marktanteil des VHS-Systems und der wiederum die Nachfrage nach VHS. Die Ausgangsbedingungen sind entscheidend. **Wer hat, dem wird gegeben**. Je dichter das Beziehungsnetz geworden ist, desto leichter wird es, noch ein weiteres Stück hinzuzufügen. Anders, als in der traditionellen Ökonomie unter dem Prinzip abnehmender Erträge angenommen wird, neigen kleine Wirkungen nicht dazu, sich selbst auszulöschen. Abnehmende Erträge heißt, alles wird um so weniger nützlich, profitabel oder erfreulich, je mehr man davon hat oder herstellt. Das stimmt so nicht mehr.

Gibt eine Softwarefirma heute für Forschung und Entwicklung des ersten Exemplars eines neuen Programms fünfzig Millionen Dollar aus, dann kostet das zweite Exemplar vielleicht zehn Dollar an Material. Wenn die Nebenkosten praktisch null sind, wird das Erzeugnis mit jeder zusätzlichen Kopie billiger. Nicht nur das. Aus jeder Kopie kann man etwas darüber lernen, wie sich die Sache verbessern läßt. Je größer die Produktion, desto höher der Nutzen: **zunehmende Erträge**. Das gilt auch in der Elektronik, bei Arzneimitteln und bei Flugzeugen. Fluggesellschaften, die sich für eine Boeing entschieden haben, bleiben eher dabei, weil sich dann die Ausbildungskosten ihrer Piloten nicht erhöhen, wie dies bei einem neuen Modell unausweichlich wäre. Analog dazu wird jede Firma interessiert sein, alle Abteilungen mit einem PC-Fabrikat auszustatten, damit alle mit der gleichen Software arbeiten können. Spitzentechnologien beschränken sich auf diese Weise schnell auf relativ wenige Standardmarken. Zu Zeiten von Dampfmaschinen und der QWERTZ-Erfindung waren zunehmende Erträge noch die Ausnahme, weil die Materie eine viel größere Rolle spielte. In einer modernen Technologiewirtschaft sind sie die Regel.

Es sind die Anfangsbedingungen, die über den Erfolg eines Produktes oder einer Idee entscheiden, und dabei spielt der Zufall eine große Rolle. Wann immer man eine Idee aufgreift, eine Technik einsetzt, einen Kontext herstellt oder ein Wort benutzt, verstärkt man dessen Bedeutung und erhöht damit die Wahrscheinlichkeit der Wiederholung. Genau dieses Prinzip der zunehmenden Erträge oder der positiven Rückkopplung findet sich in der modernen Physik und im Modell der morphischen Felder. Alle großen lebendigen Systeme spielen dieses Spiel, es gilt für die Wirtschaft ebenso wie für die Biologie, die Informatik oder die Psychologie. Leben bringt immer wieder neues Leben hervor. Dafür verändert es die Erde.

Gegen Ende des 19. Jahrhunderts, als die amerikanische Autoindustrie gerade ins Rollen kam, sah es nicht so aus, als könne Benzin die Dampfkraft als Treibstoff der Zukunft überholen. Benzin war teuer, machte Krach, explodierte gelegentlich, brauchte die richtige Oktanzahl, und man mußte auch einen ganz anderen Motor mit komplizierteren neuen Teilen haben. Benzinmotoren hatten dazu noch einen viel geringeren Wirkungsgrad, und trotzdem setzte sich Benzin durch. Warum? Rein zufällig! 1895 gewann ein Benzinmotor ein Autorennen, das der Chicagoer *Times-Herald* ausgeschrieben hatte. Von sechs gestarteten Fahrzeugen kamen nur zwei im Ziel an. Vielleicht war dies Grund genug für den Fabrikanten Ransom Olds, 1896 ein Patent für einen Benzinmotor anzumelden. Kurze Zeit später lohnte es sich für ihn, diesen Prototyp in Serie herzustellen. Jetzt konnte der Benzinmotor seine Starthemmungen aufholen. 1914 brach dann eine Maul- und Klauenseuche in Nordamerika aus, der viele Pferde zum Opfer fielen. Ohne Pferde braucht man keine Tränken, sie verschwanden und mit ihnen die Stellen, an denen die Dampfautos Wasser nachfüllen konnten. Als die Gebrüder Stanley ein Kondensator- und Boilersystem entwickelt hatten, mit dem man mobiler wurde, weil man nicht alle fünfzig Kilometer einen Wassertank aufsuchen mußte, war es schon zu spät. Der Benzinmotor hatte das Dampfsystem "versklavt".

Das alte Weltbild und mit ihm die Wirtschaft orientierten sich an denselben Merkmalen. Man war der Überzeugung, daß die Dinge einfach, teilbar, wiederholbar, berechenbar und reversibel, also umkehrbar seien. Die klassische Mechanik untersuchte dynamische Systeme (Bewegung der Erde um die Sonne, Pendel, triviale Maschinen) und ging dabei von einer trügerischen Einfachheit aus, die bereits am Ende des vergangenen Jahrhunderts dem französischen Naturwissenschaftler und Mathematiker Henri Poincaré suspekt war. Er fand heraus, daß die Vielfalt der Möglichkeiten spektakulär ansteigt, wenn man einem System neue Impulse gibt. Doch erst in neuerer Zeit beginnen wir zu verstehen, welches Potential hinter dieser Einsicht liegt. Die klassische Physik geht von einer im Prinzip vollständig geordneten und daher in ihrer Entwicklung festgelegten Welt aus. Indem sie sich weitgehend auf umkehrbare Schritt-für-Schritt-Vorgänge beschränkt, wird es ihr möglich, diese Vorstellungen durch Zahlen und Formeln zu beschreiben. Jedem Ereignis scheint eine Ursache zugrundezuliegen, und damit scheint es kalkulierbar zu werden. Wer den Zustand zu einem bestimmten Zeitpunkt kennt, so schloß man daraus, der kann jeden beliebigen Zeitpunkt in Vergangenheit und Zukunft danach berechnen. Dies sollte auch für die Wirtschaft gelten. Ein typisches Modell für Vorhersagbarkeit und Kontrolle ist die sogenannte **triviale Maschine**. Immer wenn man sie einschaltet, verhält sie sich auf vorhersehbare Weise. Die meisten mechanischen Geräte, mit denen wir es zu tun haben, sind solche trivialen Maschinen. Wenn wir den Schalter bedienen, geht das Licht an und aus, wenn wir den Knopf drücken oder heben, versinkt oder springt der Toast. Vorausgesetzt, der Schalter ist nicht kaputt, funktioniert das System vorhersagbar immer auf die gleiche Weise. Triviale Maschinen arbeiten unabhängig von ihrer Vergangenheit. Genau das erwarten wir von einer schlüssigen Erklärung: Immer wenn wir dieselbe Ursache (Input) haben, wollen wir die gleiche Wirkung (Output). Und genau das funktioniert nicht mehr. Je komplexer die Zusammenhänge sind, je dichter die Vernetzungen, je chaotischer die Märkte, desto weniger können wir die Wirkungen unserer Handlungen abschätzen. Unter komplexen Bedingungen ist die triviale Maschine nichts als eine Zauberformel, die wir uns wünschen, damit wir die Dinge beherrschen können. Die triviale Maschine ist das Symbol für unsere Sehnsucht nach Kontrolle. Vernetzte Technologiewirtschaften gehorchen ganz anderen Prinzipien, die sie mit allen komplexen Systemen teilen:

- Man kann sie nicht verstehen.
- Sie lassen sich kaum kontrollieren.
- Man kann sie nicht leicht optimieren.
- Sie sind schnell, mobil und zunehmend immateriell.
- Sie sind vermutlich voller Fehler, die keiner finden kann.

Je mehr Wissen in einem Produkt steckt, um so wertvoller wird es, und um so wertvoller wird ein Netzwerk, das Wissen erzeugt. Bei der Herstellung eines Produktes gibt es keinen linearen Weg mehr: erst Planung, dann Produktion bis zur Auslieferung. Das ganze Netz tritt auf einmal in Erscheinung. Planung, Marketing, Produktion, Lieferanten und Kunden beteiligen sich gemeinsam an der Entstehung des Produktes. Man arbeitet gleichzeitig, nicht linear, Schritt für Schritt. Die Wirklichkeit, und dazu gehört auch die Wirtschaft, ist ein interaktives Konzept. **Wir verändern durch unser Eingreifen die Ausgangsbedingungen und erfahren die Folgen des eigenen Handelns nicht als logische Konsequenz, sondern als Überraschung.** Wir werden in Zukunft eine hohe Überraschungstoleranz brauchen, denn im Netzwerk der Rückkopplungen verliert sich jeder Ursprung. Es gibt einige allgemeine Muster, die sich in einer zukünftigen Wirtschaft durchsetzen werden:

- Verschwimmen der Unternehmensgrenzen.
- Co-Evolution mit Kunden und Konkurrenten.
- *Win-Win*-Strategien.
- Prinzip der Ökologie.
- Individualisierung der Produkte durch das Internet.
- Wissen als nachwachsende Ressource.
- Führung als Unterstützung der persönlichen Qualifikationen.
- Massenanfertigung nach Maß.
- Zunehmende Erträge.
- Überproportionale Zunahme von Wissen/Software gegenüber Materie.
- Mehr Konzentration auf Ausgangsbedingungen.
- Global denken, lokal handeln.
- Hoch anpassungsfähige Technologien.
- Sinkende Zyklen der Produktentwicklung.

Zunehmende Erträge, eingerastete Gewohnheiten oder *lock ins*, Unkalkulierbarkeiten, Zufälle, winzige Ereignisse: sie alle haben im Gegensatz zu den Überzeugungen des alten Maschinenparadigmas gewaltige Folgen für das spätere Geschehen. Brian Arthur scheint das ziemlich beeindruckt zu haben: *"Diese Eigenschaften der Ökonomie der zunehmenden Erträge schockierten mich zunächst ... Als ich erkannte, daß jede Eigenschaft in der nichtlinearen Physik, mit der ich mich gerade beschäftigte, eine Entsprechung hatte, war ich fasziniert. Ich kam mir vor wie jemand, der in Aladins Höhle hineingeht und einen Schatz nach dem anderen findet."* Und so schrieb er, angeblich am 5. November 1979, auf eine Seite seines Notizbuches eine völlig neue Wirtschaftslehre:

alte Wirtschaftslehre:

- Abnehmende Erträge.
- Beruht auf der Physik des 19. Jahrhunderts (Gleichgewicht, Stabilität).
- Alle Menschen handeln nach gleichen Maßstäben, d.h. nutzenmaximierend.
- Außenfaktoren und Fähigkeiten sind vorgegeben und stabil.
- Die Elemente des Marktes sind Mengen und Preise.
- Alles ist im Gleichgewicht, es gibt keine echte Dynamik.
- Der Wirtschaftsbereich ist strukturell einfach.
- Wirtschaftslehre ähnelt der Mechanik.

neue Wirtschaftslehre:

- Zunehmende Erträge.
- Beruht auf der Biologie (Muster, Struktur, Selbstorganisation, Evolution und Lebenszyklus).
- Alle Menschen sind Individuen, d. h. sie handeln verschieden und irrational.
- Außenfaktoren und Fähigkeiten sind die Antriebskräfte.
- Das System entfaltet sich ständig.
- Die Elemente des Marktes sind Muster und Möglichkeiten.
- Die Wirtschaft ist in der Zeit. Sie entwickelt und strukturiert sich ständig neu, zerfällt und ändert sich.
- Der Wirtschaftsbereich ist in sich komplex.
- Wirtschaftslehre als Wissenschaft von hochkomplexen Systemen.

Warmer Egoismus

Das Werk des Nationalökonomen und Soziologen Max Weber gehört zu den überragenden geistigen Leistungen des ausgehenden 19. Jahrhunderts, das mehreren Wissens- und Lebensbereichen auch in unserem Jahrhundert neue Grundlagen und Impulse gegeben hat. Webers zentrales Werk ist *Die Protestantische Ethik und der Geist des Kapitalismus,* in der er darlegt, daß aus der asketischen Lebensform des Protestantismus eine Lebensmethodik erwachsen ist, die das kapitalistische System erst möglich gemacht hat. Durch ein posthumes Heilsversprechen wurde es leidenstolerant. Der Kapitalismus als Ableger des Christentums bekam damit eine Art religiöser Struktur, ihm wurde der gute Geist der innerweltlichen Askese und der lebenslangen Bürde kapitalistischen Wirtschaftens eingehaucht.

Viel Geld an den hergestellten Gütern zu verdienen war ein Zeichen gottgefälligen Lebens in harter Arbeit und Gebet, d. h. ganz im Geiste des Puritanismus. Doch dann wurden die Güter immer konsumierbarer und bekamen selbst eine ungeheure Anziehungskraft und Macht, bis sie selbst den asketischen Geist ersetzten und der ständig neue Materie produzierende Kapitalismus zur perfekt funktionierenden Maschine wurde. Doch je mehr Dynamik in die Märkte kommt, desto schneller läuft die Entmaterialisierung. Intelligenz

bestimmt die Prozesse, Strukturen und Produkte. Die Lebensgestaltung unterliegt nicht mehr dem vorgezeichneten Lebenspfad, sondern der Kulturisierung. Sinn entsteht nicht mehr durch die lebenslange Berufsschiene, sondern durch die Frage nach dem Identitätsdesign, der Selbsterfindung.
Jetzt kommt noch zusätzlich Sand ins Getriebe des alten kapitalistischen Maschinengeistes. Ein entfesselter globaler Wettbewerb beseitigt alle Unterschiede, die Einkommenskluft wird immer breiter, die westliche Wirtschaft gehorcht dem Diktat der internationalen Finanzmärkte – *the winner takes it all.*

Die ganze Welt tanzt nach dem Takt herumstreunender Kapitalströme, die die internationalen Börsen in Ekstase oder Verzweiflung stürzen.

Schon wird der Ruf nach einem staatlich verordneten Wertekorsett, strengeren Regeln und Verträgen laut, die die Multis zwingen, sich der Gemeinschaft unterzuordnen und die die *"zerstörerische Kraft der Globalmärkte"* (Jeremy Rifkin) eindämmen sollen. Eine neue moralische Aufrüstung wird verlangt, die verhindern soll, daß die Masse an den Rand des Existenzminimums gedrängt wird, während ein kleiner, feiner Zirkel reicher Kapitalisten immer reicher wird. Die Finanzkrise in Südostasien führte nicht nur bei dem Tübinger Theologen Hans Küng zum Ruf nach einem globalen Ethos. Klingt vernünftig. Der amerikanische Autor Jeremy Rifkin sieht bereits *"das Ende der Zivilisation"* nahe, die französische Publizistin Viviane Forrester, von den Medien als moderne Jeanne d'Arc vorgestellt, glaubt gar *"die ganze Menschheit bedroht"*. Die französische Autorin spricht vom *"Terror der Ökonomie"* und findet weltweit Applaus.

Unaufgeregt betrachtet, stehen wir heute im Umbruch zwischen zwei Zeitaltern, dem industriellen und dem noch nicht klar definierbaren nachindustriellen.

Kritik am Kapitalismus ist vor allem Kritik an der jetzt untergehenden Industriegesellschaft, an den Folgen ihres Zerfalls, der damit einhergehenden Ungewißheit, was kommt und wie wir uns darauf einstellen sollen.

Was wir brauchen, ist ein neuer Geist des Kapitalismus, der in einer Zeit des *downsizings*, des Verlustes von Arbeitsplätzen und Sicherheiten, wieder ein unerschütterliches Vertrauen in die eigene Leistungskraft oder *winning spirit* bringt. Doch woher soll der kommen? Kapitalismus pur? Aus dem reinen

Intelligenzwettbewerb, das permanente Formel-1-Rennen der Arbeits- und Erfolgssüchtigen? Dem puren Kapitalismus steht die Konsensgesellschaft entgegen, der kalte Wettbewerb bedroht die Wärme des konsensstützenden Sozialstaates, dem aber die Finanzierungsressourcen auszugehen drohen. Die wachsende Ungleichheit unter den Menschen weckt den Ruf nach einem moralisch begründeten Sozialvertrag. Doch materielle Gleichheit und Kapitalismus lassen sich nicht zusammenzwingen.

Die Zeit der großen sozialen Experimente ist vorbei. Die sozialistische Utopie wurde nach dem Fall des eisernen Vorhangs durch die Realität entzaubert, dem Fürsorgestaat steht das Wasser bis zum Hals. Die Wurzel allen wirtschaftlichen Übels scheint ausgemacht: *"Die Globalisierung ist der Yeti des deutschen Feuilletons. Jeder weiß von ihr, aber noch keiner hat sie gesehen ... fest steht jedenfalls, daß unsere allgegenwärtige Rede von der Globalisierung apokalyptische Motive enthält. Es ist das apokalyptische Märchenmotiv vom erfüllten Wunsch",* schreibt Stephan Wackwitz in der *WOCHE* (19. 12. 1997). Kein Wunder, wenn der Ruf nach staatlichen Eingriffen nach dem Motto: "Tut was!" durchs Land schallt. Doch das geht an der Realität vorbei.
Mit moralischen Ansprüchen an die Unternehmen wie z. B.: Schafft Arbeitsplätze! leisten Politiker den Offenbarungseid auf ihre Zunft. Unter Bedingungen des internationalen Wettbewerbs kann es sich keiner leisten, als einziger moralische Grundsätze zu verfolgen. Keine Ethik kann von Unternehmen erwarten, daß sie dadurch ständig massive Nachteile in Kauf nehmen. Strategien der **Co-Evolution** könnten nicht zu mehr Gutmenschen, aber zu mehr warmem Egoismus führen. Was heißt das?
Der freie Markt hat sich als die effektivste Form der wirtschaftlichen Organisation erwiesen. Wo freie Märkte herrschen, gibt es Innovationen, Beschäftigung, Wohlstand und Investitionen. Doch keine Gesellschaft kann sich auf die Dauer ein sozial völlig entfesseltes Wirtschaftssystem leisten, kein Markt kann ohne eine Gesellschaftsordnung prosperieren, in der die Menschen genügend Bildung oder Kapital besitzen, um Produkte und Ideen herzustellen bzw. diese zu konsumieren. Zur Stabilität gehört auch ein funktionierender Staat, der lebenswichtige kollektive Güter zur Verfügung stellt, genug regelt, um die Konkurrenz zu beleben, und sich dort zurückzieht, wo freies Unternehmertum

behindert würde. Auch in der Wirtschaft gibt es hartnäckige Ideologien, die soziale Verantwortung und Profit nicht in Einklang bringen können. Die Frage kann daher nicht sein, welche moralischen Fesseln wir der Wirtschaft anlegen könnten, um sie zu sozialverträglichen Handlungen zu zwingen. Die Frage sollte lauten, unter welchen Anreizen und Bedingungen alle in einem Sozialsystem zusammenwirkenden Menschen, Sie und ich, Unternehmer und Gewerkschafter und auch die Politiker diese Werte umsetzen können, damit jeder vom anderen profitieren und sich mit ihm weiterentwickeln kann.

Wer kostenreiche moralische Leistungen erbringt, wie z. B. Sozialleistungen und Umweltschutzauflagen, hat heute gegenüber weniger verantwortungsbewußten Wettbewerbern das Nachsehen. Derzeit wird darüber diskutiert, ob nicht bereits wenige internationale Ordnungsregeln genügen würden, um das gesamte Wirtschaftsverhalten koevolutiver zu gestalten, ohne seine Dynamik zu behindern.
Die Umwelt wird nicht durch Appelle oder einzelstaatliche Maßnahmen nachhaltig geschützt, die unkalkulierbare Flut der Kapitalmärkte wird durch sie nicht eingedämmt. Wir sollten uns lieber Gedanken darüber machen, welche Anreize und handfesten Vorteile es opportuner erscheinen lassen, Leute einzustellen, die Umwelt zu schonen und den Staat nicht für jedes Lebensrisiko zur Verantwortung zu ziehen. Wir könnten überlegen, wie sich die Verantwortung, und das heißt in der Wirtschaft vor allem Haftung, auf alle beteiligten Systeme verteilen ließe, wenn aufstrebende Märkte über Nacht zu notleidenden werden.

Co-Evolution wäre vielleicht auch im Umgang mit den hochverschuldeten Entwicklungsländern die intelligentere Lösung, als sie am Joch ihres Schuldendienstes festzuhalten. Diese Joch schlägt mittlerweile auf die Gläubigerländer zurück, weil die armen und verschuldeten Nationen um jeden Preis exportieren müssen, um zu überleben. Christliche Nächstenliebe und moralische Aufrufe werden nicht zu Schuldenerlassen führen, aber möglicherweise die Erkenntnis, daß die Gläubiger durch diese Billigkonkurrenz Märkte verlieren, die sie sich selbst herangezogen haben. Es wäre politisch wie ökonomisch weise und für die Gläubiger opportuner, Schulden dann zu erlassen, wenn alle ärmer statt reicher werden.

Gegen Anreize, den eigenen Egoismus altruistisch auszuleben, bleiben Predigten, die stattliche Honorare in die Kassen der Moralapostel spülen, so blutleer wie folgenlos. Wirtschaftssysteme können nur nach den Kriterien des Marktes und nicht nach der Moral operieren. Doch der Markt, das sind die Menschen. Sie bestimmen seine Regeln. Jedes System ist autonom, es hat seine eigene Methode, sich in der Umwelt zurechtzufinden, sich zu entwickeln und am Leben zu bleiben. Die Wechselwirkungen, die ein System mit anderen eingeht, erfolgt nach den Regeln, die das jeweilige System für seine Fortsetzung entwickelt hat und befolgen muß. Ob uns das paßt oder nicht, es lassen sich nicht alle Systeme durch eine übergeordnete Vernunft zusammenschweißen und steuern. Aber es ließen sich hier und dort Systeme gemeinsam zur Verantwortung ziehen. Der Frankfurter Ökonom Wilhelm Hankel hat seine Lehre aus der Finanzkrise in Südostasien und Fernost gezogen: *"Die Gläubiger, allen voran die Banken, müssen mithaften, damit sie beim Aufbauen ihrer Schuldenpyramiden vorsichtiger werden."* Unseriöse Projekte, glaubt Hankel, fänden dann keine Finanzierung, wenn die Banken ihre Verluste nicht mehr steuerwirksam abschreiben könnten und so oder so aus dem Schneider wären.

Verantwortung kann man nur schwer von den Kleinen verlangen, wenn man die Großen daraus entläßt. Auch die Sozialpolitik sollte befreit werden von ihrer Rolle als Schmerztherapie für Wunden, die Markt und Wettbewerb verursachen. Ein solches Verständnis von Sozialpolitik bedeutet nichts anderes als Dämpfung der Marktdynamik, Finanzierung der Arbeitslosigkeit und Festigung alter Strukturen. Was wir uns überlegen sollten, und wofür es bereits sehr praktikable Vorschläge gibt, ist eine intelligente Neuorganisation, die flexiblere Strukturen ermöglicht und es den Menschen leichter macht, sich in den Arbeitsprozeß zu reintegrieren, beispielsweise durch Schulungen, Höherqualifizierungen und Bildungsangebote. Eine solche Sozialpolitik könnte zusätzliche Arbeitsplätze fördern und mehr Bewegung in verkrustete Strukturen bringen, meint der Ingolstädter Wirtschaftsethiker Karl Homann und fügt hinzu: *"Wie die Bremsen beim Auto dazu dienen, im Normalbetrieb schneller fahren zu können, so ermutigt eine solche Sozialpolitik zu risikoreicheren Investitionen in Humankapital und zu einer Dynamisierung der Sozialpolitik."* Umsetzbare

Vorschläge gibt es also genug, nur die Politiker folgen lieber der politischen Ökonomie, statt den Menschen offen zu sagen, wie unser Sozialsystem über die Klippen hüpft, bevor es über die Klinge springt.

Doch auch die klügsten und mutigsten Politiker können den Sturm des weltweiten Wandels nicht alleine bändigen. Mit zunehmender wirtschaftlicher Internationalisierung trennen sich ökonomische und politische Einflußgebiete. Während die Wirtschaft sich zu einem weltumspannenden Netzwerk zusammengeschlossen hat, global denkt und handelt, bleibt die Politik auf ihren Einzugsbereich beschränkt. Wir erleben einen Wettbewerb zwischen den Arbeitsmärkten der Welt und den politischen Systemen. An einer neuen politischen Elite liegt es, ob ein Land für Investoren attraktiv ist und gleichzeitig Einkommensgerechtigkeit herrscht. Das heißt keineswegs Shareholder Value um jeden Preis, dieser Preis kann für ein Unternehmen recht hoch sein, wenn die grundsätzliche Akzeptanz in seiner Umwelt, die heute die Welt sein kann, sinkt. Wertorientierte Unternehmensführung darf nicht zu Lasten anderer Anspruchsgruppen, den sogenannten Stakeholder, gehen. Wer das verkenne, so Deutsche-Bank-Vorstand Jürgen Krumnow, verkenne, daß es unmöglich sei, den Shareholder Value nachhaltig zu maximieren, *"wenn den Kunden schlechte Produkte angeboten, den Angestellten schlechte Löhne gezahlt oder die Ansprüche der Sozialpartner negiert werden."* Unternehmen müssen Renditen erwirtschaften, aber das bedeutet mehr als kurzfristig hohe Profitabilität.

In einer feindlichen Umwelt lassen sich keine guten Geschäfte machen.

Manche versuchen, sich durch Förderung der Künste ihr dröges Image aufzupeppen, womit häufig eher das Image des Vorstands als das des Unternehmens gemeint ist. Doch die Menschen sind vom teilweise wahllosen Kunstsponsoring schon längst mehr irritiert als inspiriert. Wir haben in einer Zeit des Übergangs eine Menge Problemzonen, in denen private Initiativen gefragt und prestigebringend geschätzt sind. Wer seine Nase im Wind hat, bespielt daher auch ein anderes Feld, jetzt beginnt die Ära des *educational sponsoring,* denn wer den Sprung in die Wissensgesellschaft schneller und besser geschafft hat als andere, der muß sein soziales Umfeld betrachten und sich Gedanken darüber machen, wie er es nähren und schützen kann, damit sein Platz im weit gespannten Netz der Gesellschaft sicher ist. Insgesamt wächst das Bedürfnis, sich selbst vom moralischen Druck des Zuschauers und damit der eigenen Ohnmacht zu befreien und über den Konsum eine Art Schuldopfer zu erbringen. Schon Martin Luther wußte: *"Wenn das Geld im Kasten klingt, die Seele in den Himmel springt."* Den kirchlichen Opferstock ersetzen heute die Scannerkassen.

In den USA gibt es immer mehr Supermarktketten, die sich vom Sortiment bis zur Kundenansprache als Wertegemeinschaft verstehen und ihre Kunden zum Komplizen für eine gute Sache, eine gemeinsame Aufgabe machen. Jeden Dienstag werden in einem kalifornischen Foodstore Senioren gegen Vorlage des Ausweises 10% auf alle Produkte gewährt, Familien mit zwei oder mehr Kindern bis 16 Jahren erhalten ebenfalls 10% Rabatt. Andere amerikanische Unternehmen leiten einen Teil ihres Gewinns an eine soziale Einrichtung weiter; wieder andere geben 1% vom Freitagsumsatz für einen konkreten Bedarf, z. B. in Kindergärten, Altenheimen oder Bildungsstätten, ab. Welche Einrichtung gerade dran und wofür das Geld gedacht ist, steht in den örtlichen Anzeigen. Solche Beispiele für warmen Egoismus wird man in Deutschland nicht finden. Hier verheddert man sich sofort im Gestrüpp der Verordnungen, insbesondere der strengen Rabattverordnung. In den kommenden Jahren wird es aber einen rapiden Anstieg der Konsumentenfrage geben: Welchen Beitrag kann ich leisten? Sie wird jenen Unternehmen einen großen Vorsprung geben, die diese Entwicklung rechtzeitig erkannt haben und mehr ökologische und soziale Verantwortung übernehmen. Wenn es kein verbindliches Wertekorsett mehr gibt, keinen Ast, an dem man sich im Strom des Umbruchs festhalten kann, muß man selbst für Sinn sorgen. Gerade der Supermarkt von morgen hat eine viel umfassendere Aufgabe, als bloß preiswerte Warenabholungsstelle zu sein: Er dient der Lebensinszenierung, hilft beim Ausprobieren verschiedener Identitäten, knüpft Beziehungen, hilft den Menschen, ihre Werte und Visionen in die Realität umzusetzen, und erlaubt Kunden, in einen Whirlpool aus Ideen und Anregungen zu steigen. Früher glaubte man, daß gute Qualität verbunden mit einem guten, d. h. unter der Konkurrenz liegenden Preis zum Verkaufserfolg führt. Der Wettbewerb folgte dem Kalkül: *value for money*. Dieses Prinzip funktioniert gerade bei den Konsumgütern schon lange nicht mehr. Hier gewinnt, wer die originelleren gemeinsamen Welten kreiert und die attraktivsten Sinnangebote macht.

Seit die Marketingexperten nicht ruhen, bis sich der Konsument wie eine Lucky Strike, ein Magnum oder eine Blunaflasche fühlt, hat das Bild vom rationalen Nutzenmaximierer ausgedient. In den 80er Jahren sprachen alle von "Selbstverwirklichung", heute würde man von "Selbsterlösung" sprechen. Auch der vielzitierte kleine Mann auf der Straße wird sich in den nächsten Jahren mit den großen Fragen der Menschheit und der Welt beschäftigen. Dem Kunden kann geholfen werden: durch warmen Egoismus. Marken und Unternehmenskulturen werden zunehmend mit moralischem und spirituellem Mehrwert energetisiert, das entlastet den Konsumenten, denn er kann gleichzeitig mit der Entscheidung für ein Produkt oder eine Einkaufsstätte eine Idee zum Ausdruck bringen und seinen Beitrag zu einer "besseren Welt" leisten. Ein gutes Produkt, eine sinnhafte Unternehmenskultur verschenkt den Zusatznutzen Sinn und Interpretation, und sie sprechen damit ein Begehren, ein Gefühl des Kunden an, das sich nicht verbalisieren und auf Informationszettel und Werbeanzeigen drucken läßt. Dieses besondere Gefühl, wenn man einen Supermarkt betritt, ist der eigentliche Anker für Kundenbindung. Doch Gefühle werden noch immer wenig ernst genommen, weil sie nicht quantifizierbar sind, Ladendesign und Preiskampf treten an ihre Stelle. Worum es aber geht ist eine Verschmelzung von enger Kooperation und Profitabilität durch warmen Egoismus: Verführen durch Verschenken.
Doch wer jetzt schnell die Fahne der großen Werte hißt, kann Gegenwind erleben. Moralkonzepte haben einen Haken: Sie machen verwundbar, wenn sie nicht konsequent und glaubwürdig in allen Bereichen des Unternehmens deutlich werden. Moralkonzepte sind sensibel anzuwenden, denn, so meint der Trendforscher Matthias Horx, es steckt auch eine gewisse Arroganz in ihnen: *"Der Handel wird immer die unausgesprochene Frage mithören: Warum verkauft ihr überhaupt den ganzen anderen Schrott, obwohl er ungesund, Sondermüll und was weiß ich ist? Darum wird man zuallererst eine Sympathieaura herstellen müssen, Grad um Grad intensiver, durch ein Versandkonzept, durch Vorzugshändler, durch wirksame Mensch-zu-Mensch-Kommunikation."* Nicht anders ist es beim **educational sponsoring**. Hier wird man zunächst klären müssen, daß man Verschenken nicht als Almosen, sondern als Beitrag zum *one-world*-Gedanken versteht – übrigens ein Mythos mit starker Anziehungskraft, der in den nächsten Jahren voll erblühen wird.

Die Förderung sozialer Projekte, die ohne private Finanzierungshilfen nicht oder nicht in dieser Qualität möglich wären, sind Unternehmensengagements, bei denen die Führungsspitze, wenn schon nicht die reine Nächstenliebe, so doch die Gesetze des warmen Egoismus, ein Kind der Co-Evolution, für sich entdecken kann. Man gibt mehr als nötig wäre, um mehr zu bekommen, als einem zustehen würde. Neben der Sozialverträglichkeit ist auch der Begriff Gerechtigkeit unter Druck geraten. Einkommensgerechtigkeit ist etwas anderes als soziale Gerechtigkeit, die in Deutschland mit der Umverteilung von Reich zu Arm verwechselt wird und dem Ziel folgt, Einkommensunterschiede der Gesellschaft einzuebnen. Soziale Gerechtigkeit meint einen in Freiheit nie zu erreichenden Endzustand der Einkommensgleichheit. Der Ruf nach sozialer Gerechtigkeit, sprich: Einkommensumverteilung, ertönt am lautesten in der Mittelschicht. Kein Wunder, schreibt Patrick Welter im *Handelsblatt* (24./25. 10. 1997): *"Sozialprogramme werden vorwiegend von der Mittelschicht bezahlt und fließen ihr auch wieder zu. Mit dieser Placebo-Umverteilung kauft sich die Mittelschicht moralisch von dem Vorwurf frei, es ginge ihr zu gut."* Das hilft zwar nicht den wirklich Bedürftigen, ist aber um so verständlicher, weil die Mittelschicht die Wahlen bestimmt. Der Staat solle zukünftig für Alter, Krankheit oder Arbeitslosigkeit nur eine Grundsicherung garantieren und die staatlichen Pflichtversicherungen durch eigenverantwortliche Risikovorsorge ersetzen, meint Meinhard Miegel, Direktor des Instituts für Wirtschaft und Gesellschaft in Bonn. Als Kapitalbasis dazu könnten entsprechend geringere Lohnabzüge dienen. Mehr Freiheit und Selbstverantwortung sollen in das komplexe System der sozialen Sicherung kommen und dort neue Bewegung in die erstarrten Strukturen bringen.

Woher soll die Bewegung kommen? Für den Volkswirtschaftler und Leiter des kürzlich in Jena gegründeten Max-Planck-Instituts zur Erforschung von Wirtschaftssystemen, Ulrich Witt, braucht es technische und organisatorische Impulse und mehr Freiheit im System, damit Bewegung entsteht, aus der sich eine neue, anpassungsfähigere Ordnung ergeben kann. Diese **positiven Rückkopplungen** hätten die Wirtschaftswissenschaften bisher übersehen, und damit sei ihnen der wesentliche Hinweis für einen grundlegenden Wandel in der langfristigen wirtschaftlichen Entwicklung entgangen. Positive Rückkopplungen, etwa Neuorganisationen, Trends und Innovationen, lockern bestehende Strukturen auf und sorgen dafür, daß neue Strukturen und Ordnungen entstehen. Negative Rückkopplungen, wie Preise und Beiträge, stabilisieren dagegen bestehende Strukturen wie Märkte und soziale Sicherungssysteme. Gewohnheiten und Erwartungen rasten ein.

Das Soziale an der sozialen Marktwirtschaft, das wußte schon Ludwig Erhard, ist nicht die Umverteilung, sondern die Offenheit für die Dynamik der Märkte, damit sich der Wohlstand aller erhöhen und jeder in Freiheit für sich sorgen kann. Lediglich für einige wenige Restrisiken soll der Staat zuständig bleiben, allerdings nur für die wirklich Bedürftigen. Eigenverantwortung statt Staat, Arbeit statt Fürsorge, Chancengleichheit statt Ergebnisgleichheit, so lautete auch das Motto der sogenannten Evolutionsökonomie, deren erster Vertreter ohne es zu ahnen, Ludwig Erhard war. Nichts, so Erhard, sei *"unsozialer als der Wohlfahrtsstaat"*, der die menschliche Verantwortung erschlaffen und die individuelle Leistung sinken lasse. Alexis des Tocqueville drückte sich Mitte des 19. Jahrhunderts in seiner Staatskritik noch krasser aus. Wo Beamte definierten, was soziale Gerechtigkeit ist, entstehe ein Regime, das den Bürger *"belästigt, bedrängt, entkräftet, schwächt, verdummt"*. **Es mag paradox klingen, aber je flexibler der Arbeitsmarkt und die einzelnen Unternehmen gegenüber einer eigenständigen Lebens- und Arbeitsgestaltung werden, desto reibungsloser wird der Übergang zur Wissensgesellschaft funktionieren.** Wenn für jede Qualifikation und jede Art von Befähigung ein marktgerechter Preis zu erzielen ist, dann finden sich auch Erwerbsnischen, die helfen, unfreiwillige Arbeitslosigkeit zu beseitigen.

Es gehört zur Eigenart des Kapitalismus, ständig Widersprüche und Extreme der Ungleichheit hervorzubringen. Es gehört aber auch zu seinen Eigenarten, daß er nicht aus Organisationsmaschinen, sondern aus lebenden Systemen besteht, die einer Selbstorganisation folgen, an der alle beteiligt und von der alle betroffen sind. Ein ausgedehnter Kündigungsschutz hilft nur dem, der einen Arbeitsplatz hat, Arbeitslosen erschwert er in schwierigen Zeiten einen Neustart. Die soziale Absicherung eines ausgedehnten Mutterschaftsschutzes schützt die Frauen, indem sie sie gleichzeitig diskriminiert.

Das mag uns höchst ungerecht erscheinen und, von einer Frau ausgesprochen, geradezu wie Schwesternmord klingen. Aber wir müssen die Dinge doch sehen, wie sie sind: Frauen sind in der Regel weniger gut ausgebildet und kokettieren noch immer damit, von Naturwissenschaften, Wirtschaft und Technik keine Ahnung zu haben. Also wird ihre Arbeitskraft entbehrlich. Wem ist noch nicht aufgefallen, daß typische Frauenberufe wie Sekretärin immer häufiger durch "Assistenten", und damit Männer besetzt werden? Wenn sich Politiker heute für mehr Arbeitsplatzschutz der Frauen an die Brust schlagen, dann muß uns Frauen das stutzig machen.

Und damit sind wir wieder beim Trendthema Moral. **Wer sich aus moralischen Gründen für ein egalitäres System mit ausgebauten Schutzzonen, Transferleistungen, hohen Arbeitsmarktregulierungen und damit für ein beengendes Leistungssystem entscheidet, nimmt hohe Arbeitslosenzahlen in Kauf.** Er nimmt gleichzeitig in Kauf, daß die Leistungsbereitschaft aller gesellschaftlichen Gruppen sinkt, weil die einen über die ihnen abverlangten hohen Belastungen verärgert sind und die anderen sich nicht gezwungen sehen, sich aufzuraffen und anzustrengen, weil sie sich auf die umverteilten Wohlfahrtsleistungen verlassen können. Wer Umverteilung will, muß auch Unterschiede wollen, die einen Unterschied machen: Leistungsanreize.

Doch vielleicht bedeutet Gleichheit nicht automatisch Gleichheit der Lebenslagen und Einkommen und das Anrecht auf gleiche Wohlfahrtsleistungen, sondern Gleichheit der Chancen und Recht auf gleiche Voraussetzungen. **Gleichheit** bedeutet dann nicht, daß jeder so viel verdienen soll wie Jürgen Schrempp, sondern daß jeder grundsätzlich die großartige Chance hat, Chef von Daimler Benz zu werden. Dieser Geist der Gleichheit funktioniert nur dann als moralische Entlastung gegenüber einer zunehmenden Einkommensspreizung, wenn die Startbedingungen egalisiert werden: wenn unser Schul- und Hochschulsystem verbessert, Mobilitätshemmnisse abgebaut und Finanzierungsgrundlagen für Arbeitnehmer erleichtert werden, damit jeder einen Zugang zur Verteilung von Einkommen und Karriere hat, die die Voraussetzung für mehr Selbstverantwortung sind. Es ist nicht die Aufgabe, mehr Gleichheit zu schaffen, sondern für mehr Bildung zu sorgen, die heute und morgen noch mehr zur Grundlage für Wohlstand wird. Doch wer hindert uns daran, einmal bestehende Rechte nicht bis zum Anschlag auszuschöpfen und frei darüber zu entscheiden, wie wir unsere Zeit einteilen, welche Leistungen wir in Anspruch nehmen und wie wir uns organisieren wollen? Und wer hindert uns daran, nicht hinter jeder Lockerung des Tarifkartells offene Scheunentore für die Ausbeutung durch Unternehmer zu wittern? Es gibt keine Grenzen, nur die Grenzen unserer Gewißheiten, unserer Vorurteile und unserer Angst, für uns selbst zu entscheiden.

Triumph der Software

Wohlstand gehorcht heute völlig anderen Kriterien. Wer heute ein großes Vermögen einsammeln will, der muß keine Fabriken mehr bauen, sondern sollte eher versuchen, in die Fußstapfen Elton Johns, Steven Spielbergs oder Ted Turners zu treten. Sollten die Voraussetzungen dies nicht zulassen, dann führt vielleicht ein neuartiger Online-Service zum Ziel. Klassische Standortkriterien sind dabei nebensächlich, auch Microsoft und SAP sind Kinder der Provinz.

Die Verteilung von Reichtum, Wohlstand und wirtschaftlicher Macht ist nicht mehr ortsgebunden, sie unterliegt in einer Wissensgesellschaft anderen Gesetzen als in einer Produktionswirtschaft. Der Verdacht, daß die damit verbundene Ungleichheit weder durch Vollbeschäftigung noch durch intelligente Politik abgefedert wird, weil die Unternehmen immer mehr Ausweichmöglichkeiten haben, nährt bei vielen die Sorge, es könne noch krasser kommen. In den USA wird derzeit heftig über Gerechtigkeit und Ungleichheit debattiert. Die Statistiker verweisen auf das Ausmaß der Einkommensunterschiede, die Analytiker streiten über ihre Deutung. Gestritten wird also nicht über Fakten, sondern über deren Interpretation. Unternehmen können nach Osteuropa gehen oder Mexiko und Asien. Sie können automatisieren und rationalisieren, aber sie müssen teuer für Wissen und Know-how, die ultimativen Voraussetzungen für zukünftigen Erfolg, bezahlen. Der Stanford-Professor Paul Romer glaubt, aus der Schwäche der Arbeitnehmer könne schon bald ihre Stärke werden, wenn sich der Wissensstand auf einem höheren Niveau eingependelt hat.

Das tragende Element der Industriegesellschaft war die abhängige Erwerbsarbeit. Paradoxerweise ist heute Arbeit, die früher als Schande galt, plötzlich zu einer Prestigeangelegenheit geworden. *"Weil die Klassengesellschaft nicht die Wertschöpfung, sondern weiterhin die Arbeit zur Bemessungsgrundlage dessen erklärt, was man auch die Speisung der fünf Milliarden nennen könnte, lebt der alte, ungerechte Fluch fort, und so ist heute mehr denn je angeschmiert, wer keinen Job mehr hat"*, schreibt Peter Buchka in der *Süddeutschen Zeitung.* Doch Wertschöpfung entsteht heute mindestens zur Hälfte aus Wissen, Information und Intelligenz. Das tragende Element der Wissensgesellschaft ist Wissen.

Nur ein Teil der Bevölkerung kann heute Wissen unmittelbar als Eintrittsticket zur Erwerbsarbeit benutzen. Zwischen der Mehrheit der Wissensarbeiter mit ihren knappen und teuren Qualifikationen – Softwareentwickler, Berater, Finanzanalysten, Biotechniker – und der Masse der normalen Arbeitnehmer, deren Fähigkeiten im Überfluß zu haben sind, klafft ein tiefer Abgrund, was die Chancen auf Einkommen und Karriere betrifft.

Am Beispiel des Berliner Elektrokonzerns ABB und des Softwareherstellers SAP wird deutlich, wohin die Reise geht. Fast zeitgleich mit der Ankündigung von ABB, rund 800 Arbeitsplätze im Kraftwerksbau zu streichen, gab SAP bekannt, man wolle im Jahr 1998 weltweit 5000 und allein in Deutschland bis zu 2000 zusätzliche Mitarbeiter einstellen. Das soll nicht darüber hinwegtäuschen, daß Schwierigkeiten wie die von ABB in der deutschen Industrie eher die Regel, während Erfolgsstorys wie jene der SAP die Ausnahme sind, aber es zeigt doch einen starken Entwicklungstrend: Software gewinnt immer mehr an Bedeutung gegenüber Hardware. Ein Phänomen, das sich nicht nur auf den Computersektor beschränkt, aber hier besonders ausgeprägt ist. In den USA ist die Informationstechnik zum Konjunkturmotor geworden, Europa hinkte hinterher, meint Dietmar Hoff, Vorstandssprecher der SAP: *"Tradierte Industrien dürfen nicht künstlich am Leben erhalten werden. Mit den vielen Subventionsmilliarden müssen zukunftsträchtige Technologien entwickelt werden. Besonders in Deutschland ist auch mehr Mut zu Selbständigkeit, Eigenverantwortung und Risikoübernahme gefordert."*

In den 80er Jahren mußten sich die Programmentwickler noch weitgehend den Vorgaben der Computerhersteller unterwerfen, heute werden die Standards im EDV-Geschäft immer mehr von einigen *global players* der Softwarehäuser definiert. Kaum ein Hersteller kann es sich noch leisten, einen Rechner auf den Markt zu bringen, der nicht die Programme von Microsoft oder SAP verarbeitet. Natürlich wäre das intelligenteste Programm wertlos ohne den Rechner, der es verarbeiten kann, oder die Anlage, mit deren Hilfe es gesteuert werden soll. Doch es ist zum durchgängigen Prinzip der industriellen Entwicklung geworden, daß mit wachsender Ausreifung der materiellen Technik die wissensgeladenen, immateriellen Komponenten für den Wertschöpfungsprozeß wichtiger wurden. **Druckmaschinen- und Papierindustrie sind weiterhin prosperierende Branchen, aber ihre Umsätze und Mitarbeiterzahlen sind nichts im Vergleich zu denen des Verlagsgewerbes, das die geistigen Inhalte liefert.** In der Unterhaltungsindustrie hat sich die Wertschöpfung längst von den Geräteherstellern zur Film-, Musik- und Fernsehindustrie verlagert. Und diese Entwicklung hin zur Software ist erst der Anfang. Mit jeder neuen Kommunikationstechnologie steigern sich Wert und Bedeutung von immateriellen Faktoren wie Wissen, Information, Phantasie und Kreativität offenbar dramatisch. Der nächste Schub steht nach Ansicht von Experten im Internet bevor. Auch im Ernährungs- und Gesundheitswesen wird Wissen zum zentralen Faktor. Kaum ein Tag vergeht, ohne daß die Medien über den aktuellen Stand des Schafe- und Kälberklonens berichten. Fertilitätsexperten raten bereits zum geklonten Kind, falls herkömmliche Methoden nicht mehr zum gewünschten Ergebnis führen und sobald dieser Schritt für die Wissenschaftler getan sei, der angesichts modernster Hochleistungscomputer nur noch ein kleiner ist. Rund um den Erdball sind Forscher fieberhaft dabei, das Genom des Menschen und anderer Lebewesen zu entschlüsseln, was wiederum ohne leistungsfähige EDV-Systeme und entsprechende Programme nicht zu bewältigen ist. Die Hitliste der begehrtesten Spezialisten in der Pharmaforschung führen die Bioinformatiker an. Aber was ist der chemische Code, an dessen Analyse sie arbeiten, anderes als ein hochkomplexes, phantastisches Computerprogramm der Natur, das Pharma- und Agrarindustrie für die Entwicklung neuer Therapien und Produkte einsetzen wollen. Auf den internationalen Finanzmärkten hat das Jahrhundert der Software längst begonnen. Siegfried Hofmann schreibt im *Handelsblatt* (21. 1. 1998): *"Einige blutjunge Internet-Firmen haben sich mit ihrer Börsenkapitalisierung binnen kurzer Zeit der Milliardenschwere genähert oder* *sie bereits weit überschritten. Microsoft wird heute höher bewertet als jeder Computer- oder Chiphersteller, und SAP schickt sich gerade an, Unternehmen wie Siemens oder Daimler-Benz zu überflügeln."* Was den Börsenwert des Unternehmens betrifft, ist es dem Softwareunternehmen bereits gelungen. SAP steht hinter Allianz und Telekom an dritter Stelle.

Good times für hochqualifizierte **Wissensarbeiter**. So sind die Finanzjongleure der Großbanken längst nicht von den Vorständen (oder besser: den Aktionären) der Bank abhängig, sondern die Bank ist es von ihnen. Sie ist auf ihre Talente angewiesen und bezahlt dafür gigantische Gehälter. Einer der Spekulationsartisten soll in 1997 mehr verdient haben als der gesamte Vorstand der größten deutschen Bank zusammen.

Wissensspezialisten sind flüchtige Wesen. Sie setzen über Nacht ihr Können anderswo ein oder machen sich selbständig. Oft haben sie zwei Studien oder Ausbildungswege absolviert und kombinieren ihr Wissen zu manchmal ungewöhnlichen Berufskombinationen: Anwalt-Physiker, Ingenieur-Beziehungsplaner, Programmierer-Finanzplaner, Marketing-Produktentwickler. Weil auf Dauer Wissen und Qualifikation allein Einkommensunterschiede und Unersetzlichkeit begründen, ist Paul Romer davon überzeugt, daß sich die heute bestehende Einkommensschere langsam und mit wachsender Bildungsanpassung der Masse schließen wird. Bildungsinvestitionen sind seiner Meinung nach das effizienteste Wachstumsinstrumentarium des Staates. Das hat sich sogar bei uns bis an die Spitze desselben herumgesprochen. *"Wer sich den höchsten Lebensstandard, das beste Sozialsystem und den aufwendigsten Umweltschutz leisten will, der muß auch das beste Bildungssystem haben ... Entlassen wir unser Bildungssystem in die Freiheit!"* so Bundespräsident Roman Herzog in seiner Rede vom 5. 11. 1997.

Die Überzeugung, daß Gerechtigkeit aus dem Markt und nicht aus der Politik kommt, stützt eine amerikanische Wachstumstheorie, die von der Prämisse ausgeht: Wissen schafft Wachstum. Danach gab es schon immer zu Beginn einer industriellen Revolution nicht nur schrumpfende Produktivität und schwaches Wachstum, sondern auch zunehmende Ungleichheiten. Genau dieser Mechanismus wird bei der gegenwärtigen Computerrevolution auch

unterstellt. Solange nur wenige Softwarespezialisten wissen, wie man die richtigen Informationen aus dem Internet holt und wie man Webservices aufbaut, besitzen sie ein exklusives Wissensfeld, und sie werden dafür auch gutes Geld verlangen können: Monopolrenten.
Je benutzerfreundlicher die neue, revolutionäre Technologie wird, um so breiter wird dieses Wissensfeld und um so mehr verschwindet auch der Anspruch auf Monopolrente. Sobald alle die neue Technologie erlernt haben, wird sich die Schere zwischen reichen und armen Arbeitnehmern wieder schließen. Bill Gates machten seine Garagenbasteleien zum Milliardär. Doch alle Menschen können das Ergebnis seiner Ideen nutzen, damit eigene Ideen entwickeln, neue Produkte und neue Unternehmen kreieren oder Services für die Ideen- und Produktentwickler anbieten, die ihre Arbeit und ihr Privatleben verbessern. Wer eigene Ideen produziert oder die anderer umsetzt, schafft damit Arbeitsplätze und Wachstum. Wie war es denn in der Zeit des Umbruchs von der Agrar- zur Industriegesellschaft, als die Menschen nur ihre Arbeitskraft anzubieten hatten? Auch hier setzte sich wachsender Lebensstandard durch, nachdem die Menschen ihre beruflichen Qualifikationen verbessert hatten. Der Stanford-Professor Paul Romer ist nicht als einziger Wirtschaftswissenschaftler überzeugt: *"Wenn alle direkt oder indirekt Nutznießer der neuen Technologie geworden sind, ist Wohlstand wieder in der Breite möglich."*
Während die USA für die einen beispielhaft sind durch Vollbeschäftigung, Dienstleistungsgroßzügigkeit und wirtschaftliches Wachstum ohne Inflation, kritisieren die anderen Billig- oder Mehrfachjobs, Kriminalität und eine Praxis des *hire and fire* als völlig unzumutbar für westeuropäische Wohlstandsbürger. Nur eins ist klar: Amerika hat Arbeit, der amerikanische Arbeitsmarkt zeichnet sich durch eine größere Durchlässigkeit aus, die auch weniger ausgebildeten Menschen eine Chance gibt. 60 % derjenigen, die zu einem Niedriglohn eingestellt wurden, verdienen nach einem Jahr mehr. **Wer in den USA seinen Job verliert, hat durchschnittlich nach sechs Wochen einen neuen, in Deutschland beträgt die durchschnittliche Arbeitslosigkeit rund acht Monate.** Der Dow-Jones-Index bewegt sich von einem *all time high* zum nächsten, die amerikanische Wirtschaft boomt. Schon beginnt man, an eine wirkliche Revolution in der Ökonomie zu glauben: Das Ende der Konjunk-

turzyklen, und damit das Ende einer ewigen Wiederkehr der Wellen von Aufschwung und Rezession sei gekommen. Egal, ob diese Prognose richtig oder falsch ist, sie ist eine Metapher für den gewaltigen Optimismus, der die amerikanische Ökonomie in eine Form wie nie zuvor gebracht hat. Ein durch alle Schichten gehendes Wachstum an Wissen, so die optimistische Prognose von Ökonomen wie Paul Romer, wird für eine Verteilungsgerechtigkeit sorgen, die ihrerseits wiederum einen Wachstumsschub ungeahnten Ausmaßes einleiten wird.

Auch der Elitebegriff ist nach dem Wertewandel der 80er Jahre ins Trudeln geraten. Zur **Elite** zu gehören ist kein Geburtsrecht oder die automatische Folge von Wohlstand oder Reichtum mehr. Zur Elite gehört, wer Verantwortung für andere übernimmt und einer Aufgabe dient, die größer ist als Leistung und Profit. Wer heute Privilegien besitzt, wie eine erstklassige Ausbildung oder materielle Ressourcen, der kann etwas für die Gemeinschaft tun. Wer noch nicht erkannt hat, daß wir keine Sologeiger, sondern Teil eines riesigen Orchesters sind, in dem jeder mit dem anderen wächst, wer noch nicht begriffen hat, daß warmer Egoismus dazu dient, etwas Wertvolles für das Ganze zu schaffen, von dem man selbst profitiert, daß Fürsorge und Effizienz in einer Wissensgesellschaft zusammengehören, handelt bestenfalls elitär, zur Elite gehört er nicht.

Die größte Herausforderung für ein Unternehmen wird in Zukunft sein, andere in ihre Vision einzubeziehen und sie dazu zu bringen, sich mit ihm zu entwickeln. Auf globalen Märkten wird man von anderen *players* profitieren wollen, ihren Kapazitäten, Innovationen, Fähigkeiten, Ideen und ihrem Kapital. Fürsorge und Effizienz sind dabei nur zwei Seiten einer Medaille. **Das Motto der Zukunft auf dem unternehmerischen Galapagos heißt: Tu etwas für andere oder stirb.** Wir leben in einer Zeit, in der Grenzen verschwimmen. Auch einst unvereinbare Gegensätze bleiben davon nicht unberührt. So war die Entmythologisierung von Traditionen und Theorien eines der großen Anliegen des 20. Jahrhunderts. Um so erstaunlicher ist es, daß diese Entmythologisierung vor den Begriffen Fürsorge und Effizienz haltmachte, anstatt sie einer völlig neuen Betrachtung zu unterziehen. Beide Begriffe scheinen einander ebenso auszuschließen, wie dies von Ethik und Ökonomie häufig vermutet wird. Man war davon überzeugt, daß Wirtschaft mit Härte, Sieg, Kampf und kaltem Egoismus zu tun haben mußte, um erfolgreich, also effizient zu sein. In offenen, lebendigen Systemen hat man auf längere Sicht mehr Erfolg, wenn man koevolutive Strategien verfolgt, bei denen jeder mehr oder weniger gewinnt, und wenn man die Unterstützung seines Umfeldes genießt. In der Informations- und Wissensgesellschaft sind Anbieter, Kunden, Konkurrenten und ihre Umwelt symbiotisch aufeinander angewiesen.

Die großen wirtschaftlichen Umbrüche von der Industriegesellschaft zur Wissensgesellschaft können zu unkalkulierbaren Turbulenzen führen, wenn wir nicht neue Wege der Marktgerechtigkeit und der Einkommenszuteilung beschreiten. Es mangelt nicht an Konzepten, wie sie zuerst von Meinhard Miegel und jetzt auch von politischen Vertretern unterschiedlicher Couleur immer wieder vorgetragen werden. Wir müssen Bildung, Wissen, Kreativität und Intelligenz fördern, damit Wachstum entstehen kann und einen Intelligenzsprung vollziehen, der in Tempo und Umfang einzigartig in der menschlichen Geschichte ist. Wir haben es außerdem in einer Wissensgesellschaft überwiegend mit Kopfarbeitern zu tun, die nicht auf Knopfdruck funktionieren. **Was sie zur Höchstleistung antreibt, ist weniger Geld, Karriere und Druck, sondern sie wollen ein interessantes Spiel spielen, und vor allem eine packende Aufgabe, in der sie ihre persönlichen Visionen und Werte leben können und in der sie Anerkennung für ihre Leistung finden. Sie wollen einer sinnvollen Sache dienen, für ein glaubwürdiges Unternehmen arbeiten, und sie wollen stolz auf dieses Unternehmen sein. Identität und Sinn werden zum Hauptantrieb der Ereignisse.** Kunden kaufen nicht länger nur das materielle Produkt oder die nackte Leistung, sie suchen vermehrt nach Hilfestellungen für ihre Identitätsentwürfe. Sie wollen daher genau wissen, was sie kaufen und von wem sie es kaufen. Kaufentscheidungen werden davon abhängen, welche Werte, Mythen und Vorstellungen mit einem bestimmten Produkt und einem Unternehmen verbunden sind, und vor allem, ob diese glaubwürdig sind.

Ansprüche, mit denen ein Unternehmen auftritt, muß es auch einlösen können, Unternehmen ohne gelebte Werte werden in Zukunft die Zielscheiben der

Medien. Dabei geht es nicht darum, über geschickte Public-Relations-Arbeit einen Vorstand von Heiligen oder puren Altruismus zu suggerieren. **Unternehmen müssen Gewinne erwirtschaften, um leistungsfähig zu bleiben. Sie sind keine Sonntagsschulen, die das rechte Leben lehren, das zu vermitteln wäre Heuchelei, und damit nur peinlich.** Es geht um eine in Zukunft untrennbare koevolutionäre Verknüpfung von unternehmerischem Handeln und sozialer Verantwortung. Aus Unternehmen werden Wertegemeinschaften, und das gewiß nicht aus rein ethischen Gründen. Eine Unternehmenspolitik, die soziale Verantwortung in den Mittelpunkt rückt, ist nicht nur fair und sozial, sie ist in einer Sinngesellschaft auch höchst effektiv.

Auch die Übernahme sozialer Verantwortung durch Unternehmen ist keine brandneue Idee, sondern sie war schon immer Teil eines egoistischen Altruismus. **Ein Prinzip der Evolution lautet, daß in gewisser Weise alle lebendigen Wesen Parasiten sind, weil sie die Energie verbrauchen, die einen anderen Organismus am Leben erhält. Aber sie sind nicht ausschließlich parasitär, sondern tragen durch Symbiosen auch zum Überleben anderer Organismen bei – zu ihrem eigenen Wohl.** So investieren wir Energie, um Landschaften zu schützen, das Kulturangebot zu erweitern, Mitarbeiter zu qualifizieren und Konsumenten immer neue, schillernde Identitätsangebote zu machen. Indem wir uns weiter auf den anderen einstellen und ihn unterstützen, ziehen wir immer mehr Energie (Leistungsqualität, Kaufkraft, Anregung, Erholungswert etc.) von ihm ab. Co-Evolution ähnelt einem Tango, bei dem man den Partner fest umschlingt und sich miteinander und aufeinander zu bewegt. Jeder Schritt und jede Drehung schweißen beide enger aneinander, bis die Bewegungen des einen untrennbar mit denen des anderen verknüpft sind und die beiden eins werden. Ob Schleichschritt oder Todesspirale, in beidem scheint VW-Boß Ferdinand Piëch äußerst gewandt zu sein, und so antwortete er auf die Frage des *Spiegel* (37/1996), ob ihn der Vorstoß der Nobelmarken in VW-Terrain völlig kalt läßt: *"Nein. Die haben uns zum Tanz aufgefordert. Ich mache mit. Es ist ein Tanz, der mir sehr liegt."*

Der Biochemiker James Lovelock beschreibt dieses nicht nur auf den gemeinsamen Tanz von Schmetterlingen und Seidenraupen beschränkte Prinzip der Co-Evolution, bei dem die Bedürfnisse gegenseitig befriedigt werden: *"Die*

Entwicklung einer Art ist untrennbar mit der Entwicklung ihrer Umwelt verbunden. Beide Vorgänge sind als ein einziger unteilbarer Vorgang eng aneinander gekoppelt."

Soziale Verantwortung hat daher nichts mit Fürsorge im Sinne eines armseligen, gleichmacherischen Menschenbildes zu tun, das mündige Bürger als Opfer wirtschaftlicher und gesellschaftlicher Mißstände und gönnerischer Zuwendung bedürftig sieht. Es gilt auch nicht, Randgruppen der Gesellschaft vor ihrem Schicksal zu retten, sondern aus altruistischem Eigeninteresse immer bessere Angebote zur persönlichen Entwicklung zu machen – und das bedeutet in Zukunft vor allem Angebote für Lernen und Ausbildung. Soziale Verantwortung leben heißt auch, gewonnene Ressourcen zurückzugeben, damit sie wachsen können, und Mehrwert entstehen zu lassen. Soziale Verantwortung in diesem Kontext bedeutet, die koevolutive Kunst des *empowerments* anzuwenden: fördern, befähigen, begeistern.

Ritt auf dem Hexenbesen

Es gab schon immer sprunghafte Karrieristen, Menschen, die mittendrin ausgestiegen sind und etwas ganz Neues versucht haben. Und damit waren sie auch schon suspekt, denn wer von einem Gebiet ins andere hüpft, kann sich entweder nicht entscheiden oder er schafft es nicht in seinem ursprünglichen Beruf oder er ist einfach nicht seriös. Man bezeichnet solche Leute gern als Dilettanten und hält sie für unzuverlässig.
Die meisten von uns haben noch gar nicht bemerkt, daß wir dabei sind, Abschied zu nehmen von einem Berufsbild, das ein Leben lang dauert. Der Beruf kann nicht länger als Eckpfeiler unserer Identität und Signum unserer Individualität dienen. Der Sozialpolitiker und Direktor des Bonner Instituts für Wirtschaft und Gesellschaft, Meinhard Miegel, fordert daher mehr Flexibilität in der Berufsausübung. Der Beruf sei *"kein Panzer, der einmal angelegt ein Leben lang getragen werden muß"*. An die Stelle fester Berufsbilder treten zunehmend temporäre Aufgabenstellungen. Was heißt das?

Ein Arbeitsleben kann in Zukunft aus zehn Jobs und vier Karrieren bestehen, es wird aus Phasen der Arbeit und Phasen der fachlichen und persönlichen

Weiterentwicklung bestehen. Der **Lebensunternehmer** der Zukunft wird sich ein Portfolio verschiedener Betätigungs- und Arbeitschancen eröffnen. Beruf ist keine Berufung mehr, wir werden alle paar Jahre die meist projektbezogenen Tätigkeiten wechseln, und wir werden noch viel intensiver daran arbeiten müssen, unsere Fähigkeiten immer weiter zu verbessern und unsere persönlichen Qualifikationen zu fördern.

Wer sich einer solchen Zukunft zuwenden und in ihr bestehen will, sollte zunächst mit einigen Vorurteilen aufräumen. Menschen, die gerade nicht im Erwerbsprozeß stehen, sondern sich weiterqualifizieren oder Gemeinschaftsaufgaben übernehmen, sind dadurch nicht länger Opfer von wirtschaftlichen und gesellschaftlichen Veränderungen. **Häufiger Wechsel ist in Zukunft auch kein Zeichen von Sprunghaftigkeit oder Unzuverlässigkeit, sondern es signalisiert Risikobereitschaft und Engagement, Grundvoraussetzungen für weiteren Erfolg.**

Der amerikanische Bestsellerautor und Wirtschaftsberater Charles Handy erwartet in Zukunft eine ganz neue Kategorie von Arbeitnehmern, die sich selbst motivieren und für ihre eigene Sicherheit sorgen. Er nennt sie *portfolio-professionals*, weil sie ihre Dienste multiplen Arbeitgebern in vielfältiger Weise anbieten können. Sie betreuen Projekte, lösen Probleme, entwickeln Strategien und widmen sich besonderen Aufgaben. ***Portfolio-professionals*** haben meist eine technologische oder wirtschaftliche Basisausbildung in Verbindung mit praktischer Erfahrung. Sie haben ihr Wissen durch Beratungen und Beteiligung an unternehmerischen Gemeinschaftsprogrammen vertieft, und sie sind hoch flexibel. Der Wechsel von einem Ressort zum anderen macht ihnen nichts aus, sie springen zwischen den Branchen, gehen in Konzerne und in kleine Firmen und sind auch bereit, mal Pause zu machen, d. h. ein Sabbatikal einzulegen, um sich weiterzubilden oder eine soziale, auch unbezahlte Arbeit zu leisten, die ihnen wieder neue Erfahrungen bringt. Ihre Stärke ist es, anderen die eigenen Ideen vorzustellen, Netzwerke aufzubauen und ins Unbekannte einzutauchen. Heute sind diese Pioniere noch überwiegend Amerikaner. Man kann dieser neuen Zunft schon an verschiedenen Plätzen der Welt begegnen. Dort, wo es die meisten Herausforderungen und die meisten Unkalkulierbarkeiten gibt, da ist ihre geistige Heimat, ihr berufliches Biotop: Mexiko, Hongkong, Vietnam, Indien, Brasilien und für die Cowboys unter ihnen, wie sich die Unerschrockensten selbst nennen, der Wilde Osten, Osteuropa und die ehemalige Sowjetunion.

Portfolio-professionals sind mehr als Kinder des Zeitgeistes. Sie bieten für Unternehmen einen Fundus unabhängiger hoch professioneller Leute, die in Jobs hineintauchen können, effizient arbeiten und dann einfach wieder weiterschwimmen. Ganz anders als bei den smart-forschen Abgesandten effizienzzentrierter Unternehmensberatungen, deren Ausscheiden oft verbrannte Erde in der Unternehmenskultur hinterläßt, kann die Anwesenheit von PPs eine Unternehmenskultur von Grund auf erfrischen und den Energie- und Kompetenzlevel spürbar erhöhen. Wer internationale Einsätze fährt, der klettert nicht auf der Karriereleiter, der reitet den Hexenbesen. Auch diese Freiheit von Taktiken und Karrierekämpfen macht sie so unabhängig. Man muß die Besten unter ihnen hegen und pflegen, hierarchische Aufplustereien und Druck wirken auf sie eher rührend, und sie entziehen sich einfach. Man braucht in Zukunft ein ganz feines Gespür, welches Talent aus dem ständig fluktuierenden Pool der PPs für ein spezielles Problem an Bord zieht.

Arbeitsplatzsicherheit und klare Berufslaufbahnen gibt es nicht mehr. Es liegt an uns, auch unsere eigene Arbeit neu zu erfinden. Der Antrieb zur Karriere, zur Weiterqualifikation muß von jedem selbst ausgehen, denn unsere Beschäftigungsdauer hängt allein davon ab, wie sehr man uns braucht. Die amerikanische Anthropologin und Autorin, Jennifer James, sieht die Berufswelt der Zukunft völlig offen: *"Die Chance für Leute unter dreißig ist, daß ihre Jobs noch nicht einmal existieren."* Wir sollten bereit und rechtlich in der Lage sein, längere und flexiblere Arbeitszeiten anzubieten. Warum sollte man den abhängig Beschäftigten weniger Entscheidungs- und Handlungsspielraum zugestehen als den Selbstständigen? Das Arbeits- und Tarifrecht könnte dazu einen wichtigen Beitrag leisten, indem es das Prinzip verwirklicht, daß jeder einzelne Arbeitnehmer selbstverantwortlich in den Wettbewerb treten kann.

In Zukunft werden wir Freischaffende sein, die unter einem mehr oder weniger festen Vertrag stehen und ständig ihren Marktwert verbessern müssen. Jetzt stellt sich die Frage, woher die Energie für die notwendigen Wandlungen und die ständigen Anpassungsprozesse in unserem Leben kommt? Wahrscheinlich durch den Glauben an eine persönliche Aufgabe und durch die Liebe zur Sache, zu den Menschen, mit denen man etwas gestaltet, und die Liebe zu überraschenden Möglichkeiten, zu den Chancen des offenen Werdens. Ein wichtiger Teil zusätzlicher Energie kommt durch ein Selbstführungskonzept, das einen Code für Wandel und Veränderung verankert hat, der uns hilft, ständig neues Bewußtsein in uns zu formen, d. h. unser Gehirn zu einer Art Katalysator zu machen, damit unser Geist genauso schnell, flexibel und komplex wird wie die Welt um uns herum.

"Das Unternehmen des späten 20. Jahrhunderts, in dem ihr noch gearbeitet habt, war nur eine Übergangsform. Es überdauerte zwar mehr als hundert Jahre, aber nur wenige Unternehmen dieser Art sind heute übrig geblieben. Wenn wir heute zurückblicken in das `Dinosaurier´-Zeitalter, in dem General Motors und Microsoft, Sony, Siemens und Daimler-Benz über die Erde stapften, gab es nur einige wenige jener kleinen `Säugetiere´ – Unterhaltungsproduktionsfirmen und Kommunikationsdesigner, Konstruktions-Projekt-Teams und Berater-Arbeitsgruppen, die in den 90er Jahren ohne große öffentliche Beachtung arbeiteten, die aber die Prototypen unserer heutigen modernen Organisationen wurden. Heute wird nahezu jede Aufgabe von unabhängigen Teams mit bis zu zehn Mitgliedern ausgeführt, die aus unabhängigen und selbständigen Vertragspartnern oder kleinen Firmen zusammengesetzt sind, verbunden durch Netzwerke, und die nur für vorübergehende Zeiträume zusammenkommen, um die unterschiedlichsten Projekte zu bearbeiten, und sich wieder auflösen, sobald das Projekt erledigt ist."
Keineswegs Science-fiction. Was da wie Zukunftsmusik klingt, ist eine Zukunftswirklichkeit. Studenten und Wissenschaftler am renommierten amerikanischen Massachusetts Institute of Technology (MIT) haben dieses Szenario der Arbeitswelt für das Jahr 2015 gezeichnet und damit eine Entwicklung fortgeschrieben, die schon heute beim genauen Hinschauen allgegenwärtig ist. Es will sie nur keiner so recht wahrhaben, weil man – wie die gestellten Fragen immer wieder zeigen – noch ganz dem Maschinenmodell der Arbeitswelt verbunden ist: Viele Mitarbeiter zu haben, scheint ein Zeichen von Leistungsfähigkeit und Erfolg zu sein, ein über zwei Seiten reichender Briefkopf mit Partnern im In- und Ausland wird automatisch mit hoher Qualität verbunden. Auch wenn das falsch ist. Wen wundert es da, wenn die Politiker beherzt den Unterneh-

mern ins Gewissen reden, nun endlich Arbeitsplätze zu schaffen. Vorleistungen (in Form des Bonner Sparpaktes) seien doch reichlich gemacht. *"Naive Schlichtheit des Denkens"* attestieren Experten solchem Ansinnen der Politiker, die noch immer nicht verstanden haben, daß zwar die Arbeit in der Wissensgesellschaft nicht verschwinden wird, wohl aber der klassische Ort, an dem sie erbracht wurde: der Arbeitsplatz.

Der Kampf um die Arbeitsplätze ist ebenso verloren wie der um den Wohlfahrtsstaat in seiner alten, auf abhängiger Erwerbsarbeit errichteten Form. **Jede Generation, von den Steinzeitmenschen bis zu den Softwarespezialisten, hat effektivere Methoden zur Bewältigung ihrer Arbeit gefunden. Es war eine Kette von Fortschritten, die sich zu einem großen Gesamtnutzen addierten und die den Menschen heute erlaubt, ein weit besseres Leben zu führen als selbst der Adel und das reiche Bürgertum vor ein paar hundert Jahren.**
Wer an deren rauschende Feste und Ländereien denkt, der muß sich fragen, ob er auch ihre hygienischen Bedingungen, ihre Läuse, Gicht und einen frühen Tod durch Krankheiten in Kauf nähme, gegen die heute ein paar Pillen helfen.
Dieser Optimismus bedeutet nicht, sich keine Gedanken darüber zu machen, was auf dem Weg in eine Wissensgesellschaft mit uns geschehen wird. Ganze Berufs- und Wirtschaftszweige werden verschwinden, doch es werden in den kommenden zwanzig bis dreißig Jahren ganz neue entstehen.

Das Problem der hohen Arbeitslosigkeit liegt vor allem in einem Überangebot an überholten Fertigkeiten, die, einmal erlernt, für ein ganzes Berufsleben qualifizieren sollten. **Bekannte Heilmittel gegen Arbeitslosigkeit funktionieren in einer komplexen und spezialisierten Arbeitswelt von heute nicht mehr. Gleichzeitig erschließt die Möglichkeit zu globaler, preiswerter Datenübertragung allen Menschen, egal, wo sie leben, die wichtigsten Märkte der Weltwirtschaft.** Auf Druck gefaßt machen müssen sich auch jene, die sehr gefragte Qualifikationen besitzen. Ein englischsprachiger Unternehmensberater, Finanzanalyst oder Softwarespezialist in China kann ohne weiteres mit seinen Kollegen in Toronto oder Turin konkurrieren. Diese unterscheiden sich nicht von den Industriearbeitern, die während der letzten Jahre die

Konkurrenz aus Billiglohnländern zu spüren bekamen. Zu den faszinierenden Aspekten der schönen neuen Internetwelt gehört, daß sich Chancengleichheit in einer virtuellen Welt leichter als in der realen herstellen läßt. Wie sollte es heute einer Schule im indischen Bangalore möglich sein, ihre Bücherei genauso gut auszustatten wie einer Schule in Hamburg-Pöseldorf oder Beverly Hills? Wir müssen die entsprechenden Netzwerke und Gelegenheiten schaffen und dafür sorgen, daß Ungleichgewichte zwischen den Geschlechtern aufgelöst werden. Noch immer findet man weit weniger Frauen als Männer in Technologieberufen.

Neben der Frage: *Wo werde ich in der künftigen Wirtschaftsordnung meinen Platz haben und wo wird der meiner Kinder sein?* ist das politisch drängendste Problem heute der Umgang mit der hohen Arbeitslosigkeit. Die Menschen, insbesondere die älteren, treibt zurecht die Sorge um, ihr Arbeitsplatz könne überflüssig werden, sie könnten nicht mehr in der Lage sein, sich den neuen Arbeitsbedingungen anzupassen. Die Entwicklung der Produktivität mit ihren Folgen gibt dieser Sorge recht. Von 1970 bis 1995 stieg das Bruttoinlandsprodukt um 63% pro Kopf der Bevölkerung. In dieser Zeit sank die von öffentlichen und privaten Arbeitgebern nachgefragte Menge an Arbeit um 20%. Der technische Fortschritt hat die Produktivität im selben Zeitraum mehr als verdoppelt. In einer Wissensgesellschaft, die sich auf die Produktion wissensintensiver Güter spezialisiert hat, sind einfache, manuelle Arbeiten nicht mehr gefragt. Wie ein Damoklesschwert hängt die Frage: Wohin mit der Masse arbeitsloser Industriearbeiter? in der politischen Luft. Zyniker schlagen bereits eine Politik des *Tittitainments* vor, 5% der Menschen arbeiten und der Rest wird mit Fernseh-Schwachsinn ruhig gestellt. Doch Entspannung auf Befehl funktioniert nicht, weil rein neurologisch gilt: der Feind des Gehirns ist die Langeweile. Was passiert, wenn der Reiz von *sex and crime and rock and roll* versagt?

Die Sozialwissenschaftler Ulrich Beck, Heiner Keupp und Gerd Mutz sehen eine grundsätzlich neue Alternative zu traditioneller Erwerbsarbeit im "Helfen" und schlagen eine neue Form sozialen Engagements vor, das "Bürgerarbeit" heißt und dessen Grundidee nach Gerd Mutz darin besteht, *"daß es außerhalb der Erwerbsarbeit eine Vielzahl sozial und ökologisch sinnvoller Tätigkeiten gibt."* Als Beispiele für freiwilliges soziales Engagement nennt er Bildung, Umwelt, Gesundheit, Betreuung von sozialen Randgruppen oder Engagements in Kunst und Kultur. *"In Deutschland haben sich 1994 fast 30 Prozent im Westen und 20 im Osten bürgerschaftlich engagiert – fünf Prozent mehr als 1985. Auch der Anteil von Arbeitslosen, die sich freiwillig sozial betätigten, ist gewachsen. Er stieg von 16 auf 28 Prozent."* schreibt Marc Hoch in der *Süddeutschen Zeitung* (27./28.12.1997) und weiter: *"Dieses Potential soll für den Umbau des deutschen Erwerbssystems genutzt werden. Arbeitslose, die gemeinnützig tätig sein wollen, und Menschen, sie sich von vorneherein statt für den Arbeitsmarkt für Bürgerarbeit entscheiden, sollen eine existenzsichernde Grundfinanzierung, ein Bürgergeld erhalten."* Ulrich Beck sieht noch einen weiteren Aspekt in der Einführung eines Bürgergeldes – die Wiedererlangung von Würde: *"Die Bezieher von Bürgergeld sind keine Empfänger von Sozial- und Arbeitslosenhilfe, da sie in Freiwilligen-Initiativen gemeinnützig tätig sind. Auch stehen sie dem Arbeitsmarkt nicht zur Verfügung: sie sind keine Arbeitslosen."* Und wer soll das bezahlen? Ulrich Beck schlägt vor, das Bürgergeld aus der Kasse der Sozial- und Arbeitslosenhilfe zu bezahlen, denn es sei *"lächerlich, daß die Wohlfahrtsstaaten Europas massenhafte Arbeitslosigkeit mit Milliardenbeträgen finanzieren, während allen Bürgern notwendige Zukunftsaufgaben auf den Nägeln brennen, die niemand aufgreift."*

Doch Helfer riecht nach Dienen und da dreht sich den Deutschen vom Top-Manager bis zum Arbeitslosen leicht der Magen um, meint Minero Taminaga, der bekannteste japanische Unternehmensberater Deutschlands: *"Niemand will in Deutschland dienen, alle wollen nur ver-dienen."* **Während in den USA und Japan große Beschäftigungsgewinne durch einfache Dienstleistungen zu erzielen sind, wettern gerade die Gewerkschaften hierzulande gegen die neuen Jobs wie Wäschebügler, Wareneinpacker, Betreuer von Senioren, Kindern, Haus und Hund, Gepäckträger, Schuhputzer, und potentielle Dienstleister fühlen sich in ihrem Ansehen beschädigt.** Daher gilt in der vielzitierten *"Servicewüste Deutschland"* noch immer der Satz: *"There is always a helping hand at the end of your arm"* oder, wie es Kunden vor einigen Jahren in den Obstabteilungen der Supermärkte geraten wurde: *"Bedienen Sie sich selbst – Keiner bedient Sie besser!"* Viel ist über die Bedeutung von Dienstleistungen geschrieben worden, nie zuvor haben Experten sie so nachdrücklich als wichtigste Sparte für ein enormes Beschäftigungspotential beschrieben, wie z. B. in der Kommission für Zukunftsfragen der Freistaaten Bayern und Sachsen. Sie fordern ein höchst unpopuläres Absenken der Sozial- und Arbeitslosenhilfe, weil man mit der stattlichen Unterstützung mehr "verdiene" als mit einfachen Dienstleistungen, die einen Arbeitslosen aber wieder zurück in den Arbeitsprozeß und in besser bezahlte Tätigkeitsbereiche führen könnten. Koevolutive Tätigkeiten, wie dienen, wissen, helfen, zeichnen auch die Konturen für eine zukünftige Arbeitswelt.

Wir sind an einem Wendepunkt unserer Gesellschaft angelangt, und solchen gehen stets verfahrene Situationen voraus. Friedrich Nietzsche hat 1876 einen solchen *"Interim-Zustand"* für seine Zeit der Industrialisierung beschrieben. Er paßt exakt auf die heutige Situation in Deutschland an der Schwelle zur Wissensgesellschaft: *"Unsere Zeit macht den Eindruck eines Interim-Zustandes; die alten Weltbetrachtungen sind noch theilweise vorhanden, die neuen noch nicht sicher und daher ohne Geschlossenheit und Consequenz. Es sieht so aus, als ob Alles chaotisch würde, und das Alte verloren gienge und das Neue nichts tauge."* Die anschließende Entwicklung von Technologie und beruflicher Bildung führte zu einen beispiellosen Anstieg des Wohlstandes und der sozialen Sicherung aller.

Wir sollten damit aufhören, den alten Arbeitsplätzen mit ihren Reglements und Rangeleien nachzutrauern, und aufhören, an den lebenslang gleichen Berufsalltag zurückzudenken wie an ein für immer verlorenes Paradies. Wir sollten lieber erkennen, daß dies unser Leben ist, daß wir große Teile unserer Lebenszeit in unsere Arbeit stecken und daß wir allein die Verantwortung dafür haben, ob dies eine Verschwendung oder ein Gewinn ist. Da wundert es auch nicht, wenn plötzlich anerkannte Arbeitstiere auf der Stelle ihre Langzeitjobs aufgeben und das mit einer Begründung, die naiv, ja rührend klänge, wenn man sie nicht als toughe Macher kennen würde. Sie wollen etwas "intellektuell Anspruchsvolles" tun, Sinn in ihrer Arbeit finden. Dazu ist der monatliche Geldsegen auf dem Konto nicht genug; sie wollen tatsächlich dafür bezahlt werden, das zu tun, was sie gerne tun! Das ist neu und hätte noch vor einigen Jahren dazu geführt, daß man jemanden mit solchem Ansinnen zum Arzt

oder auf eine längere Erholungsreise geschickt hätte. Heute spüren immer mehr Menschen, daß sie ihre Persönlichkeit erweitern und ihre Fähigkeiten qualifizieren wollen, daß sie mehr Raum für persönliches Wachstum, Geist und Liebe, d. h. die wichtigen Beziehungen in ihrem Leben schaffen wollen. Liebe verbinden wir ja eher mit Romantik oder privaten Zärtlichkeiten. Im Lebenskonzept einer wachsenden Zahl von Kopfarbeitern definiert Liebe aber auch das Maß ihrer Hingabe an eine Aufgabe, die Identifikation mit einer Tätigkeit, einem Unternehmen oder einem Team. So energetisieren sie, meist ohne es zu ahnen, ihr viertes, morphisches Feld durch ihre persönliche Transformation, ihre Handlungsleidenschaft, die weit über Fachkompetenz und abstrakten Wissensstand hinausgeht.
Die Menschen nehmen also ihre eigenen Wünsche und Werte ernst, sie entdecken ihre Spielräume und finden auch den Mut, die dazu nötigen Entscheidungen zu treffen. **Wer noch immer glaubt, Brüche und Sprünge in seinem Leben zu provozieren sei pure Exzentrik, nur etwas für Erben und solche, die es schon bis zur Spitze geschafft haben, dem sei eine neuere Harvard-Studie empfohlen, die zu dem Ergebnis kommt, daß von den Studienabgängern des Jahrgangs 1974 diejenigen am erfolgreichsten wurden, die den Mut hatten, die Sicherheitsleinen zu kappen und unkonventionelle Entscheidungen zu treffen.** Vor allem aber waren die erfolgreich, die "Feuer im Bauch" hatten und ihre neuentdeckten Aufgaben mit Begeisterung erfüllten. Die Springer schlugen ihre Jahrgangskollegen gleich zweimal: in der Befriedigung aus ihrer Arbeit und im daraus erzielten Einkommen.

Ruf nach der Ethik

Kultur der Neugier

"Ich bin ein Teil von jener Kraft, die stets das Böse will und stets das Gute schafft", bekennt Mephisto in Goethes *Faust.* Auch am Bösen nagt der Zahn des Zeitgeistes, es ist nicht mehr das, was es einmal war. Als es noch diffus, hinterhältig, abstoßend und heimlich war, gab es immerhin eine *"Transzendenz des Bösen"* (Jean Baudrillard), und man konnte es sich vom Halse halten. Unsere Vorstellung von gut und böse schmilzt so schnell dahin wie die letzte Managementmode.

Philosophen und Naturwissenschaftler haben das sogenannte Böse vom Mantel des Tabus befreit und es durch die Betrachtung seiner kreativen Seite in gewisser Weise gesellschaftsfähig gemacht.

Denn das Böse, so ist es von Trendphilosophen zu vernehmen, das Böse sei das Inkognito unserer besten Kräfte. Wir alle fühlen uns vom Bösen angezogen, das Gute ist diffus, das Böse prägnant. Nur *bad news are good news*, denn sie machen den Unterschied, der zählt, weil sie uns nicht gleichgültig lassen.

Friedrich Nietzsche hat hierzu ein passendes Bild und gleichzeitig das Berufsbild des Consulters oder des Managers als Initiator der kreativen Schieflage entworfen: *"Die gesellschaftliche Ordnung neigt dazu einzuschlafen. Die guten Menschen pflügen immer dasselbe Feld und ernten immer weniger. Es muß daher Menschen geben, die entzünden, wecken und irritieren – Menschen, die mit der Pflugschar des Bösen die verbrauchte Erde auflockern, die soziale Ordnung erfrischen ... Das Neue ist unter allen Umständen das Böse, das, was erobern, die alten Grenzsteine und die alten Pietäten umwerfen will."* Das Neue ist also deshalb böse, weil es wie eine sich immer weiter aufblähende Luftblase aus dem sumpfigen Urgrund des Unbekannten, Unkontrollierbaren aufsteigt, der den meisten Menschen nicht wenig Angst macht, davon verschlungen zu werden.

Um Mißverständnisse zu vermeiden: hier geht es nicht um das radikal Böse, den moralischen Super-GAU, der sich in Grausamkeiten, Zwang oder Gewalttaten Bahn bricht. Hier geht es um das Böse hinter den Begriffen und Handlungen, die kulturell oder historisch relativierbar sind und die insgeheim unsere Denk- und Handlungsmodelle bestimmen.

- Es liegt ein Tabu über der Destruktion.
- Krisen sind ein Service des Bösen.
- Das Unbekannte ist sein Hinterhof.

Doch es gibt auch Formen der Destruktivität oder der *Dekonstruktion* (Jacques Derrida), die unmittelbar kreativ sind. Hier einige Beispiele:
Architektur. Der Dekonstruktivismus löst traditionelle Gegensätze und Regelmäßigkeiten auf. Er zerstört die Stilelemente und mischt sie ironisch zu etwas Neuem. Er bringt Brüche mit dem Gewesenen. Architektur bedeutete früher: Einheit von Bauen, Wohnen und Denken. Heute bedeutet es: Design von Environments, Inszenierung von Lebensstilen und Konstruktion von persönlicher Wirklichkeit.
Funktionalismus. Er zerstörte das schmückende Beiwerk, um zum Eigentlichen vorzudringen.
Moderne Kunst. Sie zerstörte die Figuration, um zum Ausdruck zu kommen. Sie bringt den Menschen mit dem verfemten, verdrängten Teil seiner Existenz

in Verbindung, damit er sich mit ihm ins Verhältnis setzen kann. Die Idee der Einmaligkeit wird aufgelöst durch ironische Wiederholung der Wiederholung.
Philosophie. Hier beschreibt Dekonstruktion ein Verfahren, das die formalisierende, totalitäre Sprache und Logik sowie die Praxis der Vereinheitlichung der Welt auflöst, um den Kontexten größere Aufmerksamkeit zu schenken.
Naturwissenschaften. Sie trennen sich vom Paradigma der Universumsmaschine und zerstören den Glauben an die ordnende Kraft des Universums. Der Mensch wird zu einem Teil der Evolution und gewinnt die Freiheit, selbst Verantwortung zu übernehmen.
Grafik-Design. Lesbarkeit, Konsumierbarkeit und Inhalt werden zerstört, um den Betrachter zum aktiven Teil der Botschaft zu machen.
Wirtschaft. Joseph Schumpeter sieht die Kunst des Managens als einen *"Sturm schöpferischer Zerstörung"*. Der Unternehmer als permanenter Dekonstrukteur des Verbrauchten.

Wer die Dynamik der Popkultur, eine der treibenden Kräfte unserer Lifestylemärkte, verstehen will, muß begreifen, daß fast alle Innovationen auf diesem Markt aus einer Entübelung des sogenannten Bösen, aus Provokation, Subversion und Irritation entstanden sind. Dabei wird der Mainstream gerade von denen bestimmt, die mit ihm nichts zu tun haben wollen. Der Doofe wird zum Fernsehstar, die schrille Szene zum Antrieb der Unterhaltungsindustrie und die Subkultur zum Markenartikel. Subkulturen beraubt man heute blitzartig ihrer Geheimnisse. Eine ganze Armada von Trendscouts der Industrie spioniert auf ihren Treffs, studiert ihre Kommunikationsmedien und macht aus jeder noch so kleinen rebellischen Geste sofort Marken, Moden und Musiktitel. Das Provokante ist längst nicht mehr alternativ. Was also ist das Böse? Das Willkürliche, das Unvorhersehbare, das Undurchschaubare, der Zufall, das Plötzliche, das Neue. Bis zur Schwelle der Moderne war das Neue das Böse. Wenn die bestehenden Verhältnisse gottgewollt sind, ist das Neue das Böse. Es gibt dann keinen Grund, sich nach neuem Wissen umzutun. Heute ist das Neue ein unverzichtbarer Reiz, also gut. **Neugier war im Mittelalter ein fester Bestandteil des Lasterkataloges der Kirche. Man glaubte, ein Schritt zu weiterem Wissen führe direkt in den Abgrund, also zum Teufel.** Gott schuf die Welt, damit gab es nichts außer diesem göttlichen System. Und Gott sagte, daß er sie gut gemacht habe, also gab es keinen guten Grund, nach Veränderung zu streben oder sich gar wie Mephisto außerhalb dieses Systems zu stellen, um es zu betrachten. Mephisto erfand damit die Funktion des *monitoring.*

"Ich bin der Geist, der stets verneint! / Und das mit Recht, denn alles was entsteht, / Ist wert, daß es zugrunde geht." Bei Goethe wird man eigentlich zu fast jedem Thema fündig, mit diesem Ausspruch des Mephisto greift der Meister aus Frankfurt einem Grundprinzip evolutionärer Dynamik vor, indem er das mephistophelische Prinzip einführt, nach dem das beabsichtigte Böse, der Zerfall und die Zerstörung erst das Gute, den Aufbau hervorbringt. Dies bedeutet nichts anderes, als daß der Schwung, die Gewalt von Veränderungsprozessen des einen hier und dort auch andere aus dem Gleichgewicht reißt und bei ihnen neue Ordnungen schafft. Der Kern des Bösen ist das Unberechenbare – also das schlechthin Neue.

Hier entsteht fruchtbares Land für die Lust am Risiko. Von Nietzsche wird der Ausruf zitiert: *"Auf die Schiffe, ihr Philosophen!"* Seit jeher gilt das Meer als Sphäre bedrohlicher Ungewißheit, und damit als Bühne des Bösen. *"Auf die Schiffe, ihr Manager!"* könnte der Ausruf heute lauten, denn er zeigt deutlich, was Nietzsche mit der Umwertung des Bösen meinte: **Das Böse beschreibt das Wagemutige, das Riskante, das Unvorhersehbare und steht somit für den guten Geist der möglichen Überraschungen oder der überraschenden Möglichkeiten.** *"Schluß mit der Konsenssoße"* rufen die Wagemutigsten unter ihnen zurück, sie haben genug vom Tee- und Törtchen-Talk der Politiker. Sie dagegen segeln im rauhen Wind der Weltwirtschaft, und lassen uns wissen, wir müßten den Wind, vor dem wir segeln wollen, selbst entfachen. Ja, woher weht der Wind nun eigentlich? Nur so viel ist klar, er hat sich gedreht: Nicht aus Richtung Ethik und Moral, sondern aus Richtung aufgeklärter Zynismus weht er, der sich für überlegen hält, weil er, wie einst die provokanten Kyniker zu schärferer Fernperspektive fähig zu sein glaubt. Genau das bringt ihm den Verdacht der Herzlosigkeit ein, dem er wiederum Kurzsichtigkeit entgegenhält: Wer sich heute nicht verändern kann, spielt morgen gar nicht mehr mit. Wer heute die Auflösung alter Strukturen und damit den begrenzten Konflikt scheut, braucht sich morgen über den Zusammenbruch nicht zu beklagen.

Ordnung nährt sich vom Fortschritt: *order from noise.* **Das sogenannte Böse, das Chaos ist eine Art Schutzimpfung des Systems gegen die Gefahren der Langeweile, der Erstarrung und des Wärmetodes.** Auch der aufgeklärte Zyniker erweist sich zuletzt als Moralist, der in Schleifen, statt in Linien denkt. Wieso? *"Der Schmerz einer Korrektur der sozialen Sicherungssysteme wäre heute kalkulierbar; wenn die nachfolgenden Generationen den Vertrag kündigen, sind die Folgen unabsehbar"*, schreibt Rainer Hank in der *FAZ* (6. 4.1996). Die runden Tische der Entrüsteten haben scheinbar die gute, ethische Sache für sich gepachtet. Sie fordern die Ethik des Umverteilungskonsenses ein, während die aufgeklärten Zyniker als Ursache für die Massenarbeitslosigkeit genau dieses Streben nach "sozialer Gerechtigkeit" erkannt haben wollen. Die zynische Haltung der Kälte, der Distanz hat etwas Mephistophelisches, Unsympathisches, Destruktives, und genau deshalb erscheint sie erfolgversprechend.

"Kreativität ist vor allem ein Akt der Zerstörung", so wird Pablo Picasso zitiert. Es gibt unendlich viele Definitionen für **Kreativität**. Doch der Prozeß kreativen Denkens ist gewiß auch die Fähigkeit, etwas zu sehen, das zuvor nicht gesehen wurde, etwas Neues zu erschaffen, indem man das Alte zerstört und neu arrangiert. Die Zerstörung des Alten ist die Geburt des Neuen. *"Jeder Mensch ist ein Künstler"* war das Credo von Joseph Beuys. Wir alle sind kreativ, weil Kreativität zur Grundausstattung der menschlichen Natur gehört. Einige haben ihre kreativen Fähigkeiten etwas höher entwickelt als andere, manche werden sich selbst nicht als kreative Typen betrachten und bleiben – bei allem Interesse für die Kunst – immer nur Zuschauer und Konsumenten, weil sie zu viel Angst haben, ihre Vorstellungen von dem, was als Denken und Handeln allgemein akzeptiert ist, zu durchbrechen, zu dekonstruieren, und weil sie niemals etwas wagen würden, was sie für kreativ halten.

Moral-Trend

Neugier war nach dem Lasterkatalog der Kirche eine schlimme Sünde. Heute gilt sie als Elixier des Lebens. Folgende Fliegen Metapher, die Dirk Baecker in seinem so brillant wie unterhaltsam verfaßten Vademekum *Postheroisches Management* beschreibt, liefert ein anschauliches Beispiel für Überlebenskraft, die aus der Neugier kommt: *"Gefragt, ob er sein Unternehmen eher mit einem Bienenschwarm oder mit einem Fliegenschwarm vergleichen würde, würde wohl jeder Manager den Bienenschwarm vorziehen. Immerhin kann man einem Bienenschwarm effiziente Kommunikation (der 'Tanz der Bienen') und zielorientiertes Verhalten unterstellen. Und sie sind fleißig, sprichwörtlich wie die Bienen. Einen Bienenschwarm zu beobachten versöhnt einen mit der Unordnung der Welt. Fliegen dagegen sind mal hier und mal dort. Man will lieber nicht wissen, wo sie herkommen und schon gar nicht, wo sie hinfliegen. Der Fliegenschwarm, wenn sie denn schwarmweise auftreten, wird nicht durch Kommunikation und Ziele koordiniert, sondern durch das Ausmaß des Gestankes, den der Misthaufen von sich gibt. Der Fliegenschwarm wird von außen koordiniert, der Bienenschwarm von innen. Ganz klar, daß das eigene Unternehmen eher einem Bienenschwarm gleichen sollte. Aber machen Sie einmal folgendes Experiment. Nehmen Sie zwei leere Flaschen, fangen Sie in der einen einige Bienen und in der anderen einige Fliegen. Legen Sie die Flaschen horizontal auf einen Tisch, mit der nicht verschlossenen Öffnung vom Fenster abgewendet. Und nun beobachten Sie die Fliegen und die Bienen. Die Bienen werden mit größter Sorgfalt und größtem Eifer jeden Millimeter des dem Licht zugewandten Flaschenbodens nach einer Öffnung absuchen, um ins Freie zu gelangen, und dies solange tun, bis sie an Entkräftung und Hunger gestorben sind. Die Fliegen werden aufgeregt in der Flasche hin und her schwirren, ohne Sinn und Verstand, bis sie, eine nach der anderen und jede einzeln zufällig, die Öffnung gefunden haben und auf und davon fliegen. Die Bienen sterben, die Fliegen überleben."*

Die Moral von der Geschicht': Es sind oft die Laster oder bösen Taten, die sich bei näherem Hinsehen vielleicht nicht gerade als tugendhaft, aber dafür als durchaus nützlich erweisen. Die Fliegen überleben, weil sie auf Koordination, Effizienz und Strategie verzichten und dem Zufall eine Chance geben. Die Bienen folgen nur ihrem inneren Programm und können sich daher nicht auf neue Situationen und Zustände einlassen. Der Flaschenausgang bleibt im blinden Fleck verborgen. Managern und Unternehmern, die so unbeirrbar nach dem Licht streben, daß sie ihre eigene Chance übersehen, gibt das Experiment den Rat: Seid neugierig, laßt euch stören, lernt und probiert immer wieder etwas Neues aus. Geht langsam voran, wagt euch auch mal auf ungewöhnliche Wege und habt Mut, etwas zu riskieren, tastet euer Umfeld nach Fehlern und Erfahrungen, die andere gemacht haben, ab und fragt euch, welche Erwartungen ihr mit Entscheidungen verbunden habt, ob ihr weiter auf diese Erwartungen setzen oder sie durch neue austauschen sollt.

Doch Experimentieren ist nicht der Deutschen Ding, daher ruft man lieber nach der Moral, man will wieder eine verläßliche Richtschnur haben für ein vernünftiges, sinnvolles Handeln in Zeiten wachsender Komplexität. Aber man sucht nicht nach einer neuen Großmoral, weil man genau wüßte, was Werte sind oder weil wir neue Werte hätten. Man ruft nach den uralten Prinzipien und Denktraditionen, die in unserer Ethik aufgegangen sind. Doch die greifen bei den neuartigen Herausforderungen einer immer schnelleren Evolution zu kurz. Wir brauchen keine taktische Ethik, die auf Urteilen statt auf Geboten basiert, sondern eine Ethik, die sich mit der Welt verändert.

Auch wenn sie sich gerne so geriert, Ethik hat keinen Wahrheitscharakter, sie weist Verantwortung zu und verteilt Schuld, und das wird in hochkomplexen Konstellationen immer schwieriger, ja unmöglich. **Die *political correctness* der Gutmenschen und ihre folgenlose Fernsolidarität mit den Benachteiligten der ganzen Erde ist gut gemeint und wohlfeil.** Doch Gott behüte uns vor den tugendvollen Ethikaposteln, die einer Gebotsmoral statt Urteilsmoral das Wort reden. Dieser Trend zur Renaissance eines umfassenden Moralkodex würde nicht zu einer feineren Analyse einer Situation führen, sondern es vor allem wieder möglich machen, Ideale, Vorstellungen (auch Vorurteile) und etablierte Verhaltensregeln so zu arrangieren, als ob gute, logische Gründe dahinter steckten. ***Moral sells.* Der zwischen zwei Buchdeckel gepackte *relaunch* traditioneller Werte bringt in einer nach Orientierung suchenden Zeit satte Auflagen.** Publikationen zu Moral und Ethik rechnen sich und, wie Jörg Lau in der *ZEIT* (17. 10. 1997) schreibt, *"verleihen nicht nur dem Restprogramm eine feine verantwortungsethische Note"*. Ethik ist dabei, zu Heuchelei und Kitsch zu verkommen, den man uns in Werbung und Marketing entgegensäuselt. Die Forderung nach einer allgemein verbindlichen Wertebasis, einem normativen Grundrahmen, der von oben, also von Kirche, Staat, Philosophie und Schule verordnet werden sollte, ist ein Trend unserer Tage. Norbert Bolz rät zu mehr Gelassenheit, denn *"Moralkonzepte, die die ganze Menschheit im Blick haben, müssen uns stutzig machen. Für den heutigen Gesinnungsethiker lauert in jedem Risiko der postmodernen Gesellschaft die Apokalypse, und er weigert sich – man ist versucht zu sagen: deshalb – zugleich, die Folgen seiner guten Gesinnungstaten zu kalkulieren."*

Was auch immer man über die moralische Krise der Gegenwart sagen will, einen Mangel an erbaulichen spirituellen Konzepten kann man ihr nicht vorwerfen. Wenn das ethische Fundament einer übergeordenten Moral verblaßt, sind Eigenkonstruktionen gefragt, d. h. man mischt für sich die Werteangebote unterschiedlichster Religionen und Kulturen. Dieser Wertecocktail dient als Vorlage für die neue Welt der Mythen, in der heute die Marken plaziert und mit *added value*, also Moral, aufgeladen werden. Werbung und Marketing leisten dabei Besonderes. Sie bringen heute die Symbole hervor, die das Zusammenleben ordnen, die uns sagen, was gut und was schlecht für uns ist, sie trainieren unseren Geschmack und unsere Normen. Ihre Botschaften bestehen immer mehr aus Wertezitaten, die das moralische, ökologische und gesellschaftliche Argument in den Vordergrund stellen. Doch diese Moraloffensiven dürfen kein reiner Hütchentrick der Marketingstrategen bleiben. Sie sind auf Glaubwürdigkeit angewiesen, wenn sie erfolgreich sein sollen.

Sind die internationalen Finanzmärkte Brutstätten der Unmoral, weil sie ihre Geldströme dorthin senden, wo der meiste Profit winkt – egal, ob dabei ganze Währungssysteme ins Trudeln geraten? Oder reißt ihre Dynamik die Verkrustungen anderer Systeme mit, damit sie sich von eingerasteten Fehlern befreien und auf einem stabileren Niveau neu einpendeln können?

Zumindest sind die internationalen Finanzmärkte heute die Zuchtmeister jeder Wirtschaftspolitik geworden. In einer globalen Wirtschaft kann es sich keiner mehr leisten, Fehler zu machen, denn der Lernprozeß wird um so schmerzvoller, je komplexer die Systemfehler sind.
Devisenhändler, Finanzmarktjongleure, internationale Spekulanten, Leute wie der gebürtige Ungar George Soros, der Hunderte von Millionen seines gigantischen Spekulationsgewinns wieder in Projekte fließen läßt, die dem

wirtschaftlichen und demokratischen Aufbau Osteuropas zugute kommen – sind sie alle fleischgewordene Agenten des Bösen? Oder legen sie nur strukturelle Schwächen eines Wirtschaftssystems frei, während über Finanzspekulationen ausgelöste Krisen in Wirklichkeit hausgemacht sind: durch Korruption und Kumpanei, Familien- und Vetternwirtschaft, größenwahnsinnige Projekte, fehlende Konkurrenz, zu hohe Auslandsverschuldung, Exporteinbrüche aufgrund zu geringer Produktivität, verfehlte Geldpolitik, zu freizügige Kreditvergabe oder eingeschränkte Pressefreiheit? Auch George Soros hat recht, wenn er sagt: *"Wenn ich eine Währung stürzen kann, stimmt das System nicht."* Solche Fragen sind nicht mehr eindeutig moralisch zu beantworten, viel interessanter ist ohnehin ihre koevolutive Dimension. Die bringt George Soros selbst dazu, nach Lösungen gegen neue, von Leuten wie ihm ausgelöste "Asien -Krisen" zu suchen, nicht aus Moral, sondern aus eigenem Interesse als erfolgreicher Spekulant. Um zukünftig auftretende Panikreaktionen zu vermeiden, die an den Börsen eine gigantische Menge auch seines Geldes vernichten, und um eine massive Bedrohung des globalen Wohlstandes abzuwenden, die ebenfalls Gift für die Finanzwelt und damit für ihn wäre, dachte die wohl schillerndste und widersprüchlichste Persönlichkeit unter den Devisenspekulanten darüber nach, wie sich Kreditnehmer gegen Spieler, Händler und Leute wie ihn absichern, die alle 24 Stunden rund 650 Milliarden Dollar rund um die Welt pumpen. Der König der Spekulanten hat dazu eine internationale Kreditversicherung vorgeschlagen, die private Darlehen in aller Offenheit garantieren würde, allerdings gegen eine vermutlich erfrischende Gebühr und nur, nachdem von den Kreditnehmern die notwendigen Auskünfte und Informationen gegeben wurden. Dem Tübinger Theologie-Professor Hans Küng, Präsident der Stiftung Weltethos, reicht das noch nicht. Er ist überzeugt: *"Wer den globalen Markt will, muß auch eine globale Rahmenordnung für ihn wollen, und wer diese Rahmenordnung will, muß auch ein globales Ethos wollen."*

Der Ruf nach einem globalen Ethos will die ganze Welt retten und erreicht daher nichts, weil das zwar eine schöne Idee ist, die sich aber leider nicht durchsetzen läßt.

Der Ruf nach dem Weltethos ist ein akademisches Resignationsphänomen. Wir brauchen kein globales Ethos, sondern wir brauchen Breitwandintelligenz. Wo also bleibt das Gute, Wahre, das Erhabene? Wer rettet die stabile Ordnung, worin liegt der Sinn des Lebens? Die Einforderung von Moral und Verantwortung – übrigens meist der der anderen – wirkt befreiend, doch die Anmahnung alter Werte übersieht das zentrale Thema der Gegenwart: offenes Werden und wachsende Komplexität. Die Welt wird immer unübersichtlicher, und je komplexer die Zusammenhänge, um so weniger sind wir in der Lage, die Folgen unserer Handlungen noch abzuschätzen. **Selbst die besten Absichten können zu Schäden führen, die niemand ahnen konnte. Natur, Wirtschaft, Gesellschaft und Kultur sind komplexe Systeme, die sich spontan und in unvorhersehbarer Weise verändern. Jeder Mensch produziert als Teil des Ganzen gewollt oder ungewollt Folgen, durch die andere zu Schaden kommen können. So wird er zum Teil des Bösen, das durch ungeplante und nicht beabsichtigte Systemeffekte erzeugt wird.** Stimmt es also doch, was die Erbsündenlehre des Kirchenvaters Augustinus uns weismachen will: "Der Mensch an sich ist schlecht, weil er in Sünde gezeugt wurde"? Heute würde man sagen, der Mensch ist schlecht, weil er in Systemen mitwirkt, die unkalkulierbar sind und die böse Folgen haben können.

Konsequente Fortsetzung findet das Schwarzsehen in einer fast habituellen Entrüstung der Ökofundamentalisten und der Kapitalismuskritiker, die nicht weniger streng mit uns Sündern sind: Wer täglich sein Handtuch wechselt oder im Winter südafrikanischem Spargel nicht widerstehen kann, der handelt böse, weil er entweder Wasser oder Energie verschwendet. Das leuchtet längst nicht mehr jedem ein. Wir brauchen auch hier nicht mehr Moral, sondern mehr Intelligenz.

Das Böse als Systemeffekt, in den jeder Mensch verstrickt ist, macht die Zuordnung unmoralischen oder bösen Handelns diffus. Was kann heute überhaupt noch als unmoralisch definiert werden? Der Jerusalemer Philosophie-Professor Avishai Margalit befreit den Moral- und Anstandsbegriff vom Muff des Sittenwächtertums und definiert Unmoral als das, was dem Anstand einer Gesellschaft (oder eines Unternehmens und eines Individuums) widerspricht. Was aber ist Anstand? *"Eine Gesellschaft ist dann anständig, wenn ihre Institutionen die Menschen nicht demütigen."* Moralisch handelt demach eine Gesellschaft, die ihre Mitglieder mit gleichen Rechten auf Freiheiten und soziale Grundleistungen ausstattet, so daß ihnen die Entdeckung ihrer eigenen autonomen Lebensziele und Möglichkeiten eröffnet wird. Moralisch handelt demach ein Unternehmer, wenn er sein Handeln daran mißt, ob es den Menschen innerhalb und außerhalb des Unternehmens dient oder zumindest nicht schadet und ob es den Unternehmenswerten gerecht wird. Margalit begründet den ethischen Vorrang des Anstandes vor anderen Gesellschaftsidealen: *"Die Forderung, jegliche Grausamkeit, und somit auch jegliche Demütigung zu unterbinden, bedarf ihrerseits keiner moralischen Rechtfertigung mehr, da Grausamkeit vermeidendes Verhalten moralisches Verhalten schlechthin ist."* Aber warum gebührt dem Menschen überhaupt Achtung? Weil er, wie das humanistische Menschenbild akzentuiert, die Krone der Schöpfung ist und in Bildung und Geschichte dem geistigen Leitstern des antiken Griechenland folgt? Avishai Margalit prüft und verwirft die traditionellen Begründungen und findet seinen eigenen Grund, warum dem Menschen Achtung gebührt in dessen radikaler Freiheit zur Umkehr. *"Die Eigenschaft, die ich als Begründung für die Achtung vor dem Menschen vorschlagen möchte, beruht auf seiner Fähigkeit, dem eigenen Leben zu jedem beliebigen Zeitpunkt eine völlig neue Deutung zu geben und es dadurch radikal zu ändern. Noch die übelsten Verbrecher verdienen Achtung allein aufgrund der Möglichkeit, daß sie ihr vergangenes Leben radikal in Frage stellen und den Rest ihres Lebens auf würdige Weise verbringen können."* Es ist für Margalit nicht nur die Leistung der Umkehr, die den Menschen achtenswert macht, sondern bereits ihre ständig präsente Möglichkeit, denn: *"Die Achtung rührt ganz allein daher, daß die Zukunft offen ist."*

Für den Philosophen Peter Sloterdijk definiert sich die unmoralische Tat aus der bösen Absicht, dem Willen zur schlechten Tat. Böse oder unmoralisch handelt für ihn, wer andere Menschen oder Lebewesen aus eigenem Antrieb quält oder tötet. Auch der Soziologe Niklas Luhmann hält nicht viel vom modischen Tugendgewisper: *"Die Unmoral, das Böse, liegt im Haß und seiner Folge, der Gewalt. Doch in der Öffentlichkeit wird böse häufig als ein Wort benutzt, das zudeckt, was aus den Ritzen des Unverstandenen hervorquillt."*

Wer heute nach der Moral ruft, traut Politikern, Wirtschaftsbossen, kurz: den Mächtigen nicht mehr zu, die Welt zu gestalten, und sieht sich selbst nicht mehr in der Lage, sich darin zurechtzufinden und selbst Verantwortung für das eigene Denken und Tun zu übernehmen. Wer die Einhaltung eines – im übrigen nicht einlösbaren – generellen Ethos einer untergehenden Lebenswelt fordert, weigert sich zugleich, die Folgen seiner Entrüstungsschreie zu kalkulieren.

Doch werden wir so nicht zu einer Gesellschaft von Hedonisten, Egoisten, Narzisten, Exhibitionisten und Autisten? Wo bleiben Takt und Pietät, Rücksichtnahme, Einfühlungsvermögen, Geduld, Solidarität und Nächstenliebe? Wo bleiben Moral und Caritas? Geht alles den Bach runter? Kaum erklang der erste Ruf nach moralischer Aufrüstung, hat ihn das Business schon inhaliert und als "Moral-Plus-Effekt" für das Marketing instrumentalisiert. Christian Lutz, Zukunftsforscher und Direktor des Schweizer Gottlieb-Duttweiler-Institutes, schreibt: *"Wir brauchen wieder Manager mit Moral! Wird aber nicht funktionieren, da die Unmoralischen mehr Erfolg haben. Also muß die Politik den Kapitalismus wieder bändigen. Dies wird aber nicht gelingen, weil die Nationen in einem globalisierten Markt den Zugriff verloren haben. Was bleibt, ist die Verzweiflung der heimatlos gewordenen Linken und der Wertkonservativen!"* Denen gab der Migros-Gründer und Stifter des nach ihm benannten Schweizer Institutes, Gottlieb Duttweiler, bereits 1957 eine ahnungsvolle Hoffnung auf den Weg: *"Der Egoismus ist in Gottes Namen einer der allermächtigsten, wenn nicht der mächtigste Motor des Menschen. Wenn dieser Egoismus nur weitsichtig genug gestaltet werden kann, so gleicht er schon verzweifelt dem Altruismus, denn dann werden die allgemeinen Interessen einbezogen."*

Die universelle Großmoral erodiert, und das aus gutem Grund. Im nun zerfallenden Reich der Moral wurde von oben nach unten diktiert, und damit exakt dem alten Paradigma und seinem Maschinenmodell entsprochen.

Die autoritär religiösen Grundlagen haben immer weniger Einfluß, die Menschen wollen ihr Privatleben nicht mehr allgemein verbindlichen Kodizes unterwerfen, sie haben ihre eigenen Vorstellungen vom Glück und vom rechtem Leben. Hier entdeckt Norbert Bolz etwas Interessantes: *"Aus der Wertetafel wird eine Werteschleife."*
Statt von oben nach unten verläuft der Moralkodex jetzt von unten nach oben. Wenn die verbindliche Moral schwindet, werden Sinnfragen, d. h. Fragen des individuellen Lebensstils, des Identitätsdesigns und der persönlichen Spiritualität interessant, und das darf ein Unternehmen, dessen Mitarbeiter Spitzenleistungen erbringen und dessen Produkte und Leistun-

gen von den Konsumenten aufgenommen werden sollen, auf keinen Fall ignorieren.

Ethik der Evolution

Seit einigen Jahren ist das Entstehen einer neuen Spiritualität zu beobachten, eine Mischung aus Bestandteilen verschiedener Religionen und Weltanschauungen (Christentum, Buddhismus, Kabbala, Taoismus etc.), deren Anhänger mehr am Gemeinsamen der unterschiedlichen Religionen interessiert sind als am dogmatisch Trennenden. Parallel dazu entwickeln sich ein *One-World*-Bewußtsein und eine Reihe neuer Mythen. Was haben die neuen Mythen mit der Unternehmenspraxis zu tun? Wer das vierte Feld bespielen will, muß die Mythen kennen, die dieses Feld formen und mit Energie aufladen. Diese neuen Mythen formen den Glauben an die koevolutive Eigenverantwortung, den warmen Egoismus nach dem Motto: Je besser es der Welt geht, um so besser geht es mir. Je glücklicher die anderen sind, desto wahrscheinlicher und intensiver wird mein Glück.

Wird die Schuldethik von einer Ethik des Optimismus abgelöst? Eine Wirtschaft im Umbruch zu permanenter Revolution und eine von Normunsicherheit verwirrte und durch heftigen Wandel verunsicherte Gesellschaft brauchen eine Ethik des Optimismus, und damit ist mehr gemeint als ein saloppes *"Kopf hoch!"* oder die amerikanische Version davon: *"Think positiv!"* Statt die alten Werte habituell zu beschwören, sollten wir neue Werte entwickeln, die den Herausforderungen unserer Zeit angemessen sind. Nur – welche sind das?

Der große Umwerter der Werte, Friedrich Nietzsche, hat den Begriff von der *"Unschuld des Werdens"* geprägt, heute würde man von der "Unschuld der Evolution" sprechen.

Als ethisch kann in unserer Zeit gelten, was den offenen Prozessen, dem ständigen Werden gerecht wird: Systemdenken, Offenheit nach innen und außen, Ferne vom Gleichgewicht, Mut zum Risiko, Kooperationsbereitschaft, Synergiespiele, Gleich-Gültigkeit und Selbstverantwortung.

Doch Synergiespiele sind schwierig für die alten Kämpfer, deren *fighting spirit* wenig mit *winning spirit* zu tun hat. *Fighting spirit* braucht Feindbilder, Kampflust, Kriegskunst, und er hinterläßt Verletzte und Verlierer. *Winning spirit* nährt sich aus Offenheit, Toleranz, Empathie, der Fähigkeit, zuzuhören

und sich zum eigenen Vorteil gegenseitig zu unterstützen. Das heißt nicht, daß nur noch die Harmoniker ans Ziel kommen. Im Gegenteil.
Es heißt, daß wir eine neue Qualität der Offensive brauchen, die nicht nur auf Macht und Niederringen fixiert ist, sondern auf Innovation und die Dynamisierung des Mitfließens. Es geht um eine offensive Kraft, in deren Zentrum die gemeinsame Weiterentwicklung steht.

1985, als Apple Macintosh noch einen Marktanteil von 15 % statt wie heute 3,3 % hatte und zum Lustobjekt der Kreativen in aller Welt avanciert war, versucht der Microsoft-Chef Bill Gates nicht etwa, den Konkurrenten aus dem Rennen zu schlagen, sondern gab dem Apple-Management sogar noch Tips, wie potentielle Kunden dazuzugewinnen seien. War der verrückt? Nein, intelligent. Seine Strategie des warmen Egoismus oder der Co-Evolution brachte ihn auf eine geniale Idee, die die Computerwelt verändert hätte, der man in Cupertino aber nicht folgte, weil das Management zu sehr mit internen Machtkämpfen beschäftigt war – und weil man wie fette Katzen auf den Lorbeerkränzen einer internationalen Fangemeinde vor sich hindöste. Apple war dabei, die technische Entwicklung zu verschlafen und für potentielle Kunden zum Risiko zu werden. Bill Gates sah Gefahr für den Konkurrenten, Grund genug für kalte Kämpfer, schon mal den Champagner zu kühlen und vielleicht noch seinen bescheidenen Beitrag zum Untergang zu leisten.
Gates gehört zu den neuen, warmen Kämpfern, und er hatte eine andere, eine *win-win*-Idee. Apple besaß zwar Kultcharakter, aber nicht die Technologie, um längerfristig eine Rolle im Markt zu spielen. Dazu kamen verschleppte Hard- und Softwareverbesserungen, die diesen Eindruck noch verstärkten und die der immer kritischeren Presse zusätzlich Futter gaben. Der Microsoft-Gründer schlug in einer streng vertraulichen Aktennotiz an den Vorstandsvorsitzenden von Apple und Apples Chefingenieur eine radikale Kehrtwende vor. Es sollten drei bis fünf namhafte Computerhersteller dafür gewonnen werden, Mac-kompatible Computer zu produzieren. Der entstehende Konkurrenzdruck würde dazu führen, daß mehr Ressourcen in die Weiterentwicklung gesteckt und dadurch das Vertrauen in die Marke Apple gestärkt würde. Das hätte Apple zwar selbst Konkurrenzdruck beschert, aber auch sein Firmenimage langfristig aufpoliert, denn jede Anzeige für einen Mac-Kompatiblen wäre auch Werbung für Apple. Microsoft selbst hätte diese Kooperation

neben einem Strahl vom Apple-Glanz auch einen technologischen Vorteil beschert, weil Apple damals die Konkurrenz in dieser Hinsicht noch vor sich hertrieb. Die "Macianer" schütteten sich derweil aus vor Lachen über Microsofts DOS-Betriebssystem. Das Lachen ist ihnen mit der Entwicklung der Intel-Chips, heute Hardwarestandard der PC-Industrie längst im Halse stecken geblieben, bis 1997 eine 150-Millionen-Dollarspritze vom Konkurrenten Gates das Unternehmen vor dem Ruin rettete. Wieder nicht zum Schaden von Bill Gates, denn die Vorteile von Microsoft liegen auf der Hand: Apple ersetzt Netscape durch Microsofts Internet-Explorer als Standardprogramm, zieht alle Klagen gegen Microsoft zurück, und der *big brother* kann sich bei Apples Patenten bedienen. Klar, daß es für Big Bill *"a lot of fun"* war, mal eben ein bißchen auszuhelfen. Aber es gab noch einen anderen Grund, das einst so sexy und smarte Ding, das die Welt erobern sollte, nicht als wurmstichigen Apfel vom Himmel über Cupertino fallen zu lassen, sondern ihn ein wenig aufzufangen: Die Konkurrenz auf dem PC-Markt ist mörderisch, das Gates-Imperium wächst weiter, sein Reichtum überschreitet die 70 Milliarden-Mark-Grenze, und wer diese Paranoia zum Prinzip erhoben hat, hat Angst, morgen selbst in den Schatten gestellt zu werden, so wie er es einst bei IBM tat. Die Branche ist wachstumsgetrieben, und allein um sich die Kartellwächter vom Hals und Sun von Apple fern zu halten, konnte es sich schon lohnen, das Leben des Pseudofeindes zu verlängern. **Co-Evolution ist kein Chrysanthemenball für zarte Seelen, sondern eine Art *dirty dancing* aufgeweckter Parasiten, die ein System irritieren und erregen und es zwingen, sich neu zu konfigurieren.**

Wir sollten über die Funktion der Parasiten neu nachdenken.

Winning spirit wird in vielen Unternehmen noch mit kämpferischem Killerinstinkt verwechselt, von kultureller Evolution und Co-Evolution sind die meisten weit entfernt. Doch reiner Kampfgeist wirkt sich auch auf den Umgang mit Fehlern und Niederlagen aus. Wer spielt, statt sticht, scheint auch hier im Vorteil. Einer der ersten, die Absichtslosigkeit und Spiel als wichtigste Erfolgsstrategien des zukünftigen Managements entdeckte, ist der Management-Guru Gerd Gerken. Der *Wirtschaftswoche* (42/10.10.1996) verriet er, wie er sich nach Niederlagen wieder aufrichtet: *"Wo kein Sieg ist, ist auch keine Niederlage, sondern nur ein unendliches Spiel. Da ich unendlich spiele, ist die einzige Niederlage, die ich ab und zu erlebe, diejenige, daß ich manchmal vergesse, schön weiterzuspielen."*

Auf Wirtschaftstagungen wird von dieser anderen Form der Ethik längst gesprochen, eine Art weitsichtiger oder warmer Egoismus nach dem Motto: Man sägt den Ast nicht ab, auf dem man sitzt. Wer in Zukunft erfolgreich sein will, muß Einfluß auf die mentalen Räume der Menschen haben, vielfältige Beziehungen aufbauen und pflegen können und in immer neue Netzwerke integriert werden. *Win-Lose*-Spiele, bei denen der Sieg des einen den Sturz des anderen voraussetzt, werden in Zukunft die Domäne der Dummen sein, dafür sorgt schon der Zeitgeist.
Einst vernünftige Kernwerte können heute zu ernsthaften Hindernissen werden. Früher hohe Werte, wie Vernunft, Wahrheit, Unterordnung, Harmonie, Tiefgründigkeit, Bescheidenheit, sind heute uninteressant, ja eher gefährlich geworden, früher negative Begriffe, wie Instabilität, Oberflächlichkeit, Labilität, Chaos, Simulation, Opportunismus, Neugier, Zerstörung, Aggression, Streit, Naivität, Exzentrizität, gewinnen an Aufmerksamkeit. Ethik ist ein *umbrella term*, unter dem vieles Platz findet. Bleiben wir beim Beispiel der Harmonie. Unternehmen, wie im übrigen auch Partnerschaften, in denen Harmonie der höchste Wert ist, haben ein Problem: Sie sterben leicht an Langeweile, ihnen droht der Wärmetod. Seien Sie alarmiert, wenn es bei Konferenzen keinen leidenschaftlichen Widerspruch gibt. Harmoniegelenkte Unternehmen verschlafen die Veränderungen ihrer Umwelt, sie sind selbstzufrieden und, was heute tödlich ist, sie lernen nicht aus ihren Fehlern. Streitkultur lockert verbrauchten Boden auf, öffnet Fenster, aus denen die stickige Luft des Altbewährten entweichen kann. Sie trainiert Flexibilität, baut kreative Spannung auf, erhöht die Anpassungsfähigkeit und fördert kreatives Denken. Streitkultur setzt Kräfte frei und beschreibt den Weg aus der Gewißheitsfalle.

Opportunismus ist noch immer negativ besetzt, auch hier müssen wir umlernen. Wer ohne Bruchlandung durch das Chaos der Märkte navigieren will, für den wird die *"Anpassung an das Unvorhersehbare"* (Hayek) zur Überlebensstrategie. Opportunismus ist daher nichts anderes als das Gespür für Nischen, Bewegungen, Trends und die Fähigkeit, aus den Schwächen der Konkurrenz schnell etwas zu lernen und selbst winzigste Marktnischen effektiv

zu nutzen. Dieses Gespür setzt voraus, daß man nicht durch Schimären wie Logik und Ethik festgelegt ist, sondern im Gegenteil bereit ist, die eigenen Überzeugungen, Erfahrungen und Erfolge immer wieder in Frage zu stellen und, wenn nötig, sich radikal von ihnen zu trennen.
Wer eine innovative Idee im Unternehmen durchsetzen will, muß taktisch vorgehen. Er muß wissen, wem er sie zumuten kann, wer sich eventuell mit ihr schmücken will, und er muß die unausgesprochene Hierarchie im Team kennen. Der genialste Einfall ist wertlos, wenn man nicht das dafür zuständige Leittier, die graue Eminenz auf seine Seite bringen kann und die Regelwerke außer acht läßt. Opportunismus heißt auch, sich nicht festzulegen, offen zu sein für Zufälle, für unvorhersehbare und oft nicht nachvollziehbare, sprunghafte Bewegungen des Marktes, bereit zu sein, alles sofort zu stoppen und etwas ganz anderes zu versuchen. Ein anderer, eher negativ besetzter Begriff ist Exzentrizität. Unsere Unternehmen leiden gewiß eher unter dem Problem der Langeweile als der Exzentrizität. In chaotischen, verrückten Zeiten gilt es nicht, das Chaos in vernünftige Bahnen zu lenken, sondern die Vielfalt vorbehaltlos anzustreben. Wer ein Kochbuch für Hundekuchen auflegt, während andere die x-te Variation der *"cucina italiana"* aufwärmen, hat das begriffen.

Fetisch Vernunft

Die Wahrheitsfalle

"Cloquet haßte die Wirklichkeit, aber er sah ein, daß es nach wie vor die einzige Gegend war, wo man ein richtiges Steak kriegen konnte", schreibt Woody Allen und trifft wie immer den Nagel auf den Kopf. Wir müssen das beste daraus machen, daß die traditionell so klar gefaßten Grenzen zwischen einem Bild (Schein) und dem, was es abbildet, der Wirklichkeit (Sein), sich verwischen. Unser Verständnis der Wirklichkeit wird fragwürdig. Was ist Wirklichkeit, und wie kommt sie zustande? In den letzten beiden Jahrzehnten ist darüber eine interdisziplinäre Debatte zwischen Hirnforschern, Psychologen, Philosophen und Sozialwissenschaftlern entfacht, die den Begriff Konstruktivismus geprägt hat. Die Grundthese des Konstruktivismus läßt sich auf den provokanten Satz reduzieren: Die Wirklichkeit, in der wir leben, ist konstruiert.

Insbesondere die Hirnforschung unterstützt dieses derzeit konkurrenzlose Erklärungsmodell in der Philosophie durch revolutionäre Thesen: Das Gehirn ist kognitiv geschlossen, d. h. Information kommt nicht von der Außenwelt über unsere Sinnesorgane in unseren Kopf. Unser Gehirn empfängt nur Störungen (Perturbationen) an den Sinnesrezeptoren. Diese Störungen werden entsprechend unseren Wahrnehmungsfiltern (Erfahrungen, Emotionen, Überzeugungen, Glaubensmuster etc.) verarbeitet oder codiert. **Das Gehirn erzeugt seine Informationen und sein individuelles Bild der Wirklichkeit auf der Grundlage interner Muster selbst. Auch für die Hirnforscher ist unsere Lebenswelt nichts anderes als ein Konstrukt unseres Gehirns.** Damit wird unser traditionelles Weltbild fundamental erschüttert. Was erkennen wir, wenn wir einerseits erklären, wie unser Gehirn funktioniert und wie Erkennen im Gehirn stattfindet? Erkenntnis, so der Soziologe Niklas Luhman, ist nichts als *"die Erkenntnis der Erkenntnis"*. Erkennen ist der Blick in das Eingemachte der Vernunft.

Der 1911 in Wien geborene und nach dem Krieg in die USA emigrierte Heinz von Foerster ist einer der Väter des Konstruktivismus, und seine Auffassungen sind die reinste Zumutung für alle Verfechter einer einzigen Wahrheit. Warum? Für von Foerster ist Wahrheit *"die Erfindung eines Lügners"*. Nun mag man solche Äußerungen als Spätfolgen seiner Jugend entschuldigen, war das kleine Heinzerl doch schon von Ludwig Wittgenstein und anderen Koryphäen und Käuzen umgeben. Doch hinter von Foersters Ablehnung des Wahrheitsbegriffs liegt ein ethischer Grund: Wer von Wahrheit spricht, macht den anderen direkt oder indirekt zu einem Lügner. Lüge und Wahrheit gehören aber zu einer Kategorie des Denkens, aus dem die Konstruktivisten aussteigen wollen, um eine neue Sicht und Einsicht sowie weitere Toleranzdimensionen zu eröffnen. Heinz von Foerster, der mit Norbert Wiener und Warren McCulloch, den Pionieren der Kybernetik, zusammenarbeitete und 1957 das legendäre Biologische Computerlab an der University of Illinois in Urbana gründete, war als einer der bedeutendsten Wissenschaftler und Philosophen des 20. Jahrhunderts zu der Überzeugung gekommen, daß die Rede von der Wahrheit katastrophale Folgen hat und die Einheit der Menschheit zerstört. Der Begriff Wahrheit beinhaltet für ihn Krieg und Tod. Das ist nachvollziehbar, wenn man an die blutige Verteidigung der Wahrheit in den Kreuzzügen, der Inquisition, dem nationalsozialistischen Wahn oder dem fundamentalistischen Terror unserer Tage denkt. Wieviele Menschen sind gefoltert, ermordet und verbrannt worden, um einer Wahrheitsidee zum Durchbruch zu verhelfen?

Doch da gibt es auch den tief verankerten Wunsch des Menschen, seine Fertigkeiten und Möglichkeiten wie Computer programmieren, Auto fahren, fotografieren, Musik hören oder fliegen zu erklären und Gewißheit darüber zu erlangen, wie etwas funktioniert. Alle diese Erklärungsprinzipien, glauben die Konstruktivisten, sind kulturell bedingt und jeweils völlig verschieden. Man kann zwischen den ihnen zugrundeliegenden Mythen auswählen und hin- und herspringen. Ein Realist würde bei der Erklärung, warum ein Elektromotor funktioniert, auf das Maxwellsche Prinzip verweisen, ein Schamane würde sagen, ein Krafttier stecke hinter der Dynamik, und ein Magier würde vielleicht behaupten, daß die Menschen es nunmehr schaffen, mit dem Zauber des Geheimnisvollen umzugehen. **Für den Physiker und Philosophen Heinz von Foerster ist die Idee vollständiger Erklärbarkeit nur eine Hoffnung, die das Staunen befriedigt und es doch gleichzeitig beseitigt:** *"Das Funktionieren ist nur ein Beleg für das Funktionieren ... Es geht doch nur darum, nicht zu stolpern in dieser Welt. Und wenn uns dies gelingt, wäre das doch schon Anlaß genug, um gemeinsam eine Flasche Champagner zu entkorken."*

Wahrheiten und Gewißheiten, eingefahrene Überzeugungen stören die Beziehungen zwischen den Menschen, und sie erzeugen ein Klima, in dem andere überredet, bekehrt und gezwungen werden. Wahrheiten schaffen ein Klima, in dem Feindschaft entsteht. Doch Wahrheiten und Gewißheiten gaben uns die Sicherheit des Absoluten und damit Halt, einen Halt, der auch gefährlich ist, weil er jedem einzelnen die Verantwortung für seinen Blickwinkel abnimmt, statt auf eigenen Füßen zu stehen und der eigenen Sicht zu vertrauen.
Führung bedeutet für Konstruktivisten wie Heinz von Foerster *"dem anderen zu helfen, seine ganz eigenen Vorstellungen, seine eigenen Gedanken, seine eigene Sprache zu entwickeln, ihm zu helfen, seine Beobachtungsgabe zu schärfen, seine eigenen Augen und Ohren zu benutzen. Sicher gibt es Menschen, die davon nichts wissen wollen und meinen, nicht ohne ein Dogma auszukommen, das ihnen vorgibt, wie sie zu sehen, zu hören und zu sprechen*

haben. Das sind Monotänzer, mit denen man keinen gemeinsamen Tanz, keinen gemeinsamen Dialog beginnen kann. Sie nehmen eine Einladung nicht an, über diese Dinge zu sprechen, denn sie wissen ja bereits alles, sie kennen die Ergebnisse. Aber das ist nicht mein Problem, wenn ein anderer sich in die Blindheit gegenüber der Vielzahl der Möglichkeiten flüchtet; damit muß dieser Mensch selbst fertig werden."

Da der Abschied von der Wahrheit auch in einem religiösen Bezug steht, hagelt es nach Interviews mit Heinz von Foerster Leserbriefe, in denen die Intelligenteren ihn nur als "großen Verwirrer" brandmarken. In der Bibel kommt die Rolle des "großen Verwirrers" dem Teufel zu, doch dessen Positionierung ist auch nicht mehr so eindeutig wie früher. Für die Konstruktivisten steckt der Teufel eher in der Person des "großen Vereinheitlichers", weil er versucht, die verschiedenen Ansichten so lange zu homogenisieren, bis alle dasselbe denken, glauben und tun, und das erscheint ihnen als das eigentlich Gefährliche. Der Verwirrer erweitert dagegen den Blick auf die Alternativen, er eröffnet neue Möglichkeiten und macht die schöpferische Vielfalt sichtbar. Heinz von Foerster: *"Es ist ein guter Geist, der verwirrt. Ich meine, daß sich in der Verwirrung, die neue Möglichkeiten sichtbar werden läßt, ein ethisches Grundprinzip manifestiert. Es entsteht Freiheit. Ich habe einmal gesagt: 'Handle stets so, daß die Anzahl der Möglichkeiten wächst.'"*

Der Psychologe Ernst von Glasersfeld, Begründer des **Radikalen Konstruktivismus**, hat sich auf die Frage Was können wir wissen? bzw. Wie können wir wissen? spezialisiert. Er schlägt vor, daß wir uns von dem Entwurf abendländischen Denkens trennen, man könne die Welt, wie sie "an sich" ist, erkennen. Die Krux der abendländischen Denkweise liege demnach in der Erfindung der Welt an sich, einer Welt "da draußen", die man erkennen kann, indem man sich ein Bild von ihr macht. Diese Sichtweise führe uns, so Glasersfeld, in die Falle der "wahren" Wirklichkeit, auf die wir fixiert seien, sobald eine Erkenntnis mit dem Bild der Wirklichkeit übereinstimmt, das wir uns selbst gemacht haben. Der Mensch als erkennendes Wesen könne niemals überprüfen, ob Bild und Wirklichkeit übereinstimmen, weil er nicht aus seinem Erkenntnisbereich heraustreten kann. Insofern könnten wir auch nie wissen, ob unser Wissen wahr ist. Der radikale Konstruktivismus schlägt daher vor, den Glauben, man könne die objektive Wirklichkeit erkennen, zu ersetzen durch ein Verständnis, das an der Evolutionstheorie orientiert ist. Wahrnehmung dient darin eher der Anpassung und nicht der Abbildung einer objektiven Wirklichkeit. Wissen entsteht durch begriffliche Konstruktionen, die an der Erfahrung gemessen werden. Diese Begriffskonstruktionen müssen nicht wahr sein, sondern nur nützlich, d. h., sie müssen in das Gesamtkonzept unserer Erfahrungen passen (Viabilität).

Wirklichkeit ist damit nichts weiter als eine Konstruktion, die der unmittelbaren Welterfahrung nicht widerspricht und insofern paßt, als sie funktioniert. Die Frage, wie die Welt, die Ordnung der Welt, denn wirklich beschaffen ist, kann nicht beantwortet werden. Der **Konstruktivismus** stützt sich auf folgende Kernthesen:

- Die Wirklichkeit ist nicht die Realität.
- Wissen repräsentiert nicht die Welt.
- Was wir sehen, denken und glauben, hat nichts damit zu tun, was wirklich geschieht.
- Wir sehen die Welt nicht, wie sie ist, sondern wie wir selbst sind.
- Wir sind, was wir von uns glauben.
- Menschliches Wissen ist menschliche Konstruktion, also Erfindung.
- Alles Wissen kann niemals wahr sein, sondern nur mehr oder weniger brauchbar.
- Brauchbarkeit entsteht durch mentale Simulation, durch Vorstellungen, von denen wir wissen, daß sie weder wahr noch falsch sind, die uns aber handlungsfähig machen.
- Je prägnanter und komplexer die Vorstellungsbilder sind, um so realistischer werden die daraus folgenden Konstruktionen der Wirklichkeit. Daher ist ein expansives, erfindendes Denken rationaler als logisches, abbildendes Denken.
- Alle Aussagen haben nur eine endliche Reichweite.
- Wir sind frei, zu wählen, wir sind frei, uns zu entscheiden.
- Es gibt keine Absolutheit, die einen zwingt, die Dinge so und nicht anders zu sehen.
- Handle stets so, daß dadurch die Anzahl der Möglichkeiten wächst.

Mit jeder Entscheidung, die wir in jedem Augenblick unseres Lebens treffen, erschaffen wir unsere eigene Wahrnehmung der Wirklichkeit. Und damit den Stoff für unsere eigenen Durchbrüche und Blockaden. Von den Amerikanern können wir lernen, was die Verteidigung eigener Wahrheiten in der Unternehmenspraxis und insbesondere im Umgang mit Fehlern bedeutet.

Amerikaner sind im Umgang leger, aber in der Sache knallhart, Belehrung, uneinsichtige Rechtfertigungen und Dozierei sind im US-Business tödlich. Wer seine Überzeugungen pflegt und an seiner Wahrheit hängt, kriegt schnell ein Problem.

Sie werden einwenden, von wegen nicht an Wahrheiten hängen, wer sich für einen US-Arbeitgeber entscheidet, der entscheidet sich oft auch für eine Ideologie, gerade in Erfolgsunternehmen wie Nordstrom, SONY oder Hannover Insurance werden totale Identifikation und blinde Begeisterung gefordert, da mag nicht jeder immer mitjubeln. Richtig, aber auf ein gemeinsames Ziel einschwören ist etwas anderes als Besserwisserei. Wenn die Jubel- und Zustimmungskultur in manchen Unternehmen ausgeprägt ist, dann in bezug auf die Identifikation mit einer gemeinsam beschworenen Aufgabe und Idee, nicht in bezug auf den Weg zu ihrer Realisierung. Wer Fehler macht, hat eine zweite Chance, wer sie wortreich verteidigt oder gar verschleiert, nicht. Ein Manager der nach einem Mißgeschick für seine Überzeugungen und Wahrheiten kämpft, der wird nicht wissen, was er daraus gelernt hat, sondern sich rechtfertigen und tausend Argumente bringen, um seine Sicht zu erklären. Egal wie gut diese Argumente sind, es will sie keiner hören: Amerikaner sind Chancensucher – die Deutschen Risikovermeider. Auch das hängt wohl mit dem deutschen Bedürfnis nach Gewißheit, Absolutheit und Wahrheit zusammen.

Eines der berühmtesten Beispiele für die Konstruktion von Wirklichkeit bietet das siebte Buch von Platons *Staat,* und darin das Höhlengleichnis: In einer Höhle, an eine Brüstung angelehnt, sitzen Männer, deren Beine an den Boden und deren Hälse an die Brüstung gefesselt sind, so daß sie weder rechts noch links, sondern nur nach vorne an eine große Felswand schauen können. Die Brüstung setzt sich wie eine Bühne weit nach hinten fort. Auf ihrer Rückseite brennt ein großes Feuer und zwischen dem Feuer und der vorderen Rampe gehen Menschen auf und ab, die Geräte, Figuren und vieles andere mit sich tragen. Die Gefesselten sehen nur die auf die Felswand projizierten Schatten der Menschen und Dinge, und sie erleben diese als wirklich. Warum kommen die Gefesselten nicht auf die Idee, die Schatten seien nicht die wahre Wirklichkeit, sondern die auf der Bühne sich bewegenden Figuren? Was geschähe, wenn einer der Gefangenen von seinen Fesseln befreit würde, aufstehen dürfte und draußen vor der Höhle den blauen Himmel, die Natur und die Sonne sähe? Würde der Befreite nicht bei jedem neuen Eindruck das Gefühl haben, eine "wirklichere Wirklichkeit" zu erleben als die jeweils vorangegangene? Vielleicht würde ihm aber bereits der aufrechte Gang so furchtbare Schmerzen verursachen, daß er sich gerne wieder hinsetzte.

Was würde passieren, wenn der Befreite zurück an seinen Höhlenplatz geführt und erneut gefesselt würde? Würde er nicht zu seinen Nachbarn sagen, daß das, was sie sehen, nur ein Schatten der Welt da oben sein muß, in der es Menschen wie sie selbst, Bäume, Tiere und Flüsse gibt? Wahrscheinlich würde man ihn auslachen, ausgrenzen und seine Ideen als Folge verdorbener Augen oder mangelnder Erfahrung abtun, ohne auch nur darüber nachzudenken, ob man nicht selbst hinaufgehen sollte, um nachzusehen. Heinz von Foerster, der diese Geschichte so brillant erzählen kann, korrigiert an dieser Stelle das alte Sprichwort *"Unter den Blinden ist der Einäugige König"*. Seiner Meinung nach müßte es lauten: *"Unter den Blinden kommt der Einäugige ins Irrenhaus"*, denn er sieht mehr als die anderen.

Gödels Brief

Am 17. November 1930 erhielt das Wissenschaftsjournal *Monatshefte für Mathematik und Physik* das 25 Seiten lange Schreiben eines jungen Mathematikers, der in Wien arbeitete. Es sollte unter den herausragenden Naturwissenschaftlern und Philosophen der Zeit wie eine Bombe einschlagen. Autor war der 24jährige Kurt Gödel, 1906 in Brno in der Tschechoslowakei geboren. Dieser Text stellte schlüssig dar, daß bestimmte mathematische Gleichungen niemals beweisbar oder zu widerlegen sind. Es muß stets Aussagen geben, deren Wahrheitsgehalt nicht zu entscheiden ist. Dennoch existieren mathematische Erklärungen, sogar in der Arithmetik, deren Gültigkeit nicht entschieden werden kann, ohne mathematische Methoden von außerhalb unseres logischen Systems dazu heranzuziehen. Kurt Gödel hatte als erster die Idee, mathematisches Denken dazu zu nutzen, um mathematisches Denken zu erforschen, d. h. die Mathematik "introspektiv" zu machen. Er zeigte, daß sogenannte paradoxe Schleifen in der Arithmetik, vergleichbar mit dem berühmten Satz des Kreters Epimenides: *"Alle Kreter sind Lügner. Diese Aussage ist falsch."* tautologisch, d. h. auf sich selbst bezogen, und damit nicht beweisbar sind. Für Logiker viel schlimmer noch: Gödel zeigte, daß es niemals möglich ist zu beweisen, ob ein mathematisches System in sich selbst logisch schlüssig ist. **Man muß immer aus der formalen mathematischen Rechnung aussteigen, um seine Gültigkeit zu überprüfen.** Mit einem Streich war die logistische Doktrin, nach der alle Mathematik von Axiomen der Logik abgeleitet werden kann, unhaltbar. Gödels Entdeckung war für den Mathematiker und einen der herausragendsten Wissenschaftler des 20. Jahrhunderts, John von Neumann, *"einzigartig und monumental – sie ist tatsächlich mehr als ein Monument, sie ist ein Meilenstein, der sichtbar bleiben wird in Raum und Zeit"*. Den Quantentheoretiker John von Neumann hatte diese Entdeckung und die Zerstörung der Idee von der Objektivität der Logik offenbar ziemlich getroffen, denn er fügte hinzu: *"Das Subjekt der Logik wird nie mehr dasselbe sein."*

John Barrow schrieb: *"Wenn wir Religion als Gedankensystem definieren, das unbeweisbare Behauptungen und dafür Elemente des Glaubens enthält, so hat uns Gödel gelehrt, daß Mathematik nicht nur eine Religion ist, sondern es ist die einzige Religion, die in der Lage ist zu beweisen, daß sie es ist."* Doch die meisten Manager hüten in ihrem Kopf noch immer eine Art goldenen Altar, auf dem sie einem Logik-Code huldigen, der ihren Handlungen die magische Kraft geben soll. Doch wenn es nicht gelingt, dieses Logik-Denken durch eine neue Offenheit für fließende Veränderungen und die schöpferische Kraft der Instabilität zu ergänzen, werden wir immer wieder Opfer unserer inneren Wahrheiten, unseres eigenen blinden Flecks, und hier geraten wir in ein Dilemma: **Während die klassische Logik nur das erkennen kann, was da ist, wird das, was noch nicht da ist, für den wirtschaftlichen Erfolg immer wichtiger.** Vernunft kann das Paradoxe nicht als Wahrheit erleben, sie macht die Welt logischer, als sie ist. **Logik** und Vernunft helfen im Bereich der Fiktionen nicht weiter, im Gegenteil, sie blockieren unsere Vorstellungskraft, und damit die Basis jeder Innovation.

Unser normaler, logischer Geist kämpft unerschütterlich gegen Komplexität und das Paradoxe, doch die Welt ist komplex und widersprüchlich. Kurt Gödel konnte zeigen, daß ihre Feedback-Schleifen paradox sind. Logisch orientierter Geist kann paradoxe Veränderungsprozesse nicht organisieren und versagt im Raum des Potentiellen, dem Raum, in dem die Zukunft, das bahnbrechend Neue geformt wird. Der logische Geist kämpft gegen das Paradoxe und bildet damit eine starke mentale Grenze. Logisch kann danach nur die Realität sein, d. h., nur wer das Sein beherrscht, hat die Macht. In chaotischen Märkten ist aber die Realität immer weniger entscheidend. Je mehr Überraschungen in die Gegenwart drängen, um so wichtiger wird das, was noch nicht da, aber doch möglich ist, denn:

- Was wir sehen oder wahrnehmen hängt von dem ab, was wir vorher gesehen oder wahrgenommen haben.
- Realität offenbart sich uns ausschließlich über eine aktive Konstruktion, von der wir ein Teil sind (Ilya Prigogine).
- Wahrheit ist nur Kontext.
- Widersprüche beherrschen das Leben.
- Wir handeln aufgrund unserer Interpretation der Situation.
- Es gibt keine Objektivität.
- Es gibt keine echten Grenzen, nur Vorstellungsgrenzen.
- Jede Grenze, die man erlebt, ist man selbst.
- Die stärkste Grenze sind Gewißheiten.

Gewißheiten haben die erleichternde Funktion, uns zu bestätigen, was man ohnehin schon kennt. Wie der Philosoph und Erforscher des Neuen, Boris Groys, schreibt, wird *"die Weitervermittlung der intakten Tradition der Innovation vorgezogen"*. Welche Konsequenzen hat das Logikkonzept für das Management?

- Wenn man logisch denkt, kann man nur den Teil der Welt sehen und gestalten, der logisch ist.
- In der modernen Welt ist aber nur die Vergangenheit wirklich logisch, weil wir sie uns rückblickend logisch erklären.
- Wer rein logisch denkt, managt in logischer Qualität überwiegend Vergangenheit.

"Neues Denken" ist eines des meistbeschworenen Schlagworte im Business. Doch die meisten meinen damit lediglich neue Inhalte, neue Moden, aber nicht grundsätzlich neue Denkprogramme und neue mentale Strategien. Sie verwechseln die Inhalte des Denkens mit dem Prozeß des Denkens. Das Paradoxe entsteht immer dann, wenn man die Welt logisch machen will. In einer chaotischen Umwelt müssen wir uns dagegen bemühen, die Para doxien des täglichen Lebens so zu akzeptieren, daß keine Paradoxien mehr im Fokus unserer Wirklichkeitskonstruktion auftauchen. Wenn man die Widersprüche des Lebens grundsätzlich akzeptiert, dann gibt es keine paradoxen Störungen mehr. Erst dieser Schritt ermöglicht es uns, Komplexität zu managen. Organisationen, auch Unternehmensorganisationen, haben nur selten etwas mit Logik zu tun. Organisationen sind nicht die Verkörperung von rationaler Logik, sie benutzen die Logik, um hinterher etwas als richtig darstellen zu können, wovon man vorher nicht wissen konnte, was dabei herauskommt. Rationalität und Logik sind die Zumutungen, die Organisationen auf sich selbst beziehen, um hinterher etwas als richtig oder falsch bezeichnen zu können, was vorher weder falsch noch richtig, sondern einfach nur ein Experiment, und damit riskant war. Wer logisch denkt, kann nur das akzeptieren, was für ihn erkennbar ist, und nicht das, was vielleicht existieren könnte. Deshalb kann er Widersprüche nicht als wahr erleben. Der logische Verstand kämpft gegen das Paradoxe und wird unfähig zu konstellativem, expansivem Denken. Was bedeutet **expansives Denken**?

- Man glaubt an Möglichkeiten statt an Wahrheiten.
- Man glaubt an die Kraft der Erfindung.
- Man glaubt nicht mehr wirklich an etwas, sondern nutzt das, woran man glaubt.
- Man betrachtet Komplexität nicht als Problem, sondern als Lösung.
- Man hält alles für zugleich gültig.

Noch einmal zurück zu Kurt Gödel. Sein Glaube an Unentscheidbarkeit und an die platonischen Welten der Mathematik war in gewisser Weise auch Ausdruck für seine Unfähigkeit, mit unserer flüchtigen physischen Existenz zurechtzukommen. Obwohl er einer der größten Logiker war, die jemals gelebt haben, war er auch ein Hypochonder. Zum Ende seines Lebens verdunkelte sich sein Geist, er wurde paranoid, fast verwirrt. Am 14. Januar 1978 starb er im Princeton Hospital in New Jersey. Als Todesursache gaben die Ärzte *"Fehlernährung und Schwachsinn"* verursacht durch *"Persönlichkeitsstörung"* an.

Ratio als Aberglauben

Ideen sind unkalkulierbar, sie lassen sich nicht in ein menschliches Konstrukt wie die Vernunft einsperren oder gar davon abhängig machen. Ideen wachsen nicht auf dem kargen Boden der puren Ernsthaftigkeit, sie brauchen Freude am Herumexperimentieren und Spielereien, und sie tauchen plötzlich in Situationen auf, in denen der Gürtel der Vernunft locker sitzt. So sind die großen Entdeckungen meist nicht das Ergebnis reinen Grübelns gewesen. Der Physiker Horst Jensen erzählte einmal vor Studenten, er habe seine Idee vom Schalenmodell des Atomkerns im alkoholischen Vollrausch gehabt, während er sich auf einem Faschingsfest amüsierte. Dafür bekam er später den Nobelpreis.

Von Friedrich August Kekulé, dem Begründer der organischen Chemie, wird überliefert, er habe die Benzolformel, nach der die Chemiker schon lange gesucht hatten, um 1865 aus einem Traum geschöpft, in dem er sich an Armen und Schwänzen greifende Affen sah.

Andere Anekdoten berichten von einem Traum Kekulés, in dem sich eine Schlange in den eigenen Schwanz beißt. Diese Schlange ist auch das Symbol der Einheit von Materie und Universum, Sinnbild des ewigen Kreislaufes der Schöpfung, die sich selbst erschafft und wieder auflöst. Während seine Kollegen sich noch mit der Frage quälten, ob es tatsächlich Atome gäbe oder ob sie nur theoretische Gebilde seien, war für Kekulé bereits alles klar: Atome existierten nicht nur, er sah sie permanent in seinen Träumen, seit sie ihm sieben Jahre zuvor plötzlich im Bus durch London vor seinem geistigen Auge herumgetanzt hatten. Daraus hatte er den Schluß gezogen, daß Kohlenstoffatome sich zu langen Ketten zusammenschließen können, und damit war die Grundlage der organischen Chemie geschaffen.
Auch Friedrich Nietzsche, der Großvater der Postmoderne, scheint nicht allein durch logische Vernunft in neue Ideenwelten gelangt zu sein. Er hatte die Erfahrung gemacht: *"Man muß Chaos in sich haben, um einen tanzenden*

Stern zu gebären." Selbst Albert Einsteins Genialität ist nach eigenem Bekennen keineswegs immer das Ergebnis reiner Vernunft, sondern gelegentlich die Folge neugierig-verspielten Herumschnupperns: *"Wenn wir an etwas arbeiten, dann steigen wir vom hohen Roß der Logik herunter und schnüffeln am Boden mit der Nase herum. Danach verwischen wir unsere Spur wieder, um die Göttlichkeit zu erhöhen."* Offensichtlich kann auch die Erkenntnis "werden", ohne daß ihre Entdecker in Labors oder an Schreibtischen Blut und Wasser schwitzen müssen, die meisten, ohne je in den Zustand der Gnade zu kommen. Doch um Irrtümern vorzubeugen: Auch Friedrich August Kekulé hat es der Herr nicht im Schlaf gegeben. Er galt als unermüdliches Arbeitstier und strenger Rationalist. Vermutlich hat er von dem hoch kreativen Zustand des luziden oder Dämmerschlafes profitiert, in dem das Gehirn überwiegend Thetawellen ausbildet. In diesem tief entspannten Zustand sinkt langsam der Einfluß des Bewußtseins, so daß tiefer liegende schöpferische Potentiale die üblichen Gedankengänge neu ordnen und scheinbar Unvereinbares zusammenfügen können.

Lust und Logik heißt die Formel des Erfolgs, wobei mit Logik nicht nur die rationale, sondern auch die **Bio-Logik** und die Logik des Überschreitens gemeint sind. Rationale Logik allein ist für die Lösung der meisten Probleme nicht mehr ausreichend. Die Zukunft erwartet vielmehr von uns, Inhalt und Art unseres Denkens herauszufordern, unsere Vermutungen zu überprüfen und hinzuschauen, wie sie unsere innere Logik und unsere Prognosen beeinflussen. Denken sollte ein fließenderer Prozeß werden, als die Ratio-Logik es erlaubt. Man könnte die neue Denkstrategie Bio-Logik oder Fließlogik nennen, denn unsere Antworten und Reaktionen werden sich in Zukunft auf eine fließendere, anpassungsfähigere Ebene verlagern. Die der Bio-Logik entliehene Fähigkeit, scheinbar Unvereinbares zu verbinden, Widersprüche als gleich gültig zu erleben und Muster zu erkennen, wird die rationale oder Vernunftlogik als Basisintelligenz ablösen.

Die Formel Lust + Logik = Erfolg scheint auch für Spitzenleistungen zu gelten, von denen wir bisher dachten, sie seien ausschließlich die hoch gehängten Früchte ernsthaften Bemühens. Der kürzeste Weg zu bahnbrechenden Ideen ist offensichtlich nicht die aus Vernunft und rationaler Logik gezeichnete Gerade.

Wie lange haben wir brav geglaubt, daß Umwege Zeit kosten, Abwege riskant sind und Auswege eine Blamage bedeuten. Doch den Hit landet eher, wer abseits der gewohnten Wege läuft, weil ihn Neugier und die Lust am Ausprobieren in unbekanntes Dickicht lockten. Wer gebildet ist, nicht nur ausgebildet, hat vielfältige Blickwinkel und Abstand zum Problem.

Es ist auffällig, daß Menschen, die besonders kreative Leistungen erbracht haben, ihren Erfolg häufig mit der Freude, die sie an ihrer Arbeit haben, begründen. Diese Freude meint etwas anderes, als das, was meist so ungebildete wie pfeilgerade Macher als "Spaaaß" durch die Zähne zischen, daß es einem kalte Schauer über den Rücken treibt. Sie ist eine emotionale Qualität, eine innere Wärme: *flow*.

Paolo Uccello war ein Renaissance-Künstler, der als einer der ersten entdeckte, wie man dreidimensionale Objekte auf glatte Oberflächen malen konnte. Von seiner ziemlich entnervten Frau ist überliefert, daß der Gatte, häufig unter Schlaflosigkeit leidend, nachts stundenlang in seiner Florenzer Dachstube auf und ab wanderte und dabei laut ausrief: *"Wie wunderbar ist doch die Perspektive!"* Albert Michelson bekam den Nobelpreis für die Entwicklung immer präziserer Methoden zur Messung der Lichtgeschwindigkeit. Als man ihn im hohen Alter danach fragte, warum er sein ganzes wissenschaftliches Leben dieser Frage widmete, sagte er nur: *"Oh, es hat großen Spaß gemacht!"*
Albrecht Fölsing beschreibt die wissenschaftliche Werkstatt der beiden DNS-Entschlüsseler James D. Watson und Francis Crick auch nicht gerade als Studierstube tiefschürfender Geister, sondern eher als Spielzimmer zweier Tüftler, die eine Menge *Spaß* hatten: *"Die beiden Zimmergenossen paßten vor allem im Arbeitsstil prächtig zueinander. Wie geniale Dilettanten, die keine Disziplin vollkommen beherrschten, aber von allem so viel wußten, daß sie die für ihr Problem wichtigen Dinge herausfinden konnten, suchten sie nach Abkürzungen des mühsamen Weges der Röntgenstrukturanalyse. Ihre Methode, wenn es überhaupt eine war, glich einem kreativen Spiel ähnlich dem Lösen eines Puzzles, indem sie durch die Konstruktion eines schlüssigen Modells der DNS die richtigen Strukturen eher erraten als erarbeiten wollten. Neben ihrer scharfsinnigen Phantasie, den Kenntnissen der Strukturchemie und einigen Röntgenbildern insbesondere von der Gruppe vom King's College*

brauchten sie vor allem Pappe, Metallscheiben und Drähte. Bei diesem reichlich verwegenen Vorgehen blieb ihnen ein eklatanter Fehlschlag nebst Blamage im näheren Kollegenkreis nicht erspart, aber im März 1953 hatten sie Erfolg."

Eine amerikanische Faustregel für Führungskräfte lautet: Du sollst dich jeden Tag mindestens dreimal blamieren. Dahinter steht die Idee, daß Fehler macht, wer viel und schnell entscheidet. Es kommt nur darauf an, die richtigen Schlüsse daraus zu ziehen und nötigenfalls zu einem spontanen Kurswechsel bereit zu sein. Vernunft funktioniert gut in geschlossenen Systemen mit anerkannten Regeln und vorhersehbaren Ergebnissen. Doch die gibt es heute nur noch in den verstaubten Modellen der traditionellen Nationalökonomen. Die Zukunft ist nicht an feste Regeln und vorhersehbare Ergebnisse gebunden. Wenn wir uns in ihr entfalten wollen, dann brauchen wir weit mehr als rationale Logik, z.B. Kreativität, um die richtigen Fragen zu stellen, Probleme neu zu definieren, neue Regeln zu entwerfen, die uns helfen, auf das Unerwartete und den Zufall zu reagieren. Wir brauchen Empathie, um das zu verstehen, was wir nicht klar fassen können, und wir brauchen Weisheit, um scheinbar unvereinbare Dinge in Beziehung zueinander zu bringen. Vor allem aber brauchen wir eine neue Logik des Spiels. Die Art unseres Spieles bestimmt, ob es endet oder unendlich weitergeht, ob es Gewinner oder Verlierer gibt, ob es die Vielfalt erhöht oder die Zahl der Möglichkeiten reduziert.

Der Traum der Vernunft, die noch immer unser Denken und Handeln bestimmt, entspringt dem Wunsch, daß das, was wir als Wirklichkeit bezeichnen, bestimmte Gestalt und bestimmte Eigenschaften haben sollte, und damit erklärbar und kalkulierbar wäre. Dieser Traum ist ausgeträumt. Aus ihm kam gewöhnlich der Verweis auf den menschlichen Willen und auf jene Rationalität, die sich dem Menschen als Teil einer immer technisierteren Welt, tapfer entgegenstellt. Nur ziemlich spleenige Wissenschaftler gehen der Frage nach, ob der Mensch Teil der virtuellen Welt wird oder das von ihm Gemachte Teil der realen Welt. Für die meisten von ihnen kommt es letztlich gar nicht mehr darauf an, ob sich Nerven in Halbleiter oder das Gehirn in einen Chip verwandeln, weil der Mensch sich strukturell auch ohne anorganische Körperteile gut mit einer Maschine vergleichen läßt. Gilles Deleuze hat das bereits ziemlich radikal getan: Jeder Punkt, an dem etwas von einer Struktur in eine andere fließt, ist für ihn bereits eine Maschine. **Es ist eine trügerische Gewißheit, daß der Mensch Herr über die Maschine bleiben kann.** So gut geplant sein Kampf auch sein mag, es bleibt ein Kampf des Don Quichote, die wirkliche Schlacht findet nicht statt. Am Puls der Zeit leben heißt, am Herzschrittmacher hängen, und der besitzt keinen Schalthebel für die Weichenstellung der Vernunft. Der tickt heute ganz automatisch im digitalen Takt des Zeitgeistes.

Gerade in der Wirtschaft klammert man sich noch immer an das Dogma der Vernunft, obwohl es hier so komplex und irrational zugeht wie in kaum einem anderen Bereich. Rationalität, so scheint es, hat die Funktion einer im Business besonders verbreiteten und etablierten Ideologie, die, wenn schon nicht Kreativität, dann doch Erfolg und Macht verspricht. Auch wenn man mittlerweile erkannt hat, daß Erfolg nicht immer durch Rationalität begründet wird, vertraut man weiterhin dem zweiten Teil des Versprechens, der Macht. Damit diese Ideologie funktioniert, hat man der Wirtschaft eine Art Schein-Physik aufgezwängt, nach der die Subjekte streng rational handeln und wie Teile einer riesigen Maschine kalkulierbar sind. **Alle menschlichen Leidenschaften und Unkalkulierbarkeiten sind weitgehend aus den Modellkonstruktionen eliminiert. Das gilt insbesondere für die Konsum- und die Führungstheorien, die noch immer wie greifbare Vernunftmaschinen und nicht wie immaterielle Energien behandelt werden.** Wer logisch denkt, reduziert seine Szenarien von der Zukunft auf eine Prognose, die das Unternehmen schlimmstenfalls die Existenz kosten kann. Man kann viel von Kunden und Konsumenten lernen, aber man sollte nicht auf sie hören. Sie haben nie nach Pizza-Blitz, Faxgeräten, Rollerblades, CDs, Zellulartelefonen, Computern, G-Shock-Uhren oder Tamagotchis gefragt. Bestseller entstehen nicht aus der Logik festgelegter Ziele, sondern aus der Simulation des Undenkbaren. Unternehmen überleben in turbulenten Zeiten nicht, weil ihr Management so vernünftig und logisch denkt, sondern weil dessen Vorstellungsgrenzen so offen sind; weil es die Gabe besitzt, durch Zufall gänzlich unerwartete, vielleicht überraschende und paradoxe Entdeckungen zu machen, ohne diese sofort wieder als unlogisch zu verwerfen. Die mentale Kernkompetenz des Managements scheint heute vielmehr darin zu liegen, die großen Zusammenhänge und Muster zu erkennen, die hinter den sichtbaren Problemen wirken. *"Effekte der 3. Art"* nennt sie der Heidelberger Philosoph Hans Rudi Fischer. Vernunft kann nur mit Operationen umgehen, die eine Ursache haben und auf ein Ziel gerichtet sind, nicht mit Zufällen und Überraschungen. Genau darauf kommt es aber im Management der Zukunft an.

Unser bewußtes Denken ist untrennbar mit der Realität verbunden, mit dem, was unsere Sinne erreicht, bestenfalls mit einem Durcheinander verschiedenster Impulse und Energien. Es gibt kein Sehen, keine Geräusche oder irgendeine andere Qualität unserer Wahrnehmung, deren Ursprung wir nicht draußen in der physischen Welt suchen, und gleichzeitig gibt es eine Unmenge von Informationen, die nicht mit einem der fünf Sinne aufgespürt werden kann, zum Beispiel die Existenz von Feldern. Das Universum, so wie wir es kennen, entsteht und wird erfahren ausschließlich in unseren Köpfen. Solange es diese mentale Konstruktion gibt, glaubt der Astronom und Physiker David Darling, *"wartet die Realität hinter den Kulissen"*.
Es gibt auch in der Wirtschaftstheorie immer mehr Vordenker, die das philosophische Rationalitätssystem als das bezeichnen, als was es sich durch die modernen Wissenschaften herausgestellt hat: eine *"handfeste und repressive Ideologie"*. Einer der streitbarsten Desillusionisten, was die Existenz der Ratio betrifft, ist der amerikanische Wirtschaftstheoretiker James C. March. Er bezeichnet Rationalität provokant als eine Art *"Aberglauben"*. Hier einige seiner Empfehlungen, wie sich Manager aus ihrer engen Ratiodogmatik befreien können:

- Ziele nur als flüchtige Hypothesen benutzen.
- Sich nicht in Ideen verlieben, sondern diese analysieren.
- Ahnungen oder Zukunftsbilder als real ansehen.
- Inkonsequenz als positives Übergangsstadium betrachten.
- Erfahrungen nur als eine Sichtweise von vielen behandeln.

Kopfwelten

Der Biocomputer

Nach dem Maschinenbild des alten Paradigmas war es für die Menschen naheliegend, daß auch der Geist mechanisch funktionieren mußte. Folglich nahm man an, daß die Beschäftigung mit der Mathematik und das Schachspielen zu den höchst entwickelten Tätigkeiten gehören, derer der menschliche Geist fähig sei. Heute kann man diese Tätigkeiten recht gelassen einem Computer übergeben. Heißt das nun, daß Computer intelligent, d. h. dem Geist ähnlich sind, oder heißt das, es gibt gewisse Funktionen in unserem Geist, die sich in mechanistische Teilbereiche zerlegen lassen? Diese Welt ist eine widersprüchliche, und daher kann ein komplexes System, wie z.B. unser Gehirn, auch paradoxe Reaktionen zeigen. Es rastet gelegentlich wie eine triviale Maschine ein, und zwar immer dann, wenn eingefahrene Muster stimuliert werden und Sinn entsteht.

Ein Computer kann gewisse Datenmuster erkennen, verschiedene Variationen einer bestimmten Situation berechnen, einen Lösungsraum suchen und einfache Strategien erarbeiten. Er kann große Mengen von Regeln und Fakten kombinieren, in einem riesigen Netzwerk von Daten herumsuchen und Fachleute auf bestimmten Gebieten übertreffen. Bestimmte Aktivitäten des Geistes bilden eine weitgehend mechanische Ordnung, weil gewisse Aspekte menschlicher Leistungsfähigkeit tatsächlich in recht mechanische Schritte zerlegbar sind. Um das zu erkennen, brauchen wir keinen Wettbewerb mit *Deep blue* anzustellen.

Man muß sich nur selbst dabei beobachten, wie man eine bekannte Strecke fährt, sich die Zähne putzt oder eine Zigarette ausdrückt. Irgend etwas scheint da einzurasten, automatisch, wie eine Chipkarte, die man in den Biocomputer Kopf steckt. Auch wenn unser Denken einerseits weit ausgreifen und durch einen intuitiven Sprung ganz neue Welten eröffnen kann, so wiederholen sich auch viele Denkmuster.

Es scheint noch eine andere Verbindung gewisser Aspekte und Verhaltensweisen zu geben, die immer wieder auftauchen. Andererseits gibt es Reize, die immer dasselbe Verhalten stimulieren. Vieles, womit wir täglich umgehen, führt dazu, daß unser Denken wie ein aufgezogenes Spielzeug in ganz bestimmten Bahnen abläuft. Marvin Minsky, der Bewußtseinsforscher, bezeichnet diese einrastenden Denkmodelle als ***mind cards.*** Oft reicht ein einziges Wort, einige Informationen, und schon haben wir den passenden Gedanken, die passende Lösung im Kopf. Diese *mind cards* beschreiben mentale Autobahnen, auf denen wir sofort entlangrasen, kaum daß wir den auslösenden Reiz empfangen haben. Diese Autobahnen sind unsere Überzeugungen, Gewißheiten, Erfahrungen, Grundmuster meist zufällig aufgeschnappter Ideologien und kultureller Mythen. *Mind cards* beschreiben die Grenzen unserer Flexibilität, und damit unserer Fähigkeit, Unvorstellbares zu denken. Wenn wir sie nicht durchlässig machen, was wiederum gar nicht so leicht ist. *Mind cards* werden immer tiefer verankert, je bewußter man versucht, sie aufzulösen. Man muß sie mit anderen mentalen Mustern überfluten. Das ist das Prinzip des *Code for Change.*

Der menschliche Geist verabscheut Unordnung und Beliebigkeit, unser Gehirn ist süchtig nach Harmonie und Mustern.

Wir vermuten stets Einfachheit und Klarheit hinter den Kulissen der von uns erkennbaren Welt und können nur sehr schwer mit der Vorstellung leben, daß häufig Beliebigkeit und Zufall die Dinge antreiben. So haben psychologische Tests ergeben, daß Menschen, die auf eine Wand mit wahllos blinkenden roten und grünen Lichtern schauen, sehr bald glauben, darin Muster erkennen zu können. Sie meinen sogar, voraussagen zu können, welche Glühbirne als nächste aufleuchten wird. Der amerikanische Hirnforscher Eric Reiman von der University of Arizona erwischte erstmals ein Gehirn beim Schummeln. Er las zwölf Probanden eine Liste sinnverwandter Wörter wie "Kuchen", "Schokolade" oder "Bonbon" vor. Viele Befragte glaubten danach auch das Wort "süß" gehört zu haben. Die Neuronenspuren für Wörter und Begriffe sind miteinander verknüpft. Dadurch entstehen Cluster, Sammelbezirke aus verwandten Informationen, etwa Leistung, Tiere und Vernunft. Daneben gibt es Querverbindungen zu anderen, ähnlichen Themenbereichen: "Torte" wird mit "süß" assoziiert, beide sind mit "Geburtstag" oder "Konditorei" verknüpft, vielleicht auch mit "Waage" und "Übelkeit". **Wenn ein Mensch ganz von einer Weltanschauung oder einer Ideologie, ein Wissenschaftler von seiner Hypothese oder ein Unternehmer von einer bestimmten Handlungsstrategie eingenommen ist, dann wird es für ihn schwer, nicht in allem seinen Eindruck bestätigt zu bekommen.** *"Je öfter die Schaltungen aktiviert werden"*, erklärt der Neurologe Antonio Damasio von der University of Iowa, *"desto fester werden sie, und desto eher wird ein Muster – ein Gesicht, eine Zahl oder ein Name – vom Kurzzeitgedächtnis ins Langzeitgedächtnis abgelegt."*

Unser Gehirn muß überall nach Mustern und Ordnungen suchen, und so werden wir nie wirklich wissen können, wie die "Wahrheit" aussieht und wann wir uns einfach in unsere Gedankenkonstruktionen verstrickt haben. So erkennt die grau verschlungene Masse in unserem Kopf unwillkürlich Gestalten in mehrdeutigen Bildern, Figuren in den Sternen über uns, Formen in den Wolken, Musik im Windgeheul oder im Rauschen des Meeres. Wenn wir jedoch in einen anderen Teil unserer Milchstraße reisen könnten, würden wir unsere vertrauten Sternbilder nicht wiedererkennen. Aus einer anderen Perspektive betrachtet, wären sie kleiner oder größer, länger oder kürzer, heller oder blasser. Es ist nicht leicht einzusehen, daß die Wirklichkeit des einen das Zerrbild des anderen sein kann. Beobachten ist nichts anderes als Sammeln von Informationen. **Sinn ergibt sich durch die Perspektive. Wissenschaftler, Schamanen, Glaubensgemeinschaften oder Businessleute, sie alle versuchen, Sinn in die überwältigende Komplexität des Lebens zu bringen.** Sie alle entwickeln Strategien und Rituale, mit deren Hilfe es für uns erträglicher wird, trotz ausgefeiltester Pläne offenbar nur durch Zufälle und spontane Impulse durchs Leben gespült zu werden. Wir alle versuchen, diese Beliebigkeit durch Ordnung zu ersetzen, und dafür spinnen wir Netze aus Regelwerken, Ritualen und Logik, die uns das beruhigende Gefühl geben sollen, die komplexe Fülle, wenn schon nicht in den Griff bekommen, doch zumindest verstehen zu können. Auch wenn das Illusion bleibt. Durch Wissenschaft, Religion oder Managementmoden suchen wir nach Mythen, Bildern und Erzählungen, die unserem Tun einen Sinn und damit eine bestimmte Ordnung geben sollen.

Nicht nur Sprache und Gedanken können in einer solchen, sich immer wiederholenden, mechanischen Ordnung ablaufen, auch unsere Gefühle können das. Starke Gefühle und Reaktionen werden oft durch ein Symbol, eine Geste, eine Wahrnehmung, ein bestimmtes Wort oder ein Ritual ausgelöst. Der Geist ist in vieler Hinsicht keineswegs frei und schöpferisch, sondern er folgt in bestimmten Abläufen durchaus einer spontan anspringenden, mechanischen Ordnung, die sich nicht so sehr von der eines Computers oder einer anderen hochentwickelten Maschine unterscheidet.
Doch dieser mechanische Aspekt ist nur einer innerhalb unserer geistigen Möglichkeiten. Entscheidend ist aber, daß alles, was in unserem Kopf mechanisch abläuft, in einem Sinnzusammenhang steht, und dieser ist genauso wichtig wie der Auslöser selbst. Sinn hat auch eine Selektionsfunktion. Wer den Geist wie eine große Maschine sieht und unsere Gesellschaft als Informationsgesellschaft definiert, muß in Aufregung geraten über die angeblichen Gefahren der Informationsüberflutung: Kommt zu viel Energie in eine Maschine, dann fliegen die Sicherungen raus oder sie knallt durch.

Die angebliche Gefahr einer **Informationsüberflutung** läßt sich leicht zerstreuen. Der so Besorgte kann nicht darüber hinwegtäuschen, daß es sich

dabei um eine Leerformel handelt, die mit der Wirklichkeit nichts zu tun hat. Die Flut von Informationen, die über uns schwappt, überflutet uns keineswegs, sie bricht sich am Kopf des einzelnen. Weil Information im System selbst, d. h. im Kopf entsteht, kann es keinen *overload* geben, denn jeder nimmt – hier ähneln wir dem Wal – nur soviel Wasser/Information auf, wie er gerade brauchen kann.
Eine Berliner Tagung hat Ende 1996 unter dem Thema "Soft Society" darüber diskutiert, wie Entscheidungen in der Informationsgesellschaft zustande kommen. Niklas Luhmann wies darauf hin, daß der Mensch unter Handlungsdruck keineswegs der Informationsflut passiv ausgesetzt sei, vielmehr wählte er selbst aus, was er davon wahrnehmen wolle. Wir wissen bereits aus der Hirnforschung, daß jedes System (also auch das Gehirn) die ankommenden Signale aus der Umwelt selbständig zu schlüssigen Informationen verarbeitet. Der Mensch macht also seine Information selbst und kann hierbei niemals alle relevanten Aspekte beachten, sonst wäre er schlichtweg handlungsunfähig.

Intelligenzforscher kamen nun zu einer überraschenden Einsicht: Je mehr man weiß, um so weniger kreativ kann man sein. Im logischen Umkehrschluß müßte das bedeuten: Je weniger man weiß, um so kreativer ist man. Nicht unbedingt, meint der Soziologe Niklas Luhmann, der das Entscheidungsverhalten von Führungskräften untersucht hat. **Die von fleißigen Assistenten für die Entscheidungen ihrer Chefs zusammengetragenen Informationen, wie Statistiken, Bilanzen oder Geschäftsberichte, werden kaum genutzt. Meist wird ohne Lektüre, nur aufgrund von Gesprächen entschieden.** Vom Joch der Informationsüberflutung kann also gar nicht die Rede sein. Wie Christian Geyer in der *FAZ* schreibt: *"Man kann nur wissen, was man tun soll, wenn man etwas getan hat. In diesem Sinne entscheidet man nicht 'um zu', sondern 'weil'."*

Die Dynamik des Wandels wird nicht auf der Grundlage aller relevanten Informationen angetrieben. Das wachsende Mißtrauen gegenüber offiziellen Quellen und die zunehmende Flut von Informationsangeboten scheint dazu zu führen, daß wir uns immer weniger durch Papierberge wühlen und uns statt dessen verstärkt auf ein Netzwerk persönlicher Informanten beruflicher, sozialer, politischer Peers und Vertrauenspersonen verlassen. Im Zeitalter

globaler Informationssysteme, wie es das Internet ist, greifen wir verstärkt zurück auf die Mündlichkeit. Das gilt für unternehmerische wie auch für Lebensentscheidungen, die man nur treffen kann, indem man auf Vollständigkeit der Information verzichtet. Bei Entscheidungen geht es nicht um die richtige Auswahl aus allen denkbaren und vor einem ausgebreiteten Möglichkeiten, während die Zeit draußen stillsteht.
Der Biographieforscher Martin Kohli bezeichnet Entscheidungen im Gegenteil als Antwort auf ein drängendes Lebensproblem. Danach stehen Entscheidungen an, wenn eine Situation eingetreten ist, in der die eigene Persönlichkeit und ihre Kontinuität bedroht zu sein scheinen. Auch und gerade dann ist der Entscheider weit entfernt von rationaler Vollständigkeit. In diesem Falle geht es weniger darum, recht elegant eine möglichst günstige Nutzenbilanz aufzustellen, als vielleicht darum, sehr widerstrebend einen Knoten durchzuschlagen, der sich im biographischen Faden des Lebens immer mehr verwickelt hatte. Und das gilt, wie Luhmann herausfand, auch für Unternehmensentscheidungen. Mit den vielzitierten und gerne geglaubten "objektiven" Kriterien als Entscheidungsbasis hat das nicht mehr viel zu tun. Aber es hat mit Psychologie zu tun. Immerhin stecken hinter dem Begriff Entscheidung, anders als in der simplen Wahl von Alternativen, die Elemente Entschluß und Tatkraft. Weil Manager auf beides besonders stolz sind, klagen sie so gerne über die Schrecken der Informationsüberflutung. Vielleicht könnte hier ein Blick in die Geschichte und dort in die Berichte von Herodot und Tacitus hilfreich sein:

Standen bei den alten Germanen und den Persern große Entscheidungen an, dann sollen sie das Für und Wider erörtert haben, nachdem sie sich gründlich betrunken hatten. Am nächsten Tag kam das Thema zur Wiedervorlage, diesmal im nüchternen Zustand. Hatte eine Lösung, die man im nüchternen Zustand entdeckte, nicht zuvor im Rausch bestanden, wurde sie verworfen. Als gute Entscheidung angenommen wurde nur, was sich in beiden Zuständen der Erkenntnis gleichermaßen als sinnvoll durchsetzen konnte.

Um den Protesten der Anti-Alkohol-Liga gleich vorzubeugen, hier geht es natürlich nicht darum, Alkohol als besten Ratgeber zu empfehlen. Worum es geht, ist die Erkenntnis, daß es nützlich sein kann, die Bewußtseinsebene zu wechseln, um neue Optionen zu entdecken. Gut geeignet dafür wäre eine ganz persönliche Art der Meditation, Floaten im Samadhi-Tank, Tagträumen. Manchen hilft auch spielerisches Herumblödeln. Oder stellen Sie sich ein Trampolin in Ihr Büro. Der Münchner Mediziner und Erforscher körpereigener Drogen, Josef Zehentbauer, beschäftigt sich mit den winzigen Botenstoffen, kleinsten Molekülen, die in unserem Gehirn und im gesamten Körper hin- und hereilen und dabei unsere Gefühle und Gedanken von einer Nervenzelle zur anderen, von einem Organ zum anderen transportieren. **Trampolin springen soll nach wenigen Minuten zu aufgehellter Stimmung führen. Mit weiterem Springen verspricht der Forscher Lächeln, dann Lachen, Zuversicht, ja sogar positive Hoffnung – nie war das im Business so wertvoll wie heute.** Die körpereigene Neurodroge Noradrenalin soll für den dynamischen Frohsinn verantwortlich sein. Sie bringt uns mehr Aktivität und Leistung, vertreibt Depressionen und pumpt frischen Schwung in die grauen Zellen.

Der Neurophysiologe Johannes Müller konnte bereits im 19. Jahrhundert zeigen, daß die Erregungszustände einer Nervenzelle nicht die Art der Erregung bezeichnen, sondern nur ihre Intensität. Ein Beweis dafür, daß lebende Systeme zwar Energie von außen beziehen, nicht aber Informationen. Diese muß jedes System, ob Unternehmen oder Gehirn selbst konstruieren. Nicht erst seit Sokrates treibt die Menschen die Frage um: Was ist Wissen und was wissen wir? Heinz von Foerster hat seine Antwort darauf gefunden: *"Ich weiß, daß ich nichts weiß, aber viele wissen nicht einmal das."*
Wie bildet sich nun Wissen im Geist ab? Wird es durch unsere Sinne aufgenommen? Wie werden Entscheidungen in Handlungen umgesetzt? Der kanadische Neurophysiologe Donald Hebb legte bereits 1952 eine neue Theorie über Lernen und Gedächtnis vor: Durch das Mikroskop betrachtet wirkt das Gehirn eher chaotisch. Von jeder Nervenzelle gehen Tausende von Fortsätzen aus, die sich nach dem Zufallsprinzip wieder mit Tausenden von anderen Nervenzellen verbinden, bis jede Zelle mit 24 anderen verknüpft ist. Dieses dicht geknüpfte Netz ist offensichtlich nicht zufällig. Ein gesundes Gehirn organisiert Handlungen, Wahrnehmungen und Gedanken, und es paßt ständig sein Verhalten an, indem es aus seinen Erfahrungen lernt.
Hebb fand heraus, daß in den Synapsen, also den Punkten, an denen die Nervenimpulse von einem Neuron zum nächsten springen, ständig kleinere

Veränderungen stattfinden. In diesen Veränderungen sieht Hebb die Grundlage für alle Lernvorgänge und für das **Gedächtnis**. Ein eingehender Sinnesimpuls, z. B. ein Bild, hinterläßt in dem neuronalen Netz seine Spur, indem er alle Synapsen nährt, die auf seinem Weg liegen. Ähnliches gilt für Impulse, die von den Ohren oder den Denkvorgängen im Gehirn selbst kommen. Das Ergebnis, so Hebb, ist ein Netzwerk, das zufällig beginnt und sich schnell selbst organisiert. Die kräftigen, oft benutzten Synapsen entwickeln sich immer stärker, während die weniger benutzten schließlich verkümmern. Bevorzugte Synapsen entwickeln sich schließlich zu einer solchen Kraft, daß sie sich verfestigen und zu Erinnerungen werden (oder noch festere Form annehmen als Überzeugungen, Gewißheiten, Glaubensmuster). Diese Gedächtnisinhalte sind im Gehirn weit verstreut, weil jeder Inhalt einem komplexen Muster entspricht, an dem Millionen von Neuronen beteiligt sind.

Das menschliche Gehirn ist ein offenes System, durch das ständig Energie und Information fließen. Es reagiert auf diese wechselnden Flüsse, indem es z.B. neue neuronale Vernetzungen aufbaut oder Langzeitmuster von Gedächtnis und Verhalten bildet. **Die Reaktionen des Gehirns auf die durchfließenden Informationen und elektrische Energien lassen Fluktuationen (vergleichbar mit Wechselstrom) entstehen. Ist dieser Fluß optimal, dann führt die Gehirntätigkeit zu Lernen oder Erfahrung.** Ist dieser Strom zu stark, werden die dadurch ausgelösten Reize oder Störungen (Perturbationen) zu stark, um Informationen abzubilden. Damit ihm nicht die Sicherungen durchknallen, muß sich das Gehirn auf die eine oder andere Weise anpassen, z. B. indem es selbst komplexer wird. Durch diesen evolutionären Sprung entsteht eine Erfahrung, eine Vision, die das gesamte Weltbild neu organisiert. Ein solcher Sprung kann zu einem Cannes erschütternden Werbetext, einem Kult-Hit oder zu wissenschaftlichen oder technologischen Durchbrüchen führen. *Highspeed*-Computer und Bioinformatik sind Beispiele für so gigantische Durchbrüche, daß mit ihnen die Vielfalt zukünftiger Möglichkeiten erweitert wurde. Man konnte danach tiefergehende Untersuchungen der verschiedenen Stufen von Bewußtsein, Wahrnehmung, Emotionen, Gedanken und Verhalten des Menschen untersuchen und in Computergrafiken abbilden. Dabei entdeckten die Forscher, daß auch das Gehirn am erfolgreichsten in der Mitte zwischen Chaos und Ordnung operiert. Diese Mitte wird beschrieben als der Punkt zwischen einer Ordnung extremer Vorhersagbarkeit und Statik und einem entgegengesetzten Ort totaler Unordnung. Genau in der Mitte, auf dem Wellenkamm zwischen Ordnung und Unordnung hat ein System (z. B. das Gehirn) genug Ordnung, um eine dynamische Stabilität aufrechtzuerhalten, und es besitzt gleichzeitig genug Unordnung und Flexibilität, um nicht in Selbstzufriedenheit immer träger zu werden, sondern Veränderungen seiner Umwelt schnell wahrzunehmen und auf Neues zu reagieren. Diese Optimierung des Energie- und Informationsflusses im Gehirn kann man durch gezielte Stimulation beeinflussen. Wissenschaftliche Untersuchungen, u. a. des kalifornischen Bewußtseinsforschers und Experten für Bewußtseinstechnologien Michael Hutchinson, haben ergeben, daß sich über neurotechnologische Geräte (z. B. hochentwickelte *mind machines)* in kurzer Zeit eine langanhaltende Flexibilisierung des Gehirns erreichen läßt

Indem bestimmte Synapsen immer wieder durch Impulse angeregt werden, stimulieren diese Geräte durch audio-visuelle Reize das Gehirn dazu, sich selbst in Zellverbänden, sogenannten ***cell assemblies*** zu organisieren. Das sind Verbände von mehreren tausend Neuronen, in denen rückgekoppelte Nervenimpulse kreisen, die sich verstärken und weiter kreisen. In diesen *cell assemblies* sieht Hebb die Grundbausteine der Information im Gehirn. Jeder Zellverband repräsentiert das Bruchstück eines Gedankens, einen Ton, einen Lichtblitz, und doch unterscheiden sich alle diese Verbände nicht wirklich. Kein Neuron funktioniert für sich allein, sondern jedes gehört über eine Vielzahl von Vernetzungen zu mehreren Verbänden, die sich gegenseitig zu ganzen Zellverbänden überlappen. Wird ein Verband aktiviert, dann führt das unweigerlich zur Aktivierung von anderen, so daß diese Grundbausteine sich schnell zu detailreicheren Begriffen und komplexerem Verhalten organisieren. Diese *cell assemblies* gelten als Basis des Denkens.

Eine lebendige Unternehmenskultur ist analog dazu nicht mehr und nicht weniger als eine ständige, in sich schlüssige und berechenbare Stimulierung kollektiver *cell assemblies* oder mentaler Muster, die verstanden werden. Über die Funktionen des Gehirns weiß man eine Menge, doch wie entsteht darin Bewußtsein? Oder ist Bewußtsein gar nicht auf das Gehirn beschränkt, was wiederum für die Theorie der morphischen Felder sprechen würde? Michael Hutchinson und viele seiner wissenschaftlichen Kollegen glauben, daß Bewußtsein keine ausschließliche Funktion des Gehirns ist, sondern *"ein Phänomen, das aus dem sich gegenseitig beeinflussenden Fluß von Energie und Information auftaucht, eingefaßt in ein komplexes und dynamisches Energiesystem, das wir als Körper-Geist bezeichnen können."*

Das Bewußtsein ist nach jüngsten Forschungserkenntnissen eine Qualität, die aus dem gesamten Körpersystem und einigen im System beinhalteten Kommunikationsfähigkeiten hervorgeht. Einen aufregenden, neuen Beweis dafür hat der bereits in Zusammenhang mit Experimenten zu den morphischen Feldern genannte Neuropsychiater Gary E. Schwartz von der University of Arizona geliefert. Er leitete kürzlich eine Serie von Untersuchungen, bei denen gleichzeitig die Herz- und Gehirnströme der Versuchspersonen durch EEG und EKG gemessen wurden. Dabei fand er heraus, daß sich das Herzschlagmuster einer Versuchsperson deutlich im Gehirnstrommuster (EEG) der anderen Person wiederfand, die einen knappen Meter entfernt war. Wir wissen, daß das Herz der kraftvollste Energiegenerator des Körpers ist, die vom Herzen erzeugte elektromagnetische Energie ist 1000mal stärker als die des Gehirns, und es produziert 50- bis 60mal stärkere elektrische Energie als das Gehirn. Schwartz und andere Wissenschaftler, wie z. B. Rollon McCraty, fanden heraus, daß die Herzaktivität direkt mit dem Gehirn verbunden ist.

Daß das Gehirn neurologisch mit dem Kardiovaskulären System (kleiner Blutkreislauf) verbunden ist und dieses mitreguliert (z. B. die Verbindung zwischen Emotionen und Herzfrequenz) war bereits bekannt. Neu war, daß das Herz auch Einfluß auf das Gehirn nimmt. Rollon McCraty setzte bei seinen Versuchspersonen bestimmte neurotechnologische Geräte ein und fand dabei heraus, daß sich die Herzaktivitäten deutlich veränderten, was wiederum Veränderungen im EEG (Gehirnstromaufzeichnung) und geradezu dramatische Veränderungen im Immun- und endokrinen System (Hormonhaushalt) verursachte. Man beobachtete beispielsweise, daß durch diese neurotechnologisch stimulierten Herzschlagmuster eine erhebliche Steigerung des Hormons DHEA und ein Absinken des Streßhormons Cortisol verursacht wurden. Und diese Funktionsverknüpfung wirkt auch noch äußerst schnell und nachhaltig.

In einer ähnlichen Studie führte der fünfminütige Einsatz der neurotechnologischen Geräte zu einer verstärkten Produktion von Immunglobulin A (IGA), die bis sechs Stunden anhielt. Genauso wie das Gehirn produzieren das Herz, der Magen und der Darm des Menschen diese bewußtseinssteuernden Hormone und Peptide. Das läßt darauf schließen, daß es Verbindungen für den Fluß von Informationen und elektrischen Energien gibt, die unabhängig vom neurologischen System arbeiten. Bewußtsein scheint damit nicht im Gehirn eingesperrt zu sein, wir tragen es offenbar nicht mit unseren Körpern herum, sondern Bewußtsein ist ein Teil des gesamten dynamischen Energiesystems.

Wie sehr wir allein durch unser Bewußtsein auf unsere Umwelt einwirken können, davon geben US-Forscher wie Ron Gordon, der ehemalige Chef des Computerspieleherstellers Atari, nur einen kleinen Vorgeschmack. Er hat eine Steuerungstechnik entwickelt, mit der man aus dem gemütlichen Sessel heraus digitale Skirennfahrer um Slalomstangen und über halsbrecherische Abfahrten heruntertreiben kann. Kein Schlange stehen am Lift, keine Gefahr durch Pistenraudis, und natürlich absolute Schneesicherheit. Doch das Außergewöhnlichste daran ist: Ron Gordon lenkt die Sportler nicht mit Mausklick oder Joystick über den Bildschirm, sondern durch menschliche Gehirnströme. Ein fünf Zentimeter langer Sensor-Fingerhut mißt Blutdruck, Pulsschlag, Schweißaustritt, Körpertemperatur und Hautspannung und wandelt die Werte im Computer in Steuerungsbefehle um, denn *"jede geistige Anstrengung hat direkte Auswirkungen auf die Haut"*, erläutert Ron Gordon. Sein Verfahren hat telepathische Qualitäten, denn *"wir können mit dem Fingerhut sowohl Art als auch Intensität von Gedanken erfassen". "Eines Tages"*, prophezeit Gordon, *"werden wir die meisten Arbeiten am Rechner per Gedankensteuerung erledigen."* Diese Art der Steuerung verlangt natürlich Übung, wir werden lernen müssen, welcher mentale Vorgang auf dem Bildschirm welche Folgen hat. Zusammen mit 25 Informatikern aus dem russischen Nowosibirsk entwickeln die Kalifornier weitere, relativ simple Programme zur Computersteuerung per Gehirn. Eines soll zum Zeichnen dienen, ein anderes Lernschwachen beim Pauken helfen. Das New Yorker Unternehmen IBVA ist einer der härtesten Konkurrenten von Ron Gordon. Hier hat man einen auf CD-ROM gespeicherten Film entwickelt, in dessen Handlungen der Zuschauer durch ein spezielles EEG eingreifen kann. Durch reine Konzentration lassen sich so die Rotations-

richtung einer Erdkugel auf dem Bildschirm ändern, einem Clown Torten ins Gesicht klatschen oder ein Fels zum Schweben bringen.
1995 gab es bereits weltweit 1300 Nutzer des Gedankencomputers. Die Medienkünstlerin Ulrike Gabriel hat mit seiner Hilfe ein Kunstwerk geschaffen, das mit der Willenskraft des Betrachters zum Leben erweckt wird. Die Künstlerin regelt mit ihren Gehirnstörmen die Helligkeit von 15 mächtigen Lichtspots, deren Stärke wiederum 30 Roboter antreibt, die mit Strom aus Solarzellen gespeist werden. Je heller das Licht, um so schneller flitzen die Roboter auf einer Stahlplatte herum. Der Witz an der Sache: die Lichtstrahler gehen nur an, wenn der Betrachter den Wunsch, die Roboter fahren zu sehen, völlig vergißt, denn Ulrike Gabriel will, *"daß die Leute das Kunstwerk völlig entspannt genießen"*.
Fieberhaft arbeiten Wissenschaftler an neuen Anwendungsbereichen digitaler Gedankenübertragung. Der japanische Computerhersteller Fujitsu ("Das beste daran: es spricht pelfekt deutsch") sucht nach den Veränderungen der elektrischen Schwingungen von Hirnsignalen, bevor man ein bestimmtes Wort ausspricht. Entdeckt man dabei ein Muster, so könnten Behinderte Worte in den Computer eingeben, indem sie diese einfach denken. **Im Smith-Kettlewell-Eye-Institute für Augenforschung in San Francisco ist man den Gehirnwellen auf der Spur, die beim Betrachten des Alphabets entstehen. Falls die Forscher für jeden Buchstaben ein bestimmtes Hirnwellenmuster finden, wäre telepathisches Schreiben möglich.** In den nächsten Jahren wird es auch in Deutschland einen Boom in der Software- und Informationswirtschaft geben, doch der Jahresbedarf von 20 000 Informatikern läßt sich hierzulande bei weitem nicht decken. Die wirtschaftliche Nutzung der neuen Informations- und Kommunikationstechniken, zu denen Internet- oder Online-Angebote, aber auch so ausgefallene Forschungsprojekte wie hirngesteuerte Computersimulationen mit all ihren unabsehbaren Anwendungsmöglichkeiten gehören könnten, stößt in Deutschland vor allem auf zwei Probleme. Es gibt eine Vielzahl von Reglements und Hindernissen, wobei die wirkungsvollsten in den Köpfen sitzen. Nicht die Kulturhoheit der Länder, diskutierte Rundfunkgebühren für PCs, Wissenschaftskodizes oder Zunftregeln in Form von Handwerksordnungen für Softwarehäuser, alles Reglements, die den Zukunftstechniken geradezu mit Gewalt übergestülpt werden sollen, stehen einer neuen, vielversprechenden

Technik im Weg. Es sind die mentalen, emotionalen und administrativen Blockaden, die auch bei der Entscheidung für die berufliche Ausbildung zu falschen persönlichen Weichenstellungen führen. Der Bedarf an Informatikern kann schon heute bei weitem nicht gedeckt werden und in der Zukunft wird das nicht anders sein. Unter den 20 000 Softwarehäusern und Internet-Dienstleistern in der Bundesrepublik gibt es kaum einen, der keine offenen Stellen hat. Daran wird sich so schnell nichts ändern, denn, so Hewlett-Packard-Chef Jörg Menno Harms: *"Von 11 000 Studienplätzen eines Jahrganges sind bestenfalls 6 000 bis 7 000 besetzt, und das noch mit fallender Tendenz."*
Über unsere Vorstellungskraft und unsere Visionen und Ideen sind wir in der Lage, weit über biologische und materielle Grenzen hinauszugehen. Vom nächsten Schritt der Bewußtseinsforscher ist die Mainstream-Wissenschaft noch weit entfernt. **Hutchinson, Dyson, Schwartz und andere Grenzgänger unter den Bewußtseinsforschern fragen sich, warum wir Menschen über eine geistige Sehnsucht verfügen, das beengende Konzept des physikalischen Universums hinter uns zu lassen, die wir als körperliche Wesen aber niemals erfüllen können.** Wir können uns in einzelnen Augenblicken der Erkenntnis, wie der Selbstfindling vorstellen, zu einem einzigen, gigantischen Ganzen zu gehören, das sich weit über die Grenzen des bekannten Universums hinaus erstreckt. Wir tragen das Bewußtsein dieser unendlichen Ganzheit als inneres Wissen tief in uns, aber wir werden es niemals physisch ausprobieren und erfahren können. Für die Wissenschaftler ergibt sich daraus der Schluß, daß das Gehirn zwar ein biologisches Organ, das Bewußtsein jedoch metaphysisch oder sogar nicht-physisch sei. Das Bewußtsein, so Michael Hutchinson, ist *"das Tor zu einer Realität, die in ihrer Essenz nicht dualistisch* (z. B. in Kategorien wie gut: schlecht oder wahr: falsch , siegen: verlieren, oben: unten, Freund: Feind, stark: schwach denkend – Anm. d. Verf.) *ist. Dualistisches Denken bedeutet einfach, Werkzeuge zu benutzen, die durch unsere Biologie begrenzt sind."* Die Antworten, zu denen wir gelangen, müssen durch diese Begrenzung zwangsläufig falsch sein. Indem wir diese dualistische Gewohnheit des Gehirns einfach stoppen, kommen wir sehr schnell und relativ einfach zu einem Bewußtsein, das jenseits dieser Dualitäten liegt und genau das ist die mentale Basis für *win-win*-Spiele, für Co-Evolution. Eine mentale Qualität, die in unserer Wirtschaft bisher äußerst unterentwickelt ist. Vielleicht

würde man sich eher darum bemühen, wenn sich herumgesprochen hätte, daß *win-win*-Denken ein Intelligenz-Kriterium ist.
Michael Hutchinson zur Loslösung von dualistischem Denken: *"Das heißt, wir werden klüger und fähig, so zu handeln, daß immer mehr Möglichkeiten entstehen."* Dieses nichtdualistische, komplexe Denken öffnet ein großes Fenster zu größerer Klarheit und es erweitert unsere Perspektive der Realität. Diese Erkenntnis ist mit dem zunächst ratlosen Starren auf die 3-D-Computerbilder zu vergleichen, die wir aus den berühmten Magic-Eye-Büchern kennen. Man schaut auf verschiedene Wirbel bedeutungsloser Pixel und plötzlichen taucht aus der Tiefe ein multidimensionales, völlig klares Motiv auf, und man wundert sich nur, warum man es nicht sofort entdeckt hat. Unsere einmal eingerasteten Sehgewohnheiten erlauben uns nur eine bestimmte Weise der Betrachtung, und mit unseren Denkgewohnheiten ist es nicht anders. Hat man das Bild in der "Cyberoptik" einmal gesehen, kann man es immer wieder erkennen, aber man ist nicht auf diese Betrachtung fixiert. Wer einmal eine optische Illusion oder andere mentale Illusionen durchschaut hat, wird diesen neuen Blick, dieses Wissen niemals verlieren, aber er ist ihm doch nicht ausgeliefert. Ich kann eine Öffnung in meinen Zaun brechen, aber wenn ich gelegentlich hindurchtrete, dann bleibt mir der Rückzug hinter die alten Grenzen meines Gartens nicht verschlossen. Ich kann mir erlauben, von Zeit zu Zeit meine Zäune zu überschreiten, aber ich kann auch innerhalb des genau abgesteckten Raumes Obst ernten und in der warmen Sonne liegen. **Wer seine gewohnten Grenzen der Realitätssicht öffnet, der tut keinen irreversiblen Schritt, vor dem viele Menschen so große Angst haben.** Sie glauben, eine kleine Öffnung des eigenen Zauns bedeutet automatisch, ins *Off* hinauskatapultiert zu werden und mit der Welt, wie sie ist, nicht mehr klar zu kommen. Denken Sie an das 3-D-Bild. Hat man die rosa Flamingos hinter dem Wirrwarr erst einmal gesehen, kann man sie sehr viel leichter wiedererkennen, aber sie halten einen nicht gefangen. Wir können die Dimensionen unseres Blickwinkels genauso wie die unseres Bewußtseins wählen. Natürlich nur, wenn wir eine Wahl haben.

Die Hirn- und Bewußtseinsforscher sehen in ihren Erkenntnissen übrigens viele Parallelen zu spirituellen Lehren und Wegen, wie z. B. von Lao Tse,

Buddha oder den Sufis, einem mystischen Orden des Islam. **Die Sufis sind den Fundamentalisten ein Dorn im Auge, weil sie ihren eigenen Weg zu Gott suchen.** Für sie ist das Herz das Zentrum der Intelligenz. In dem berühmten Drehtanz des Mevlevi-Ordens schlagen sich daher die Mönche bei ihren Drehungen auf die Brust, um ihren Intellekt anzuregen, der in der Sufitradition "universal" bedeutet und den menschlichen Zustand als solchen übersteigt. Indem sie sich in Trance immer wieder auf ihr Herz schlagen, stimulieren sie nicht, wie Westler glauben würden, ihre Gefühle, sondern den Sitz des Intellekts, denn das Herz gilt Sufis als Sitz des nicht an gedankliche Form gebundenen, unmittelbaren Geistes. Das TAO wiederum besagt , daß in einem absolut realen Sinn alles miteinander verbunden und gleichzeitig eingefaltet ist in eine enge Beziehung mit allem anderen. Beides sind Vorstellungen, bei denen sich der Weg der neuen Wissenschaften mit jahrhundertealten spirituellen Wegen kreuzt. Hans-Peter Dürr, emeritierter Direktor des Max-Planck-Instituts für Physik, ist als Quantentheoretiker davon überzeugt: *"Die Grenzen zwischen Wissenschaft und Transzendenz sind durchlässig geworden."*

Blinde Flecken

Der Satz *"Ich denke, also bin ich"* findet sich erstmals 1637 im *"Discours de la Méthode"*, und René Descartes ging mit diesem vielleicht berühmtesten Zitat in die Geschichte der Philosophie der Neuzeit ein. *"Ich denke, also bin ich"* besagt, daß Denken und das Bewußtsein vom Denken die eigentlichen Substrate des Seins sind. Denken war für Descartes eine Tätigkeit, die sich völlig unabhängig vom Körper abspielt. Er vollzog damit eine radikale Trennung zwischen Geist, der "denkenden Substanz", und dem nicht denkenden Körper, der Ausdehnung besitzt und über mechanische Teile verfügt.

René Descartes' vielzitierter Irrtum, den erst die modernen Neurowissenschaften entdeckten, liegt in dieser exakten Trennung von Körper und Geist, die der Neurologe und Philosoph Antonio R. Damasio beschreibt als Trennung *"von greifbarem, ausgedehntem, mechanisch arbeitendem, unendlich teilbarem Körperstoff auf der einen Seite und dem ungreifbaren, ausdehnungslosen, unteilbaren Geistesstoff auf der anderen; in der Behauptung, daß Denken, moralisches Urteil, Leiden, das aus körperlichem Schmerz oder seelischer Pein entsteht, unabhängig vom Körper existieren. Vor allem: in der Trennung der höchsten geistigen Tätigkeiten vom Aufbau und der Arbeitsweise des biologischen Organismus".*

Descartes war davon überzeugt, daß es eine objektive, von jedem Gefühlseinfluß freie Vernunft gibt, und er stellte auf dieser Basis folgende, die gesamte Moderne prägende Anspruchskriterien für die "reine Vernunft" auf:
1. "Niemals eine Sache als wahr anzunehmen, die ich nicht als solche sicher und einleuchtend erkennen würde, das heißt, sorgfältig die Übereilung und das Vorurteil zu vermeiden und in meinen Urteilen nur soviel zu begreifen, wie sich meinem Geist so klar und deutlich darstellen würde, daß ich gar keine Möglichkeit hätte, daran zu zweifeln. 2. Jede der Schwierigkeiten, die ich untersuchen würde, in so viele Teile zu zerlegen, als möglich und zur besseren Lösung wünschenswert wäre. 3. Meine Gedanken zu ordnen."

Daran mochte auch Molière nicht glauben. Er läßt hundert Jahre später seinen Menschenfeind einen Seitenhieb auf Descartes abgeben: *"Der Mensch sei ein vernünftig Wesen! / Wer sowas sagt / der ist nie Mensch gewesen."* Molière, so schrieb Jean Anouilh, habe uns vorgeführt, daß wir weit davon entfernt seien, vernünftige Wesen zu sein: *"Molière hat das Tier Mensch wie ein Insekt aufgespießt und löst mit feiner Pinzette seine Reflexe aus. Und das Insekt Mensch zeigt nur den einen, immer gleichen Reflex, der bei der geringsten Berührung aufzuckt: den des Egoismus."*

Objektive Vernunft gibt es nicht. Antonio R. Damasio und seine Frau, die Neurologin Hanna Damasio, erbrachten den Beweis. Das Paar interessierte ein Fall, der bei näherer Untersuchung die bisherige Vorstellung, was vernünftiges Verhalten sei, vollkommen verändern sollte:

Am 13. September 1848 hatte der walisische Bahnarbeiter Phineas Cage einen furchtbaren Unfall. Bei einer unsachgemäß ausgelösten Sprengung drang ihm ein Eisenstab durch Wange, Hirn und Schädel und er verlor das linke Auge. Das Sehvermögen des rechten Auges blieb ebenso bestehen wie Sprechvermögen, Gedächtnis, Gehör, Geruchs- und Tastsinn. Und dennoch war Phineas Cage ein anderer geworden. Sein Wesen hatte sich grundlegend verändert, und das war Lockstoff für Hirnforscher wie Antonio R. Damasio,

Professor der Neurologie und Leiter der Neurologischen Abteilung des University of Iowa College of Medicine. Er unterhält in Iowa die größte Sammlung von Fällen spezifischer Hirnverletzungen und konnte gemeinsam mit seiner Frau mittels Computersimulationen das Gehirn des Phineas Cage rekonstruieren. Damit ließ sich die in Röntgenbildern und Fotos vom Schädel des Toten dokumentierte Lage der Verletzung genau einordnen, so daß die Daten des vor über hundert Jahren Verunglückten sich mit den mehr als 1500 Fällen von Hirnschädigungen vergleichen ließ, die das Forscherpaar in seinem Computer gespeichert hat. Bei Phineas Cage war offensichtlich, wie bei manchen Patienten Damasios, eine Stelle der Frontalhirnabschnitte zerstört worden, wo Emotionen aus tiefergelegenen Hirnregionen in die Großhirnrinde eingespeist werden. Damasio konnte auf der Basis zahlreicher Fallstudien belegen, welche grundlegende Rolle die Emotionen für das vernünftige Verhalten des Menschen spielen. Mehr noch: Ein Mensch, dessen emotionales und soziales Verhalten durch Hirnverletzungen gestört ist, kann sogenannte rationale Entscheidungen überhaupt nicht mehr treffen. **Descartes´ Idee, daß es eine vom Gefühl unabhängige Ratio gebe, ist nicht mehr aufrechtzuerhalten.** Es gibt vielmehr eine weitaus engere Verknüpfung von Denken und Fühlen, und diese weist darauf hin, daß Geist und Körper eine engere Einheit bilden, als unser altes, von Descartes' Philosophie der Vernunft geprägtes Weltbild behauptet. Wir liegen daher gar nicht so falsch, wenn wir nicht unser Gehirn, sondern unser Herz als Zentrum des Verhaltens verstehen.

Damasio macht auch deutlich, daß das Faktenwissen, das wir zum Denken und Entscheiden brauchen, über Vorstellungsbilder entsteht. Jeder Gedanke setzt sich aus Bildern zusammen, *"gleichgültig, ob sie in erster Linie aus Formen, Farben, Bewegungen, Tönen, gesprochenen oder unausgesprochenen Wörtern bestehen. Diese Bilder, die sich einstellen, wenn Sie an vergangene Dinge denken, nennt man Erinnerungsbilder, um sie von denen der Wahrnehmung zu unterscheiden"*. Heute weiß man aus der Neuroforschung, daß unser Gehirn keinen Unterschied macht zwischen Bildern von etwas, das noch nicht geschehen ist, möglicherweise nie geschehen wird oder nur in unserer Phantasie geschehen ist, und Bildern, die man von tatsächlichen Ereignissen in Erinnerung hat. Imaginationen sind Blaupausen einer möglichen

Zukunft und haben nichts mit der gelebten Vergangenheit zu tun. Alle Bilder, real erinnert oder imaginiert, sind Konstruktionen, die das Gehirn vornimmt. Mit Sicherheit wissen wir nur, daß diese Bilder für uns selbst real sind und daß andere Lebewesen vergleichbare Bilder produzieren.

Wie stellt unser Gehirn diese erstaunlichen Konstruktionen her? Sie werden offenbar von einer Art komplexer neuronaler Maschinerie aus Wahrnehmung, Gedächtnis und Denken produziert. Gelegentlich bestimmt diesen Prozeß die Welt außerhalb des Gehirns, die Welt in unserem Körper oder seiner Umgebung, und sie wird dabei von unserem Gedächtnis unterstützt. Das ist der Fall, wenn wir im Geiste eine bekannte Stimme hören oder mit geschlossenen Augen an ein Ereignis denken, wobei es keine Rolle spielt, ob dieses real oder imaginiert ist. **Unser Gehirn kann nicht unterscheiden, ob es sich um eine Simulation oder eine Erinnerung handelt, ob wir etwas, das wir uns intensiv vorstellen, erlebt haben oder nur vorstellen, ob wir etwas wollen oder nicht wollen. Es weiß nur, worauf wir unseren Fokus ausgerichtet haben. Und so wird es Realität.**

Unser Ich oder das, was wir dafür halten, ist keineswegs der berüchtigte Homunkulus, ein kleiner Mensch, der in unserem Gehirn sitzt und aus unserem Kopf herausschaut, die Welt wahrnimmt und mit den Bildern denkt, die das Gehirn erzeugt. Denken und Wahrnehmen ist ein sich ständig neu entfaltender neurobiologischer Zustand, und diese Erkenntnis verträgt sich überhaupt nicht mit der traditionellen Vorstellung, die Welt bilde sich in unserem Gehirn exakt ab.

Der Fall des walisischen Bahnarbeiters und die von ihm ausgelösten neurologischen und evolutionsgeschichtlichen Analysen haben unser Selbstverständnis verändert. 1637 setzte René Descartes das moderne Studium der Beziehungen zwischen Geist und Gehirn in Bewegung. Descartes gelangte zu der Auffassung, daß die menschliche Erkenntnis nicht, wie es die Kirche behauptete, von einer spirituellen Seele abhänge, sondern vom Gehirn und vom Nervensystem. Er glaubte, daß der Geist den Automaten des Körpers lenke. Descartes wollte sogar einen physischen Ort für diese Steuerung kennen, eine Art Kommandobrücke: die Zirbeldrüse. Durch diese örtlich-physische

Bestimmung des Denkvorganges und indem er die Kompetenz der Kirche anzweifelte, menschliche Erkenntnis definieren zu können, führte Descartes das mittelalterliche Denken hinüber in die moderne Welt. Sein großes Verdienst war es, zu erkennen, daß die Wissenschaft eine Basis für ein neues Verständnis des Menschen liefern würde. Die Erkenntnisse der Neurobiologie können uns heute nicht nur helfen, Verständnis und Einfühlungsvermögen für die Entscheidungen anderer Menschen aufzubringen, sondern sie gewähren uns auch Einblick in die Ursachen von Konflikten und zeigen uns Mittel und Wege, wie wir sie entschärfen können. Wir befinden uns heute in einer bewußten Phase unserer Evolution. Unser Geist und unser Gehirn können sowohl Diener wie Herr unseres Körpers sein. Wir sind aufgerufen, Regie zu übernehmen und, statt andere zu Moral und Ethik aufzurufen, selbst Verantwortung zu übernehmen. Zusammengefaßt könnte man Descartes' Satz "Ich denke, also bin ich" neu interpretieren durch "Ich denke, also bin ich nicht" oder "Ich bin, also fühle ich. Dadurch interpretiere ich Gedanken, schätze die Folgen meines Handelns ab und treffe Entscheidungen."

Was bedeutet der blinde Fleck für ein Unternehmen? Unternehmen haben eine innere Wissensstruktur, die sich aus Werten, Regeln, Organisationsstruktur und internen Prozessen zusammensetzt. Diese Struktur macht ein Unternehmen leistungsfähig, aber sie birgt auch die Gefahr der in sich geschlossenen Weltbetrachtung. **Im blinden Fleck eines Unternehmens werden Probleme ignoriert, überholte Traditionen gepflegt, wichtige Fragen nicht gestellt, Vorurteile bestätigt, Beobachtungen übersehen, Bedürfnisse mißachtet, Chancen verschlafen, und es wird nach verbrauchten Erfahrungen gehandelt.** Genau hier, in diesem blinden Fleck, liegt auch der Markt, den noch niemand entdeckt hat. Ein System kann nicht sehen, was es nicht sieht, dazu müßte es sich außerhalb seiner eigenen Grenzen stellen. Die Wissensstruktur, also das, woran die Menschen glauben, definiert, welche Fragen gestellt, welche Beobachtungen gemacht und wie sie bewertet werden. Sie bestimmt auch, welche Beobachtungen nicht gemacht werden! Das Lernpotential, die Aneignung neuen Wissens und die Weiterentwicklung bereits angesammelten Wissens richtet sich daher immer nach dem, was schon da ist. Für das Management wird aber in Zukunft das immer wichtiger, was noch nicht da ist, was heute noch im blinden Fleck verborgen liegt. Doch Ignoranz hat auch ihre guten Seiten. Es gäbe keine bahnbrechenden Innovationen, keinen Fortschritt ohne leicht Verrückte oder Pioniere, die bereit sind, mit einer Idee aufzusteigen oder auch mit ihr unterzugehen, und die den Mut haben, die Stimmen der Warner und Zögerer zu ignorieren. Der blinde Fleck markiert die Grenze unserer Denkgewohnheiten, die Macht unserer Erfahrungen und den Glauben, Wahrnehmung sei die Abbildung von Realität. Doch wenn sich die Welterklärungsmodelle verändern, dann sind auch unsere alten, logisch daraus abgeleiteten Erfahrungen nichts mehr wert. Das führt uns zu folgenden Entdeckungen:

- Wir sehen nicht, daß wir etwas nicht sehen.
- Die Umwelt, die wir wahrnehmen, ist unsere Konstruktion.
- Wir sehen mehr, wenn wir unseren Fokus weniger scharf einstellen.

Auch die Märkte der Gegenwart haben unscharfe Ränder, sie sind flüchtig, unbeständig und dem Zufall unterworfen. Um auf ihnen überleben zu können, braucht man Profile, die ebenfalls unscharfe Ränder haben. Herkömmliche Konzepte von Qualität und Preis werden abgelöst von einer Wiederentdekkung der Bilderkultur: Metaphern und Mythen. Mythen haben Vorteile: Sie sind wenig konkret, viele Menschen können sich damit identifizieren und sie lassen sich immer wiederholen, ohne daß Langeweile entsteht. Sehen Sie sich nur den Marlboro-Mythos an: Seit dreissig Jahren reitet der Held über die Ebene, und noch immer schauen wir ihm gerne dabei zu. Die meisten Menschen pflegen aber ein Denkmodell, das gegenüber sich selbst blind ist. Man hat aus zufälligen Erfahrungen ein Bild von sich, von anderen oder von den sogenannten Sachzwängen entwickelt, das man schlimmstenfalls noch als objektiv betrachtet. Einmal fokussierte Ziele und Pläne gelten für uns häufig als unumstößlich, einmal entwickelte Konzepte werden umgesetzt, koste es, was es wolle. Wir sollten lernen, Veränderung als einen Wert an sich zu begreifen, dann fiele es uns leichter, mit Ideen zu spielen und sie zu analysieren, statt uns in sie zu verbeißen. Was wir in Zukunft brauchen, ist ein Denkprogramm, das einen Code für Wandel und Experiment besitzt, das sich selbst qualifizieren und an die Entwicklungen der Umwelt anpassen kann. Der Mathematiker und Nobelpreisträger Manfred Eigen meint genau das, wenn er sagt: *"Auch der Geist wird."*

Wir sollten den Blick gelegentlich unscharf stellen. Das bedeutet auch, daß wir weniger an unseren erfundenen Bedeutungen zu leiden haben, denn wir leiden, lieben und handeln nicht aufgrund von Wirklichkeiten, sondern aufgrund unserer Erfahrungen und Erfindungen, die wir für wirklich halten. Wie entkommt man gerade im Business dem blinden Fleck? Indem man sich gelegentlich folgende Fragen stellt: **Wie lange arbeiten wir schon mit denselben Leuten? Wann haben wir für ein neues Projekt jemanden von außen geholt? Ziehen wir überhaupt die richtigen Leute an? Beschäftigen wir die Besten unserer Branche? Geben wir ihnen das richtige Umfeld und die besten Ressourcen? Welche Produkte und/oder Leistungen passen nicht zusammen?** Achtung: Inkongruenz (Unvereinbarkeit) führt zu Durchbrüchen! Welche Produkte und/oder Leistungen passen nicht zu den unseren? Paßt unser Produkt noch zum laufenden Trend? Kennen wir den? Ist in unserem Angebot etwas Umwerfendes? Und bei der Konkurrenz? Welche neuen Begriffe habe ich in dieser Woche gelernt? Was hat mich/uns in den letzten drei, sechs, zwölf Monaten total überrascht? Warum? Was genau hat mich/uns in den letzten drei, sechs, zwölf Monaten zum Staunen gebracht? Warum? Wann haben wir zuletzt hemmungslos geträumt?

Wir werden in Zukunft unseren Geist genauso flexibel trainieren wie heute unseren Körper. Überall in den USA eröffnen seit einigen Jahren sogenannte *neural gyms*, in denen *mind machines* und andere elektronische Systeme mit auditiven und visuellen Reizen dafür sorgen, daß sich die Hirnströme in kreativere oder entspanntere Zonen bewegen. Hier liegt der nächste Schritt auf unserer Suche nach zusätzlicher Energie und besserer Selbstführung. Technisch anspruchsvolle und wissenschaftlich vor allem in der Epilepsieforschung erprobte ***mind machines*** sind eine spannende Erfahrung, die man schon mal machen sollte. Das meint auch ein Kunde, der in einem 1993 erschienenen *Newsweek*-Artikel über *brain gyms* zitiert wird: *"Ungefähr nach fünf Minuten im brain-gym-Training kommt ein Moment, an dem die Lichtimpulse auf den Augenlidern, das sanfte Rauschen von fließendem Wasser in den Kopfhörern nicht mehr vom eigenen Herzschlag und dem Heben und Senken des Brustkorbes unterschieden wird. Tief in unserem Geist verschwimmen die körperlichen Empfindungen, und die Alltagsrealität entweicht aus*

unserem Bewußtsein, so wie Gas aus einem Fesselballon. Was bleibt ist ein Gefühl stiller Abgeschiedenheit."
Hirnforscher würden es etwas trockener ausdrücken: *"Das Gehirn chaotiziert"*, und das ist genau das Gegenteil von Gleichgewicht. Ein chaotizierter Geist beschreibt den Zustand höchster Aufmerksamkeit bei gleichzeitig tiefer Entspannung. Jahrelange Meditation kann uns dazu bringen, diesen mentalen Zustand bewußt anzuregen, mit den hochspezialisierten *mind machines* geht es sehr viel schneller, manchmal dauert es nur wenige Minuten, bis das Gehirn die angebotenen Frequenzen synchronisiert und Hirnwellen entwickelt, die den Geist entspannen oder schöpferisch anregen. Die britische Neurotherapeutin und Psychologin Anna Wise hat auf dem Gebiet der *Brainwave*-Forschung mehrere Jahre in London und den USA gearbeitet und festgestellt, daß wir ein breites Spektrum an Möglichkeiten haben, unsere mentale Dynamik so zu verstärken, daß Informationen leichter zwischen den verschiedenen Bewußtseinsebenen fließen und intuitive wie kreative Potentiale stimuliert und in das Wachbewußtsein übertragen werden können. Ein Gebiet, das sich erst in einigen Jahren einer breiteren Öffentlichkeit erschließen wird und bisher von wenigen Spitzenperformern in Medien, Werbung und im Top-Management genutzt wird.
In ein Sprudelbad bestenfalls äußerst origineller Ideen steigen Leute, deren Geist für alternative Ordnungen, für möglichst viele Variablen sensibilisiert ist. Hirnforscher würden sagen: Menschen, die ein chaotiziertes Gehirn besitzen. Der Chaotizierungseffekt des Gehirns sollte einst unser Überleben sichern, indem er uns anhielt, in spontaner Panik, geradezu kopflos, vor dem Säbelzahntiger wegzulaufen, ohne erst eine konkrete Analyse seiner Absichten machen und danach die optimalsten Fluchtstrategien erstellen zu müssen. Er sorgte auch dafür, daß wir nicht ewig in unseren Höhlen hocken blieben, sondern neugierig unsere Umwelt erkundschafteten, und daß wir uns verlieben konnten, um Nachkommen zu erzeugen. Ein lange wirkendes Geschenk der Evolution, denn allein durch die Entdeckung von etwas Neuem kann bei einigen Individuen durchaus das Lustzentrum im Gehirn stimuliert werden.
So wie manche Menschen mehr Lust am Sex und andere am Essen haben, gibt es offenbar auch solche, denen es Lust und Erregung bereitet, etwas Überraschendes, Neues zu entdecken. So überrascht uns auch die Entdeckung der Hirnforscher nicht mehr, die den Zustand eines chaotizierten und dadurch

höchst kreativen Gehirns auf nur drei Lebenssituationen beschränkt sehen: Flucht, Verliebtsein und Staunen. Spontane Flucht als Überlebensstrategie ist weitgehend überflüssig geworden, heftiges Verliebtsein ist zeitlich begrenzt, und der staunende Blick des Kindes wird durch wachsende Erfahrung getrübt. Wir müssen auf andere Weise lernen, die kreative Energie des Staunens freizusetzen und zu pflegen, beispielsweise, indem wir unsere Zeit, unsere Umgebung und unsere Aktivitäten besser organisieren, anregender gestalten und unsere Aufmerksamkeit in neue Bahnen lenken. Wir könnten lernen, andere Dinge wahrzunehmen und sie gleichzeitig auch anders wahrzunehmen. Wir könnten lernen, immer wieder auf neue Weise zu denken, zu fühlen und zu handeln. **Kreative Menschen sind häufig erstaunt, sie gehen nicht immer davon aus zu verstehen, was um sie herum passiert, und sie gehen auch nicht davon aus, daß andere es verstehen.** Sie fragen nach, bleiben manchmal hartnäckig, nicht aus reiner Aufsässigkeit, sondern weil sie früher als andere erkennen, daß eine Perspektive bestimmte Schwächen oder noch ganz andere Möglichkeiten bietet. Kreative Menschen reagieren sehr sensibel auf Langeweile, Schmerz, Freude, Überraschung, Neuheit, Interesse und andere Gefühle. Sie ziehen sich schnell zurück, wenn sie sich langweilen, und sie sind auch genauso schnell bereit, sich für eine Sache zu engagieren, wenn diese ihr Interesse geweckt hat. Sie sind mit der Dynamik ihrer Gefühle vertraut und brauchen sich ihrer nicht erst bewußt zu werden. Dieser aller Kreativität zugrundeliegende Zustand der Chaotizierung des Gehirns läßt sich fördern, indem man gezielte Störungen ins große Rauschen des Erwartbaren einbaut und Phasen absoluter Neuheit schafft.

Ich-Splitting

In den USA, aber auch in Deutschland wird seit einigen Jahren zum Thema Multiplizität, also auch Multi-Ich geforscht. Marvin Minsky spricht von Intelligenz als einer *"geistigen Sozietät"*, geformt aus einer Kakophonie unterschiedlicher Einfälle. *"Man kann Geist aus vielen kleinen, für sich geistlosen Einzelteilchen zusammensetzen."* Man stelle sich ein einfaches Gehirn vor, das aus einzelnen Spezialisten konstruiert ist, von denen jeder für eine bestimmte Aufgabe, ein wichtiges Ziel oder einen Instinkt zuständig ist.

Jeder für sich allein ist ein Idiot, aber zusammen in vielen verschiedenen Anordnungen organisiert können sie innerhalb einer verwickelten Steuerungshierarchie Denken schaffen. Marvin Minsky: *"Ohne eine geistige Sozietät gibt es keine Intelligenz. Nur aus dummen Dingen bekommt man intelligente Dinge."* Nach Minsky konkurrieren und kooperieren die unintelligenten Kräfte in einer komplexen Organisation gleichzeitig um Ressourcen und Anerkennung, wobei es eine sehr lockere Kooperation unter den wetteifernden Teilen gibt. Minsky geht davon aus, daß sich Intelligenz über *"einen locker gestrickten Verband beinahe separater Agenturen mit beinahe unabhängigen Zielen"* entwickelt. Erfolgreiche Agenturen werden beibehalten, erfolglose verschwinden langsam. So betrachtet hat das Gehirn keine Monopolstellung, sondern es organisiert eher einen gnadenlosen Wettbewerb von Intelligenzpartikeln, in dem spontane Kooperationen entstehen.
Um als intelligent zu gelten, genügte es lange Zeit, rational denken zu können und möglichst alles, was nicht ins Konzept der Rationalität paßte, wegzufiltern. Kreativität, Musikalität, Beziehungsfähigkeit, Flexibilität, Intuition, Genialität, interkulturelles Bewußtsein, Erfahrungsvielfalt, Einfühlsamkeit, paradoxes Denken, Imagination oder persönliche Integrität fielen und fallen noch immer bei vielen Intelligenztests durchs Raster. Die meisten definieren Intelligenz nur in einem kleinen Rahmen durch Gedächtnis, Mustererkennung, Wortschatz, Allgemeinwissen, räumliches Denken, Mathematik und natürlich Logik. Howard Gardners Konzept bricht mit dem alten Modell einer standardisierten Intelligenz und orientiert sich daran, wie gut jemand Probleme lösen und Neues hervorbringen kann. "Multiple Intelligenz" entsteht im komplexen Zusammenspiel der verschiedenen Intelligenzanteile mit ihren besonderen Fähigkeiten.
Howard Gardner unterscheidet sieben primäre Formen von Intelligenz:

1. Verbale Intelligenz. Sensibilität für Bedeutungen, sprachlicher Ausdruck, Geschichten erzählen, sprachliche Improvisation, Wortspiele, Humor, Witz, Erklären, Unterrichten, Überzeugen.
2. Visuell-räumliche Intelligenz. Fähigkeit, Formen und Objekte wahrzunehmen, umzugestalten, zu modifizieren. Bilder zu entwerfen, imaginatives Denken, dreidimensionale Vorstellung, Neukombinationen.
3. Logisch-mathematische Intelligenz. Fähigkeit, abstrakte Beziehungen zu erkennen, analytisch-wissenschaftlich zu denken, mit abstrakten

Symbolen umzugehen, Erkennen von Zusammenhängen und Speichern von Informationen, die anderen vielleicht entgehen.

4. Körperlich-kinesthetische Intelligenz. Gefühl für Körper-Geist-Verbindungen, um Probleme zu lösen oder Dinge und Leistungen zu entwickeln. Intelligenz, die Tänzer, Schauspieler, Sportler, Chirurgen, Dramatiker, Heiler für ihren Erfolg benötigen. Erlaubt ein intuitives Gespür für die Wirkung von Einschnitten in Arbeitsprozesse.
5. Musikalisch-rhythmische Intelligenz. Fähigkeit, Tonhöhe, Klangfarbe, Rhythmus wahrzunehmen sowie Sinn und Bedeutung darin zu erkennen. Wichtiger Intelligenzbereich, denn Musik kann unseren Bewußtseinszustand verändern, Streß reduzieren und Hirnfunktionen steigern. Mozartklänge führten z. B. bei Studenten im Test zu höherem IQ als bei denen, die die Testzeit in Stille verbrachten.
6. Interpersonelle Intelligenz. Verhandlungsgeschick, Mediationsfähigkeit. Fähigkeit, Stimmungen, Gefühle, Motivationen, Absichten und Charakter- sowie Eigenschaften zu lesen und zu unterscheiden. Verständnis dafür, wie andere interagieren, was sie motiviert, wie man mit ihnen umgehen muß.
7. Intrapersonelle Intelligenz. Öffnet Zugang zu den eigenen Gefühlen, hilft, diese zu erkennen und zu unterscheiden. Sie schließt das Bewußtsein, die eigenen Fähigkeiten, Schwächen, Stärken, Denkmuster und Selbstkonzepte ebenso ein wie die Fähigkeit, Schwächen zu kompensieren und Stärken auszunutzen.

Der amerikanische Soziologe Kenneth J. Gergen untersuchte zwischenmenschliche Beziehungsgeflechte und stellte ähnliches wie Gardner fest: Unsere westliche Kultur entwickelt sich auf eine Vervielfachung des Ichs hin. Dahinter vermuten die Intelligenz- und Persönlichkeitsforscher einen bevorstehenden Intelligenzsprung, um mit der von uns geschaffenen Komplexität besser leben und umgehen zu können. Der Psychologe Robert Ornstein, ehemaliger Stanford-Professor und Leiter des Institute for the Study of Human Knowledge im kalifornischen Los Altos, glaubt, daß wir alle in verschiedenen Lebensabschnitten und in verschiedenen Situationen unseren Charakter wie ein Chamäleon seine Farben oszillieren lassen. Sein ***Multi-Mind*-Modell** ist das wahrscheinlich bekannteste Multiplizitätsmodell.

Hier Robert Ornstein's zentrale Kriterien:

- Es tritt nur in unser Bewußtsein, was irritiert, und das ist immer übermäßig betont und hervorgehoben. Die Aspekte unseres *mind* hingegen, die gerade nicht im Vordergrund stehen, verschwinden aus unserer Aufmerksamkeit, so als würden sie nicht existieren.
- Wir sind uns kaum bewußt, wie wechselhaft unsere Erfahrungen sind. Ständig springen wir zwischen verschiedenen *minds* hin und her. Es ist daher wichtig, sich diese Tatsache eines ständigen Wechselns immer wieder zu vergegenwärtigen. Die größte Illusion liegt in der Vorstellung eines simplen und gleichbleibenden Ichs.
- Wird etwas zur Routine, so entsteht Langeweile. Die Sache verschwindet irgendwann gänzlich aus unserer Aufmerksamkeit. Der bewußte *mind* scheint sich immer auszuschalten, sobald sich die Ereignisse wiederholen, da Wiederholung auf unseren Geist einen augenscheinlich hypnotischen Charakter hat. Aus dieser mentalen Langeweile heraus entstehen Fehler, und so schaltet man schnell auf einen anderen *mind* um, meist ohne daß wir es selbst bemerken.

Denken hat also einen leicht chaotischen Charakter, und der reicht noch viel tiefer. Man geht heute davon aus, daß Intelligenz eigentlich ein Wahrscheinlichkeits- oder statistisches Problem ist, vergleichbar mit dem Gesetz der Durchschnittsbildung. Wir können nicht erwarten, daß zu einem vorgegebenen Ausgangspunkt die vernetzte Menge aufeinanderprallender Impulse einen bestimmten Gedanken hervorbringt. Die Ergebnisse dieses Neuronenfeuers sind nicht wiederholbar, nur wahrscheinlich. Es gehört also ein bißchen Glück dazu, bei einem bestimmten Gedanken anzukommen.

Auch der noch immer weitverbreitete Glaube an ein beständiges Ich führt zu einer Menge Fehleinschätzungen. Wir beurteilen die Dinge aus dem Zustand heraus, in dem wir uns gerade befinden, und wir beurteilen Menschen nach dem *mind*, den sie uns gerade zeigen. Damit ignorieren wir ständig viele der eigenen Talente und Möglichkeiten, die wir erfolgreich nutzen könnten, und übersehen diese auch bei anderen. Es geht also darum, möglichst viele verschiedene *minds* auszubilden, um mit möglichst vielen verschiedenen Situationen verschmelzen zu können. Das *Multi-Mind*-Konzept ist ein Kreativitätskonzept, weil es unsere Möglichkeiten um die Anzahl unserer Teilpersönlichkeiten erweitert. Der Stolz, einen festen Charakter zu besitzen, entspricht daher dem Stolz, seine Weltwahrnehmung auf ein Minimum reduziert zu haben.

Und wie viele sind Sie? **Sind Sie der/die, der/die Sie immer waren? Gibt es Widersprüche in Ihren Vorlieben und Abneigungen? Welche Intelligenzbereiche dominieren bei Ihnen, wie können Sie sie verstärken? Welche Intelligenzbereiche sind bei Ihnen schwächer ausgebildet, wie können Sie diese fördern bzw. kompensieren?** Gibt es eine innere Koordinationsinstanz, die den Einsatz Ihrer Teilpersönlichkeiten bestimmt oder treten diese spontan in den Vordergrund? Wie stellen Sie persönliche Balance zwischen den Teilen her? Wie fühlen Sie sich bei dem Gedanken, keine gefestigte Persönlichkeit zu besitzen, sondern aus vielen Teilpersönlichkeiten zu bestehen?

Glück macht erfinderisch

Das alte Ich-Konzept ging davon aus, daß jeder Mensch eine reife, fest geformte Persönlichkeit entwickeln sollte und das Leben die Charakterzüge immer plastischer und verbindlicher prägt. Diese Auffassung folgt dem alten Stabilitätsideal, das Konzept dafür nannte man Selbstverwirklichung. Eine gefestigte Persönlichkeit zu sein, einen starken Charakter zu haben galt lange als die späte Segnung einer überwiegend durch Leiden und negative Erfahrungen geprägten Identitätsbildung.

Wer nur eine einzige **Identität** hat, verarbeitet und beantwortet die Erscheinungen der Welt mit einer Stimme, und das ist in komplexen Situationen viel zu wenig. Menschen werden nicht typischer oder charaktervoller, indem sie sich immer mehr auf einen einzigen, festen Kern hin entwickeln, sondern sie werden dadurch vitaler und typischer, daß sie sich immer häufiger mit ganz unterschiedlichen Szenen, Ideen, Moden, Orientierungen und Gruppen austauschen und vernetzen. Indem sie lernen, auch in anderen Köpfen zu denken. Die Annäherung von sozialen und wissenschaftlichen Modellen haben zu einem neuen Identitätskonzept des Menschen geführt. In dem Maße, in dem die simulierten Welten der Medienwirklichkeit unser Leben bestimmen, wird sich unser

Ich-Bewußtsein immer variabler entwickeln. Die Suche nach dem "wahren" Ich wurde abgelöst durch ein ständiges Tasten nach neuen Alternativen. Der Trendforscher David Bosshart meint, *"statt in die Tiefe gehen wir in die Breite"*, wir werden zum Gestalter unserer Oberfläche, um uns flexibel an Situationen anpassen zu können, die wir nicht vorausgesehen haben und die wir rational nicht verstehen. Oberflächenanpassung heißt aber nicht Oberflächlichkeit. Die sprunghaften Dynamiken des Marktes erfordern eine feine Nase für mögliche Entwicklungen und Trends. Immer weniger wird man in Zukunft das Bedürfnis haben, sich psychologisch zu hinterfragen oder gar sich selbst zu entdecken, wo es möglicherweise gar nichts zu entdecken gibt. Es wird die Gewißheit überwiegen, sein Selbst jederzeit ändern und neu erfinden zu können.
Wir werden zu **Virtuosen der Anpassung**, deren einzige Gewißheit es ist, daß das Unerwartete eintreten wird. Die imaginären Gespenster der Vergangenheit, an denen wir so lange laborierten, sind nichts als unsere eigenen Erfindungen. Nicht die Defizite der Vergangenheit steuern uns, sondern unsere aus den Erfahrungen und Emotionen gebastelten persönlichen Paradigmen. Oft kennen wir die konkrete Situation nicht, in der ein Trauma oder eine bestimmte quälende Überzeugung entstanden ist. Und doch wirkt sie als Ordner im Hintergrund und organisiert unser Denken und Handeln. Unsere inneren Paradigmen erklären uns die Welt, lenken unsere Kräfte und leiten unsere Entwicklung. Unsere inneren Mythen steuern unsere Entscheidungen und sind eine mächtige Einflußgröße, wenn es darum geht, wie handlungsfähig wir in unübersichtlichen, komplexen Situationen sind, welche Potentiale wir entwickeln, wie wir sie einsetzen und wie leicht wir durchs Leben kommen. Persönlichkeit wird heute nicht mehr als ein permanenter Reifeprozeß aufgefaßt, sondern sie fließt mit den Umständen mit. Entsprechend ist Identität eine von Beziehungen und Bedeutungen geformte Momentaufnahme. Das führt zu folgenden Desillusionierungen:

- Unsere Vorstellung von Identität ist ein kultureller Mythos.
- Das Individuum ist der Schnittpunkt zahlreicher Beziehungseinheiten.
- Es ist nicht mehr entscheidend, Originalität zu entwickeln, sondern Vielfalt.
- Es ist wichtiger, in die Breite als in die Tiefe zu gehen.
- Identität wird zum offenen Prozeß.

Identität als Prozeß kann man sehr gut im **Samadhi-Tank** erfahren. Das ist ein, mit hochgesättigter Salzlösung gefülltes Wasserbecken, in dem man wie in einem riesigen freundlichen Walfisch geborgen ist und wie ein Korken auf dem Wasser schwebt. Licht, Ton und Außenkommunikation lassen sich von innen steuern, und so kann man kann mit sich selbst experimentieren, z. B. im Zustand der Abgeschiedenheit von äußeren Reizen. Man breitet im warmen Wasser die Arme aus und fühlt keine physischen Grenzen mehr. Weil sich Körpergefühle unmittelbar auf den Geist auswirken, öffnet sich plötzlich ein weites Fenster zum Unbekannten und in den weiten Raum, aus dem neue Ideen auftauchen. Samadhi-Erfahrene sind immer wieder fasziniert von dem Zustand hellwacher Grenzenlosigkeit und Klarheit, der sich plötzlich in ihnen ausbreitet und der mit einem tiefen Glücksgefühl verbunden ist. Das läßt sich nachvollziehen und dann erklären. Schon nach wenigen Minuten kann das Gehirn auf keine äußeren Reize mehr zurückgreifen, um neues Erregungsmaterial zu holen, und es beginnt, sich mit sich selbst zu beschäftigen. Das Selbst benötigt aber Außenreize, um Identität aufzubauen. Sind diese Bewegungen und Außenreize plötzlich nicht mehr da, lösen sich die alten Grenzen auf. Ein Beweis dafür, daß mentale Grenzen und kreative Blockaden immer durch die Situation bestimmt werden, in der wir uns befinden.

Der Samadhi-Tank ist ein gutes Instrument, um diese Grenzen weiter zu stekken und zu lange ersehnten Druchbrüchen zu gelangen. Wenn wir Veränderungen wollen, müssen wir die Bedingungen variieren, in denen wir uns gerade befinden. Der Schweizer Mediziner, Psychoanalytiker und Systemwissenschaftler Luc Ciompi hat 1981 den Begriff der Affektlogik geprägt. Dabei werden Fühlen, Denken, Emotion, Wahrnehmung, Affekte sowie Vernunft und Logik nicht wie bisher getrennt, sondern in ihrem Zusammenwirken als untrennbar verknüpft. Die Affektlogik geht davon aus, daß weder Psyche noch Intelligenz richtig verstanden werden können, solange man das Zusammenwirken von Gefühlen und Vernunft nicht berücksichtigt. Bessere Gefühle, so Luc Ciompi, führen offensichtlich zu besserem Denken und Handeln.
Das Gehirn steuert sich offenbar nicht durch fixe Programme, sondern durch *"Selektionsprozesse"*, wie Gerald M. Edelmann sie nennt. Es entwickelt seine eigene Dynamik durch Versuch und Irrtum und wählt im Laufe der Zeit eine Affektstrategie, die das Weltbild des betreffenden Menschen am meisten

unterstützt und bestätigt. Eine Erfahrung oder Überzeugung, ein Weltbild oder Paradigma rastet ein. Die eigenen Grenzen lassen sich erst dann weiter stecken, wenn man die beherrschenden Gefühlsmuster erkannt und geordnet hat. Wer weiß, daß alle Gefühle prinzipiell frei wählbar sind, kann solche Gefühle simulieren und verstärken, die den Schaltkreis der Affektlogik auf nützliche Weise anspringen lassen und eine optimale Grundlage für unser Handeln bilden.

Die zentralen Aussagen der **Affektlogik** nach Luc Ciompi sind:

- Fühlen, Denken, Emotion, Wahrnehmung, Affekte und Logik sind untrennbar miteinander verbunden.
- Gedanken können nur mit einem Gefühl entstehen.
- Je heftiger und wilder die Gefühle sind, um so unklarer und subjektiver wird das Denken.
- Herrschen primäre Gefühle (Wut, Angst, Sorge etc.) vor, zerfällt der Prozeß des Denkens in Teile, bis ein Blackout entsteht.
- Das, was wir als rationales Denken erleben, schiebt das begleitende Gefühl ins Unterbewußtsein, wo es zwar die Denkprozesse weiter beeinflußt, aber nicht mehr bewußt gesteuert werden kann.
- Gefühle und Denken werden in der Regel spontan, zufällig und subjektiv verkoppelt (Black-Box-Wirkung).

Rennfahrer, Künstler, Wissenschaftler, Sportler, Chirurgen wissen es: am besten geeignet, um Spitzenleistungen zu erreichen, ist ***flow,*** ein Gefühl, das entsteht, wenn Handlung und Bewußtsein verschmelzen und man vollkommen in seinem Tun aufgeht. Der amerikanische Herzspezialist Dean Ornish schildert die Gemütsverfassung von Könnern seines Faches: *"Große Herzchirurgen sind mitten in einer schwierigen Operation oft in einem Zustand tiefster Entspannung. Sie sind von dem, was sie tun, vollkommen absorbiert, und ihre Arbeit wird zu einer Form der Meditation."* So unterschiedliche Tätigkeiten wie schreiben, tanzen, Rennen fahren oder operieren haben einen gemeinsamen Nenner. Die Voraussetzung und Belohnung für Höchstleistung ist Leistungseuphorie. Sie geraten in einen Zustand tiefer Entspannung bei gleichzeitig höchster Aufmerksamkeit, verlieren ihren Zeitsinn, kein Geräusch kann sie mehr stören. Die Arbeit fließt von alleine, leicht und wie ein unendliches Spiel.

Der Körper scheint große Anstrengungen reich zu belohnen. Der Hirnforscher Aryeh Routtenberg von der University of Evanstone (Illinois) fand 1980 heraus, daß es verschiedene Schaltstellen des körpereigenen Belohnungssystems geben muß, die voneinander unabhängig sind und sich in ihrer Anatomie, ihren Überträgerstoffen und ihrer Funktion unterscheiden. Ein Belohnungssystem befindet sich im Hypothalamus, der Hirnzentrale für die Steuerung von Gleichgewichten. Hier werden elementare Lebensfunktionen wie Essen, Trinken und Sex reguliert. Ohne diese "elementare" Euphorie könnte uns angeblich nichts dazu bewegen. Das zweite Belohnungssystem steuert die Lust an Sinneseindrücken wie Licht, Farben, Klang und Gerüchen, die uns zur Orientierung dienen. Sein Sitz ist der Mandelkern, die sogenannte Amygdala, ein Teil des limbischen Systems. Das dritte Belohnungssystem des Gehirns soll für die Leistungseuphorie sorgen. Auf der Suche nach hirneigenen Überträgerstoffen stießen die Forscher auf eine besonders interessante Substanz namens Cholecystokinin (CCK). Sie ist dafür bekannt, daß sie in der Hirnrinde vorhandene Erregung rasch und effektiv verstärkt, und findet sich besonders in der Großhirnrinde.

Leistungseuphorie ist nach Ansicht der Forscher die höchste Form des Luststrebens und *"mit keinem anderen Glücksgefühl im Leben vergleichbar"*, sagte der Formel-1-Rennfahrer Ayrton Senna. Senna lieferte die vielleicht eindrucksvollste Schilderung dieses *flow*-Zustandes voll tiefer Ruhe in flirrender Dynamik: *"Ich fahre immer weiter und weiter, immer schneller ... Und da wird mir plötzlich klar: Ich fahre den Rennwagen gar nicht mehr bewußt, sondern nur nach Instinkt. Ich, nur ich ganz allein, war plötzlich in einer anderen Dimension. Als wäre ich in einem Tunnel und würde weiterfahren, immer weiter. Dann, plötzlich, weckt mich irgendetwas. Ich wache auf und begreife: Jetzt warst du in einer ganz anderen Atmosphäre als normal ... Es hat mich ordentlich erschreckt, weil mir klar wurde: Da warst du ziemlich weit außerhalb deines bewußten Begreifens."*
"Glück ist die Voraussetzung für Erfindungsreichtum und das Streben nach neuen Horizonten", sagt Gerhard Roth und als Leiter des Bremer Instituts für Hirnforschung weiß er, wovon er spricht. Glück als Erfindung der Evolution gegen die Trägheit und als Motor für den Aufbruch zu neuen Horizonten? Eine Handvoll inspirierter Wissenschaftler ist dem Glück nun auf der Spur, ob es

sich als warmes Rieseln, stille Zufriedenheit oder entrückte Ekstase offenbart. Ja, gibt es denn nichts Wichtigeres zu erforschen? *"Wir müssen das Glück erforschen"*, meint Hinderk Emrich, Psychiatrieprofessor in Hannover, *"wir ignorieren sonst völlig, was es ausmacht, ein Mensch zu sein."* Die beiden Glücksforscher und gelernten Philosophen sehen den Höhenflug der Gefühle weniger in der puren Chemie, sondern glauben, daß Glück im Zusammenspiel von Lernen und Gedächtnis entsteht. Damit brechen die beiden ein von ihnen selbst erhobenes Dogma, das den Schlüssel zum Rätsel der **Gefühle** im limbischen System sah, dort, wo körpereigene Drogen, aber auch Nikotin, Alkohol und andere, von außen zugeführte Drogen an Rezeptoren andocken. Durch neue bildgebende Verfahren, wie das PET (Positronen-Emissions-Tomographie) lassen sich Gefühle wie Glück, Trauer, Wut und Angst im menschlichen Gehirn lokalisieren. Nach neueren Erkenntnissen sind Gefühle nichts als die Bewertungen des Gehirns, die in einem ständigen Kreislauf zwischen neuen Wahrnehmungen und dem gespeicherten Weltbild durch unseren Körper schwappen und unsere Handlungen bestimmen. *"Alles, was unser Gehirn im Kontext früherer Erfahrungen als neu und wichtig einstuft, ist mit starken Emotionen beladen"*, erklärt Gerhard Roth.

Die Bewertung neuer Sinneswahrnehmungen findet danach in limbischen Hirnstrukturen statt. Dort können auch Erinnerungen aus der Hirnrinde über verbindende Nervenstränge abgerufen werden. Die Glücksforschung hat zu einer Reihe bahnbrechender Erkenntnisse geführt. So hat der Neurologe Mark George kürzlich durch PET herausgefunden, warum wir *"jene bittersüßen Momente erleben, in denen wir traurig und glücklich zugleich sind"*: weil Glück und Leid in unterschiedlichen Hirnregionen verankert sind. Für den Funkenflug der Euphorie ist vor allem die Großhirnrinde zuständig, der Trübsinn ist im limbischen Hirnareal zu Hause.
Der Mensch ist nicht allein hinter dem Glück her. Elefanten und Affen betrinken sich mit vergorenen Früchten, Büffel knabbern Mohn; Tiere nehmen Drogen, um ihr Befinden zu verändern, vielleicht ihre Art von **Glück** zu erleben und sie tun das vor allem, um Streß, Angst, Konkurrenzdruck und Hierarchiekämpfe zu bewältigen. Doch warum hat die Evolution die Mechanismen, die Glück und Sucht verknüpfen, nicht längst ausgeschaltet? Glück sorgt im Spiel der Triebe nicht nur fürs nackte Überleben, sondern belohnt auch neue Erfahrungen.

Gerhard Roth sieht die wichtigste evolutionäre Aufgabe des Glücks darin, daß wir uns in der Welt zurechtfinden, es arbeitet offenbar dem Hang zum Müßiggang entgegen: *"Wenn wir lernen, müssen neue Nervennetze angelegt werden. Diese Leistungen kosten viel Energie, und das Gehirn versucht Anstrengung zu minimieren."* Glück treibt die neuronale Beweglichkeit durch Neugier, Spaß und Belohnung an. Es stärkt auch die Erinnerungskraft, meint Wolf Seufert von der Sherbrook University in Quebec: *"Das Speichern und Abrufen eines Ereignisses geht leichter, wenn es mit einem Moment der Liebe oder des Hasses verbunden ist"*. Der Neurologe Hans-Georg Nehe, Leiter der Memory Clinic in Essen sieht das ähnlich: *"Häufig sind Überlastung und Streß die Ursachen für schwere Gedächtnisprobleme."*
Mihaly Csikszentmihalyi mißt dem Glück sogar große Bedeutung für eine *"harmonische Zukunftsgesellschaft"* bei. Viele bahnbrechende Entwicklungen seien *flow*-Erlebnissen zu verdanken. Im Exklusiv-Training *Code for Change* wird der individuelle Zugang zu *flow* intensiv trainiert, weil Glück auch das emotionale Fundament und die stärkste Energiequelle für Zukunftsintelligenz ist.
Körper und Geist scheinen ineinander zu verschwimmen und lösen angenommene Grenzen auf. Unser Augapfel ist beispielsweise ein Teil des Gehirns und verfügt etwa über dieselbe Datenverarbeitungskapazität wie ein Hochleistungscomputer. Unser Rückenmark ist nicht nur Datenautobahn zur schnellen Übertragung von Informationen aus dem Gehirn. **Unser Rückenmark denkt. Hormone und Peptide bilden eine durch unseren ganzen Körper schwappende Suppe, in der unsere Gefühle herumschwimmen.** Ob Oxytocin (bei Verliebtheit) oder Adrenalin (bei Streß), die Hormone verarbeiten und übermitteln auch Informationen. Unser Körper ist der Anker des Geistes und des Lebens schlechthin.
Was bedeutet das fürs Management? Unsere Unternehmen und wir selbst sind erfüllt von wilden Gefühlen, die sich zu bestimmten ***hot buttons*** verdichten können. Diese *hot buttons* sind Barrieren, die ihre Wurzeln meist in Glaubensmustern und Verteidigungsstrategien der Vergangenheit haben. Wir reagieren in bestimmten Situationen hoch emotional, bloß weil unser Sprengkopf gedrückt wurde. Tief in uns gibt es anscheinend irgendeinen Glauben, der emotionale Eruptionen hervorbringt. *Hot buttons* lassen Beziehungen scheitern, spalten Teams, wirken auf die Beweglichkeit von Mana-

gern wie Bleikugeln und schaffen Unternehmenskulturen, in denen jeder jedem etwas vormacht.
Die Stärke der Streßreaktion, die ein Mensch zeigt, hängt nicht nur von den Stressoren ab. Oft lassen sich die Auswirkungen äußerer Einflüsse auch mildern, wenn man ein entsprechendes Selbstführungskonzept und damit sein Bewußtsein unter Kontrolle hat. Von Hubschrauberpiloten in Vietnam ist überliefert, daß sie während des Einsatzes, als ihr Leben ständig in Gefahr war, keinerlei Anzeichen körperlichen Stresses zeigten. Kaum zurück in ihrem Stützpunkt, traf der Streß ihren Körper mit aller Wucht, und sie begannen, wie verrückt Hormone auszuschütten. Doch die Soldaten konnten die Gefahr, so lange sie ihr unmittelbar ausgesetzt waren, ausblenden. Hier sieht man eine interessante Weiterentwicklung der Evolution, um unser Leben zu schützen.
Für einen Krieger mit Keule oder Speer und Schild, mag eine sofortige Streßhormonausschüttung lebensnotwendig gewesen sein. Für den Krieger im High-Tech-Cockpit ist es gewiß lebensverlängernder, wenn er seinen Adrenalinschock auf später verschiebt. Wir müssen also nicht die äußeren Stressoren verändern, was ohnehin kaum gelingt, sondern nur unsere Einstellung zu ihnen. Derjenige wird am besten in die Zukunft lenken, der die anziehendsten Bilder und Gefühle dieser Zukunft erzeugt. Das Produkt wird am begehrtesten sein, das mit den attraktivsten Bildern aufgeladen ist. Gefühle werden wichtiger denn je. Energetisches Denken benötigt energetisierende Gefühle, das energetischste Gefühl von allen ist Glück. Je glücklicher man ist, um so weniger haftet man an alten Grenzen und um so besser kann man mit Risiken und Unkalkulierbarkeiten umgehen. Wer die eigenen Grenzen weiter stecken kann, ist eher bereit, das Undenkbare zu denken. Es scheint so zu sein, daß wir um so besser denken können, je besser unsere Gefühle, je glücklicher wir sind.

Und wie geht es Ihnen? Nehmen Sie sich die Zeit, und fragen Sie sich gelegentlich mal: Wie schätze ich derzeit meine körperliche, spirituelle und intellektuelle Verfassung ein? Wieviel Zeit widme ich wöchentlich jedem dieser Bereiche? Wie teile ich meine Zeit ein? Wieviel Zeit verbringe ich mit meinem Partner, der Familie, Freunden, Kollegen, mit Menschen und Gemeinschaften, die Teil meiner Identität sind und auf deren Unterstützung ich mich verlasse? Wie erkenne ich, daß körperliche Reaktionen mein Denken steuern? Merke ich, wann ich nervös und reizbar werde (schlechter Schlaf, Hunger, zuviel oder falsch gegessen, sexueller Frust)? Kenne ich Methoden, um die Regie zurückzugewinnen? Weiß ich, welche Dinge für meinen Körper gut oder belastend sind? Welche Handlungsalternativen üben auf mich den größten Reiz aus: z. B. Lesen, Arbeiten, Meditation, Sport, Kunst, Natur, andere Menschen etc.? Was kommt zu kurz? Bei welcher Aktivität fühle ich mich glücklich? Warum gibt es nicht mehr solcher Erlebnisse? Wie verteile ich meine Zeit zwischen Beruf, Zuhause, gesellschaftlichen und Freizeitaktivitäten? Bin ich zufrieden mit dieser Verteilung? Was sollte ich ändern? Ist mir das, wofür ich die meiste Energie und Zeit aufbringe, auch am wichtigsten? Wann war ich zuletzt rundum zufrieden mit mir selbst? Wann war ich zuletzt glücklich? Wodurch wurde dieses Gefühl ausgelöst? Was glaube ich, ist bei mir in Balance? Was nicht? Welche Veränderungen sollte ich treffen? Wann beginne ich damit?

New Sciences

Die Spur der Quanten

Grenzauflösungen

"Meiner Meinung nach liegt dem Weltganzen nicht eine mathematische Gleichung zugrunde, sondern eine vollkommen einfache Idee. Und ich glaube, wenn wir die eines Tages entdecken, wird sie uns so zwingend, so unausweichlich vorkommen, daß wir zueinander sagen werden: 'Wundervoll! Anders konnte es ja gar nicht sein!'"

John Archibald Wheeler

Wissenschaft könnte man bezeichnen als den Versuch endlicher Wesen, sich dem Unendlichen anzunähern. Dabei droht stets die Gefahr, die dabei entstehenden Gedankengebäude mit der Wirklichkeit zu verwechseln und mehr Ordnung zu entdecken, mehr Formen zu erkennen, als es tatsächlich gibt. Diese Gefahr gilt für uns alle, die wir uns Klarheit und Orientierung aus den Wissenschaften erhoffen. Warum sollten wir Menschen das Universum und die Geheimnisse des Lebens überhaupt verstehen können?

Folgen unsere intellektuellen Anstrengungen, unsere Entdeckungen und Erfindungen vielleicht nur dem Drang unseres Gehirns nach Form und Symmetrie? Füllen wir mit unseren neuen Welterkenntnissen, neuen Bildern und Überzeugungen nur immer wieder die Risse in den Fundamenten verwelkender Paradigmen auf? Was uns bleibt, ist die Frage, wie nützlich sie für unsere Orientierungs- und Handlungsfähigkeit sein können, und es ansonsten mit dem Kultbuchautor Robert M. Pirsig zu halten. Er schildert in seinem Roman *Zen und die Kunst, ein Motorrad zu warten,* wie sein Ich-Erzähler Phaedrus in einem Motelzimmer im Südwesten der USA mit seinem Reisegefährten einen Whiskey trinkt und dabei seinem Sohn Chris zuhört, der den beiden Geistergeschichten erzählt.

"Nach einer Weile fragt er: *'Glaubst du an Gespenster?'*

'Nein', sage ich.

'Warum nicht?'

'Weil sie un-wis-sen-schaft-lich sind.'....'Sie bestehen nicht aus Materie', fahre ich fort, *'und haben keine Energie, und deshalb existieren sie nach den Gesetzen der Wissenschaft nicht, außer in den Köpfen der Leute.'...*

'Natürlich', fahre ich fort, *'bestehen auch die Gesetze der Wissenschaft nicht aus Materie, auch sie haben keine Energie, und deshalb existieren sie ebenfalls nur in den Köpfen der Leute ...'*".

Die **Naturwissenschaften** waren seit jeher mit der Frage beschäftigt, aus welchem Stoff die Natur besteht. Diese Suche zwang sie gleichzeitig mit jeder Erkenntnis, Grenzen aufzulösen und den eigenen Horizont zu erweitern, damit die neu aufgeworfenen Fragen beantwortet werden konnten. Mit jeder Entdeckung schien man sich weiter davon zu entfernen, der Natur ihre letzten Geheimnisse zu entringen. In unserem Jahrhundert scheint der tiefste Einblick in die Natur die Entdeckung der unendlichen Energie des Quantenfeldes zu sein. Es ist dennoch unwahrscheinlich, daß wir dort dem letzten Ursprung der Realität begegnet sind und es nicht unzählige andere subtile Ebenen zu entdecken gibt. So grübelt man heute schon darüber, ob es nicht sein könnte, daß Materie und Geist aus einer gemeinsamen Basis entstehen. Kein Wunder, denn besteht nicht die Geschichte der Wissenschaft gerade darin, scheinbar unvereinbare Aspekte der Erfahrungswelt miteinander in Verbindung zu bringen und eingerastete Paradigmen in Bewegung zu versetzen?

Um 1600 meinte der Astronom Francis Bacon: *"Es wird nur noch wenige Jahre dauern, bis die Geheimnisse des Universums endgültig aufgedeckt sind."* Widerhall fand dieser Satz 1980 durch den Astrophysiker Stephen Hawking. Er widmete seine Antrittsvorlesung auf dem Newton-Lehrstuhl dem Thema *"Hat die theoretische Physik ihr Ende erreicht?"*

Im Mittelalter glaubte man, der Himmel gehöre einer völlig anderen Ordnung an als die Erde, weil sich z. B. Äpfel so ganz anders verhielten als Sterne: Sie fielen wie Steine von den Bäumen, während Mond und Sterne am Himmel hängenblieben. Außerdem hatte Aristoteles gelehrt, daß feste Körper sich unter dem Einfluß einer Kraft bewegen und daß der Körper zum Stillstand kommt, wenn diese Kraft versiegt. Aber die Sonne, der Mond und die Planeten bewegten sich, deutlich sichtbar, scheinbar ohne jede Anstrengung in alle Ewigkeit weiter. Da die Ordnungen des Himmels und der Erde so anders schienen, lag der logische Schluß nahe, daß sie aus völlig unterschiedlichen Substanzen sein mußten.
Diese Weltsicht änderte sich erst, als Isaac Newton an einem sonnigen Nachmittag zur *tea-time* in seinem Garten in Lincolnshire saß und im Schatten einiger Obstbäume beobachtete, wie plötzlich ein Apfel vom Baum fiel. Das wäre weiter nichts Besonderes gewesen, hätte ihn dabei nicht, wie sein Biograph William Stukeley schreibt, die Idee von der Schwerkraft wie ein Lichtblitz durchzuckt, mit deren Hilfe endlich die brennende Frage zu lösen sein sollte: Wenn der Apfel wie ein Stein auf die Erde fällt, warum nicht auch der Mond?
Isaac Newton formulierte die Bewegungsgesetze und legte sein allgemeines Gravitationsgesetz vor. Er zeigte darin, daß die Ordnung des Himmels, insbesondere die des Mondes und der Planeten, keineswegs etwas Besonderes sei, denn der Mond fällt prinzipiell genauso wie ein Apfel. Weil ihn seine Tendenz zur Trägheit aber in einer bestimmten Bahn hält, entsteht eine Zentrifugalkraft, die verhindert, daß der Mond weder nach außen, also von der Erde weg-, noch nach innen, auf die Erde zukippt. So wird der Mond durch die Schwerkraft ausbalanciert und auf seiner Umlaufbahn gehalten.
Zusätzlich hatten die Wissenschaftler um Newton auch einen Denkfehler von Aristoteles entdeckt. Anders als es dessen Bewegungstheorie will, bewegen sich alle Körper, sofern keine Kraft auf sie wirkt, in einer bestimmten Linie oder sie bleiben im Ruhezustand. Auch auf der Erde würden uns die Dinge um die

Ohren fliegen, wenn es nicht die entgegengesetzten Kräfte des Luftwiderstandes und der Reibung gäbe. Nachdem man diese neue Sicht der Schwerkraft und der Trägheit einführte, war der Begriff "Materie" für den Himmel wie die Erde anzuwenden.
Der Marquis Pierre Simon de Laplace lieferte in seinem 1814 erschienenen Werk *Philosophischer Versuch über die Wahrscheinlichkeit* seine Vision eines vom Determinismus beherrschten Universums. Er gab eine Darstellung darüber, wie ein Geist, der die Geschwindigkeit aller Massen im Universum kennt, deren Vergangenheit rekonstruieren und deren Zukunft exakt voraussagen könnte. Die Frage nach dem, was die Welt im Innersten zusammenhält, war damals gerade in Mode, auch Laplaces Zeitgenosse Johann Wolfgang von Goethe widmete sich ihr im *Faust*. Weil man an die Vorstellung von der absoluten Erkenntnis dennoch nicht recht glauben wollte, brachte sie diesem von Laplace zitierten Geist den Beinamen "Laplacescher Dämon" ein.

In einer Welt, die der "Laplacesche Dämon" beobachtet, gibt es weder Komplexität noch Geschichte. Die Natur leidet an Gedächtnisschwund und ist vollkommen durch ihre Vergangenheit bestimmt. In diesem Kontext knallte in die Studierstuben der Physiker plötzlich ein zweiter Dämon: die **Thermodynamik** mit ihren drei Gesetzen, die das Verhalten von Wärme in Materie beschreiben: 1. Die Energieerhaltung. In jedem physikalischen Vorgang kann Energie die Form ändern, nicht aber erschaffen oder zerstört werden. 2. Wärme fließt nicht spontan von kalten Körpern in wärmere. 3. Es gibt einen absoluten Nullpunkt der Temperatur, an dem jede Bewegung aufhört.

Die Thermodynamik scheint zunächst diesen Determinismus zu bestätigen, immerhin steht sie in Einklang mit unserer Alltagserfahrung. Doch wenn Entropie und Auflösung die Regel sind, warum entwickeln sich dann lebende Systeme zu mehr Vielfalt, Anpassung und Fortschritt? Jeder lebende Organismus verbraucht Energie und wird alles tun, um sich selbst zu erhalten, auch wenn er sich dafür verändern muß, beispielsweise durch **Autopoiese** (griech. autos selbst, poiein = machen). Es ist das Charakteristikum lebender Systeme, sich ständig zu erneuern und diesen Erneuerungsprozeß so zu regulieren, daß ihre Stuktur erhalten bleibt. Das Konzept der Autopoiese beschreibt ein wichtiges Paradox: Jedes lebende System hat eine einmalige Identität, besitzt seine klaren Grenzen und ist trotzdem mit seinem Umfeld verschmolzen. Zu jeder Zeit seiner Entwicklung ist es in seiner Identität erkennbar, und trotzdem ist seine Entwicklung unmittelbar mit der Entwicklung seines weiteren Umfeldes und mit anderen autopoietischen Strukturen verknüpft. Alle lebenden Systeme und auch wir selbst zeigen Begrenzungen, die sie und uns vor der unendlichen Komplexität der Außenwelt schützen. Diese Grenzen halten gleichzeitig aber auch Kontakt mit ihr, um gerade soviel Perturbationen (Störungen) zuzulassen, wie für die Anpassung nötig sind. Autopoiese beschreibt nicht ein Universum, in dem unsere Welt zersplittert und in Auflösung ist, was wir ständig verzweifelt und mit großem Kraftaufwand zu verhindern versuchen. Autopoiese zeigt ein Universum, in dem in Prozessen Verbundenheit, Zusammenhalt, Individualität und Gemeinschaft gefördert werden. Niklas Luhmann hat das Prinzip der Autopoiese auf die Wirtschaft angewandt: *"Die Wirtschaft ist demnach ein autopoietisches System, das die Elemente, aus denen es besteht, selbst produzieren und reproduzieren muß."* Unternehmen sind für Luhmann autopoietische Systeme, die sich durch innere Prozesse und die eigenen Entscheidungen selbst herstellen. Diese inneren Prozesse gestalten sich idealerweise durch Co-Evolutionen mit dem Umfeld: Unternehmen werden geprägt von der Evolution der Kultur und der Gesellschaft, und gleichzeitig beeinflussen sie diese Evolution ihres Umfeldes durch ihre Produkte, Leistungen und Kommunikationsstrategien. Man sollte Systeme lieber danach beurteilen, wie sie sich verhalten, nicht danach, wie sie gemacht sind.

Albert Einstein machte zu Beginn des 20. Jahrhunderts deutlich, daß Materie und Energie völlig gleichwertig seien und bewies über die Quantentheorie, daß beide eine Doppelnatur als Teilchen und als Welle besitzen. Die erkennbare Ordnung der Welt hatte sich von Grund auf verändert. Sie bot ein immer weiteres Spektrum aus der mechanistischen Bewegung solider Körper auf der einen und kontinuierlichen Feldern und Welle / Teilchen auf der anderen Seite. Der österreichische Philosoph und Physiker Erwin Schrödinger gilt als Pionier der Quantenmechanik, die die Physik des 20. Jahrhunderts grundlegend veränderte. Seiner Ansicht nach ist Materie viel weniger materialistisch, als man es sich bis dahin vorstellte. In seinem berühmt gewordenen Katzen-Experiment, das im übrigen nur ein Gedankenexperiment war, machte

Schrödinger deutlich, daß die Anwesenheit eines Beobachters stets die Messung stört. **Es kann daher keine allgemeingültige Aussage über die Existenz einer objektiven Wahrheit bezüglich der Welt und der Naturgesetze geben, denn wir können einen Gegenstand nicht beobachten, ohne ihn gleichzeitig zu verändern.** Schrödinger begründet damit nach der klassischen, nur geschlossene, isolierte Systeme beschreibenden Quantentheorie John von Neumanns eine neue Sichtweise, in der die Beziehungen zwischen dem System, dem Beobachter und der Umwelt berücksichtigt werden.
Eine weitere, ähnliche Bereicherung gab es durch die Entwicklung der organischen Chemie. Hier glaubte man, daß die Ordnung des Lebens und der unbelebten Materie unterschiedlich sein müsse, weil sich beide Bereiche unterschiedlich verhielten. Leben war durch Bewegung und Wachstum charakterisiert, und seine Organisation war wesentlich komplexer und feiner als die raffinierteste Maschine. Man wußte auch, daß eine Maschine im wesentlichen in ihren Funktionen festgelegt, also deterministisch und mechanisch ist. Andererseits konnte man ein Lebewesen nach seinem Tod auf einfache, unbelebte Bestandteile reduzieren. Es sah so aus, als ob das Phänomen des Lebens eine bestimmte Lebenskraft enthielte, die in die Materie eintritt und sie dazu animiert, sich zu belebten, komplexen Formen zu entfalten. Man glaubte, daß die Natur beides enthielte: die Ordnungen der unbelebten Materie und die unsichtbare Ordnung ihrer Lebenskraft.

Der nächste Schritt folgte, als die Wissenschaftler langsam das einzigartige Bindungspotential des Kohlenstoffatoms begriffen. So wurde ihnen klar, daß dieses Atom in eine Vielzahl komplexer und feiner Reaktionen mit Sauerstoff und Wasserstoff und in geringem Maße auch mit Stickstoff, Chlor, Schwefel und einer Reihe anderer Elemente eintreten kann, was sich optisch als Ansammlung von Ringen, Ketten und anderen komplexen Formen zeigte. Bald entdeckte man, daß diese komplexen Moleküle nicht unter sich bleiben. Sie treffen in extrem subtilen Reaktionen aufeinander und tauschen dabei sehr kleine Energiemengen aus. Auf diese Weise kann innerhalb eines organischen Systems aber eine sehr große Anzahl chemischer Reaktionen miteinander verbunden werden, bis ein riesiges Netzwerk aus Rückkopplungsschleifen und energiegeladenen Aktionen entsteht. Damit hatte sich die Vorstellung einer materiellen

Ordnung wieder erweitert, viele Vorgänge in der Natur waren neu erklärbar. Man kann das ganze Phänomen des Lebens begreifen, wenn man erkennt, daß jede Materie ein bisher unbekanntes Feld von komplexen und feinen Ordnungen enthält. Komplexität schafft Leben, das um so vitaler auftritt, je vielfältiger die Umstände sind, aus denen es hervorg ng.
Die Wissenschaft erstrahlte jetzt in einem völlig neuen Licht. Während man die Natur und den Himmel zu bloßer Materie reduziert hatte, spielte sich in Wahrheit genau das Gegenteil ab! Je länger man sich mit der materiellen Welt beschäftigte, je tiefer man in ihre Ordnungen eindrang, desto größer wurde das Verständnis ihrer Komplexität und Subtilität. Heute beginnt man bereits darüber nachzudenken, ob sich diese verborgene Ordnung nicht über noch tiefere, grenzenlose Bereiche erstrecken könnte.
Unser heutiges Verständnis der Evolution lebender Systeme (von Organismen bis Unternehmen) hat sich durch drei Entdeckungen verändert, von denen zwei erst Ende der 70er Jahre gemacht wurden. Diese jüngsten Entdeckungen waren die neue Mathematik der Komplexität und das Konzept der Selbstorganisation, ein Begriff, der bereits von den frühen Kybernetikern verwendet wurde, dessen volle Tragweite man aber erst dreißig Jahre später erkannt hat. Pionier der Entwicklung eines neuen Bildes vom Leben war der Mathematiker Henri Poincaré. Er hat Anfang des 20. Jahrhunderts nach einer mathematischen Definition des Zufalls gesucht und entdeckt, daß kleine Ursachen oft enorme Wirkungen haben. Ob bei der Wettervorhersage oder beim Roulette, immer entscheiden winzige Unterschiede in den Anfangsbedingungen. Eine anspruchsvolle wissenschaftliche Theorie zeigt plötzlich Unterhaltungswert und wird in unglaublicher Geschwindigkeit Bestandteil unserer Alltagssprache. *Science went Pop!*

Unübersichtliches Terrain

Die jüngste Entwicklung der Physik hat Fundamente der Naturwissenschaft in Bewegung geraten lassen und in den Menschen ein Gefühl hervorgerufen, als würde ihnen der Boden, auf dem die Wissenschaft und mit ihr unsere Vorstellung von der Welt und ihren Wahrheiten ruht, unter den Füßen weggezogen. Die Quantenphysik bedeutet keine kleine Korrektur in der traditionellen Physik oder einen von Thomas Kuhn beschriebenen Paradigmenwandel. Sie ist ein tiefgreifender Umbruch im wissenschaftlichen Weltbild. **Statt prinzipieller Vorhersagen gibt es nur Möglichkeiten, deren Realisierung in bestimmtem Maße wahrscheinlich ist. Die Zukunft ist nicht mehr eindeutig festgelegt, sondern offen und unbestimmt.**

Warum? Auf der Ebene der Quanten vollzieht sich Wandel nicht linear, also schrittweise, sondern in unvorhersehbaren, spontanen Sprüngen. Die Vergangenheit ist durch die Erscheinungen in der **Gegenwart,** durch Fakten, dokumentiert. Fakten sind aus dieser Sicht immer etwas in der Vergangenheit Entstandendes, das kaum hilfreich ist, wenn es um die konkrete Voraussage der Zukunft geht. Als Gegenwart bezeichnen die Quantenphysiker den Zeitpunkt, zu dem Potentialität zu Realität, Möglichkeit zu Faktizität gerinnt. Konkret heißt das: Wer andere für eine Zukunft begeistern will, die noch nicht sichtbar ist, muß diese Zukunft als emotionale Vergangenheit fühlbar machen. Was theoretisch in der Zukunft liegt, wird so zu einem vergangenen Erlebnis, und damit zu einem Faktum.
Diese neue Welt der Quanten hat unseren Glauben an präzise Messung und Prognose dramatisch erschüttert, denn in einer Welt, die aus kleineren Teilchen als Atomen besteht, kann der Beobachter nichts beobachten, ohne darauf einzuwirken oder sogar an seiner Entstehung teilzuhaben. Das Außergewöhnliche an der Quantenwelt, das was unseren Glauben an Vorhersehbarkeit, Berechenbarkeit und Kontrolle weggefegt hat, läßt nicht viel Hoffnung zu, daß es im Universum, geschweige denn in der Wirtschaft geordneter zugeht.

Von **Entropie** sprechen die Wissenschaftler, wenn die Teilchen in alle Richtungen ohne innere Ordnung gleichmäßig verstreut sind. Im Reich der Quanten scheint es eine Art Quantenbeziehung zu geben, eine sehr feine Ordnung, die wir erst langsam verstehen. Es gibt ein ständiges Geflecht von Beziehungen und Energien, die wellenartig auftauchen und wieder verschwinden, einen unscharfen Ort, wo alles mit allem verbunden ist, wie ein riesiges Netzwerk ineinandergreifender Muster. Unschärfe bezeichnet den scheinbaren Widerspruch zwischen dem Teilchen- und dem Wellenbild der Materie im Quantenbereich, das beschreibt keineswegs einen Mangel, sondern ist für den Münchner Quantenphysiker Hans-Peter Dürr *"im Gegenteil die Folge einer viel innigeren Verknüpfung zwischen dem Gegenwärtigen und dem Zukünftigen, bei*

dem in umfassender Weise 'alles mit allem' zusammenhängt". Hans Peter Dürr kommt zu dem Schluß, daß sich die Beziehungen zwischen den Teilen eines Ganzen offenbar nicht erst *"sekundär als Wechselwirkung von ursprünglich Isoliertem"* ergeben, sondern *"Ausdruck einer primären Identität von allem (sind). Eine Beziehungsstruktur entsteht also nicht durch Kommunikation, einem wechselseitigen Austausch von Signalen, verstärkt durch Resonanz, sondern gewissermaßen durch Kommunion, durch Identifizierung."*
Das hätte entscheidende Konsequenzen für die Beziehungen in Unternehmen und würde die Hypothese eines morphischen Feldes stützen, nach der wir die Dinge beeinflussen bzw. von ihnen beeinflußt werden, wenn wir in ihr Feld eintreten, indem wir sie beobachten und uns mit ihnen identifizieren.

Je weiter wir in die Quantenwelt und möglicherweise noch kleinere subatomare Ebenen eindringen, desto besser werden wir die Zusammenhänge in unserer sichtbaren Welt verstehen können. Vielleicht werden wir auch erkennen, daß Phänomene der Quantenwelt auf unsere Welt der Objekte einwirken, möglicherweise stärker, als wir es uns heute vorstellen können. Unsere Gehirnzellen sind immerhin empfindlich genug, um ein einziges, auf die Netzhaut treffendes Photon zu registrieren, und sie sind sensibel genug, um vom Verhalten der Quantenebene beeinflußt zu werden.

Spekulationen und Hypothesen sind immer die Voraussetzung für wissenschaftlichen Fortschritt. Sie werden am Anfang immer denen um die Ohren gehauen, die geltende Überzeugungen damit in Frage stellen, bestehende Grenzen überschreiten oder das scheinbar Unvereinbare verbinden wollen. Die moderne Physik ist gerade dabei, ihre Grenzen zur Biologie durchlässiger zu machen, um mit einer Analogie Widersprüche der Biologie klären zu helfen. Es gibt eine solche Analogie beispielsweise beim Licht, das man sich als Welle und als Teilchenstrom vorstellen kann. Auch beim Menschen gibt es so eine Analogie. So hat die moderne, molekularbiologisch orientierte Wissenschaft ein bestimmtes Bild von ihm entwickelt, auf dessen Grundlage die dazu passenden Krankheiten, z. B. Infektionen, diagnostiziert und geheilt werden. Aber auch die chinesische Heilkunst oder die Homöopathie können Störungen heilen, bei denen die Schulmedizin nichts oder nur wenig ausrichten kann, z. B. bei bestimmten Allergien. Der Mensch macht sich offensichtlich Bilder von der Welt und sich selbst, die einander ausschließen und die doch jeweils Teilaspekte des Ganzen beschreiben. Die Physiker schmelzen jetzt ihre Grenzen zu den Aspekten der Biologie und fragen, ob den dualen biologischen Vorstellungswelten der Schulmedizin und der Naturheilkunde möglicherweise dasselbe Prinzip zugrundeliegen könnte wie der Elementarteilchenphysik, die Quanten einmal als Welle und einmal als Teilchen beobachtet. Hat die Natur eine Erfindung zweimal gemacht? Sollte es auch in der Biologie ein **Prinzip der Komplementarität** geben, dann wäre die gegenseitige Skepsis zwischen Schulmedizin und Naturheilkunde nichts als das Resultat eines eingeschränkten Blickwinkels.

Es lohnt sich, die großen Fragen der Biologie durch die Optik der Quantenphysik zu betrachten, denn es gibt noch weitere Beispiele, die die Existenz von Dualitäten in der Natur nahelegen, was Sheldrakes Hypothese, jede Materie sei an ein gestaltbildendes Informationsfeld gekoppelt, stützt. **Wir wissen von den Wassermolekülen, daß sie elektrische Dipole ausbilden, weil sie elektrisch positiv oder negativ geladene Atome enthalten. Genauso ist es bei der Erbsubstanz DNS, deren Enzyme und Proteine ebenfalls elektrische Dipole ausbilden.** In den letzten zwanzig Jahren haben quantentheoretische Berechnungen einer Reihe von Physikern ergeben, daß biologische Kettenmoleküle, zu denen auch die DNS gehört, zu longitudinalen Oszillationen (Schwingungen in Längsrichtungen) fähig sind. Wie ein Laser könnten sie völlig gleichmäßige, kohärente Strahlung abgeben. Hans-Peter Dürr schließt daraus, daß die Biomoleküle in den Zellmembranen mit Frequenzen von etwa hundert bis tausend Milliarden Hertz schwingen, also im Terawellenbereich, der zwischen den Frequenzen des Mobilfunks und der Infrarotstrahlung liegt. Diese Wellenlängen werden vom Wasser nicht geschluckt oder absorbiert.
"Sie können also", so Hans-Peter Dürr, *"den wasserhaltigen Organismus im wesentlichen ungeschwächt durchqueren und verlassen. Die Energie der Photonen dieser Wellen liegen bei nur einigen hundertstel Elektronenvolt, weshalb sie mit heutigen physikalischen Methoden kaum nachweisbar sind. Lebende Organismen könnten jedoch aufgrund ihrer körpereigenen, extrem monochromatischen Schwingungssysteme durchaus eine ausreichend hohe Empfindlichkeit für Photonen erreichen, um Signale in diesem Bereich noch*

wahrzunehmen." Das könnte die wissenschaftliche Bestätigung für Rupert Sheldrakes viertes oder morphisches Feld sein, das jeder Materie als Informationsspeicher zugeordnet sein soll. Die konventionelle Mikrobiologie berücksichtigt in ihren Berechnungen nur die Intensitäten (Aufenthaltswahrscheinlichkeiten), aber nicht die Phasenbeziehungen der Materiewellen der Elektronen. Die Quantenphysiker beschäftigen sich heute mit der Frage, ob in dieser unberücksichtigten Phasenstruktur der von Elektronen gebildeten Wellen der DNS-Doppelhelix möglicherweise Informationen verschlüsselt sind, die die Materie beeinflussen und ihre Gestalt festlegen.

Nach den Gesetzen der modernen Physik könnte das Leben etwas mit dem Aussenden elektromagnetischer Strahlung zu tun haben. Diese Strahlung, so Hans-Peter Dürr, müßte man sich nicht wie das weiße Rauschen auf einem gestörten Fernsehbildschirm vorstellen, sondern als etwas *"Gehaltvolles"*. Das hätte dramatische Konsequenzen, denn mit dieser Strahlung von extrem langer Reichweite ließe sich durch Amplituden- und Phasenmodulation *"eine phantastische Menge von Informationen unterbringen."* Auf diese Weise, glaubt der Direktor des Werner-Heisenberg-Instituts, ließen sich womöglich die mit den Gesetzen der klassischen Physik nicht zu vereinbarenden Spekulationen über morphische Felder bestätigen. Dürr zeigte sich in einem Interview mit der *Süddeutschen Zeitung* (19. 2. 1998) *"nicht so pessimistisch wie die meisten Biologen, die hier gerne das Kind mit dem großen Bade der populären Esoterik ausschütten wollen"* .

Welt der Beziehungen

Als die Welt aufhörte, eine Maschine zu sein, und wir anfingen, ihre innere Dynamik und Vitalität zu erkennen, verschwanden eine Reihe gewohnter Denkmuster und aus der Sicht der Quantentheoretiker auch die Dinge an sich. Die meisten modernen Physiker gaben die Suche nach immer kleineren, abgegrenzten Einzelteilen auf, als sie entdeckten, daß die Dinge verschwanden, sobald sie sie gefunden hatten, oder daß sie plötzlich ihre Form und Eigenschaften veränderten. Sie schienen auf den Beobachter zu reagieren. Die Physikerin Danah Zohar schreibt: *"Anstatt wie winzige Billardkugeln durch die Kraft des Anstoßes herumzurollen, bilden sie zahlreiche*

Muster aus aktiven Beziehungen, Elektronen und Photonen, Mesonen und Nukleonen und reizen uns mit ihrer nicht greifbaren Erscheinungsform – gerade als Stilleben, jetzt in Bewegung, mal Teilchen, dann Welle, jetzt Masse, dann Energie – und alles in Reaktion aufeinander und auf die Umwelt." In den 20er Jahren, als die klügsten Köpfe Europas sich an der Universität Göttingen als erste diesem Quantenpuzzle zuwandten, soll es ein berühmtes Wortspiel gegeben haben: Montags, mittwochs und freitags benimmt sich ein Elektron wie ein Teilchen; dienstags, donnerstags und sonntags benimmt es sich wie eine Welle. *"Am Sabbath aber"*, fügte der Physiker Banesh Hoffmann hinzu, *"beten die Theoretiker nur."*

Die unterschiedlichen Erscheinungsformen und Beziehungen in der Quantenwelt sind für Physiker nicht nur hoch interessant, sie sind für viele auch die einzige Form von Realität. Teilchen entstehen durch die Interaktion mit anderen Energiequellen. Physiker identifizieren zwar noch immer Neutronen oder Elektronen usw., aber für sie sind sie nur Zwischenstationen in einem Geflecht von Beziehungen.

Wie ein Stahlkorsett wirkt da das alte, an Ursache und Wirkung orientierte Denken. Der Physiker Fritjof Capra hat beschrieben, was Einsteins allgemeine Relativitätstheorie tatsächlich bedeutet: sie hat die klassischen Vorstellungen von Raum und Zeit grundlegend verändert. Capra schreibt: *"Die neue Physik (der Quantentheorie) erfordert tiefgreifende Änderungen von Grundbegriffen wie Raum, Zeit, Materie, Gegenstand, Ursache und Wirkung. Und da diese Vorstellungen von so fundamentaler Bedeutung für die Art und Weise sind, auf die wir die Welt erfahren, bedeutet ihre Umgestaltung einen großen Schock."* Die Beziehungswelt der Quanten ist hoch komplex. Der Biologe, Bewußtseinsforscher, Psychiater und in den 50er Jahren Lehrer an der California School of Fine Arts in San Francisco, Gregory Bateson, bezeichnet sie als *"Muster, das verbindet"*, und schlägt vor, wir sollten aufhören, Fakten zu lehren – Dinge, die man wissen kann –, und statt dessen allen Erklärungen und Definitionen die Beziehungen zugrunde legen und mehr Wert auf die Ästhetik legen. Ästhetik, so Gregory Bateson, ist *"Aufmerksamkeit für das Muster, das verbindet"*.

Niemand und nichts existiert unabhängig von seinen Beziehungen zu anderen. Wenn aber nichts unabhängig von seinen Beziehungen zur Umwelt

existiert, macht das duale Denken in Gegensätzen keinen Sinn mehr. So ist die Frage, was das Klima in einem Unternehmen beeinflußt der Einzelne oder das System, nicht eindeutig zu beantworten. Es gibt nur eine unklare Antwort: Entscheidend sind die Beziehung, die zwischen einem Menschen und einer Situation entsteht, und der Kontext, in dem man diese Situation sieht.
Der Mitarbeiter, der sich über das Betriebsklima beschwert, trägt selbst dazu bei. Menschen und Betriebsklima sind untrennbar miteinander verbunden, wobei das Phänomen Betriebsklima nicht lösgelöst vom Betrachter existiert, sondern erst als solches entsteht, wenn dieser seine Aufmerksamkeit darauf lenkt. Unsere Beobachtung dieser Realität ist ein Teil des Prozesses, der das hervorbringt, was wir beobachten. Teile bleiben verschwommene Ansammlungen, bis wir unsere Aufmerksamkeit auf sie lenken. Erst dann werden sie zum Fakt. Das macht absolute Vorhersagbarkeit und Standardisierung unmöglich, weil die Menschen nicht immer kalkulierbar sind und ihre Wahrnehmung höchst subtilen Mechanismen unterworfen ist.

Wir sind viele. *Multi-Minds*, und jeder entfaltet je nach Situation einen anderen Teil seiner Persönlichkeit. Das ist es, was uns *quantisch*, aber eben nicht berechenbar macht. Erst die Qualität unserer Beziehungen und der in ihnen enthaltene Sinn erschaffen das, was wir als Realität bezeichnen, und wir sind damit essentiell an ihrem Entstehen beteiligt. *"Handeln sollte stets dem Handeln vorausgehen"*, empfiehlt der Organisationstheoretiker Karl Weick, *"denn wir erschaffen durch unsere Handlungen unsere Umwelt."*
Karl Weick untersuchte vor einigen Jahren, wie wir an den Wirklichkeiten innerhalb einer Organisation beteiligt sind. *"Das Klima, das einer Organisation Sorgen bereitet, ist durch die Organisation entstanden"*, sagt er und fügt hinzu, daß sich die Dinge verändern, über die wir uns beklagen, sobald wir erkennen, daß wir an ihrem Entstehen beteiligt sind. Betrachten wir die **Trendforschung**, eine Art Szene-Ethnologie. Wissenschaftler aus der westlichen Zivilisation haben sich von jeher für sogenannte primitive Gesellschaften interessiert. Paradoxerweise konnten sie ihren Forschungsgegenstand nicht beobachten, ohne ihn zu verändern, ja zu zerstören. Von der Zivilisation unberührte Wilde gibt es nicht mehr, wenn sie der Beobachtung der Zivilisation zum Opfer gefallen sind. Genauso ist es mit der Trendforschung. Kaum formt sich in einer subversiven Szene ein Trend, stürzen sich Massen von Marketingexperten und Zeitgeistana-

lytiker darauf und formen daraus ein Label oder eine neue Werbestrategie. Wenn wir die Umgebung erschaffen, wieso können wir dann darüber sprechen, wie sie tatsächlich ist, oder behaupten zu wissen, was richtig oder falsch ist? Weick fordert uns auf, uns zu fragen, was genau um uns herum geschieht und welche Handlungen wir verbessern können. Wenn wir erst aufhörten, über Wahrheiten zu philosophieren, sei der Weg frei für bessere Lösungen. Doch bei der strategischen Planung handeln wir so, als ob wir auf Bedürfnisse des Umfeldes reagierten. Tatsächlich aber erschaffen wir dieses Umfeld durch unsere Erwartungen. Bezogen auf die Quantenwelt heißt das, wir sollten besser eine Art Quantenbeziehung aufbauen, bestehend aus einem latenten Netzwerk von **Beziehungen** und Energien, die sich immer neu entfalten und verwandeln. Was wir offensichtlich viel dringender brauchen als glasklare Strategien, sind Ressourcen, die ihre Potentiale so lange verstärken, bis sie gebraucht und eingesetzt werden. In einer Quantenwelt werden wir erst lernen müssen, wie man Beziehungen aufbaut, mit Sinn erfüllt und wie man sie wachsen läßt. Wir werden lernen müssen, besser zuzuhören, miteinander zu sprechen, einer gemeinsamen Aufgabe zu dienen, eine Vision zu teilen und gemeinsam zu lernen, denn all das sind Voraussetzungen für starke Beziehungen.
Die Quantenwelt hat mit der Vorstellung des isolierten, einzeln vor sich hintreibenden Individuums aufgeräumt.

Wissenschaftler beobachteten bereits 1930 eine Verbindungsebene zwischen scheinbar getrennten Teilen, die zeitlich und räumlich große Distanzen aufwiesen. Zwei geniale Physiker der Zeit, Niels Bohr und Albert Einstein, haben sich darüber die Köpfe zerbrochen, ob es nichtlokale Wirkungen gibt. Könnte es Einflüsse geben, die schneller sind als das Licht?
Einstein ließ die Vorstellung eines Universums, in dem Wirkungen entfernt von der Ursache eintreten können, nicht mehr los. Gemeinsam mit zwei anderen Physikern statuierte er ein Gedankenexperiment (EPR-Experiment), um nichtlokale Wirkungen zu erforschen. Dreißig Jahre später gelang es dem Physiker John Bell, den mathematischen Beweis dafür anzutreten, daß so etwas wie spontane **Distanzwirkung** im Universum auftreten kann, eine Idee, die Albert Einstein bei allem Interesse doch zutiefst zuwider gewesen sein soll. Nichtlokalität oder Nichttrennbarkeit beschreibt Zusammenhänge, Korrelationen oder geistige Aktionen über eine Distanz hinweg. Wie neuere Experimente jetzt

bewiesen haben, sind diese Zusammenhänge wohl von zentraler Bedeutung für die Physik, auch wenn noch nicht klar ist, wie sie zustande kommen. Möglicherweise hängen sie mit morphischen Feldern zusammen, deren Existenz in den USA gerade von einem völlig neuen Forschungsbereich untersucht wird: der **Informationsphysik**. Bei diesem Zweig im Grenzbereich der heutigen Wissenschaft verwischen die Grenzen zwischen Geist und Natur, Subjekt und Objekt. Einer der führenden Vertreter dieser Verbindung von Information und Physik ist der polnischstämmige Physiker Wojciech Zurek, der in Los Alamos Mitglied der Gruppe für Theoretische Astrophysik ist. Zurek glaubt, daß es ein Grenzland gibt, in dem Physik, Komplexität, Quantentheorie und reines Rechnen verschmelzen. Er und seine Kollegen kamen daher zu der Überzeugung, daß man das Universum nur verstehen kann, wenn man den bisher bekannten "Grundelementen" Masse, Energie, Raum und Zeit ein weiteres hinzufügt: Information. Information, so glaubten wir bisher, sei etwas Künstliches, vom Menschen aus Materie und Energie Erzeugtes, mit dessen Hilfe wir Signale an unsere Umwelt schicken. Durch das Sammeln und Verarbeiten von Information schaffen wir Ordnung und Kultur. **Heute behaupten einige Wissenschaftler, Information sei möglicherweise das fundamentalste Element überhaupt, aus dem erst Masse und Energie entstünden. Sie gehen davon aus, daß es eine Verbindung gibt zwischen Information, Entropie und Energie.** Je mehr Entropie herrscht, d. h. Bindungen aufgelöst werden, desto mehr Information gehe verloren, aber die Energie, die beim Zerfall von Strukuren frei wird, könne wieder zum Aufbau neuer Strukturen und Informationen genutzt werden.

Im Mai 1989 trafen sich 43 Wissenschaftler aus den USA, Israel, Deutschland, Japan, Frankreich, Großbritannien und Venezuela in Santa Fe, um ihre Erkenntnisse in der Informationsphysik auszutauschen. Für die meisten von ihnen ist Information ein grundlegendes Element, so gewiß wie Materie und Energie, und in ihrer Entstehung unabhängig von bewußten Lebewesen. Von hier aus ist es nur ein Wimpernschlag, um an die Existenz morphischer Felder zu glauben, in denen Information möglicherweise gespeichert und über weite Distanzen hinweg abrufbar wird. Der Biologe Janis A. Rozé glaubt, daß die Gerichtetheit der Evolution des Lebens inmitten von Unbestimmtheit und Zufall durch übergeordnete Informationsspeicher gelenkt wird: *"Da die existierenden morphischen Felder (Spezies) nicht 'wissen', wohin sie gehen,*

werden sie anscheinend von höheren Ordnungen und von einer höheren Komplexität zu einer neuen Ausdrucksebene `gezogen´. Oder auch: Die lebendige Gegenwart hat die Vergangenheit vergessen und kennt die Zukunft nicht."
Sheldrake erklärt sich dieses Hingezogen-Werden zu einem neuen Ausdruck durch einen kreativen Sprung, aus dem ein neuer morphischer Attraktor entsteht, der wiederum ein neues Muster von Beziehungen und Verbindungen hervorbringt. Unabhängig von der Existenz morphischer Felder ist das Prinzip der Nichtlokalität, von der traditionellen Physik ebenfalls lange Zeit als Hirngespinst ignoriert, integraler Bestandteil der Quantentheorie. Wir müssen heute grundlegend neue physikalische Prinzipien oder Kausalfaktoren anerkennen, die über den bekannten Feldern der Physik angesiedelt sind und in denen Information gespeichert ist, deren Struktur auf dem beruht, was vorher geschah und deren Muster zunehmend wahrscheinlicher und gewohnheitsmäßiger werden, je öfter sie wiederholt werden. Das erste Feld irgendeines Typs, z. B. einer neuen Idee, entsteht nach Meinung Rupert Sheldrakes durch einen kreativen Sprung.
1982 führte der französische Physiker Alain Aspect Experimente durch, mit denen bewiesen wurde, daß Elementarteilchen tatsächlich durch Verbindungen beeinflußt werden, die unsichtbar über Zeit und Raum hinweg existieren. Während Gravitation ein alltägliches Beispiel für Distanzwirkung ist, haben Wissenschaftler jetzt auch andere Kraftfelder entdeckt. Und obwohl es bereits verschiedene Feldtheorien gibt, klammern wir uns noch immer an unsere Teilementalität. Da klingt die Weltsicht David Bohms schon provokant. Für den Physiker gibt es auf einer für uns nicht wahrnehmbaren Ebene eine unverletzte, unberührbare Ganzheit. Wenn wir hinter ihre Oberfläche blicken könnten, so Bohm, dann würden wir eine darin eingeschlossene Ordnung entdecken, aus der scheinbar unabhängige Ereignisse erwachsen. In unserer täglichen Suche nach Ordnung und Vorhersagbarkeit muß uns die Vorstellung, daß weit entfernte und nicht kontrollierbare Ursachen ihre Wirkungen bei uns zeigen, fast verrückt machen.

Wir glaubten, alles am besten verstehen zu können, wenn wir Materie lange genug in Einzelteile zerlegten, und sind trotzdem nicht in der Lage, eine Ordnung zu erkennen, die das Ganze steuert.

David Bohm faßt dieses Dilemma zusammen: *"Die Erkenntnis, daß alle diese Fragmente voneinander unabhängig existieren, ist offensichtlich eine Illusion.*

Diese Illusion muß zu endlosen Konflikten und zu Verwirrung führen." Doch angesichts der Quantenrevolution akzeptieren die Wissenschaftler heute, daß sich Prozesse auf der atomaren und subatomaren Ebene prinzipiell nicht exakt vorhersagen lassen. Ihre chaotische Dynamik gehorcht nur den Regeln der Wahrscheinlichkeit.

Beziehungen scheinen Felder aufzubauen, die ihre Wirkung über weite Distanzen verstreuen. Im naturwissenschaftlichen Denken wurde die **Feldtheorie** bereits Jahre vor der Entdeckung der Quantenphysik entwickelt, um Wirkungen zu erklären, die sich entfernt von der Ursache ereignen. Man muß kein Wissenschaftler sein, um Felder erkennen zu können. Legt man Eisenteilchen in die Nähe eines Magneten, dann werden sie von ihm angezogen. Das dabei entstehende besondere Muster beschreibt ein unsichtbares Magnetfeld. Wenn wir das Licht einschalten oder ein Gerät an die Steckdose anschließen, haben wir es mit einem anderen Feld zu tun: dem elektromagnetischen Feld, das laufend Elektronen aussendet. Elektromagnetische Felder bilden Störungen, die sich als elektromagnetische Strahlung zeigen. Quantenfelder (möglicherweise bildet jedes Teilchen ein eigenes) produzieren Teilchen, sobald zwei Felder miteinander in Berührung kommen. **Alle diese Feldtheorien haben eines gemeinsam: Sie beziehen sich auf unsichtbare Strukturen, die den Raum erfüllen und für uns nur durch ihre Wirkung erkennbar werden.** Begonnen hat die Feldtheorie mit dem Nachdenken über den Raum des Universums und der Frage, ob er leer oder gefüllt sei. Klingt überraschender als es ist, wenn man überlegt, daß die subatomaren Teilchen innerhalb der Atome durch weite Zwischenräume voneinander getrennt sind. So weit, daß ein Atom zu 99,999 % leer ist. Dort wo wir glauben, es mit kleinen, kompakten Dingen zu tun zu haben, gibt es überwiegend Raum, und alles, was wir anfassen können, alle Materie und natürlich auch unser Körper bestehen aus diesen leeren Atomen. Wir sind viel durchlässiger, als es die oberflächliche Dichte unseres Körpers erwarten ließe. Die Vorstellung, daß das Weltall völlig leer sein könnte, klingt auch nicht gerade beruhigend. Da dreht sich ein isolierter, kleiner Haufen aus Stein und Geröll einsam durch die weite Leere, ausweglos auf seiner festgelegten Bahn, der Unendlichkeit entgegen. In solch einer gleichgültigen Welt scheint es uns nahezu unmöglich, etwas zu verändern, geschweige denn daran zu denken, irgendwann auf einen anderen belebten Planeten zu treffen und ihn zu einer Reaktion zu bringen. Newtons Welt von Ursache und Wirkung, wo Kraft durch Kraft entsteht, verlangt von uns eine Menge Energie und Anstrengung, um bei anderen etwas zu bewirken. Nicht nur das. Man muß – so glaubte man – auch große Hindernisse und lange Zeitspannen überwinden, um wirklich etwas zu bewegen.

Mit der Quantenmechanik kam 1927 die Anerkennung einer grundsätzlichen Unkalkulierbarkeit (Indeterminismus) in der Natur. Man begann zu erkennen, daß es nicht nur auf der elementarsten Ebene der Quanten eine Unbestimmtheit gibt, sondern auf allen Ebenen natürlicher Organisationen. Die Entdeckung der Quantenwelt hat unser Denken verändert. Der Raum scheint nicht mehr leer, sondern erfüllt von unsichtbaren Beziehungsgeflechten zu sein, deren materielose Strukturen offensichtlich die Grundlage des Universums sind. Wir können die Quantenfelder nicht sehen, aber wir können ihre Wirkung erkennen. Die Idee der Felder hilft uns zu verstehen, warum plötzliche Veränderungen auftauchen, ohne daß es einen direkten Einfluß gegeben hätte. Dieser Gedanke ist übrigens nicht ganz neu. Die bereits erwähnten Physiker Michael Faraday und James Maxwell, zwei berühmte Wissenschaftler des 19. Jahrhunderts, waren intuitiv davon überzeugt, daß der Raum nicht leer, sondern von einer Fülle unsichtbarer Strukturen durchzogen sei. Faraday und Maxwell sprengten die Grenzen ihrer Vorstellungskraft, brachten Elektrizität und Magnetismus in Zusammenhang und stießen in ein Universum von Bewegungen und unsichtbaren Beziehungsgeflechten vor, die sichtbaren Einfluß auf das Ganze ausübten. Der Physiker Frank Wilczek und die Ingenieurin Betsy Devine beschrieben diese sichtbare Wirkung des Unsichtbaren mit einer Fisch-Metapher: **Betrachtet man Fische, ohne an das Wasser zu denken, in dem sie schwimmen, könnte man sich fragen, woher ihre Bewegungen kommen, wenn ein Fisch an einem anderen vorbeischwimmt, und dieser sich leicht biegt. Man könnte denken, der Vorbeischwimmende wirke durch eine Kraft auf den anderen ein. Sobald wir aber sehen, wie alle Fische gemeinsam ein gleichmäßig bewegtes Muster abgeben, scheint es, daß andere Medien ihre Bewegungen beeinflussen.** Wir könnten nach diesem für uns nicht sichtbaren Medium suchen, indem wir eine Störung einbrächten und zuschauten, welche Reaktion sie bei den Fischen hervorruft. Raum ist überall, in den Atomen wie im Weltall, und er ist durchzogen von Feldern, die Einfluß ausüben und Materie formen. Rupert Sheldrake beschreibt Felder als *"unsichtbar, unberührbar, unhörbar, geschmacklos und geruchlos"*. Mit unseren fünf Sinnen können wir sie nicht erfassen, doch in der Quantentheorie gelten sie als so real wie die Teilchen selbst. **Viele Wissenschaftler unterschiedlichster Disziplinen sind heute davon überzeugt, daß die sichtbaren Dinge, die in Experimenten beobachtbaren physikalischen Reaktionen von Materieteilchen nur ein Nebeneffekt der Felder sind.** Teilchen können darin auftauchen, oftmals nur ganz kurz, immer dann, wenn sich zwei Felder berühren und sich ihre Energien treffen. Daß Teilchen plötzlich erscheinen und wieder verschwinden, führt Sheldrake darauf zurück, daß verschiedene Felder kontinuierlich miteinander in Kontakt kommen. Obwohl für uns Teilchen noch immer die Grundlage der Materie bilden, sind sie offenbar nur Durchgangsstadien, kurze Erscheinungsmomente, in denen sie als Stoff zu beobachten sind. Die physikalische Realität ist also nicht nur Materie, wie man immer annahm. Heute werden Felder von den Physikern als ebenso real betrachtet, wie die Materie selbst, unabhängig davon, ob sie materialisiert, und damit optisch wahrnehmbar sind.

Frank Wilczek und Betsy Devine setzen die Entdeckung der Felder mit einem großen Schritt in ein neues Bild des Universums gleich: *"Newtons Bild einer Welt aus vielen unabhängig voneinander existierenden Teilen wurde ersetzt durch ein Bild der Welt als großes Feld, durchzogen von wenigen aktiven Medien. Wir leben inmitten zahlreicher, sich gegenseitig durchdringender Felder, von denen ein jedes den Raum erfüllt. Die Bewegungsgesetze des Feldes sind Regeln des Fließens."*

Unternehmen als Erwartungsfelder

Wir könnten uns Unternehmen oder Organisationen auch als Felder vorstellen, in denen die Menschen Energiewellen bilden, die auf andere Bereiche einwirken. Mit jedem Kontakt zu einem anderen Energiefeld könnte dieses Feld kraftvoller werden und gleichzeitig energiereicheres Verhalten prägen. Führen heißt dann, die richtigen Feldqualitäten aufzubauen und miteinander in Kontakt zu bringen.

Gehen Sie in verschiedene Supermärkte oder Unternehmensfoyers, und Sie werden merken, daß man sich in einigen wohl fühlt und andere am liebsten gleich wieder verläßt.
Guten Kundenservice kann man fühlen, indem man durch ein Geschäft geht. Weder der Gesichtsausdruck der Verkäufer noch Handelsmarken oder visuelle Eindrücke können uns so sehr die Gewißheit geben, gut oder schlecht bedient zu werden, wie dieses besondere Gefühl. **Es scheint also etwas anderes zu geben, das wir nicht exakt beschreiben können und das doch intensiv auf uns einwirkt.** In manche Unternehmen gehen wir nur zum Empfang, und schon befällt uns eine eigenartige Beklemmung, in anderen fühlen wir uns gelassen und sicher. Die wissenschaftlichen Vertreter der Theorie morphischer Felder würden anführen, daß es auch in Unternehmen Gedächtnisfelder gibt, in denen auf unsichtbare Weise Informationen darüber gespeichert sind, wie die Menschen miteinander umgehen, und die die Art der Kundenbetreuung repräsentieren, wann immer die Energie eines Mitarbeiters mit diesem Feld in Kontakt kommt. In Unternehmen mit tief verwurzelten Gewohnheiten würden nach ihrer Theorie nur sehr schwer Veränderungen sichtbar. Sie verhalten sich, als ob sie von fixierten Gesetzen gesteuert würden, die oft noch nicht einmal bekannt sind.

Solche Felder fallen nicht vom Himmel. Sie entstehen, indem Manager und Angestellte gemeinsam den Verkaufs- oder Büroraum mit klaren Botschaften füllen, wie sie sich selbst und wie sie ihre Kunden behandeln wollen. Im Gegenzug beeinflussen Felder dann auch die Gefühle und Aktivitäten der Angestellten, denn Sheldrake und seine Kollegen gehen davon aus, daß es eine zunehmende Tendenz morphischer Felder gibt, sich selbst hervorzubringen. Dazu Rupert Sheldrake: *"Die Art und Weise, wie Handlungsmuster oder Informationen von einem vorherigen auf ein nachfolgendes System der gleichen Art übertragen wird, heißt morphische Resonanz."*
Auf Unternehmen übertragen könnte das bedeuten, daß neue Denk- und Handlungsmuster um so wahrscheinlicher auftreten, je mehr Menschen sie bereits anwenden. Denn das in ihnen enthaltene Gedächtnis sorgt dafür, daß

Aktivitätsmuster um so wahrscheinlicher und gewohnheitsmäßiger werden, je öfter sie wiederholt werden. Dauerhafte Veränderungsprozesse könnten danach ausgelöst werden, indem man *Master-Mind*-Inseln ins Unternehmen einbaut, ressortübergreifende Teams, die diese neuen mentalen Muster bereits eingeübt und tief verankert haben.

Für die Durchsetzung von Veränderungen ist aber mindestens ebenso interessant, wie neue Felder entstehen. Wenn wir uns auf den Standpunkt der Entwicklung im Laufe der Evolution stellen, uns dem Denken des Undenkbaren der kühnsten unter den neuen Naturwissenschaften anschließen und einmal annehmen, daß es eine Art Imagination des Universums gibt, dann könnten wir wie sie zu dem Schluß kommen, daß die Formen im Verlauf der Natur durch Imagination entstehen, und wir könnten diese Imagination als äußerst vielschichtiges Phänomen erkennen. Das heißt nicht, daß es irgendwo da draußen einen schon voll ausgebildeten göttlich-mathematischen Geist gibt, der sich schnurstracks in die Moleküle transzendiert. **Vorstellbar ist aber für einige Naturwissenschaftler heute, daß die "kosmische Imagination" einen mathematischen Bereich umfassen könnte, der sich ebenso entwickelt, wie sich unser Verständnis der Mathematik im Laufe der Zeit entwickelt hat.** Auch die Mathematik fließt. Was um Gottes Willen hat das mit Management zu tun? Eine ganze Menge.

Visionen entstehen aus Imaginationen. Sie sind Qualitätsfelder, die Werte und Richtung eines Unternehmens klären. Linear betrachtet, wurde die Vision immer als so etwas wie ein In-die-Zukunft-Planen gesehen, als ein festes Ziel, das ein Unternehmen erreichen will. Eine solche Betrachtung der **Vision** als festes Ziel schließt ein, daß wir uns ein möglichst prägnantes Bild von dieser Zukunft machen können. Doch diese Vorstellung ist kausal und besitzt Grenzen. Sehen wir die Vision doch einmal als den offenen, sich ausdehnenden Raum eines Unternehmens. Betrachten wir einmal die Vision als Feld. Worum dreht sich eine Vision? Sie dreht sich immer um etwas Großes, und sie geht weit über das Individuum hinaus. Eine Vision dient stets einer Sache, die größer ist als Leistung und Profit. Eine Vision ist ein Instrument, ein Reisebegleiter auf dem Weg dorthin, wo wir hinwollen. Eine Vision haben heißt, eine ideale Zukunft mit einer großen Aufgabe zu erschaffen. Sie stellt die Weichen zu all unseren Aktivitäten, von unserer Karriereentscheidung bis zur

Wahl unserer Partner und Freunde, von der Entscheidung, unser Unternehmen umzustrukturieren bis zur Entscheidung, was wir besitzen und wie oder wo wir leben wollen. **Eine wirklich große Vision dreht sich auch um andere, in ihrem Mittelpunkt stehen Beziehungen.** Der langfristige Erfolg eines Unternehmens repräsentiert mehr als Marktanteile und Gewinn. Quantensprünge des Erfolges werden dann erreicht, wenn man bereit ist, Beziehungen einzugehen und darin um Unterstützung zu bitten und Unterstützung zu geben. Voraussetzung dafür ist, daß wir die Illusion unserer Abgetrenntheit vom großen Ganzen überwinden. Einige besonders mutige Wissenschaftler gehen so weit zu glauben, daß alles, was über die Oberfläche des Unbewußten oder aus der Dunkelheit hinaustreten will, eine bestimmte Ganzheit, eine einheitliche Form annehmen muß, um das zu schaffen. Diese Form ist ihrer Ansicht nach nicht festgelegt, es könnte also jede einheitliche Form sein.
Bisher wurden Visionen meist als ferne Ziele angesehen, die man Schritt für Schritt ansteuern kann. Jetzt beginnen wir, sie als einheitliche Form zu sehen, die Übereinstimmung braucht, um aus dem Chaos der Unübersichtlichkeit herauszutreten. Ein Weg zu diesem schöpferischen Prozeß ist Träumen.
Die menschliche Imagination entfaltet sich durch Träume, durch Gespräche, Phantasien, Eingebungen (denken Sie an Kekulés Affentraum) – und Visionen. Wir sollten daher lernen, gemeinsam grenzenlos zu träumen, damit das Feld entstehen kann, das immer neue Formen in Vielfalt hervorbringt.

Wir könnten dieses Feld dazu bringen, sich innerhalb des ganzen Unternehmens auszubreiten, um seine formende Kraft zu entfalten. Alle Mitarbeiter, die einmal mit diesem Feld in Berührung kommen, könnten davon beeinflußt werden. Überall dort, wo sich das Feld ausbreitet, könnte sich die gemeinsame Vision durchsetzen. Morphische Felder, davon ist der Wissenschaftlerkreis um Rupert Sheldrake überzeugt, wachsen, entwickeln sich und entfalten Form je nachdem, welche Fähigkeiten und welches Wissen ein Individuum entwickelt. Felder wechseln ihre Inhalte und ihre Erscheinung aufgrund einzelner Aktivitäten.
Der Bestsellerautor Peter Senge, Professor am Massachusetts Institute of Technology, geht davon aus, daß eine Unternehmensvision nichts konkret Kommunizierbares ist, sondern sich als eine Art Begleitprodukt persönlicher

Beziehungen und aus Gesprächen mit Mitarbeitern entwickelt, die man abschöpfen und als Energie in das Unternehmen eingeben kann.
Die Quantenwelt offenbart uns ganz neue Organisationsmöglichkeiten. Wenn man den Raum einer Organisation als von Feldern erfüllt betrachtet, können sich unsichtbare und entfernte Aktionen verknüpfen, und das hätte gewaltige Folgen für die Lern- und Veränderungskultur von Unternehmen. Während wir diskutieren, beraten, erklären, überlegen, planen oder feiern, bauen wir **mentale Felder** auf und erfüllen den Raum mit Botschaften, die ihrerseits wieder unser Verhalten beeinflussen. Damit greifen wir immer wieder auf solche Denk-, Verhaltens- und Beziehungsmuster zurück, die bereits eingeübt sind, und verstärken sie. Kreativität und Veränderungstoleranz setzt voraus, daß man Unternehmen aus dieser Rückbezüglichkeit, diesen selbstreferentiellen, d. h. auf Gewohntes zurückgreifenden Feldschleifen herausführen kann.
Das funktioniert bloß nicht durch direktes Handeln, indem man sagt, wie die Leute denken, handeln oder wie sie im Team arbeiten sollten. Ein mentales Feld verändert sich, indem man Aufmerksamkeit erregt und eingefahrene Muster irritiert. Löst sich ein Feld auf, dann entsteht ein Prozeß des Entlernens, der immer das Ergebnis einer Schieflage ist, die durch kritische Spannung erzeugt wurde. Doch die schöpferische Zerstörung alter Denkschleifen zugunsten neuer kreativer Muster erfordert eine Atmosphäre des Vertrauens. Man muß bereit sein, gemeinsam über die eigenen Grenzen zu gehen. Daher kann nur kreativ stören, wer das Vertrauen genießt, daß er die Irritationen nicht ausnutzt.

Vielleicht denken Sie, Felder aus Werten, Visionen, Unternehmenskulturen, die gibt es doch gar nicht, das sind doch alles so unscharfe, schlabbrige Faktoren, die überhaupt nichts mit der Führungspraxis zu tun haben. Wie sollen ausgerechnet sie Ordnung schaffen angesichts der komplexen Aufgaben, mit denen wir uns auseinandersetzen müssen. Newtons Weltbild unterstützt uns in dieser Skepsis, weil es von einer Welt einzelner Teilchen ausgeht, die in alle Richtungen verstreut sind. Die Vorstellung der Quantenfelder jedoch läßt uns in eine Welt blicken, die viel feinere Ordnungsformen kennt. Komplexität ist in dieser Welt nicht das Problem, sondern die Lösung. Bisher waren wir gewohnt, uns auf das Sichtbare zu konzentrieren, auf Strukturen, die wir sehen konnten, und wir fühlten uns dabei sicher. Es ist Zeit, sich dem Unsichtbaren anzunähern, unser imaginäres Auge auf die unsichtbare Welt zu lenken. Dort werden wir eine Fülle von Strukturen erkennen: potentielle Strukturen, kurz auftauchende Strukturen. In einer Welt, in der Materie immateriell sein kann, deren Grundsubstanz etwas ist, das wir nicht sehen können, ist es nur ein kleiner Schritt, an die Existenz von Feldern zu glauben, an die wir andocken, die wir aufladen und nutzen können.

Die Dynamik des Ganzen

Stabilität als Ausnahme

Wenn das Tempo der Veränderung steigt, dann steigt auch der Bedarf an Handlungsstrategien. Kein Wunder, daß viele Konzepte in Mode kommen und ihre gläubigen Anhänger finden: Vernetztes Denken, Lean-Management, Total Quality, Re-Engineering, Synergie und wie sie alle heißen. Der Hit der 90er Jahre war die Selbstorganisation.
Selbstorganisation beschreibt überwiegend, wie sich spontan neue Ordnungen bilden und gibt erst in zweiter Hinsicht Hinweise auf deren Organisation. Eines ist klar, je mehr Komplexität in einem System entsteht, um so weniger läßt es sich durch herkömmliche Instrumente kontrollieren und steuern. Das damit verbundene Ende der Kontrolle beschreibt weniger eine Drohung als ein Versprechen. Statt planender Vernunft und zwingender Logik ermutigt uns die Selbstorganisationstheorie zu neuer Offenheit für Prozesse und zu kleinen Schritten, um Großes zu bewegen. Doch ist die Selbstorganisationstheorie tatsächlich eine Revolution? Ja und nein.

Ja, denn ihre zentralen Aussagen stellen stillschweigende Grundannahmen unseres Alltagswissens in Frage. Sie kann die Entstehung von Neuem erklären, ohne dabei jedoch vorhersagen zu können, was genau entstehen wird.
Nein, denn Synergetik und Chaostheorie erweitern nur das Verständnis des Verhaltens komplexer Systeme um die Aspekte Instabilität und spontane Ordnungsbildung.

Es erscheint unwahrscheinlich, daß in einem Unternehmen plötzlich und ohne Vorwarnung aus einem geordneten Zustand alles durcheinander geht oder daß eine Ordnung spontan eine andere ersetzt, ohne daß es einen mächtigen Einfluß von außen oder ein "Machtwort" von innen gäbe. Ist aber erst einmal eine Ordnung entstanden, dann wird sie als stabil betrachtet. Ja, Stabilität erscheint uns sogar die Regel zu sein. Mit diesen Grundannahmen des sogenannten Alltagsdenkens räumt die Theorie von sich selbst organisierenden Systemen prinzipiell auf. An einer Vielzahl von Beispielen aus der Physik, der Chemie und der Biologie läßt sich zeigen, daß in dynamischen Systemen ganz plötzlich Übergangssituationen entstehen können, ohne daß eine ordnende Kraft dahintersteckt.

Beliebte Glaubenssätze, gegen die die Selbstorganisation massiv verstößt:
- Ordnung wird durch eine Autorität geschaffen;
- Ordnung ist die Regel;
- Ordnung ist vorhersehbar;
- komplexe Wirkungen haben komplexe Ursachen;
- kleine Ursachen erzeugen kleine Wirkungen.

Der amerikanische Mangement-Guru Tom Peters hat bereits 1989 zehn Thesen zur "Revolution im Management" aufgestellt. Er geht davon aus, daß es in der Wirtschaft keine festen Größen mehr gibt, sondern nur noch Sprünge und Dauerturbulenzen. Unsere heutigen Managementtechniken beruhen überwiegend auf Stabilität, und sie ignorieren, daß wir es mit erheblichen Ungewißheiten und Brüchen zu tun haben. Konzeptgeleitetes, auf Erfahrungen basierendes Handeln reicht bei komplexen, und damit unkalkulierbaren Verhältnissen nicht aus. Was wir heute brauchen, ist eine Art *"Christoph-Columbus-Aura"*, so der Bremer Chaosforscher Peter Kruse, *"durch die man*

Menschen für eine Sache gewinnt, die man ihnen rational nicht mehr vermitteln kann". Selbstorganisation ist die Vernunft eines Unternehmens, und die resultiert nicht aus rationaler Planung und absichtsvoller Gestaltung. Norbert Bolz ist davon überzeugt, daß Wirtschaftssysteme viel zu intelligent funktionieren, um den engen Grenzen menschlicher Vernunft zu entspringen. Er glaubt, *"der Markt ist vernünftiger als seine Teilnehmer."* Ein Unternehmen ist vernünftiger als sein Management.

Ein schönes Beispiel für ein sich selbstorganisierendes System sind Wolken.

Wolken tauchen plötzlich auf, sie haben fließende Grenzen, verwandeln ständig ihre Form, haben unscharfe Ränder, und sie bewegen sich weiter. Sie verändern sich und werden zu Gewittern, Schneestürmen, Orkanen, Hagelschauern oder zum Schnürlregen, je nachdem, welche atmosphärische Energie oder welche Partikel gerade zuströmen. Unsere Organisationen, Unternehmen und auch wir selbst sind vermutlich zu denselben Grenzüberschreitungen fähig, wenn wir zulassen, daß sich neue Gedanken und Ideen in unserem Kopf und innerhalb unserer Unternehmen frei entfalten können. Warum nicht von den Wolken lernen? Sie bieten ein ausgezeichnetes Beispiel für Systemstrukturen, die weit außerhalb unserer Vorstellungskraft liegen. Oder wie würden Sie hundert Tonnen Wasser in der Luft halten, ohne ein sichtbares Hilfsmittel zu gebrauchen? Bilden Sie eine Wolke!
"Management ist ein autologischer Begriff", sagt der in den USA lebende Philosoph Heinz von Foerster und meint damit, der Begriff Management muß vor allem auf sich selbst bezogen werden, denn Management sollte vor allem Management des Mangagements sein. Was heißt das? **Je mehr sich Wirtschaftsunternehmen in flachere Netzwerke verwandeln und in nichthierarchische Rückkopplungsschleifen eingebunden sind, um so mehr lösen sich die traditionellen Machtverhältnisse auf.** Es ist wichtiger Einfluß auf das mentale Feld, den *global brain* eines Unternehmens zu besitzen, als Macht auf seine Strukturen auszuüben.

Erfolgreiche Selbstorganisation braucht eine Führung, die auf dem *commitment* der Geführten beruht, und *commitment* läßt sich nicht verordnen. Man kann es gewinnen, indem die Menschen ihre persönlichen Werte im Unternehmen wiederfinden und diese auch leben können. Gelebte Werte sind ein mächtiger Ordner, wenn es darum geht, Ressourcen zu mobilisieren. Erinnern wir uns an die Quantentheorie: Das Unsichtbare steuert das Sichtbare. Trotzdem herrscht in den meisten Unternehmen die Neigung zu mehr Kontrolle, zu stärkerer Zentralisierung, strafferer Organisation und Kampf gegen wachsende Komplexität. Wir denken noch immer, hinter jeder wahrgenommenen Ordnung müsse eine ordnende Kraft stecken – natürlich der Manager.

Der mechanistischen Naturphilosophie lag ein Reduktionismus zugrunde, der davon ausging, daß jedes Ding durch kleinere Dinge in ihm zu erklären war. Praktisch alle Objekte, die wir aus der Natur, der Gesellschaft, der Wirtschaft und der Wissenschaft kennen, bestehen aus einzelnen Teilen. Ein Kristall besteht aus einzelnen Molekülen, unser Körper aus einzelnen Zellen, die Gesellschaft aus einzelnen Individuen, die Wirtschaft aus einzelnen Wirtschaftssubjekten. Und in der traditionellen Physik galt: je kleiner, desto besser.

Die revolutionären Veränderungen der 20er Jahre in der Physik führten zu einer ganz neuen Sicht der Wirklichkeit. Alfred North Whitehead und ein kleiner, ebenfalls aus Philosophen und Naturwissenschaftlern bestehender Kreis um ihn herum entwickelten eine Philosophie des Organismus, die eine holistische, eine ganzheitliche Sicht in die Wissenschaften einführte. Diese Philosophie des Organismus geht davon aus, daß es eine Menge ineinander verschachtelter Ebenen gibt, auf denen das Ganze jeweils mehr ist als die Summe seiner Teile.

Ob subatomare Teilchen, Atome, Kristalle, Organellen, Gewebe, Organe, Menschen, Gesellschaften, Ökosysteme, alle diese Einzelteile wirken, möglicherweise durch ihre spezifischen Informations- oder morphischen Felder, so zusammen, daß etwas qualitativ Neues erzeugt wird.

So erzeugen die Körperzellen die Gestalt eines Menschen, seine Nervenzellen die Sinneseindrücke, sogar seine Gedanken, sein Wissen. Diese Strukturen entstehen, ohne daß von außen eingegriffen wird, und auf jeder Ebene tauchen neue Qualitäten und Eigenschaften auf, die die isolierten Teilchen nicht besitzen und die sich aus ihnen nicht vorhersagen lassen.

Woher stammt die Ordnung, die diese Einzelteile zusammenfügt? Der Teppich des Lebens ist bunt und reicher verziert, als wir bisher glaubten. Seine Seidenfäden wurden gesponnen aus *"schrulligen, launenhaften Quantenereignissen, die auf Nukleotidbausteine einwirkten, und geformt von der natürlichen Selektion"*, meint der Biologe Stuart Kauffman. Woher aber kommt das übergeordnete Teppichmuster, seine besondere Gestaltungsform, sein gewirkter Rhythmus? Vielleicht liegen diese Geheimnisse in den Prinzipien der Selbstorganisation verborgen, die wir auf der Suche nach einem theoretischen Rahmenmodell für die Entwicklung komplexer Systeme heute nur ansatzweise verstehen können. Ob wir Virusstämme, kulturelle Systeme, Gesellschaften, Öko- oder Wirtschaftssysteme betrachten, überall stoßen wir auf Muster der Co-Evolution, auf Phasenübergänge und die Entwicklung einer emergenten Ordnung, deren multiple Quellen wir noch nicht einmal erahnen. Wir begreifen auch noch nicht die möglichen Wechselwirkungen zwischen Selbstorganisation und Selektion, die darüber bestimmt, welche Arten komplexer Systeme auf diese Weise entstehen können. Evolutionsbiologen wissen heute nur so viel:

Ein Evolutionsprozeß ist nur dann erfolgreich, wenn die Landschaften, die er absucht, mehr oder minder korreliert sind, d.h. wenn sie wie gesunde Ernährung gut gemischt, abwechslungsreich und vielfältig sind.

Solche Landschaften bilden Unternehmenskulturen ebenso wie Wirtschaftsräume und Volkswirtschaften, Gesellschaften oder die Codes und Programme in unserem Kopf. Der Stuttgarter Physik-Professor Hermann Haken, geistiger Vater der Synergetik (die Lehre vom Zusammenwirken der Dinge), stellte sich vor 25 Jahren schon die Frage, ob es unabhängig von der Natur der Teile bestimmte allgemeine Regeln oder Prinzipien der Selbstorganisation gebe, die auf die Ordnungsbildung aller komplexen Systeme anzuwenden seien. Er stellte fest: Um das Phänomen der Selbstorganisation zu verstehen, muß man zunächst die Bedeutung von Mustern erfassen. Hermann Haken hat sich der Musterbildung durch simple Fragen angenähert. Woher kommen die Streifen auf dem Zebra? Wie entstehen Streifen auf einem tropischen Fisch? Haben vielleicht alle lebendigen Systeme ein gemeinsames Organisationsmuster? So stieß er auf die gleichen Regeln und ein allen lebenden Systemen zugrundeliegendes Organisationsmuster, das eigentlich ein Netzwerkmuster ist. Wo immer man Leben sieht, sieht man Netzwerkmuster.

Hier liegt der Unterschied zum alten mechanistischen Paradigma. Bei der Struktur geht es um Quantitäten, beim Muster um Qualitäten. Die erste und offensichtlichste Eigenschaft eines Netzwerks ist, daß es sich in alle Richtungen erstreckt, nicht in eine Richtung geht, und seine Beziehungen daher nicht linear verlaufen. Wie setzt sich in einem Netzwerk Einfluß durch, wenn nicht von oben nach unten?
Information und Kommunikation pflanzen sich in einem **Netzwerk** entlang eines kreisläufigen Pfades fort, der sich zu einer Rückkopplungsschleife entwickeln kann. Auf jeden Impuls folgt eine Reaktion, auf die wiederum eine Reaktion folgt, die ihrerseits wieder Reaktionen auslöst. Indem solche Netzwerke Rückkopplungsschleifen entwickeln, erwerben sie die Fähigkeit zur Selbstorganisation. Ein Unternehmen, das ein aktives Kommunikationsnetzwerk aus Ruf und Widerruf entwickelt hat, wird aus seinen Fehlern lernen, weil sich die Konsequenzen eines Fehlers durch das gesamte Netzwerk ausbreiten und sich dadurch selbst regeln und reorganisieren. Ein Unterschied wird erst dann sozial, d. h. er macht einen Unterschied, der zählt, wenn ihn andere Menschen mit ihrem Bewußtsein widerrufen, zurückrufen, bestätigen oder bestreiten. Für den britischen Physiker und Mathematiker George Spencer-Brown wird *"ein Unterschied erst zum Unterschied durch den Diskurs, den er auslöst"*. Im Modell Sheldrakes sind es die morphischen Felder, die auch über Distanzen hinweg musterbildend wirken.

Muster

Auch Unternehmensabläufe werden klarer, wenn man die Muster erkennt, die sich aus seinen Beziehungen, Regelwerken und Verhaltensweisen entfalten und die für jedes Unternehmen typisch sind. Betriebsklima ist kein Ding, das es an sich gibt, es ist ein Phänomen, das entsteht, sobald wir unseren Blick darauf richten. Betriebsklima entsteht, indem wir verschiedene Teilaspekte zu einem Muster zusammenfassen. Wie gesagt, wenn sich ein Mitarbeiter über das schlechte Betriebsklima oder die dürre Kommunikation in einem Unternehmen beklagt, so trägt er in diesem Moment selbst dazu bei. Ordner entstehen durch sich selbst, durch Aktion und Reaktion. Das scheint für unser kausales Denken in Kategorien von Ursache und Wirkung eine weitere Zumutung zu sein. Doch die Wirkungen zwischen Ordner und einzelnen Teilen bilden einen Kreislauf, der sich selbst herstellt und der typisch für alle Phänomene der Selbstorganisation ist.

Wie entstehen Muster? Hermann Haken bezeichnete die Grundlagen für die Entstehung von Mustern als sogenannte **Ordner**. Diese Ordner "befehlen" den Teilen, wie sie sich verhalten müssen, natürlich nicht im herkömmlichen Sinne, sondern auf raffinierte, unsichtbare Art. Ein Ordner ist eine Art Intelligenz- oder Gedächtnisfeld oder, wie Haken selbst sagt, *"ein Puppenspieler, der die einzelnen Puppen tanzen läßt"*. Zu den insgeheimen, nicht quantifizierbaren Ordnern eines Unternehmens gehören z.B. seine Rahmenbedingungen, Werte, Ressourcen, Rituale und Regelwerke, kollektive Vorstellungen, gemeinsame Aufgaben, Herausforderungen, Kontexte sowie Turbulenzen, Störungen und sein Betriebsklima. Jedes Unternehmen hat andere Ordner, verschiedene Branchen haben teilweise ganz verschiedene Ordner. Mehrere Ordner treten in Wettbewerb miteinander, bis sich schließlich ein Muster durchsetzt. Zu den mächtigsten Ordnern gehören die insgeheimen Regelwerke eines Unternehmens, die im Zusammenwirken darüber bestimmen, ob und welche Veränderungen sich durchsetzen lassen. Unternehmensinterne Muster offenbaren sich, indem man folgende Fragen stellt:

- Wie laufen Entscheidungsprozesse ab? Wer gibt dabei den Ausschlag?
- Wie ist Verantwortung verteilt?
- Wie geht man mit Fehlern um?
- Welche Art Trainingsprogramme werden bevorzugt?
- Wie wird besondere Leistung honoriert (Bonus, Kurzreise, Weiterbildungsangebote, Erwähnung in der Hauszeitung, Auszeichnung, andere Vorteile)
- Woran erkennt man den Status der Führenden (mehr Raum, persönlicher Parkplatz, eigenes Casino, Zimmer mit Aussicht ...)?
- Hat die interne Einstellungs-, Beförderungs-, Kündigungs- und Rentenpolitik einen bestimmten Typ im Haus gefördert?
- Welchen beruflichen Hintergrund hat das Top-Management?
- Wie sehen sich die Spitzenleute selbst?
- Welche Strukturen, Verfahren, Regularien gibt es?
- Wie laufen Konferenzen und Meetings ab? Wer nimmt teil? Wo finden

sie statt? Woran würde ein Außenstehender den Status der Teilnehmer erkennen?
- Wer geht zu wem, wenn es Fragen gibt? Wer holt wen zum Essen ab?
- Wie werden Informationen verteilt?
- Wie ist der Postweg?
- Wird Risikobereitschaft gefördert oder eher bestraft?
- Wie geht man mit Krisen um? Sucht man Schuldige? Gibt es personelle Konsequenzen?
- Kommt man mit persönlicher Leistung weiter oder, weil man die "richtigen Leute kennt"?
- Sind die festgeschriebenen Unternehmenswerte mit der Realität vereinbar? Wo geht beides auseinander?
- Welchen Eindruck vermitteln die Architektur und die Innengestaltung des Unternehmens (offen oder bedrückend, Festung oder luftiger Bau, streng oder heiter ...)?
- An welche Persönlichkeiten wird immer wieder erinnert?
- Welche historischen Ereignisse oder Histörchen werden häufiger erwähnt? Was sagt das über die Firma aus?

Doch solche Muster existieren nicht tatsächlich, sie entstehen erst, wenn wir sie beobachten. Sie sind mentale Landkarten, die uns zu visionären Ideen führen können oder zumindest in die Lage versetzen, Unterschiede festzustellen. **Genau das war die Stärke der Japaner in den 80er Jahren. Sie haben nichts Neues erfunden, aber sie hatten ein feines Gespür dafür, welche neuen Muster in neuen Produkten wie z. B. Quarzuhren, flachen Matrixbildschirmen und Compact Discs auftauchten.** Und schon waren sie in der Lage, Märkte zu überschwemmen, nicht selten, indem sie im Ausland Patente oder entsprechende Forschungsergebnisse kauften.
Man braucht kein Ideenpool zu sein, um Erfolg zu haben. Man muß nur Ideenpools anderer rechtzeitig erkennen können. Wichtig ist, Muster schnell zu wittern und ihre Bedeutung zu erahnen. Wer hätte gedacht, was aus der Dampfmaschine noch alles werden würde, schließlich hatte man sie dazu entwickelt, um Wasser aus Minen zu pumpen. Siemens sah nicht den Markt für ein Gerät, das Telefone mit Druckern verbindet und Dokumente in Minuten-

schnelle an jeden Ort der Welt schickt. Die Japaner haben es aber gesehen und bestimmen seither den Telefax-Markt.
Bessere Mustererkennung und ein feineres Gespür für Trends helfen nicht nur, die Konkurrenz auszustechen oder einen Renner zu lancen. Es sind Grundkompetenzen, um in die Zukunft zu schauen. Greifen Sie mal ein beliebiges, gerade erfolgreiches Produkt oder eine gesellschaftliche Strömung heraus, und verfolgen Sie die Spur zurück bis zum Zeitpunkt des Entstehens. Was ist im Kopf des Erfinders, des Initiators vorgegangen? Welche Aktivitätsmuster und Gewohnheiten liegen ihnen zugrunde? Manchmal treffen sich wachsender öffentlicher Druck oder auch das Schicksal eines Einzelnen, der dann eine ganze Bewegung lostritt. Ein latent vorhandenes Begehren kann zum Bestseller werden, sobald eine zunächst verrückt erscheinende Idee ihm Gestalt verleiht. Rupert Sheldrakes Modell hier angewandt bedeutet, sobald sich zwei morphische Felder (Begehren und Idee) begegnen, formt sich daraus Materie, die zum Bestseller werden kann.

Auch die Vorlieben und Trends bei sogenannten **Meinungsführern**, überwiegend aus der oberen Mittelschicht und meist akademisch ausgebildet, bieten eine Menge Anregungen für zukünftige Konsumentenmuster. Sie essen z.B. weniger Fleisch, trinken bestimmte Sorten Wein, sind Wassergourmets, spielen kein Tennis und wenig Golf, gehen selten in Kneipen, kaufen wegen der energiereichen Transportwege kein Obst und Gemüse aus anderen Erdteilen. Sie verhalten sich eher paradox, d.h. sie tragen Grundnahrungsmittel von ALDI und Kleidung von Calvin Klein nach Hause. Sie rauchen kaum, sind keine Süßigkeitenfreaks, dafür Meister in der *Cross-Culture*-Küche; sie fahren für eine Ausstellung kurz nach Paris, haben ihre eigene Webpage im Internet und züchten im Garten hundert Jahre alte Rhododendronsorten. Wenn man genau hinschaut, erkennt man die Muster und Gewohnheiten hinter den wilden Mixturen.
Machen wir doch selbst die Probe aufs Exempel. Welche Produkte verschwinden aus den Regalen in unserem Supermarkt? Welche kommen neu dazu? Was kaufen wir selbst nicht mehr? In welche Geschäfte gehen wir einkaufen, welche lassen wir warum links liegen? Wie oft ein Produkt, ein Service oder eine gesellschaftliche Strömung in den Medien aufgegriffen wird, über welche medizinischen, technischen, wirtschaftlichen, gesellschaftlichen Themen man am meisten hört und liest, welche Begriffe immer wieder auftauchen, all

das zeigt, daß sich ein Muster an Aktivitäten und Gewohnheiten bildet. Je mehr Begriffe sich daraus neu ergeben, um so deutlicher tritt es hervor, um so dauerhafter wird es sein und um so mehr seiner Art werden folgen. Die vielfältige Terminologie des Internet *(cyberspace, hyper-link, website, browser)* hat schon früh gezeigt, daß dies ein Mainstream-Muster ist, das nicht schon morgen in der Versenkung verschwinden wird. Wie erkennt man **kulturelle Muster**?

- Suchen Sie die Mythen hinter den aktuellen Kinderspielen.
- Gehen Sie in Science-Fiction-Filme und aktuelle Kassenrenner.
- Besuchen Sie Kunstmessen, junge Galerien und Ausstellungen.
- Streifen Sie duch Buchläden: Welche Thematik haben Bestseller?
- Zappen Sie durch Pop-und Nachrichten-Kanäle (MTV, VIVA, CNN).
- Achten Sie auf Metaphern und Mythen in der Werbung.
- Welche neuen Zeitschriften erscheinen?
- Welche neuen Wörter bilden sich um einzelne Produkte, Lifestyles, Technologien oder in der Sprache der Teenager?
- Was sind zentrale Themen und Lebenstile bei Teenagern?
- Tauchen neue Symbole auf? Was steckt dahinter?
- Welche Restaurants/Foodstyles sind plötzlich "in"?
- Wer zieht aufs Land, wer in die Stadt und mit welchen Überzeugungen?
- Wie und wo leben die sogenannten "Meinungsführer"?
- Worum drehen sich die beliebtesten Kindersendungen?
- Gibt es neue Trends im Ausland? Kaufen Sie ausländische Magazine.
- Wo tauchen Widersprüche und Spannungen auf?
- Was ist neu, was verschwindet?

Wir halten noch immer an einem Denken fest, das alles, was nicht sichtbar wird, als Illusion und Phantasterei abtut. So vertrauen wir viel lieber den harten und meßbaren Ordnungsfaktoren wie Geld, Kontrolle, Struktur, Anordnung und Strategie als Phänomenen, die unsichtbar bleiben. Die meisten Manager haben überhaupt kein Vertrauen in das Indirekte, daher haben sie auch kein Verhältnis zur Welt der Mythen, Metaphern, Phantasien und Ideen. Doch genau das ist die Welt, in der zuküftiger Erfolg plaziert ist. Es sind die insgeheimen Ordner, die Wandel durch Selbstorganisation antreiben: Sinn, Vision,

Vertrauen, Integrität, Glaubwürdigkeit der Unternehmenswerte, Begeisterung und *social sound* (ritualisierte Treffen, Feiern, Atmosphäre, Ambiente). Wer will schon Vertrauen oder Mißtrauen quantitativ fassen? Warum bekam der Baulöwe Jürgen Schneider von der Deutschen Bank fast jeden Kredit, während mittlere Betriebe oder Newcomer um jede Mark ringen müssen? Warum konnte George Soros 1992 die Währungsgleichgewichte in Europa dazu nutzen, gegen das britische Pfund zu spekulieren und dabei eine Milliarde Dollar verdienen? Er spekulierte vor allem auf die Trägheit der Politiker, die die längst überfällige Wechselkursanpassung verschlafen hatten.

Die Methoden lassen sich eben nicht von subjektiven Faktoren und Zufällen reinigen. Am Beispiel der Wirtschaftswissenschaften sollen uns möglichst viele und komplizierte Formeln davon überzeugen, moderne Ökonomien ließen sich eindeutig beschreiben. Wo aber bleibt das Insgeheime, Irrationale, die subjektiven Faktoren? Der Finanzwirtschaftler und Spekulantenkönig George Soros hat sich immer wieder über seine Fachkollegen amüsiert: *"Leider sind deterministische Theorien nur möglich, wenn die Sache, mit der sie sich beschäftigen, vom subjektiven Denkprozeß getrennt werden kann. Marktpreise werden durch Kauf- und Verkaufsentscheidungen der Teilnehmer bestimmt, die auf besonders gearteten Erwartungen beruhen. Besonders geartet sind sie, weil sie nämlich die Sache beeinflussen, auf die sie sich beziehen. Diese Besonderheit macht aus den verschiedenen Methoden der Wirtschaftstheorie Nonsens. Wie kann man sagen, der zukünftige Zustand der Geschäfte entspreche gegenwärtigen Erwartungen, wenn man genauso korrekt sagen könnte, die gegenwärtigen Erwartungen hätten den künftigen Zustand der Geschäfte verursacht?"*

Felder organisieren sich selbst, d. h. sie beschreiben ein dichtes Geflecht von Prozessen, in denen jeder Teil an der Entstehung oder Umwandlung anderer Prozesse mitwirkt. Das gesamte Netzwerk stellt sich auf diese Weise permanent selbst her. Das hat einen wichtigen Impact auf das Management: Die Struktur eines Unternehmens legt fest, welche strukturellen Veränderungen möglich sind. Das, woran ein Unternehmen glaubt, legt fest, worauf es achtet und was es ignoriert, was es für möglich und für unmöglich hält. Hier liegt bei den meisten Unternehmen ein ganz wunder Punkt.

Unternehmen begehen Fehler, was eigentlich ein idealer Nährstoff für Lernprozesse wäre. In der Regel entwerfen sie aber ihre eigenen Irrtümer selbst, und nicht nur das, sie entwerfen auch ein nahezu perfektes System an Gewohnheiten, wie sie diese Irrtümer ignorieren, d. h. vor sich selbst verleugnen wollen. Diese zur Kunst erhobene Verleugnung und Verteidigung von Fehlern und Irrtümern dokumentiert wie kaum ein anderes Symptom, wie ein Unternehmen geführt wird. Als unfähig gilt nicht der, der einen Fehler macht, sondern der, der sich dabei erwischen läßt und "schuldig" wird. Wer sich verantwortlich machen läßt, den beißen die Hunde.

Nicht anders geht es uns selbst, sobald wir in unkalkulierbare Veränderungsprozesse geraten: Wir geraten in Streß, entwickeln vielleicht Scham- oder Schuldgefühle oder machen uns was vor. Dabei können wir die positiven und negativen Seiten des Wandels ganz gut unterscheiden. Er fällt uns leichter, wenn wir wissen, was uns wirklich wichtig ist, worauf wir leicht verzichten können, was wir überhaupt nicht aufgeben wollen und wovor wir Angst haben. Viele sehr erfolgreiche Leute glauben, ein unerwarteter und ungewollter Wandel sei eine Katastrophe, doch sie würden ihre Panik nie zugeben. Es gibt ein gutes Mittel, sich gegen überraschende *shifts* zu wappnen. Das klingt etwas bizarr, aber man stelle sich vor, was an den typischen Katastrophen gut ist: Gefeuert zu werden, Versetzung nach Wladiwostok, ein neuer, unangenehmer Vorgesetzter, der Partner läuft weg, das Kind scheitert in der Schule, das Buch wird ein Flop, eine Krankheit, unzumutbare Arbeitsbedingungen ... Unser Gefühl für die Zukunft hängt davon ab, wie wir auf sie schauen. Unsere Einstellung wird davon bestimmt, was wir zufällig entdecken und welche Bedeutung wir dem beimessen. Optimisten filtern positive Informationen und Perspektiven heraus. Was aber, wenn plötzlich doch alles den Bach runtergeht? Wenn es in einem Wirtschaftszweig, einem Unternehmen, in unserem Privatleben oder in unserer Karrierelaufbahn – der Begriff ist Programm – zur **Hysterese** kommt? Von Hysterese sprechen die Systemtheoretiker, wenn eine Veränderung so lange hinausgezögert wird, bis das gesamte System in einem einzigen Moment kippt und zusammenbricht. Bester Nährboden für Hysteresen ist fehlende Risikobereitschaft nach dem Motto: *"Bloß keine Experimente!"* Vom Gewohnten abzuweichen heißt, ein neues Spiel zu erfinden oder unbekanntes Land zu betreten und das wirkt wie eine Schutzimpfung gegen den Kollaps.

Ein System kippt, wenn sich seine inneren und äußeren Bedingungen so stark verändert haben, daß die alten Verhaltensweisen keinen Sinn mehr machen. Egal, ob man neue Spiele entwickelt, sich in fremde Territorien begibt oder konventionelle Methoden durch unerprobte ersetzt, man öffnet unweigerlich Tür und Tor für Irrümer, für Fehler und hat es mit einer Menge Risiken zu tun. *"Machen Sie Fehler, aber machen Sie sie viel schneller!"* Der amerikanische Bestsellerautor Tom Peters drückt pragmatisch aus, was den britischen Dichter William Blake zu dem eher poetischen Gedanken hinriß: *"Ein Irrtum, der vertrieben wird, ist Teil von Gottes Plan."* Für Blake war das brillanteste Ergebnis menschlicher Genialität letztlich immer ein Ergebnis von Versuch und Irrtum. Ein Beispiel, wenn schon nicht für Gottes brillanten Plan, so doch für einen brillanten Irrtum, war die Euphorie der deutschen Autobauer nach der Öffnung der Ostmärkte. Insbesondere ihnen und der Bauwirtschaft bescherte der Fall der Mauer noch einmal einen kurzen, heftigen Boom, danach war die Lage um so katastrophaler, weil man die großen Ordner im Hintergrund, z. B. den parallel laufenden Wertewandel, die Sorge vor möglicher Arbeitslosigkeit und den Trend zum Outsourcing, d. h. die zunehmende Auflösung des Arbeitsplatzes innerhalb der Unternehmen einfach übersehen hatte. Die beiden Branchen erlebten einen tiefen Einbruch, von dem sich die Bauwirtschaft bis heute nicht erholt hat.

Man kann die Anpassungsfähigkeit eines komplexen Systems, ob Unternehmen oder ganze Branche, hinauszögern, aber dieser Widerstand funktioniert nicht auf Dauer.

Egal, ob ein Unternehmen die Steuerungskräfte seiner Handlungen oder seine Fehler zur Kenntnis nimmt oder verleugnet: Alles, was es tut, verändert die Bedingungen, unter denen es etwas tut.

Jede Entscheidung hat Auswirkungen auf die Voraussetzungen, unter denen sie getroffen wurde. Dieser Kreislauf wird durchbrochen, ein Feld wird porös, wenn Turbulenzen aufkommen. Es gibt in Unternehmen keine Entscheidung, keine Handlung, die sich mit anderen vergleichen oder von anderen isolieren ließe. Der Soziologe und Managementprofessor an der Universität Witten-Herdecke, Dirk Baecker, schreibt: *"Jede Entscheidung wird sofort in ein Netzwerk anderer Entscheidungen eingeflochten, das bald niemand mehr durchschaut."* Rückkopplungen lösen Turbulenzen aus. Die neu entstehende Turbulenzforschung ist die Erforschung von Rückkopplungen.

Turbulenzen, Chaos, Katastrophen, Krisen, Brüche, negatives und positives Feedback bilden ein neues Instrumentarium zum besseren Verständnis dafür, wie Unternehmen reagieren und wie wirtschaftliche Prozesse ablaufen. Bizarre Rückkopplungen, mit denen keiner rechnen konnte, zeigen, wie kompliziert die Welt durch das vom Menschen Geschaffene wird und wie wenig kontrollierbar komplexe Systeme sind, obwohl sie anscheinend immer besser durchdacht und geplant werden.

Ein gewiß recht krasses, aber um so plastischeres Beispiel für die Kraft der Turbulenz und die dadurch ausgelöste Rückkopplung stammt aus dem Falklandkrieg 1982. Sie wird von dem Militärtheoretiker Horst Ahlfeldt berichtet: *"Zwei Exocet-Raketen wurden auf den britischen Flottenverband abgefeuert. Eine Rakete verfehlte das Ziel, die andere traf die Sheffield. Doch der Sprengkopf der Rakete explodierte nicht. Jedes Schiff hat empfindliche, für das Überleben des Schiffes wichtige Sektoren und weniger wichtige. Die Exocet-Rakete traf die Kombüse der Sheffield. Die Kombüse ist bestimmt nicht die für den Kampfwert wichtigste Einrichtung – jedenfalls nicht auf kurze Zeit gesehen. Unglücklicherweise war aber der Smutje gerade damit beschäftigt, das Abendessen für die Besatzung vorzubereiten, das an jenem Abend aus Pommes frites bestand. Pommes frites werden bekanntlich in Öl gesotten. Pommes frites für Hunderte von Leuten brauchen viel siedendes Öl. Nun hatte sich der Antriebsmotor der Exocet-Rakete, der sich eigentlich abschalten soll, wenn das Ziel erreicht ist, nicht abgeschaltet. So stieß die in die Kombüse eingedrungene Rakete weiter ihren Jet-Flammenstrom aus. Die Flammen des Jetantriebs setzten das Friteusenöl in Brand. Der Brand erfaßte das Aluminiumdeck der Sheffield, und das Schiff war verloren. Mit einem anderen Menü, zum Beispiel Nudeln, die in viel Wasser gekocht werden, hätte die Sheffield überlebt: kein Öl, kein Feuer, kein Schiffsverlust. Es ist sehr wahrscheinlich, daß es heute allen Marinen der Welt verboten ist, unter Kampfbedingungen Pommes frites zu servieren. Und es ist ebenfalls sehr wahrscheinlich, daß niemals wieder das Schicksal eines einzigen Kriegsschiffes davon abhängen wird, ob die Soldaten Nudeln oder Pommes frites serviert bekommen."*

Komplexe Systeme sind durch Zufälle und Turbulenzen solcher Art leicht zu irritieren. Ein origineller Herausforderer hat gegenüber einem eingeführten

Hersteller den Vorteil, daß er mit weniger komplexen Systemen arbeitet als der Verteidiger seiner Marktposition. Eine Rakete ist weniger komplex als ein Zerstörer wie die Sheffield, ein Direktversicherer oder eine Telebank ist weniger komplex als die Konzerndinos mit ihren komplexen Machtstrukturen, komplizierten Informations- und Entscheidungssträngen zwischen verschiedenen Ressorts und Hierarchien. Bei den Sheffields, Gerlings und Großbanken bleibt es allein durch ihre komplexe Struktur nicht aus, daß Informationen verlorengehen, Mißverständnisse und Irrtümer entstehen. Allein durch die Irritation, die ein Herausforderer (oder Angreifer) anrichtet, hat er einen Vorteil errungen. Beispiel: **Der Joghurtmarkt stagnierte 1995, der Griff zu Erdbeer, Banane und Heidelbeere wurde für die Kunden zum Gähner. Mit LC1 im High-Tech-Look erschloß Nestlé überraschend den Markt für Sauermilchprodukte.** Vom Start weg behauptete der Pionier für probiotische Joghurts gegen alle Mitbewerber den Platz an der Spitze. Bis heute. Mal sehen, ob es Müller diesmal macht.

Komplexere Systeme sind schlicht störanfälliger als einfache. Dafür sorgen Rückkopplungsprozesse, die es auch zwischen Unternehmen und Wirtschaftssystemen geben kann und die genau so viel miteinander zu tun haben können, wie Exocet-Raketen mit Pommes frites. Das gilt insbesondere für vernetzte Systeme wie Wirtschaft, Sozialsystem, Staat und Umweltschutz. Turbulenzen und Störungen, die in einem System auftreten, lassen sich nicht isolieren, sondern sie können andere in Mitleidenschaft ziehen. Gerät ein System in einen Abwärtstrend, kann es die anderen beeinflussen und diese sorgen ihrerseits dafür, daß sich der Trend verstärkt. Solche negativen Rückkopplungen gibt es überall: Man steht zu spät auf, bringt beim Anziehen in der Eile etwas Make-up auf die Bluse, muß sie deshalb wechseln, kommt in den Messeverkehr und gerät auf dem Weg zum Flughafen in einen Stau, ist deswegen nervös und läßt einen Schlüssel im Taxi liegen, telefoniert auf dem Weg zum Meeting hinter dem Schlüssel her, den natürlich keiner gefunden hat, macht sich Sorgen, wird gereizt, und wenn man seinem Gesprächspartner im lange vorbereiteten Termin endlich gegenübersitzt, kann es passieren, daß man völlig erschossen und der Kopf ganz leer ist. Eine solche Zusammenballung negativer Rückkopplungen können für den einzelnen recht unangenehm sein, wenn sie in global vernetzten Wirtschaftssystemen vorkommen, geraten sie für viele Menschen leicht zum Desaster.

Doch wer oder was ist an den Miseren und Desastern schuld? Das ist nicht leicht zu sagen, denn die konkrete Zuordnung von Ursache und Wirkung geht im dichten Geflecht der Rückkopplungen unter. Warum ist die Sheffield in die Luft gegangen? Weil es an diesem Abend Pommes geben sollte? Weil der Raketenmotor nicht richtig funktionierte? Warum ist das Meeting in den Eimer gegangen? Weil man den Schlüssel im Taxi liegengelassen hat? Oder weil man das Make-up nicht richtig verteilt hat? Warum brechen die asiatischen Finanzplätze zusammen? Weil man sich dort mit größenwahnsinnigen Projekten und Bilanzkunststückchen übernommen hat und deshalb Anleger ihr Geld in Sicherheit bringen oder weil die launischen Spielereien verantwortungloser Finanzjongleure zum Zusammenbruch ehrgeiziger Großprojekte geführt haben? Solche Fragen lassen sich heute nicht mehr konkret beantworten, irgend etwas wird immer außer acht gelassen. Genau dieses zufällig vernachlässigte Etwas spielt aber die entscheidende Rolle: Rückkopplungsprozesse, Zyklenbildung, wachsende Vielfalt, Selbstorganisation. Es hat keinen Sinn, die einzelnen Komponenten separat zu betrachten, denn das Netz erfüllt seine Funktion nur im Zusammenwirken der einzelnen Fäden.

Betrachten wir mal das Netz nicht wie einen Einkaufskorb, sondern etwas abstrakter als Verknüpfung von frei im Raum schwebenden Elementen, zum Beispiel einem Planetensystem. Hier verlieren Ursache und Wirkung vollkommen ihre Richtung. Der Mond wirkt mit seiner Schwerkraft auf die Erde, und diese beeinflußt wiederum seine Bahn. Beide zusammen sind eingebunden in das Spiel der Gravitationskräfte anderer Planteten, mit denen sie zusammen zu einem System verbunden sind. Wir denken nie darüber nach, weil es uns die letzte Sicherheit beruhigender, weil angeblich ewiger Gesetzmäßigkeiten nähme, aber schon winzige Abweichungen eines Elements vom Normalzustand können das ganze Planetensystem verändern, Turbulenzen auslösen und ins Trudeln bringen.

Doch Turbulenz gilt auch als Voraussetzung für das Entstehen von Ordnungen. Turbulenzforschung ist das, was heute unter Netzwerkdenken, Selbstorganisation, Synergetik und Chaostheorie diskutiert wird. Daß *order from noise* oder *"Ordnung aus Unordnung"* entsteht, darauf wies schon der Kybernetiker Heinz von Foerster, hin. Die entscheidende Frage ist, was man bewahren und was man verändern soll, damit eine sichtbare, vielleicht sogar einigermaßen kalkulierbare neue Ordnung entstehen kann.

Vor allem eines beweist die **Turbulenzforschung** für die Wirtschaft: Entwicklungen, gleich welcher Art, sind in der Regel unumkehrbar. Was man auch tut, der Zustand der Wirtschaft oder eines Unternehmens verändert sich permanent, und damit die Bedingungen, die unseren Handlungsrahmen in der Zukunft beschreiben. Damit führen Turbulenzen das Management auch in eine Zwickmühle. Die Vorgeschichte hat zwar die gegenwärtigen Möglichkeiten geschaffen, allerdings kann man daraus dummerweise keine Prognose für die Zukunft stellen, denn, so Norbert Bolz: *"Wer heute handelt, den überraschen die Folgen des eigenen Tuns in der Zukunft."* Man sitzt in der Falle seiner eigenen Entscheidungen, oft ohne auch nur eine einzige Erfahrung für die Zukunft daraus mitnehmen zu können. Aber man kann auch nicht einfach dasitzen und abwarten. Dirk Baecker sieht das Dilemma des Managements in Turbulenzen darin, daß man *"Entscheidungen treffen und riskieren (muß), eine Lösung zu finden, die heute zwar bestmöglich ist, aber die schon morgen durch eine weitaus bessere abgelöst werden kann"*. Trotzdem ist man an seine Entscheidung gebunden. Man kann die Inputs, aber nicht das Ergebnis der Prozesse steuern. Die Zukunft kann man nicht vorhersagen, auch nicht erfinden, man kann sie aber vorausahnen und durch Turbulenzen provozieren.

Pakt der Parasiten

Der evolutionäre Wandel wäre mit den Bakterien wohl zu Ende gewesen, wenn die Antriebskraft der Evolution sich nur auf die Anpassung beschränkt hätte. Eine Art innerer Rückkopplungsmechanismus ermöglichte es Bakterien, sich zu verändern und sich auch den schwierigsten Bedingungen flexibel und schnell anzupassen. Vereinfacht bedeutet dies, daß Bakterien Systeme sind, die Störungen nicht aussperren, sondern hereinlassen, von ihnen lernen und ihre Eigenschaften an die neuen Umweltbedingungen anpassen. Die Natur scheint voller Co-Evolution zu sein. Der Biologe P. W. Price schätzt, daß über 50% aller heutigen Arten Parasiten sind: *"Die Hälfte der lebendigen Welt ist in gegenseitige Abhängigkeiten verstrickt!"*

Die Allianzen unter Großunternehmen, insbesondere in der Informations- und Netzwerkindustrie, zeigen eine weitere Facette einer wachsenden koevolutiven Wirtschaftswelt. Versuchte man früher, einen Konkurrenten zu schlucken oder ihn in die Knie zu konkurrieren, so geht man heute – viel eleganter – ein Bündnis mit ihm ein und bildet eine Symbiose. Dabei ist es durchaus üblich, daß eine Seite auf Kosten der anderen Gewinne macht, aber insgesamt betrachtet gewinnen beide Seiten, so daß der Pakt sinnvoll ist und bestehen bleibt. Das ist bei Unternehmen nicht anders als in der Natur. Wie Biologen herausgefunden haben, führen fast alle symbiotischen Verbindungen in der Natur für jeweils eine Partei zu einem größeren Vorteil. Symbiosen sind daher in aller Regel auch parasitäre Verhältnisse. Wir werden den Begriff des Parasiten in Zukunft häufiger hören und ihn neu bewerten müssen.

Je vielfältiger die Sozialformen des Lebens sind, desto eher werden sich wechselseitig nützliche Beziehungen bilden. Bakterien veränderten die Welt, indem sie offen für Störungen und Irritationen ihrer Umwelt waren. Diese Methode erlaubte es sogar, daß sich verschiedene Stämme von Bakterien (z. B. der Schleimpilz) aneinanderkoppelten, so daß der Abfall der einen Sorte zur Nahrungsquelle der anderen wurde! Durch koevolutionäres Verhalten brütet die Co-Evolution immer neue Co-Evolution aus. Organismen sichern sich ihren Lebensunterhalt auch durch parasitäres Verhalten, bis ein dichtes Netzwerk von Beziehungen und Abhängigkeiten entstanden ist. Der Ökologe John Thompson ist davon überzeugt, daß *"der Reichtum an sozialen Verhal-*

tensformen die Gegenseitigkeitsbeziehungen zu anderen Arten anwachsen lassen (kann). Genauso kann Wechselseitigkeit die Evolution neuer sozialer Verhaltensformen veranlassen." Auch die Weltwirtschaft läßt sich heute als Verstrickung von mehreren Partnern im Netz wechselseitiger Information erklären, und sie könnte in Zukunft ein engmaschiges, quirliges Netz von Bündnissen werden.

Koevolutive Beziehungen bezeichnen Informationsverhältnisse, d. h. sie verschmelzen durch einen stetigen Fluß von Informationen zu einem System. Die meisten Genforscher sind davon überzeugt, daß jeder Organismus, jedes System einen inneren Plan, einen genetischen Code enthält. Wie sich dieses System, dieser Organismus oder dieses Individuum dann entfaltet, hängt von seinen Beziehungen, seinen Rückkopplungsschleifen zur Umwelt ab. Die Frage, woher aber dieser genetische Code wiederum seine Information erhält, damit Vielfalt in Einheit entstehen kann, woher die Gerichtetheit in der Evolution des Lebens kommt, das glaubt Rupert Sheldrake durch ein in morphogenetischen Feldern enthaltenes Gedächtnis erklären zu können. **Im Netzwerk koevolutionärer Verknüpfungen entsteht ein Ereignis nicht durch eine Abfolge von Impulsen, sondern durch ein Feld von Ursachen, die sich gegenseitig reflektieren und krümmen wie in einem Spiegelkabinett.** Eine Ursache und ihre Wirkungen (Reflexionen) verbreiten sich daher nicht linear von einem Ursprung aus, sondern horizontal quer durchs Netz und auf weit verzweigten Pfaden. Die Ursachen von Ereignissen oder Dingen bewegen sich nicht wie ein Pfeil in einer Linie, sondern wie bei einem seitlichen Windstoß.
Ob Unternehmen, Konsumenten oder Märkte, jeder wird im Rahmen von Rückkopplungsprozessen zugleich zu einer Spiegelung und zu einem Spiegel, die noch schneller, allgegenwärtiger und präziser wirken, je weiter die Digitalisierung der Welt fortschreitet. Kleine Reaktionen können Großes bewirken, große Reaktionen im Nichts verlaufen.

Gleichzeitig schafft in koevolutiv Verbindungen der Austausch von Informationen, sei es eine einfache Nachricht, Hilfe, Lob oder Beleidigung, ein Gemeinschaftsgefühl, aus dem sich Selbstorganisation, Kooperationen und *Win-Win-*Spiele ergeben können. Durch Co-Evolution läßt sich gewinnen, ohne daß der andere verlieren und sich geschlagen geben muß. Co-Evolution bedeutet nämlich: Reagiere auf Veränderungen, indem du dich selbst veränderst.

Heute lassen sich im Zeichen der Netzwerke und Partnerschaften Milliardengewinne dadurch erwirtschaften, daß beide Seiten Gewinne machen, ohne einander zu besiegen. *Win-Win* ist die Strategie des Lebens unter Bedingungen der Co-Evolution. Das könnte das Ende der selbsternannten Gottväter im Management bedeuten. Die nützlichste Lehre aus der Selbstorganisation koevolutionärer Systeme lautet, daß Kontrolle und Heimlichkeiten der Anpassung an die Umweltveränderungen entgegenwirken. Der Spieltheoretiker Robert Axelrodt erklärt das so: *"In Nullsummenspielen versucht man immer, seine Strategie zu verheimlichen ... Aber in Nicht-Nullsummenspielen darf man seine Strategie öffentlich bekanntgeben, was zur Folge hat, daß die anderen Spieler sich daran anpassen müssen."* Schach, Wahlen, Rennen und Poker sind Nullsummenspiele, bei denen der Gewinn des einen der Verlust des anderen ist – was dem einen schadet, nützt dem anderen. Die Wirtschaft, unser Gehirn und Netzwerke sind Nicht-Nullsummenspiele. Wer Besseres leistet, dem muß es deshalb nicht zwingend besser gehen als dem anderen.

Wir leben in einer Welt, in der sich keiner verändert, ohne gleichzeitig enger an einen anderen heranzurücken, der sich ebenfalls verändert. Die gegenseitige Abhängigkeit von Individuen und Organisationen nimmt in unseren Co-Welten immer weiter zu. Wirtschaft bedeutet heute Weltwirtschaft, Politik wird zur Weltpolitik, Kommunikation bedeutet Internet-Gemeinschaften. Die Welt wird einerseits zum *global village* (Marshall McLuhan), andererseits zu einem wimmelnden globalen Schwarm, eine Co-Welt größter Geselligkeit und *"spiegelähnlicher Reziprozität"* (Freeman Dyson).

Koevolutionäres Leben erzeugt die Paradoxie ausgeglichener Ungleichgewichte. Hinter diesem Ungleichgewicht, das eine eigene Stabilität besitzt, vermuten Naturwissenschaftler wie der Biochemiker James Lovelock das entscheidende Kriterium für die Existenz von Leben. Stabilisierendes Ungleichgewicht bedeutet einen Zustand permanenten Beinahe-Fallens. Die Dinge befinden sich in einem Zustand der Kritizität, d. h. man balanciert auf der Kippe, fällt nie, ist aber immer nahe dran. Ob Wirtschaft, Unternehmen,

Ökosystem, komplexe Computersimulation, Partnerschaft oder Immunsystem, alle kennzeichnet eben diese paradoxe Eigenschaft, daß sie dann am effizientesten sind, d. h. am besten funktionieren, wenn sie immer wieder einmal in einen kritischen Schwebezustand kommen, kurz vor dem Kollabieren, ohne je wirklich zusammenzubrechen. Sie verharren in einem Moment des *Breakdown*, und genau dieser Beinahe-*Breakdown* läßt das Leben, die komplexe Vielfalt weiterwuchern. **Stabilität bedeutet einen Zustand ständigen Beinahe-Kippens, eine Schieflage, die bewußt kultiviert und durch laufende Fehler und Lernen stabil wird. Diese paradoxe Eigenschaft aller lebenden Systeme ist ansteckend.** Einmal ausbalancierte Instabilität dehnt sich auf alle Systeme aus, mit denen sie in Kontakt kommt. Wie Stuart Kauffman zeigte, bahnt sich auf der Erde alles Leben seinen Weg in die Feststoffe, Flüssigkeiten und Gase hinein. Kauffman, der in Santa Fe mit großer Hingabe nach den Grundlagen der Evolution forscht, glaubt, jeder Stein, vielleicht mit Ausnahme der vulkanischen Lava, sei in der Vergangenheit mindestens einmal mit Leben erfüllt gewesen, insofern er aus recycelten Sedimenten entstanden und damit biologischer Natur ist. Das Zerren und Stoßen des koevolutionären Lebens, so der Zellbiologe, bringt den leblosen Stoff des Universums ins Spiel, in dem letztlich auch die von uns geschaffenen Dinge eine Lebensform darstellen. Eine nicht ganz leicht verdauliche Idee.

Experiment und Spiel

Der Managementfaktor Spiel wird den Faktor Beherrschbarkeit ablösen, weil dynamische Systeme nur durch Experimente vorangetrieben werden können. Ein Schachturnier kann man nicht gewinnen, indem man nie den anderen schlägt. Aber durch Co-Evolution läßt sich sehr wohl gewinnen, indem man auf Veränderungen mit Veränderungen reagiert, ohne andere zu besiegen.

Anpassungssysteme neigen prinzipiell dazu, neue Systeme ihrer Art hervorzubringen. Evolution ist eine eigene Art Lernen, Co-Evolution beschreibt eine Vielfalt von Lernvorgängen. Wissenschaftler haben die elementaren Grundlagen von Anpassung, Intelligenz, Evolution und Co-Evolution in einer Periodentafel des Lebens katalogisiert und herausgefunden, daß es Lernvorgänge noch in den trägsten Medien gibt. **Die Grundlagen des Lebens warten nur darauf, sich zu koevolutionierenden Systemen zusammenzufinden, zu etwas, das wogt und bebt oder profaner ausgedrückt: was gemeinsam und zur gleichen Zeit gibt und nimmt, lernt und lehrt.** *"Gemeinsam Lernen"* nennt der Biologe und Schüler von Gregory Bateson, Stewart Brand, das, was koevolutionierende Systeme miteinander tun: *"Ökologie ist ein vollständiges System, gut, aber Co-Evolution ist auch in zeitlicher Hinsicht ein vollständiges System. Ihr Lebenselixier heißt 'vorwärts'- systemische Selbstbildung, gespeist durch permanente Unvollkommenheit. Ökologie bewahrt. Co-Evolution lernt."*

"Seid nett, reaktionsschnell, nicht nachtragend und vor allem einfach." Dieses Rezept gilt nicht generell für Menschen, die sind zum Glück viel zu kompliziert. Hier geht es um künstliche Akteure in einer äußerst vereinfachten Umwelt, und das Ganze spielt sich in einem Computer ab. Jeder Akteuer begegnet jedem anderen und kann ihn dabei so gut oder schlecht behandeln wie er will. Der Betroffene merkt das immer erst hinterher, aber er kann seinen Partner wiedererkennen und sich bei der nächsten Begegnung revanchieren, bzw. sich nach seinen bisherigen Erfahrungen mit ihm verhalten. Behandeln beide einander gut, zieht jeder aus der Begegnung einen Gewinn von drei Punkten. Kooperieren ist gut, erfolgreich Betrügen aber besser: Wer den anderen schlecht behandelt, selbst aber gut behandelt wird, streicht fünf Punkte ein, während der andere leer ausgeht. Wenn allerdings beide einander schlecht behandeln, ernten sie nur jeweils einen Punkt. Diese Regeln definieren ein **Spiel**, das unter dem Namen "Gefangenendilemma" von Informatikern intensiv erforscht wird und auf das ich gleich näher eingehen werde.

Co-Evolution, d. h. Geben und Nehmen in einem wechselseitig sich anpassenden Verhältnis erinnert an den Ablauf von Spielen. Bahnbrechende Innovationen beginnen häufig durch Spielereien. John von Neumann, Erfinder der mathematischen Spieltheorie, definierte Spiel als einen Interessenkonflikt, der dadurch gelöst wird, daß die Spieler versuchen, die sich summierenden Entscheidungen schneller als andere zu treffen. Von Neumann erkannte, daß Wirtschaftssysteme einen hochgradig koevolutionären und spielerischen

Charakter besitzen, und versuchte, ihnen mit der einfachen Dynamik von Spielen auf die Spur zu kommen. Besonders interessierte ihn, ob es optimale Strategien für die Art gegenseitiger Spiele geben konnte, die sich so lange in einem endlosen Hin und Her gegenseitiger Blufferei, Täuschung, Imitation und Reaktion oder *playing games* wiegten, bis eine Übereinstimmung, z. B. ein Preis für Kopfsalat gefunden war.

Die von John von Neumann begonnene Arbeit setzten 1980 Forscher beim kalifornischen RAND, einer von der US-Regierung gegründeten Denkfabrik fort. Sie fanden vier Basisspieltypen heraus, von denen jedes eine andere Belohnungsstruktur für Gewinnen, Verlieren und Unentschieden hatte und bei denen es darum ging, dem anderen jeweils eine Nasenlänge voraus zu sein. Diese vier einfachen Spieltypen lassen sich als Bausteine für kompliziertere koevolutive Spiele betrachten. Sie wurden als "Chicken" "Sackgasse", "Hirschjagd" und "Gefangenendilemma" bezeichnet. "Chicken" ist das waghalsigste unter ihnen: Zwei Autos rasen auf einen Abgrund zu, der Fahrer, der zuletzt herausspringt, gewinnt. In "Hirschjagd" stehen sich zwei Gruppen von Jägern gegenüber, deren Dilemma es ist, miteinander kooperieren zu müssen, um einen Hirsch zu erlegen. Sollte sich niemand zur Kooperation bereit finden, ist es für sie besser, einzeln durchs Gebüsch zu schleichen, um einen Hasen zu jagen. Kernfrage ist: Werden sie zugunsten eines möglichen hohen Gewinns (Hirsch) auf Kooperation setzen oder den kleineren, aber sicheren Gewinn (Hase) als Einzelgänger vorziehen? Bei "Sackgasse" gewinnt, wer den anderen am besten blufft, wechselseitiger Verrat zahlt sich hier am meisten aus.
Das interessanteste Spiel von allen ist das Gefangenendilemma. Dabei müssen zwei isoliert voneinander untergebrachte Gefangene ohne Kontaktaufnahme entscheiden, ob sie ein Verbrechen leugnen oder gestehen wollen. Falls beide gestehen, erhalten sie beide eine Geldstrafe. Gesteht keiner, werden beide freigelassen. Gesteht nur einer, wird er belohnt, während der andere mit einer Geldstrafe belegt wird. Folge: Kooperation macht sich genauso bezahlt wie Verrat, falls er geschickt ausgespielt wird. **Verrat am anderen ist die beste Strategie – wenn man das Spiel nur einmal spielt.** Sobald man das Spiel öfter spielt und dabei voneinander lernt, verändert sich die Spieldynamik.

Man kann den anderen nicht einfach fallenlassen; man ist zwangsweise mit ihm verbündet, muß sich um ihn kümmern – als Feind oder als Verbündeter.

Beide Spieler können sich überlegen, daß Betrügen für sie vorteilhafter ist, egal, was der andere tut. Also betrügen sie, um ihren eigenen Nutzen zu maximieren – und erreichen dadurch das genaue Gegenteil, denn jedem bleibt nur ein Punkt, während bei beiderseitiger Kooperation drei Punkte fällig geworden wären. Sollen zwei Unternehmen, die dasselbe Produkt herstellen, sich den Markt durch Kooperationen und Absprache teilen oder einander bis zum Ruin bekämpfen? Sollen zwei Länder Zölle auf die Produkte des anderen legen oder den Freihandel fördern?
Ein Dilemma, das Konkurrenten und Kunden, politische Feinde und biologische Symbiosepartner teilen und das von allgemeiner Bedeutung ist, weil es selbst dann fortbesteht, wenn die Rollen der beiden Beteiligten unsymmetrisch oder ihre Gewinne nicht vergleichbar sind.

Die Frage, welche Spielvariante gewinnt, wird im Zeitverlauf ergänzt um die Frage, welche Spielvariante langfristig zur größten Trefferzahl führt. Und welche Strategie eignet sich am besten, wenn man sie gegen die unterschiedlichsten Spielertypen einsetzt, von den listigsten bis zu den liebenswürdigsten? Der Psychologe Anatol Rapaport ist dieser Frage nachgegangen und hat eine sehr einfache Strategie entworfen, die sich "Tit-For-Tat" ("Wie du mir, so ich dir") nennt. Sie schreibt als Reaktion auf Kooperation wiederum Kooperation und als Gegenleistung für Verrat wiederum Verrat vor und neigt dazu, Kooperationsfristen festzulegen. Der Politologe an der University of Michigan in Ann Arbor, Robert Axelrod, hatte vorher schon entdeckt, daß in Spielen, die man mehrfach hintereinander spielt, ein *"Schatten der Zukunft"* zur Kooperation ermutigt, weil es jetzt für einen Spieler von Vorteil war zusammenzuarbeiten, um sich später die Kooperation anderer zu sichern. Axelrod brachte das auf die zentrale Frage: *"Unter welchen Bedingungen wird in einer Welt von Egoisten ohne zentrale Autorität Kooperation selbständig entstehen?"* Diese Frage hat Tradition. Im Jahr 1651 formulierte Thomas Hobbes sein berühmtes Dogma: *"Homo homini lupus"* oder *"Der Mensch ist des Menschen Wolf"*. Hobbes glaubte, daß Kooperation nur mit Hilfe einer zentralen Autorität, also des Staates entstehen konnte. Er war davon überzeugt, daß kollektive Selbstsucht überall dort siegt, wo die Steuerung von oben ausblieb. Politischer

Altruismus sei, so Hobbes, nur durch eine starke Hand zu bewirken, egal welcher Art eine Ökonomie sei. Doch die nach der französischen Revolution entstandenen westlichen Demokratien zeigten, daß sich in Gesellschaften mit guten Kommunikationsverhältnissen durchaus Kooperationsstrukturen bilden konnten, ohne daß eine zentrale Instanz dahintersteckte.

Unter bestimmten Umständen kann Kooperation aus reinem Eigeninteresse entstehen, ohne Zuneigung und Voraussicht, Kooperation als kaltes Naturprinzip, das einem egoistischen Altruismus folgt, und Kooperation ohne die Frage, ob man sie will oder nicht. In unserem Wirtschaftssystem ist spontane Kooperation gang und gäbe. Wie sollte man sonst Produkte an den Käufer bringen, die umfangreichen Qualitätsstandards genügen, sich unter den Bedingungen des Internet behaupten, das Tempo der Märkte mithalten und dem kaleidoskopartigen Begehren der Konsumenten genügen?

Solche Spiele wie das "Gefangenendilemma" sind nicht nur dem Menschen vorbehalten, sie können auch von Colibakterien, Grottenolmen und Konzernen gespielt werden. Dabei treffen die Agenzien zwischen unterschiedlichen Belohnungskriterien eine Abwägung zwischen einem sofortigen geringeren Gewinn oder einem zukünftigen größeren, jedoch nicht sicheren, also riskanten Gewinn. Über längere Zeit mit den gleichen Partnern gespielt, ist das Ergebnis gleichzeitig ein Spiel und eine bestimmte Art der Co-Evolution. Ernsthaftes Grübeln über komplexe Probleme dagegen läßt uns zwar das eine oder andere Teil reparieren, aber niemals das Ganze in Bewegung setzen. **Überhaupt müssen sich komplexe, anpassungsfähige Organismen der fundamentalen Entscheidung stellen, ob sie ihre Fähgkeiten als Ganzes perfektionieren wollen (die Beine verlängern, um besser flüchten zu können) oder lieber mit neuen Eigenschaften und Kompetenzen (Flügeln) experimentieren wollen.** Beides zugleich geht nicht. Ausprobieren (zukünftiger Gewinn) steht Ausbeuten (sofortiger Gewinn) als Spielstrategie gegenüber. Robert Axelrod erläutert das am Beispiel der Medizin: *"Im Durchschnitt kann man erwarten, daß sich durch ein neues Medikament eine geringere Wirkung erzielen läßt als durch die Optimierung einer etablierten Medikation. Aber wenn man jedem Patienten das momentan beste Medikament gäbe, würden nie neue aus-*

probiert werden. Aus der Sicht des Einzelnen sollte man diesen Versuch nicht unternehmen. Aber aus der Sicht einer Gesellschaft von Individuen sollte man einige Experimente wagen." Entscheidend ist, wie tief verankert die Gewohnheiten eines Systems sind, wieviel Mutation oder Innovation es zuläßt, um mit den Veränderungen seiner Umwelt Schritt zu halten. Der Faktor Spiel ist gerade dabei, sich zu einem neuen Aktivitätsmuster zu entwickeln. Es scheint, als ob Spiel das zukünftige Instrument komplexer Problemlösung würde. Spiel löst das Streben nach Statik in Form von Sicherheit und Ordnung auf, und Spiel öffnet für das neue Fließparadigma unserer Kultur: das offene Werden. Der Unternehmensberater und Buchautor Günther Ortmann untersucht mit seinem Team seit einigen Jahren Unternehmensorganisationen als Spiele mit dem Ziel, ein neues Verständnis von Unternehmen zu entwickeln, in dem Raum für Macht und für Konsens ist. Untersucht werden dabei Auseinandersetzungen als Spiele, bei denen um die Macht gerungen wird, die aber auch Rollenwechsel und Verwandlungen erlauben, und in denen Begeisterung, Euphorie und Hingabe entstehen können. Fast wie im richtigen Leben, wie die Autoren bemerken, nicht ohne den beinahe entschuldigenden Hinweis, daß zu jeder Wirklichkeit eine Menge Wirklichkeitsflucht gehöre. Wo es keinen Raum für Spiel gibt, wird die Wirklichkeit immer enger, verbindlicher und immer weniger elastisch. Wenn die Form erstarrt, wird es auch unmöglich, mit den Veränderungen mitzufließen. Der Worpsweder Managementberater Gerd Gerken weiß, warum: *"Der Geist kennt keine Standpunkte, nur Fließpunkte."* Indem man den Faktor Spiel in den Vordergrund seines Denkens und Handelns stellt, wird man eher bereit sein, sich von Wahrheiten zu trennen zugunsten von Brauchbarkeiten.

Warteschleifen

Früher konnte man sich noch darauf verlassen, daß es einen verständlichen Zusammenhang zwischen Vergangenheit und Zukunft gab. Was im Gleichgewicht ist, befindet sich in einer Warteschleife der Evolution – wir müssen also evolutionsfähig werden. Doch weder die grauen Eminenzen des Wirtschaftswunders noch die Theorien des 18. und 19. Jahrhunderts können uns dabei helfen. Was wir von ihnen lernen können, ist nur, daß sie über unsere Welt nichts wissen. Unsere Vergangenheit hat in einer ideengetriebe-

nen Zeit nichts mehr mit unserer Zukunft zu tun. Doch warum muß uns der Gedanke, plötzlich aus dem Gleichgewicht zu geraten, so große Angst machen? Vermutlich weil es zu unserer täglichen Erfahrung und unseren tief eingeübten Denkgewohnheiten gehört, daß Ordnung nicht ohne unser eigenes Zutun entstehen oder aufrechterhalten werden kann. Diese Denkgewohnheiten erodieren, doch wir sind noch immer damit beschäftigt, die Dinge in Ordnung zu bringen, Gleichgewicht und Harmonie herzustellen und diese gelobten Zustände so lange wie möglich zu erhalten.
Ordnung, sich selbst überlassen, erscheint uns fragil und vom Zufall bedroht. Sieht man Kindern beim Spielen zu, dann entdeckt man etwas Überraschendes. Sie rennen von einer Aktivität zur anderen, klettern, schwingen und wirbeln herum, balancieren auf einem rollenden Baumstamm, bis sie, vor Vergnügen kreischend, das Gleichgewicht verlieren. Sie wippen auf Schaukeln hoch in die Luft, wenn der andere gerade den Boden erreicht hat, wohin man blickt, sind Körper in Bewegung, suchen Energien nach Herausforderungen und Abenteuern. **All das, was uns als Kindern höchstes Vergnügen bereitet, versuchen wir als Erwachsene zu vermeiden: Kontrollverlust, Ungleichgewicht, Überraschung, Spiel, Neuheit.** Wir glauben, was einen guten Spielplatz ausmacht, kann uns im Erwachsenenleben nur schaden. Warum klammern wir uns so sehr an Stabilität und Gleichgewicht? Woher kommt die Angst vor dem, was passieren könnte, wenn wir mal in unübersichtliches Gelände kommen? Fühlen wir uns im Gleichgewicht sicherer und wohler als im Zustand von Bewegung und Veränderung?

In der neuen Wirtschaftswelt sind wir darauf angewiesen, mit Ungleichgewicht und ständigen Veränderungen zurecht zu kommen. Unser Job und unsere Sicherheit werden davon abhängen, wie beweglich wir sind, ob wir unsere Fähigkeiten ständig verbessern, gute Lehrer finden und uns die Zeit nehmen für unser persönliches Wachstum. In solchen Zeiten verändert sich die Richtung des beruflichen Drucks: Statt hierarchisch von oben nach unten verläuft er jetzt von unten nach oben. Wer zu lange an einer Tätigkeit klebt, die jemand mit geringerer Ausbildung und damit geringerem Salär tun kann, hat schlechte Karten. Eine wichtige Fähigkeit ist in Zukunft, die eigenen Qualifikationen ständig zu verbessern und an andere abzugeben, was diese gut bewältigen können.

Gleichgewicht beschreibt nach Auskunft des Lexikons einen Zustand, in dem das Ergebnis aller Aktivitäten null ist. *"Gleichgewicht ist nicht nur leblos, es ist der Tod"*, meint Tony Burgess, ein Ökologe und Wüstenforscher aus Arizona und fügt hinzu: *"Ohne Veränderung verkommen die Wüsten. Bis zur Mitte der 70er Jahre arbeiteten wir alle unter einem Vermächtnis, das besagte, daß sich Ökosysteme wie auf einer Flugbahn auf ein unveränderliches Gleichgewicht zubewegen, auf ihren Höhepunkt, ihre Klimax. Aber heute sehen wir ein, daß es in Wirklichkeit die Unruhe und die Abweichung sind, die den Reichtum der Natur erzeugen."*
Planeten, die im Gleichgewicht sind (z. B. Mars und Venus) sind leblos; ihr Gleichgewicht ähnelt dem Wasserstand in einer Schüssel, er pegelt sich ein, um für immer einzurasten. Warum wünschen wir uns diesen Zustand so sehr oder benutzen sogar denselben Ausdruck, um geistiges und körperliches Wohlbefinden zu beschreiben? **Wenn es stimmt, daß die Natur grundsätzlich im offenen Werden begriffen ist, dann könnte nicht Gleichgewicht, sondern dessen Gegenteil – Instabilität – die Voraussetzung für den Reichtum an biologischer Vielfalt in der Natur sein.** Doch wir sind in unserem Blick auf die Natur noch weitgehend davon überzeugt, daß Vielfalt ein Ergebnis von Stabilität sei.

Warum sollte es dann in der Wirtschaft anders sein? Wenn natürliche Systeme ebenso wie vom Menschen Geschaffene sich niemals in einer sauberen Balance einpendeln, dann sollten wir vielleicht mit der Instabilität leben lernen. Ich bin nicht davon überzeugt, daß permanentes Gleichgewicht in meinem Leben der Zustand der Wahl ist. Ich glaube auch nicht, daß es der Idealzustand für eine Partnerschaft, eine Gesellschaft oder ein Unternehmen ist. Im Gegenteil. Unternehmen, die zu lange im Gleichgewicht verbracht haben, droht, genauso wie menschlichen Beziehungen, der Wärmetod.
Damit sich ein System entwickeln kann, ist ständiges Ungleichgewicht mit kurzen, stabilisierenden Zwischenphasen nötig, ein ständiges Surfen auf dem Wellenkamm, balancierend zwischen Stehenbleiben und Fallen. Über diese Schwankungen steigert auch die Natur ihren Reichtum. Die permanente Suche nach dem Gleichgewicht beschreibt nur den Weg zum absoluten Nullpunkt, angeführt von Menschen voller Unsicherheit, Zauderei und Angst. Doch warum hat Gleichgewicht dann bloß einen so guten Ruf? Es könnte

sein, daß das etwas mit den physikalischen Vorstellungen unseres alten Weltbildes zu tun hat, das wir jetzt hinter uns lassen.
1977 erhielt der belgische Chemiker Ilya Prigogine den Nobelpreis für seine Arbeit auf dem Gebiet der Nichtgleichgewichtsdynamik. Ihn interessierte die Frage, warum es in der Welt Ordnung und Struktur gibt und woher sie kommen. Vermutlich wieder eine dieser genialen Ideen, die gewöhnlich in der Badewanne entstehen, wo es sich ganz ausgezeichnet über den unausweichlichen Drang der Welt zu Unordnung und Zerfall nachdenken läßt. Überhaupt ist die Wanne der ideale *Think-Tank.*
Badewasser kühlt auf Zimmertemperatur ab, Haut bekommt Falten, Mauern zerfallen, Kinder werden zu Greisen, Haare ergrauen, Landschaften veröden, Eisen rostet, ein Schneemann schmilzt, gemähtes Gras verfault. **Die Natur scheint mehr für den Zerfall der Strukturen übrig zu haben als für ihren Aufbau, ihr scheint an Durchschnittswerten gelegen zu sein. Allerorten sind wir umgeben von herumstreunenden Atomen, die, sich selbst überlassen, mit anderen so viele Liaisons eingehen wie möglich und dem Zerfall entgegentreiben.** Diese Erkenntnis mag nicht nur die Moraltheologen darin bestärkt haben, daß der Mensch gewiß nicht besser sein könnte als seine Bestandteile. Sie inspirierte auch die Physiker im 19. Jahrhundert dazu, den oben bereits angesprochenen Zweiten Hauptsatz der Thermodynamik zu formulieren, der im übertragenen Sinne besagt: alles geht seinem unaufhaltsamen Verfall entgegen oder, wie der Physiker und Wissenschaftsautor M. Mitchell Waldrop es faßt: *"Aus Rührei kann niemals mehr rohes Ei werden."* Der chilenische Biologe und Erkenntnistheoretiker Francisco Varela vergleicht die Gesetze der Thermodynamik sogar mit der *"Inschrift auf dem Eingangstor zu Dantes Hölle".*
Ilya Prigogine hat die so harmlos klingenden Worte "sich selbst überlassen" hinterfragt. In der beobachtbaren Welt sind Atome und Moleküle fast niemals ganz sich selbst überlassen, sondern stets dem Einfluß einer bestimmten Menge an Energie, Information und Materie, eben Beziehungen zur Umwelt ausgesetzt. Wird dieser Strom stark genug, läßt sich der Verfall teilweise rückgängig machen. Unter gewissen Bedingungen kann ein System, dem ständig Energie zugeführt wird, sogar spontan eine ganze Reihe komplexer Strukturen bilden, und das ist genau das Gegenteil von Zerfall. Es ist ein

Zeichen für Kreativität und Leben. Gleichgewicht ist das Endstadium aller Dinge, auf das alles zuläuft, so will es der Zweite Hauptsatz der Thermodynamik. Gleichgewicht ist der Endzustand in der Evolution, der Punkt, an dem ein System alle seine Verwandlungsmöglichkeiten erschöpft, seine Arbeit beendet hat und seine produktiven Möglichkeiten in allgemeines Durcheinander, in Entropie (ungeordnetes Chaos, bei dem alle Teile gleichmäßig und stabil verteilt sind) übergegangen sind. Nach dem Zweiten Hauptsatz nimmt mit der Zeit die Entropie eines jeden isolierten, geschlossenen Systems zu. Weil das alte Wissenschaftsparadigma grundsätzlich von dieser Geschlossenheit einer Maschine ausging, lag es nahe: die Dinge laufen ab, Maschinen neigen dazu, sich abzunutzen, zu verschleissen, ihre Energie abzugeben, und auf diesem Wege gibt es kein Zurück.

Der Zweite Hauptsatz der Thermodynamik geht von einer Welt als triviale Maschine oder Uhrwerk aus. Daher ist er auch nur auf geschlossene Systeme anwendbar und beachtet nicht die vielfältigen Vernetzungen und Beziehungen, die jedes System mit seiner Umwelt verbinden und aus denen immer neue Energien zufließen, die dem Verfall entgegenwirken. Die deutlichste Ausnahme dieser thermodynamischen Regel ist das Leben selbst mit seinen offenen Systemen, die sich an ihre Umgebung anpassen, nie ganz zur Ruhe kommen, immer weiter wachsen, sich diversifizieren und ausdehnen.

Es mußte große Angst machen, in einem Universum zu leben, das unabänderlich auf seinem Weg zum Verfall ist.

Vielleicht haben wir deshalb noch heute so große Angst vor Veränderungen, weil sie wertvolle Energien verbrauchen und uns in entropischer Auflösung zurücklassen könnten. Sich nicht von der Stelle zu rühren oder die Balance zu halten, sind unsere Mittel, um den Auflösungskräften zu begegnen. Wir vermeiden alles, was uns in untiefe Gewässer bringen könnte, weil dort der Verfall lauern könnte.

Wir glauben, jede Art des Verharrens sei besser als die scheinbare Gewißheit, daß durch Irritation alles noch viel schlimmer wird. Aber je mehr wir uns ans Gleichgewicht klammern, um so mehr verstecken wir uns vor den Prozessen, die Leben begünstigen. Es entbehrt nicht einer gewissen Ironie, daß wir unsere Unternehmen wie Maschinen behandelt haben, gerade so, als wären sie leblos, während sie die ganze Zeit über lebendige, allseits vernetzte Systeme waren, die sich selbst erneuern können.

Wir haben aber auch die Menschen wie Maschinen behandelt, weil wir glaubten, die einzige Art, andere zu motivieren, sei sie in Action zu bringen und unter Druck zu setzen, damit ihre Trägheit durch die Kraft unserer eigenen Energie besiegt würde. Doch jetzt sehen wir uns plötzlich als lebendige Wesen in lebendigen Systemen und inmitten einer ebenso lebendigen Umgebung. Wir sollten lernen, mit diesen lebendigen Systemen zu leben, offen zu werden für Überraschungen und unsere ohnehin sinnlosen Versuche, Veränderungen zu widerstehen und Störungen auszuweichen, getrost aufgeben.

Abgrenzung und Allianz

Jeder von uns spürt natürlich dieses Spannungsverhältnis zwischen Stabilität und Offenheit, Abgrenzung und Attraktion. Ständig fühlen wir uns zwischen richtig, falsch und Entweder-Oder herausgefordert. Die Organismen in der Natur scheinen dieses Problem nicht zu haben, denn hier gibt es Strukturen, die ihnen Unabhängigkeit ermöglichen, während sie sich von anderen abhängig machen. Organismen besitzen die Fähigkeit, spontan neue Strukturen auszubilden, je nachdem, welche der Anpassung am besten dienen. *"Sie differenzieren sich aus",* sagen die Wissenschaftler dazu und meinen, daß die einzelnen Systeme in sich selbst und in der Wechselwirkung mit anderen immer neue Möglichkeiten entdecken, die sie in ihre Programme einbeziehen.

Wie in der selbstorganisierten Natur entstehen auch in Wirtschaft und Gesellschaft immer komplexere Gebilde, die das Gesamtsystem zu immer mehr Variationen des Handelns befähigen. Wenn die Natur und der ihr angehörende Mensch etwas Neues hervorbringen will, dann muß sie ausprobieren, es geht nicht anders. Dazu bildet sie Variationen eines Themas, einer Theorie, einer Struktur, einer Dienstleistung, einer Symphonie, eines Produkts und fördert immer neue Mutationen. Auch bei der Mutation spielt der Zufall eine wichtige Rolle, wenn es um die Abwandlung von Strukturen geht. Die Natur beschränkt sich bei der Mutation auf bewährte Möglichkeiten. Der in der IBM-Forschungsgruppe der Universität München arbeitende Physiker und Nobelpreisträger Gerd

Binnig weiß: *"Wenn wir Menschen uns auf irgendeinem Gebiet verbessern wollen, kann niemand den genauen Ablauf dieses zukünftigen Lernprozesses genau voraussehen. Das Unvorhersehbare, der Zufall ist im Spiel."* **Doch wie filtert man aus dem Strom der eingehenden Informationen die richtigen heraus, anstatt sie danach zu sortieren, ob sie bestehende Strukturen und Überzeugungen bestätigen und stabilisieren? Hohe Aufmerksamkeit, Neugier, Sensibilität, Reaktionsfähigkeit und die Bereitschaft, Gewißheiten und Gewohnheiten in Frage zu stellen sind die entscheidenden Fähigkeiten dazu.**

Doch die meisten Menschen, und Manager ganz besonders, können nur das aus der Umwelt aufnehmen, was sie schon kennen, und nur das glauben, was zu dem bereits Geglaubten aus Erfahrungen der Vergangenheit oder der täglichen Realität paßt. Viele Menschen glauben, wenn ihnen etwas kompliziert erscheint, der Übermittler der für sie nicht verständlichen Botschaft hätte ein Problem und wenden sich von ihm ab. Dabei ist es genau umgekehrt: Wer sich in einer immer komplizierteren Welt weigert, neue, vielleicht kompliziert wirkende Dinge zu verstehen, wird schnell ein viel größeres Problem haben: er wird nicht mehr mitkommen.

Ignoranz und Denkfaulheit geben Sicherheit. Auf jeden Fall die Sicherheit, daß man nicht durch einen Schritt zu neuem Wissen dem Bösen zum Opfer fällt, das *"aus den Ritzen des Unverstandenen hervorquillt"* (Niklas Luhmann). Dazu kommt die Sicherheit, daß man die eigenen Denkmuster bewahrt, wenn sie auch immer enger werden und zu festen Formen erstarren. Mentale Meisterschaft bedeutet, offen für Irritationen zu sein, auch das denken und an das glauben zu können, was noch undenkbar und unglaublich ist und Vertrauen in die eigene Urteilskraft zu haben. Am besten nähert man sich neuem Wissen wie einer fremden Speise – zuerst in kleinen Portionen.

Alles in unserer Welt präsentiert sich in Portionen oder präziser in Wirkungseinheiten: in Elektronen, Atomen, Molekülen, Pflanzen, Ideen, Theorien, Organismen, Lebewesen, Unternehmen, Büchern, Kulturen. Wir leben in einer portionierten Welt. Materie ist aus portionierten Elementen zusammengesetzt. Unsere Schrift besteht aus Wörtern, die wiederum aus Buchstaben gebildet sind. Jeder Buchstabe und jedes Wort ist von dem anderen genau getrennt. Jede dieser Wirkungseinheiten muß sich schützen und grenzt sich daher ab. Jede neue Tier- und Pflanzenart, die evolutionär aus einer anderen Art hervorgegangen ist und selbständig etwas werden will, muß genetisch auf Distanz gehen, so wie sich der Mensch im Laufe vieler Millionen Jahre vom Affen separiert hat, und sein Erbmaterial nicht mehr mit dem des Affen kompatibel ist. **Im digitalen Zeitalter werden dauerhafte Marktnischen seltener, weil Anbieter aus allen möglichen Regionen über das Internet ihre Waren und Dienste feilbieten und die Kunden ohne großen Aufwand die Angebote vergleichen können. Es wird in den Dienstleistungen der Informationswirtschaft um kurzfristige Beherrschung von Marktnischen gehen und die ist nur zu erreichen, wenn man sich deutlich abgrenzt und für Überraschung sorgt.** (Humberto Maturana: *"Man muß einen Unterschied machen, der einen Unterschied macht."*) Die vernetzte Ökonomie erleichtert Kurzzeitallianzen, in denen man für bestimmte Projekte mit anderen kooperiert.

Das bleibt nicht ohne Risiken und Nebenwirkungen, denn sobald sich Wirkungseinheiten zu nahe kommen, können sie sich zerstören. Atome ziehen sich an, wenn sie weit voneinander entfernt sind; sobald sie sich zu nahe kommen, stoßen sie sich ab. Auch dahinter scheint das Überleben der eigener Art oder Identität zu stehen. Auch Ideen ziehen sich gegenseitig an oder stoßen sich ab, wenn sie sich zu nahe kommen. Ideen, die anderen zu nahe kommen, werden vielleicht in andere Ideen integriert, aber sie verlieren damit ihre Existenz als selbständige Einheit. Daher hat jede Idee, jede Theorie, jedes Buch, wie dieses hier, ein Immunsystem, und manches in diesen Wirkungseinheiten hat nur einen einzigen Sinn: die eigene Immunität zu stärken, denn alle Wirkungseinheiten brauchen ein bestimmtes Maß an Immunität, um überleben zu können. Gleichzeitig müssen sie aber in der Lage sein, mit anderen in Wechselwirkung zu treten, was auf sehr vielfältige Weise über einen Austausch von Informationen und Codes geschieht. Auch "tote" Materie ist davon nicht ausgeschlossen. Ein Materieteilchen kommuniziert mit seiner Umwelt unter Umständen sehr heftig über Temperatur, Ladung, Magnetismus und Masse.

In Organisationen, die ihre Fähigkeit zur Selbstorganisation nutzen, gibt es keine rigiden, festen Strukturen. Daher kann man auf innere und äußere Veränderungen sehr flexibel reagieren. Teams, Expertengruppen, Aufgabenkreise und Projekte entstehen aufgrund eines Bedürfnisses, und wenn sich dieses Bedürfnis verändert, verändert sich auch die Organisationsstruktur. Die Selbstorganisation zeigt uns, daß nützliche Grenzen nur dadurch entstehen, daß wir sie für die Außenwelt öffnen.

Traditionelles Management war auf **Autonomie** und Unabhängigkeit gerichtet, doch diese Abgrenzungsmentalität funktioniert nicht mehr, ja sie ist sogar gefährlich, denn zu große Spezialisierung bringt die Gefahr mit sich, daß die eigenen Dienste, Spezialisierungen und Produkte morgen oder spätestens übermorgen schon nicht mehr gefragt sind. Ein System wird um so abhängiger, je unabhängiger es ist. Das geht nicht so leicht in den Kopf. Aber stellen Sie sich ein Unternehmen vor, das von seiner Umwelt völlig abgekoppelt vor sich hinwurstelt: Unabhängig von den Kunden, die man gewinnen, dem Wettbewerb, den man im Auge behalten, den kulturellen und gesellschaftlichen Strömungen, die man spüren, den regionalen Aspekten, die man berücksichtigen, den Normen, die man einhalten und den technischen Entwicklungen, die man vorausahnen muß. Daimler-Benz hat diese Unabhängigkeitsattitüde Anfang der 90er Jahre gewaltige Absatzeinbrüche und in der Folge eine bis heute immer wieder auftauchende Flut an Skandalartikeln über angeblich finstere Graumarktgeschäfte eingefahren. Wie sollte man die S-Klasse, sein behindertes Sorgenkind loswerden? Die S-Klasse wurde nicht nur am Zeitgeist der Kunden (neue Bescheidenheit) und den Bedürfnissen des Marktes (neues Understatement) vorbeiproduziert, ihre Abmessungen sprengten die Normen von Garagen und Reisezügen. Der unabhängig geplante Wurf wurde zum Witz. Je mehr ein Unternehmen sich mit seiner kulturellen und wirtschaftlichen Umwelt verstrickt, d. h. je mehr Feedbackschleifen des Marktes es hereinläßt, um so unabhängiger und elastischer kann es werden. Es ist eine verrückte Welt, in der wir leben. Unsere Logik will sie nur logischer machen, als sie sein kann.

Wo alle um Identität und Unverwechselbarkeit ringen, mag diese Offenheit gegenüber der Umwelt gefährlich erscheinen, Grenzen könnten zu fließend, zu wenig greifbar und kaum zu definieren sein. Das ist anscheinend nicht der Fall, vielmehr gibt es einen weiteren Vorteil von Offenheit. Trotz seiner hohen Flexibilität ist ein für Störungen, Irritationen und Informationen offenes Unternehmen nicht länger darauf angewiesen, auf zufällige Entwicklungen und

Brüche in seiner Umwelt passiv zu reagieren. Indem es wächst und sich immer wieder stabilisiert, lernt es auch, seine Ressourcen effektiver einzusetzen und sich in seiner Umgebung zurechtzufinden. Auch Identität ist nichts Bleibendes und Festes, sondern ein sich selbst organisierender Prozeß. Um Profil zu gewinnen, braucht ein System unscharfe Ränder, durch die die Einflüsse der Umwelt eindringen und die als Navigationsinstrumente zur Anpassung dienen können. Veränderungen treten nicht Knall auf Fall auf, wie ein Schuß aus dem Hinterhalt. Sie hängen immer irgendwie mit dem zusammen, was gerade war bzw. mit der Vergangenheit und der Identität einer Organisation. Nichts anderes machen überlebensfähige Organismen in der Natur, wenn sie zur Anpassung gezwungen werden. Sie passen sich entlang ihrer Evolutionslinie an, die tief in der Erinnerung eines jeden Organismus verankert ist.
Für menschliche Gesellschaften und Unternehmen gilt das gleiche. Ein starkes Bewußtsein in Unternehmen für die eigene Identität, die eigenen Werte, Traditionen, Normen, Fähigkeiten und die eigene Kultur ist die beste Garantie dafür, von der Umwelt nicht vereinnahmt zu werden. **Abgrenzung und Kooperation lautet das Überlebensprinzip der Evolution.** Abrenzung muß nicht Kulturstarre bedeuten, wie dies manche Trendforscher suggerieren wollen. Wer offen für die Umwelt sein will, braucht nicht den eigenen Wertehimmel völlig leer räumen, damit man sich umstandslos und flexibel auf alles einlassen kann, was profitable Chancen zu eröffnen scheint. Wenn eine weitere Anpassung an die Umwelt nötig wird, dann gibt es im eigenen Werteprofil eines Unternehmens immer einen Bezugspunkt, einen sogenannten *strange attractor*, an dem sich dieser Wandel orientiert.

Die sichtbare Form, die Struktur eines Systems, drückt sich im ständigen Fluß der Teile aus. Gute Beispiele dafür sind Springbrunnen und Wasserstrudel. Sie behalten ihre Form durch das Wasser, das ständig durch sie hindurchfließt. Der Wasserstrudel hat eine sichtbare Form und ist doch Ausdruck des gesamten Fließens; seine Struktur entsteht durch die Dynamik des ganzen Flusses. Auch die sichtbare Ordnung eines Unternehmens oder einer Gesellschaft ist nur der äußere Anschein einer tieferen, verborgenen Ordnung. Ein Unternehmen, eine Gesellschaft, die internationale TV-Community besteht aus Menschen, von denen jeder eigene Beweggründe und Überzeugungen hat. Dennoch besitzt eine Gruppe von Menschen, ein Team, eine Gruppe, eine Gesellschaft in gewissen Situationen, z. B. bei bestimmten Projekten, der Entwicklung neuer Produkte oder Dienstleistungen, der Einführung neuer Technologien, bei Fusionen und Führungswechsel, bei Mahnwachen und Demonstrationen auch ein Kollektivverhalten, das zu unkalkulierbaren Dynamiken führen kann. Da unterscheiden wir uns nicht von den Zellen eines biologischen Organismus.

Wir Menschen brauchen, bei allem Drang zu Autonomie und Individualität, das Empfinden, zu Gemeinschaften zu gehören, Teil eines Ganzen zu sein. Das Gefühl gemeinsamer Erfahrungen vermitteln heute vor allem Ereignisse, die wir gemeinsam am Fernsehschirm miterleben: die Explosion der Challenger kurz nach dem Start, die Berichterstattung über den Golfkrieg oder spektakuläre Prozesse wie der gegen O. J. Simpson, die Leipziger Montagsdemonstrationen und schließlich der Fall der Mauer, die letzten Tage der Sowjetunion, das Attentat auf Jtzhak Rabin, die Trauerfeier für Diana. In solchen Augenblicken sind wir alle "zusammen".

Welt als Abfolge von Entgleisungen

Wandel

Aus der Evolutionsgeschichte weiß man, daß die Evolution selbst nichts konkret festlegt, sondern jedem Organismus die Freiheit läßt, die für ihn optimale Lösung innerhalb der gegebenen Umweltbedingungen selbst auszuloten. Die einzigen Vorgaben, die die Evolution den Organismen macht, sind die Prinzipien der Selbstorganisation. An der Weggabelung (Bifurkationspunkt) zwischen zwei Entwicklungsrichtungen können, so Ilya Prigogine und Isabelle Stengers, *"kleine Schwankungen eine völlig neue Evolution anspringen lassen, eine, die das gesamte Verhalten des makroskopischen Systems drastisch verändern kann"*. An solchen Weggabelungen geht es aber nicht nahtlos heiter weiter, sondern die Entwicklung verharrt, es tritt zunächst eine Art Ruhe vor dem Sturm ein, Organismen, Individuen, Unternehmen oder Gesellschaften scheinen zu zögern, welche der möglichen Entwicklungsrichtungen man einschlagen soll, die Dinge geraten ins Stocken: man blockiert Entscheidungen, konzentriert sich auf die Außenpolitik statt auf innenpolitische

Reizthemen, stürzt sich in Aktionismus, taucht ab, beschwört den Teamgeist, berauscht sich an alten Erfolgen, geht auf Reisen und lobt den gegenseitigen Sachverstand. Man versucht, Gleichgewicht zu bewahren, anstatt darüber nachzudenken, warum man bisher und so lange mit Techniken und Strategien hantiert hat, deren Folge der jetzt erreichte Stillstand ist. Doch dieser Stillstand ist Gefahr und Chance zugleich. Kurz bevor ein neues Ordnungsmuster entsteht, zerbrechen die alten Strukturen – nichts geht mehr. In dieser Phase des Überganges von einer Ordnungsstruktur in eine andere verlangsamt sich der routinierte Ablauf. Wissenschaftler nennen das **kritisches Langsamwerden**. Es dauert an, bis scheinbar wie von selbst der Knoten aufgeht und ein kleiner Impuls genügt, um alles wieder in Fluß zu bringen.

Jeder von uns kennt das. In der Medizin, in der Politik, beim Erlernen einer neuen Sprache oder Sportart tauchen vor einem Leistungs- oder Entwicklungssprung plötzlich Fehler oder Rückschläge auf, die sich als eine Art "Plateauphase" einstellen. Wenn Unternehmen eine neue Kultur aufbauen und damit beginnen, Rituale oder Regelwerke zu verändern, dann reagieren Mitarbeiter häufig irritiert, die Stimmung verschlechtert sich, bevor sie sich nach einer Phase des Überganges meist sprunghaft verbessert. **Unternehmen können durch die Reklamation eines Kunden oder die zündende Idee eines Mitarbeiters plötzlich auf neue Märkte oder ganz neue Produkte kommen, die dann den großen Erfolg bringen. Keine Strategiesitzung, keine Planungsgruppe, keine Marktstudie hat ihre Nase darauf gestoßen.** Auslöser waren nur ein paar kreative Köpfe, die sich das Unvorstellbare vorstellen konnten und das Glück hatten, daß die Unternehmensleitung sie ernst nahm und ihnen die Freiheit gab, ihre Ideen auszuprobieren. Und die Moral von der Geschicht'? Fehler, Krisen und Mißerfolge sind das Sprungbrett der Veränderung! Damit die Dynamik anspringt, braucht man eine originelle Idee.

Everybody's watching everybody, heißt es in einem Popsong, doch Unternehmen beobachten, wie alle Systeme, überwiegend nur sich selbst, doch wie alle anderen können sie aus dieser Selbstbeobachtung Schlüsse auf die Umwelt ziehen. Die Wirtschaft beobachtet politische Entwicklungen, Marktbewegungen, Inflationsraten oder den Geldumlauf. Wenn sich hier Abweichungen zeigen, stellt man Vermutungen an, woran das liegen und wie sich diese auf die eigene Entwicklung auswirken könnten. Unternehmen werden damit zu ständig sich selbst und ihre Umwelt beobachtenden und interpretierenden Systemen. Doch Veränderungen der Umwelt beobachten bedeutet nicht, selbst für radikale Veränderungen bereit zu sein. **Vorausgreifende statt nur reaktive, möglicherweise radikale Veränderungsbereitschaft springt an, wenn das Denken in der Zukunftsform mit genügend Emotion und Leidenschaft aufgeladen ist.** Begeisterung ist ansteckend. Sie trägt dazu bei, verbreitete Bewahrer- und Kontinuitätsmentalitäten zu durchbrechen. Auch diesen Mechanismus kennt man aus der Biologie, die beispielsweise dafür sorgt, daß revolutionierende Moleküle (wie auch Viren) nicht sofort in alle Richtungen ausschwirren, sondern so lange eng beieinander bleiben, bis ihre Wirkung intensiv genug und ihre Verbindung zu anderen Teilen stark genug ist, um sich im gesamten Organismus zu verteilen und ihn zu heftiger Reaktion zu bringen. Was auf den ersten Blick an ein Handbuch für Revolutionäre Zellen erinnert, ist nichts als eine Grundregel der Natur. Diese kleinen *Champion*- oder *Master-Mind*-Teams aus unternehmensinternen Kulturrevolutionären müssen bis zur Verschworenheit dazu motiviert sein, bestehende Grenzen der Vorstellungskraft und dessen, was man im Unternehmen für möglich hält, zu überwinden. Dann werden sie trotz der auftauchenden Widerstände durchhalten, weil sie emotional mit einem Problem verbunden sind, für das sie vielleicht die Lösung haben.

Je länger man sich mit selbstorganisierenden Systemen beschäftigt, desto größer wird das Staunen über die Bedeutung des Faktors Freiheit und über die Chancen, die aus ihr erwachsen. Selbstorganisation oder Selbsterneuerung beschreibt eine Welt von Unabhängigkeit und Abhängigkeit, von Prozessen, die wir immer als Gegensätze gesehen haben: Wandel und Stabilität, Kontinuität und Erneuerung, Autonomie und Kontrolle. Als wäre das nicht genug, findet Selbstorganisation auch noch in einer Umgebung statt, die prüft, reizt und stört und die auch noch auf den selbsteingeleiteten Wandel mit eigenem Wandel reagiert. Die traditionellen Widersprüche zwischen Ordnung und Freiheit, Wandel und Ruhezustand, Sein und Werden verbinden sich zu einem neuen Bild des großen Ganzen, in dem alles mit allem verbunden ist und keine

Veränderung eines Teils ohne Wirkung auf das Ganze bleibt. Aus dieser Perspektive gesehen verändert sich gleichzeitig ein Unternehmen, seine Umwelt und möglicherweise auch seine Evolutionslinie, d. h. seine Zukunft. Evolution entsteht, wenn eigene Grenzen überschritten werden. Sie ist grundsätzlich offen, aber sie legt ihre eigene Dynamik und Richtung fest.

Statt zu lernen, mit schlecht definierbaren Systemen umzugehen, neigen wir dazu, Ereignisse, Prozesse und Dinge, die Ähnlichkeiten besitzen, einander gleichzusetzen und mögliche Abweichungen zu vernachlässigen. **Je besser die Erinnerung an einen bestimmten Fall ist, um so häufiger und wahrscheinlicher denken wir, daß er erneut eintritt. Je leichter man sich etwas vorstellen kann, um so überzeugender erscheint es.** Doch wir begreifen nur, woran wir unmittelbar beteiligt sind, ohne zu erkennen, wie sehr wir in Wechselwirkung mit anderen stehen. Egal, ob es sich um Zellen, Konzerne oder Computersimulationen handelt, alle komplexen Systeme registrieren Inputs und erzeugen Outputs, die vom Nachbarn wiederum als Inputs aufgegriffen werden. Statt Entweder-Oder brauchen wir ein Sowohl-Als-Auch. Karl E. Weick rät daher, wir sollten, ähnlich wie Naturvölker, wieder damit beginnen, *"in Kreisen zu denken"*. Auf unsere moderne Welt angewandt bedeutet das, Handlungen beeinflussen Vorstellungen und Pläne, Strukturen beeinflussen Verhalten, Mittel beeinflussen Ziele, Ursachen sind zirkulär und nicht linear, eines wirkt auf das andere.

Durch die moderne Entwicklungsbiologie und die Theorie vom Urknall haben wir erfahren, daß energetische, materielle und auch psychische Prozesse irreversibel verlaufen: Die Welt ist keine Maschine, sondern ein Prozeß. Die Welt ist nicht, die Welt wird. Sie ist in permanenter Bewegung, es gibt nichts, was sich nicht bewegte: die Meere und Flußläufe, die Atome in ihren elektomagnetischen Wechselwirkungen, die Lebewesen, die Geschichte der Erde und des Universums. Alle Pausen und "Haltepunkte" sind nur Intervalle, Durchgangsstadien. Wir müssen uns wohl damit abfinden, daß unser Planetensystem und Newtons Zeitgeber, der einst als ewig galt, irgendwann entstanden sind und eines Tages, lange nachdem wir Menschen von diesem Planeten verschwunden sein werden, auch wieder vergehen.

Schwärme

Unsere Unternehmen und die gesamte globale Wirtschaft tanzen einen Tanz, dessen Rhythmus sie permanent selbst überrascht. Kein Wunder, denn den Takt dazu liefern die Grundprinzipien des Chaos. Chaos bedeutet in der Alltagssprache totales Durcheinander, Anarchie, Entgleisung, Verwirrung, Auflösung von Strukturen. Je mehr Chaos herrscht, um so mehr wird unsere schöne Rationalität zertrümmert. Und was am schlimmsten ist: Chaos bedeutet Verlust von Kontrolle, die für uns eine Art Schnullerfunktion gegen die Gefahren des Auseinanderfallens hat. Kontrolle beruhigt, weil wir sie mit Begriffen wie Prüfen, Steuern und Planen verbinden. Ist das Chaos unser Schicksal?

Fragen wir um Rat bei den New Sciences und ihren Shooting-Stars – den Chaosforschern – so werden wir erfahren, daß Chaos immer eine Gestalt hat, ein Konzept, das unserer allgemeinen Vorstellung von Chaos widerspricht und das bedeutet: Es gibt kein Schicksal, das uns niederbügelt. Die Chaostheorie hat durchaus Unterhaltungswert, denn sie beschäftigt sich mit denselben Fragen, die beim Umgang mit Liebesbeziehungen wie bei der Steuerung von Konzernen und ganzen Volkswirtschaften naheliegen. **Ökonomische Modelle, wie sie seit Beginn des Jahrhunderts entwickelt und an deutschen Universitäten heute noch gelehrt werden, versuchen mit immer komplizierteren Formeln den Verlauf von Konjunkturzyklen oder das Volumen von Märkten zu berechnen. Kommt es zwischen dem mathematischen Modell und der Wirklichkeit zu Abweichungen, wird die Formel zur Rettung der Theorie immer wieder modifiziert, bzw. die Störfaktoren wegstandardisiert.**

Die Chaostheoretiker dagegen gehören zu den Jägern und Sammlern von so vielen Daten wie möglich und sie fischen aus dem scheinbar heillosen Durcheinander immer wiederkehrende Strukturen heraus. Mit den Gesetzen der fraktalen Geometrie lassen sich diese Strukturen mathematisch beschreiben und schließlich auf den Bildschirmen ihrer Hochleistungscomputer darstellen. Doch es gibt noch ein Manko der klassischen Wirtschaftmodelle. Die ihnen zugrundeliegenden Gleichungen sind linear. Alle Parameter innerhalb eines Systems (z. B. Käufer, Angebot, Preise) unterliegen immer denselben Abhängigkeiten und reagieren nach immer denselben Gesetzen. Für Überraschungen, Krisen, unvorhergesehene Sprünge und Zufälle ist in ihnen kein Platz. Die

Chaostheorie arbeitet dagegen mit nichtlinearen Gleichungen, die selbstverstärkende Rückkopplungen, Zufälle oder Phasensprünge zulassen. Und genau die treten im wirklichen Wirtschaftsleben immer häufiger auf.
Auch die Märkte existieren nicht an sich, sondern sie sind ein **emergentes Phänomen**, dessen Dynamik und Struktur nicht in der Dynamik und Struktur ihrer Teilnehmer enthalten ist, d.h. Märkte sind mehr als die Summe ihrer Teilnehmer. Was heißt das? Wenn wir die chemische Charakteristik des Menschen gründlich analysiert haben, liefert uns dies keinerlei Hinweise auf die Charakteristik des Stahl-, Musik- oder Automobilmarktes. Wie alle emergenten Einheiten, z. B. ein Wasserstrudel, ist das Wesen eines Marktes wie eines Wirbels die Emanation (Erscheinung, Ansammlung, Zusammenspiel) einer vertrackten Ansammlung anderer Einheiten. Eine Schneeflocke löst keine Lawine aus, ein Wassertropfen macht keinen Strudel. Emanationen brauchten eine bestimmte Anzahl von Teilnehmern, eine Population von Einheiten, eine Vielheit, ein Kollektiv, eine Masse - sie brauchen eben mehr.

Es scheint, als ob das, was uns am meisten anzieht und fasziniert, stets in der Nähe des Chaos angesiedelt ist. Ob die Vernetzung des Lebens, der Technik, das Auf und Ab der Börsen, das Durcheinander in der Wirtschaft, gesellschaftliche Massenbewegungen oder der Dschungel unserer Gedanken- und Gefühlswelten: sie alle sind aus Einzelteilen vernetzte, dynamische Ganzheiten, denen eines gemeinsam ist: ihre Komplexität und ihre Lebendigkeit.

Organisatorisch sind diese dynamischen Ganzheiten Ansammlungen autonomer Teile, die jeweils nach ihren eigenen, inneren Regeln und nach den Gegebenheiten ihrer Umwelt reagieren. Die autonomen Glieder eines Schwarms bilden ein Netzwerk von Gleichen, ohne Mittelpunkt und ohne Steuerungssystem. In ihm sind alle mit allen anderen, aber nicht mit einer Zentralinstanz vernetzt. Dynamische Ganzheiten oder **Schwärme** sind auch keine trivialen Maschinen, die so simplen wie ewigen Regeln gehorchen, sondern komplexe Systeme, die ständig durch sich selbst und die Reize der Umwelt gestört werden.
Auch Unternehmen sind solche Ganzheiten oder Schwärme, und sie werden ständig gestört duch ihre inneren Vorstellungsbilder und ihre Kunden. In Schwarmsystemen verhält sich die Intensität der Wirkung nicht proportional

zur Ursache. Das haben sie mit allen chaotischen Systemen gemeinsam, und das kann für die Schaltstellen der Macht überraschende Folgen haben. So sind die Spitzen eines Unternehmens auch dann keine heiligen Kühe mehr, wenn ihre Zahlen stimmen. **Auch die *poster boys* unter den Topmanagern können bei einer Kleinigkeit ins Trudeln geraten, wenn der Schwarm ihrer Mitarbeiter ihnen die Unterstützung entzieht und nachhaltig, zum richtigen Zeitpunkt und medienwirksam ihre Ablösung fordert.** Der Hoechst-Vorstand Jürgen Dormann wurde 1997 von der internationalen Wirtschaftspresse noch als Lichtgestalt der neuen deutschen Managergeneration gefeiert, weil er sein Unternehmen mit harter Hand unter die ersten drei Chemiekonzerne der Weltrangliste boxen wollte. Anfang 1998 empfahlen 100 Führungskräfte schriftlich und in einer bis heute wohl einzigartigen Aktion dem Aufsichtsrat, *"dem rufschädigenden und sprunghaften Agieren von Herrn Dormann"* sei *"so schnell wie möglich Einhalt zu gebieten"*, d.h. man solle den forschen Chef sofort feuern. Ron Sommer machte die Markteinführung der Telekom 1997 zum Hätschelkind der Medien und zur Gallionsfigur für die erste Ausflugsfahrt deutscher Kleinsparer an die Börse. Einige Monate später verglichen ihn die Mitarbeiter mit der pannengepeitschten russischen Taumstation Mir. Immer wieder geistern Gerüchte über seine Ablösung durch die Medien, weil dem plötzlich als *"arroganten Schaumschläger"* (*Wirtschaftswoche,* 12.3.1998) geltenden Manager die Gefolgschaft der eigenen Schwärme verweigert wird.

Die Dormanns, Vogels, Sommers oder Schrempps können die Aktionäre mit glänzenden Bilanzergebnissen erfreuen und ihre Erfolgsstories täglich in den Medien präsentieren. Die *big dogs* selbst unterliegen einer unkalkulierbaren und indirekten Dynamik: sie sind nicht Teil des Schwarms. In Schwarmsystemen werden individuelle Unvollkommenheiten geduldet, kleine Fehler verlieren sich im allgemeinen Tumult. Große Fehler werden im Zaum gehalten und von der nächst höheren Hierachiestufe zu kleineren Fehlern heruntergespielt. Die Top-Leader dürfen sich in Systemen, die von starken Rückkopplungen geprägt sind, nicht in Sicherheit wiegen und im Sonnenbad ihrer Absatz- oder Bilanzerfolge die Macht der Schwärme (Mitarbeiter, Aktionäre, Kunden, Medien) unterschätzen. Schwärme funktionieren nicht wie ein Uhrwerk, vorhersehbar, und sie reagieren schon gar nicht proportional. Sie sind nichtlineare, chaotische

Netzsysteme, die ihrer eigenen paradoxen Logik folgen und im eigenen Meer voller schleifenartiger Paradoxallogiken treiben: A verursacht indirekt B. B verursacht indirekt A. Einfacher ausgedrückt: die (wirklich erlebte, nicht die von oben verordnete) Unternehmenskultur (A) verursacht indirekt alles andere (B), und alles andere (B) verursacht indirekt die wirkliche Unternehmenskultur (A). Ein peinlicher Trick, ein plumper Auftritt, ein persönlicher Skandal, ein achtlos beiseite geschobenes Ritual oder zerstörtes Symbol zuviel, und eine nicht mehr steuerbare Dynamik fährt ab, die völlig unproportional zum tatsächlichen Auslöser und zur quantitativen Leistung ihrer Opfer ist. Wir stehen erst am Anfang solcher Bewegungen, weil sich die Schwärme ihrer Macht bisher kaum bewußt sind. Doch das ändert sich, der Druck der Schwärme steht noch bevor.

Turbulenzen

Seit Jahrtausenden treibt der Mythos des Chaos die menschliche Vorstellungskraft an. Große Götter wurden bemüht, um die Schöpfung aller Dinge zu erklären. Am Anfang war Chaos, die endlose, gähnende Leere ohne Form und Inhalt, und dann kam Gaia, die Erdenmutter, und schenkte dem Durcheinander Form und Stabilität. Im griechischen Denken gehören Gaia und Chaos zusammen, zwei gegenläufige Partner, verbunden in einer Allianz aus Widerspruch und Resonanz, erschaffen sie gemeinsam alles, was wir kennen. Obwohl Henri Poincaré den Nährboden geliefert hat, wurde die Existenz von Chaos erst 1963 durch den Meteorologen Edward Lorenz mit Hilfe des Computers nachgewiesen. Lorenz wollte einfach wissen, warum so häufig Diskrepanzen auftraten zwischen der Wettervorhersage und dem, was tatsächlich draußen abging. Er fand nach langem Herumprobieren heraus, daß in den Computer eingegebene, winzige Variationen der Ausgangsbedingungen des Wetters später zu eklatanten Abweichungen bei der Vorhersage führten. Nachdem der Computer die Daten durch den Rechner gejagt hatte, veränderten sich die ausgespuckten Vorhersagen oft in kurzer Zeit völlig, egal wie klein die Variationen in den Startbedingungen waren. Lorenz nannte diese Erscheinung *"butterfly effect"*, der besagt, daß der Flügelschlag eines Schmetterlings in China einen Wirbelsturm in Florida auslösen könne. Muß er aber nicht. Kleine Änderungen der Anfangsbedingungen können ebenso zu kleinen Verhaltensänderungen führen. Dann schläft der Schmetterling.

Der nach Lorenz benannte Attraktor, ein eulenartiges Diagramm, besteht aus dünnen Linien, die die Form eines Schmetterlings nachzeichnen. Er zeigt das Wetter, wie es um seinen imaginären Zielpunkt kreist. In seiner Ganzheit betrachtet, repräsentiert der Attraktor das Klima. Auch wenn unser Wetter in Deutschland große Ausschläge kennt, was jahreszeitlich zu erwartende Temperaturen und Niederschläge betrifft, so variiert es doch immer innnerhalb eines bestimmten Repertoires von Möglichkeiten, der zumindest Taifune oder Dürre ausschließt.

Der Lorenz-Attraktor ist ein Beispiel für einen sogenannten ***strange attractor,*** den zuerst die Mathematiker David Ruelle und Florian Takens entdeckt haben, als sie Turbulenzen in Flüssigkeiten untersuchten. Die Forscher zogen daraus weitreichende Schlüsse, was zwei besondere Eigenschaften des *strange attractors* betrifft. Ein *strange attractor* reagiert höchst sensibel auf die Startbedingungen. Das langfristige Verhalten eines Systems, das von einem *strange attractor* bestimmt wird, hängt in den kleinsten Details davon ab, wie alles begonnen hat. Zum zweiten hat der *strange attractor* fraktale Qualität, d. h. egal, wie sehr er vergrößert oder ausgedehnt wird, er bleibt sich immer selbst ähnlich. Diese Fähigkeit, endlos das Motiv im Motiv im Motiv herzustellen, nennt man Selbstähnlichkeit. Das grundlegende Motiv spiegelt sich in jedem Ausschnitt wieder.

Wirbel sind Attraktoren in einem dynamischen System. *Strange attractors* sind in der Regel stabil, aber sie reagieren sensibel auf die Ausgangsbedingungen. Instabilität, bis hin zu drastischen Erdrutschen, können sie auslösen, wenn kleine Abweichungen beim Aufbau des Systems auftreten. Kleine Veränderungen des Systemverhaltens können tiefgreifende Auswirkungen auf das spätere Verhalten haben. **Wir wissen heute, daß es einen unmittelbaren Zusammenhang gibt zwischen der Stabilität eines dynamischen Systems und der Landschaft, in der es seine Anpassungswanderungen unternimmt. Je zerklüfteter, abrupter und unwirtlicher diese Landschaft gestaltet ist, um so instabiler wird ein System und um so verheerender können sich kleinste Veränderungen auswirken.** Die Selbstorganisation erzeugt Strukturen, die robust sind und die eine Evolution schrittweise durchlaufen können. Es scheint einen notwendigen Zusammenhang zu geben zwischen spontaner Ordnung, Robustheit, Redundanz (Überfluß von Informationen) und der Qualität sogenannter Fitneßlandschaften, in denen sich ein dynamisches System entwickelt und transformiert.

Die Chaosforscher haben durch ihre Computerspielereien bewiesen, daß die Welt weitaus empfindlicher reagieren kann, als wir jemals geglaubt haben. Moderne Hochleistungscomputer konnten nämlich in die Geheimnisse des Chaos vordringen und sie in unsere Vorstellungswelt holen. Mit Computergeschwindigkeit können wir heute die formbildende Dynamik der Entwicklung eines Systems in Millionen Momenten beobachten. Wir können zusehen, wie sich das Chaos in schnellen, unvorhersehbaren Bewegungen auf dem Monitor entfaltet, indem Linien sichtbar werden, die sich schnell hin- und herbewegen, ohne daß derselbe Punkt zweimal angesteuert wird. Man erkennt plötzlich, wie diese Linien ein Muster aus Fäden spinnen und wie durch ein Wunder eine klare Ordnung in der Unordnung entsteht. Diese chaotischen Bewegungen eines ins Chaos gefallenen Systems haben eine Gestalt, eine Form, die sich langsam herauskristallisiert und um die sich wie um einen Anker alles dreht. Was auf dem Monitor erkennbar ist, ist die Ordnung in der scheinbaren Unordnung, die Ordnung im Chaos.

Strange attractors sind eigenartige Kombinationen aus Mustern und Trends, die ein System in eine bestimmte Richtung ziehen, und auf die dieses im größten Trubel reagiert. *Strange attractors* folgen selbstorganisierten Ordnungen, die wie Magnetfelder wirken, in die das System hineingezogen wird, bis es eine erkennbare Gestalt annimmt. Dieses Feld kann auch ein Raum sein. Wissenschaftler können heute die Bewegungen eines chaotizierten Systems auf ihren Computern multidimensional beobachten, so daß für jedes System typische Formen sichtbar werden. Chaos beschreibt die Unkalkulierbarkeit und Anpassungsfähigkeit komplexer Formen – auch die des Menschen. Manchmal überfallen uns plötzlich die überzeugendsten Ideen, ohne daß wir die leiseste Ahnung haben, wie sie zustande gekommen und ob sie tatsächlich zutreffend sind. Egal, wir können sie uns einfach nicht mehr aus dem Kopf schlagen, sie setzen sich wie ein Anker fest, um den immer wieder andere Gedanken kreisen. Ein anderes Beispiel für den chaotischen Ablauf unseres

Denkens ist unsere Fähigkeit, spontan Verknüpfungen und Zusammenhänge herzustellen. Anpassungsfähigkeit bedeutet, seine inneren Verknüpfungen so auszurichten, daß man sich in seiner Umwelt dauerhaft zurechtfindet.

Chaos ist eine höchst vitale Ordnung ohne Vorhersagbarkeit, doch es wird nie die Grenzen des *strange attractor* überschreiten. Im Chaos hat ein System unendlich viele Möglichkeiten, es bewegt sich wohin es will und probiert ständig neue Variationen seiner selbst aus. Solange wir diese Variationen nicht auf dem Computer sichtbar machen konnten, glaubten wir im Chaos nur Turbulenz und wilde Energie zu sehen, ohne Struktur oder Richtung, und wir fühlten uns ziemlich unbehaglich. Durch Computersimulationen sehen wir, daß Chaos der vorläufige Endzustand eines Systems ist, das sich von einer Ordnung wegbewegt. **Diese Spiegelwelt von Ordnung und Unordnung ist ein Hinweis darauf, im großen Durcheinander besser das System als Ganzes zu betrachten, und nicht nur auf die scheinbar ziellosen und wirren Aktivitäten seiner Teile zu achten.** Erst wenn wir die Form des chaotischen Ganzen erkennen, können wir die neu entstehenden Muster sehen.

Wie kommt man zu so einem wunderbaren Haltegriff, einem Anker im wilden Sturm des Lebens? Ein *strange attractor* kann z. B. eine starke Identität, eine gelebte Unternehmenskultur, eine gemeinsame Aufgabe, eine geteilte Vision, Liebe, eine starke Beziehung, aber auch der Sinn sein, den eine Arbeit macht und der alle Anstrengungen wert ist. Damit ist klar, daß wir am Übergang zum 21. Jahrhundert in unseren Unternehmen eher Schamanen als Feldherren brauchen. Seit der Aufklärung haben wir voller Stolz auf die gigantischen Erfolge unserer Ratio gesetzt, die Zauberei verächtlich als Kinderkram abgelehnt und uns nur auf Konkretes gestützt. Wer *strange attractors* gestalten will, braucht nicht die besseren Strategen, sondern die besseren Zauberer.

Auch Rupert Sheldrake hat sich in seinem Modell Gedanken über *strange attractors* gemacht, sie bilden die Grundlage seiner Theorie gestaltbildender, stabilisierender Felder, die dem Ganzen Halt geben, während die einzelnen Teile scheinbar außer Rand und Band geraten, alles mögliche ziel- und planlos ausprobieren, verwerfen und sich Neuem zuwenden. Diese simplen Ankertechniken der Natur bringen uns zum Nachdenken über einfachere, elegantere Führungsinstrumente: geteilte Werte und einige wenige Regeln, die den Menschen Orientierung und ihrem Verhalten eine gewisse Form geben. Soviel Steuerung muß sein, denn je komplexer und instabiler ein System wird, um so mehr Gabelungspunkte **(Bifurkationspunkte)** gibt es. An jedem von ihnen können kleinste eingehende Impulse das Ganze in eine völlig neue Richtung treiben. Leichter gesagt als getan. Wann immer wir Chaos wittern, wollen wir sofort eingreifen, die Dinge beruhigen und ausgleichen. Wenn wir aber die Wirkung des Chaos begriffen haben, beruhigt uns vielleicht die Einsicht, daß ein Unternehmen chaotische Phasen gut übersteht, wenn man im Cockpit nur in der Lage ist, Klarheit über Sinn und Richtung des turbulenten Fluges zu verbreiten.

Sinn ist heute ein Super-Attraktor. Niemals war die Sehnsucht nach Sinn stärker als in unserer Zeit, in der sich Bedeutungen und alte Wertesysteme auflösen und neue Orientierungen noch nicht greifbar sind. Komplexität ist das Markenzeichen unserer postmodernen Welt. Der Glaube an die steuernde Kraft geplanter Eingriffe hat sich als Illusion entpuppt, weil man selbst nie komplex genug ist, um auf die Anforderungen der Umwelt angemessen zu reagieren. Es gibt keine sicheren Lösungen mehr. Doch wir alle, und damit auch die von uns geschaffenen Dinge werden von einem Sinn beeinflußt, der nur für diese bestimmten Menschen, dieses eine Unternehmen relevant ist. Man könnte sagen, Individuen und Unternehmen haben ein bestimmtes Attraktorbecken, das durch die richtigen Fragen Form annimmt. Warum hat sich eine Entwicklung so gestaltet? Warum erscheint rückblickend etwas sinnvoll, was wir für reinen Zufall gehalten haben? Warum haben zufällige Begegnungen mit Menschen, eine unerwartete Wendung oder eine bestimmte Information so perfekt in eine bestimmte Entwicklung gepaßt? Egal, ob wir Sinn als rückwirkend übergestülpt oder als eine Art Wegweiser des Lebens oder kosmische Absicht betrachten: **Nichts außer Sinn hat die Kraft und die Energie, ein kompliziertes Gewebe wie das menschliche Leben oder ein Unternehmen zusammenzuhalten, wenn alle Kontrolle in jenen Tiefen des Chaos verschwunden scheint, aus denen wie von selbst immer wieder neue Ordnungen auftauchen.** In einer mechanistischen oder linearen Welt entstanden stabile Formen und Strukturen, indem man sie angeordnet oder einzelne

Teile in bestimmter Weise kombiniert hat. Die Form ist in linearen Systemen das Konstrukt eines Erbauers, der sie entworfen und hergestellt hat. Zum Hausbau gehören Pläne, ein Auto wird zusammengeschweißt, Buch-Design benötigt die Phantasie des Layouters bei der Anordnung von Zeichen und Symbolen im Raum. Der Sinn statischer Strukturen liegt also außerhalb ihrer selbst. Er wird dem Ganzen durch die Anordnung der Teile aufgezwungen. Nichtlineare Systeme, wie z. B. der Springbrunnen, oder vitale Unternehmen mit einem hohen Grad an Selbstorganisation sind dagegen autark, sie enthalten ihren eigenen Sinn. Es bedarf keiner äußeren Pläne, Anordnungen und Entwürfe, jede neue Form ist schon als Möglichkeit in ihnen vorhanden.

Für Stuart Kauffman, Doktor der Medizin und der Philosophie, Mathematiker, Biotheoretiker und einer der Forscher am Santa Fe Institute, stößt die Entdeckung sogenannter *strange attractors* noch lange nicht an ihre Grenzen. Er denkt sogar darüber nach, ob es vielleicht *"eine übergeordnet gültige, formgebende Kraft gibt, die der Schöpfung innewohnt, die Unordnung glättet und aus der eine geordnete Stille kommt. Einen alles übergreifenden, sich selbst und seine eigenen Regeln erzeugenden strange attractor"*. Klingt ziemlich transzendent, aber die großen Fragen der Wissenschaften haben heute fließende Grenzen zu dem, was wir als Metaphysik bezeichnen, weil sich die Dinge immer mehr unserer Vorstellung entziehen. Stuart Kauffman sagt, er fühle intuitiv, daß sich die von ihm untersuchten Systeme von selbst aufbauen. Er hofft, irgendwann beweisen zu können, daß evolutionäre Systeme ihre eigenen Strukturen kontrollieren. Bis dahin bittet er im übrigen darum, seine diesbezüglichen Spekulationen als *"völlige Verrücktheiten"* zu behandeln.

Es wird klar, warum wir in Zukunft bei der Durchsetzung großer Veränderungsprozesse gerade dem Unsichtbaren, Unausgesprochenen mehr Aufmerksamkeit schenken sollten. Wir leben in einem Universum, das immer mehr unsichtbare Ordnungsfaktoren, ja Verbündete gegen die Auflösung offenbart. Vielleicht können wir deshalb einfacher daran glauben, daß Unternehmen ebenso wie Individuen und andere natürliche Organismen auch in turbulenten Zeiten eine irgendwie geordnete Form annehmen werden, wenn sie in ihrem Mittelpunkt einige klare Bezugspunkte zu sich selbst haben.

Selbstähnlichkeit

Es gibt einige Grundprinzipien, die aus dem unaufhörlichen Treiben der Evolution hervorgegangen sind, doch was hat Management mit Evolution zu tun? Wir können von ihr eine Menge über die Dynamik des Wandels lernen. Das Geniale an evolutionären Systemen ist, daß sie Mechanismen permanenten Wandels und offenen Werdens zu mehr Vielfalt sind. Offenes Werden, das bedeutet permanentes Ungleichgewicht, ständiges Ausbalancieren des Beinahe-Kippens. Wandel unterliegt Wandel, Evolution unterliegt der Evolution, und das bedeutet, daß eine einzige wilde, kreative Idee ausreicht, um das ganze System in neue Dynamik zu versetzen. Die Evolutionstheorie liefert uns damit Grundprinzipien, die sich auf die praktische Unternehmensführung übertragen lassen, z. B. Musterbildung, Nichtlinearität, Iteration und Rückkopplung, Irreversibilität, Zufall als Prinzip und Spiel.

Und das Phänomen des Chaos versteht man erst, wenn die Bedeutung von Mustern, die das Leben organisieren, klar wird. Schon im antiken Griechenland stellte man sich eine Frage, die bis vor kurzem noch die moderne Philosophie und die Naturwissenschaft dominierte: Woraus besteht die Realität? Sie wird jetzt ergänzt durch die Frage: Welches **Muster** gibt es? Die umfassende Erkenntnis lebendiger Systeme kann nur in einer Verbindung dieser beiden Fragen liegen, im Erforschen der quantitativen Substanz (Materie, Struktur) und der qualitativen Form (Muster).

Muster sind mentale Landkarten, die uns zu Kreativität anregen oder gar zu visionären Ideen führen können. Genies zeichnen sich dadurch aus, daß sie Wissen, Phantasie und Intuition zu neuen Mustern verknüpfen können. Nur die wenigsten von uns gehören in diese Kategorie, aber wir können trainieren, Veränderungen der Muster in unserem Leben, unserem Beruf, unserer Kultur oder unserem Unternehmen wahrzunehmen.
Alle Unternehmen folgen stillschweigend geltenden oder vereinbarten Regeln, die manchmal zu rituellen Handlungsabläufen verdichtet sind und die viel stärkere Ordnungen schaffen, als einem bewußt ist. Zu den ordnungsstiftenden Regeln gehören Rituale bei offiziellen Besprechungen ebenso wie die Reihenfolge der Postverteilung, Radius und Bequemlichkeit von Dienstreisen; Marke und Ausstattung des Firmenwagens; Lage, Einrichtung, Anzahl der Fenster

des Büros; die typischen Fragen, wer wen zuerst begrüßt, wer mit dem Gespräch beginnt, wer ein Meeting eröffnet oder beschließt, bis hin zu den offenen oder verdeckten Verhaltensvereinbarungen bei Betriebsausflug, Jubiläen, Beerdigungen und Firmenfesten. Nicht selten behindern solche unausgesprochenen Regularien die Kreativität von Teams, die sonst gute Möglichkeiten hätten. Wer will immer besser sein als ein anderer, wer fragt wen um Rat, wer ruft wen an, wer sorgt für die Getränke? Das alles schafft viel machtvollere Wirklichkeiten als die spitzfindigste Beurteilung psychologischer Prozesse oder gar die enge Kategorisierung in Team-Typen.

Auch Hierarchie ist so ein impliziter Ordnungszustand. Wenn es etwas zu klären gibt, dann kommt meist der hierarchisch Untergeordnete ins Büro des Vorgesetzten, unabhängig davon, ob dieser das Gespräch angeregt hat. Das Regelwerk eines Unternehmens, seine Unternehmensphilosophie, formelle und informelle Strukturen oder Korrespondenzkriterien, sie alle erzeugen selbständig innerbetriebliche Wirklichkeiten, und damit eine rückbezügliche Ordnung. Doch wer die Regeln kennt, kennt deshalb noch lange nicht die in ihnen enthaltene Ordnung. Der Blick nach innen beginnt mit dem Erkennen insgeheimer "Wahrheiten" und verborgener Regeln, die wir für selbstverständlich halten. Wenn Unternehmen das sind, was wir uns darunter vorstellen, nämlich ein Produkt unserer Denk- und Handlungsgewohnheiten, dann hat jeder einzelne oder das kleinste Team tatsächlich die Macht, höchste Organisationsbarrieren zu überwinden, wenn es ihm gelingt, die Wünsche, Erwartungen, Glaubensmuster, Überzeugungen und Gewohnheiten aufzulösen, durch die diese Organisationsbarrieren entstanden sind. Barrieren sind Blockademuster. Sie können sich nur halten, wenn sie immer weiter verstärkt und nie in Frage gestellt werden. Irgendwann sind sie genauso wie andere Paradigmen eingerastet und "wahr", weil man sie als selbstverständlich betrachtet.

Das Fraktalprinzip zeigt, wie die Natur Formen und Muster schafft, indem ein Hauptmuster in immer kleineren Maßstäben wiederholt wird, und deren Formen sich selbst immer ähnlich bleiben, egal, wie nahe man an sie herankommt. Überall in dieser von Hochleistungscomputern minutiös detaillierten Landschaft der Fraktale gibt es diese Selbstähnlichkeit. Die Form einer Gestalt erkennen wir in allen anderen. Egal wie tief wir schauen, bis hinab zu den stärksten Verkleinerungen, die heute möglich sind, es taucht immer die (fast) gleiche Form auf, und es scheint keine Grenze zu geben außer den computertechnischen Möglichkeiten der Bildauflösung. Der französische Mathematiker Benoit Mandelbrot war als erster von der Schönheit der Fraktale fasziniert. Er gab uns eine Sprache, eine geometrische Form, die uns die Natur ganz anders betrachten läßt. Schon immer haben wir **Fraktale** gesehen, aber wir können sie erst als solche erkennen, seit wir sie mit Bedeutung gefüllt haben, denn wir können nur erkennen, was wir auch begreifen können. Das Beobachtete entsteht durch Beobachtung und Unterscheidung.

Ganz nebenbei hat die Beschäftigung mit den Fraktalen unser quantitatives Denken als höchst unzureichend entlarvt. So ist es unmöglich, ein Fraktal genau zu messen. Benoit Mandelbrot stellte zur Erläuterung gern folgende Frage an seine Studenten und Kollegen: *"Wie lang ist die Küste Großbritanniens?"* Nach einigem Hin und Her erkannten die Gefragten, daß es keine Antwort geben kann. Je näher man an das Objekt Küstenlinie herangeht, um so mehr gibt es zu messen. Weil diese selbstähnlichen Formationen bis ins Unendliche weitergehen, gibt es auch keine Möglichkeit, sie dabei endgültig festzulegen. Wir könnten immer weiter bis in die Unendlichkeit dem Spiel der Formen folgen und immer kleinere Einheiten anpeilen, es gibt keinen Punkt, an dem etwas endgültig zu messen wäre. Doch im Messen von Aktivitäten in unseren Unternehmen sind wir Spitzenklasse. Die meisten Manager tun überhaupt nichts anderes. Ein Blick auf die Fraktale eines Systems zeigt uns jedoch, daß es sinnlos ist, die Einzelteile nach immer ausgefeilteren Kriterien zu quantifizieren, niemals können wir mit dieser Methode auch nur einen Teil des Ganzen wissen.

Wenn es in einem lebendigen System aber keine definitive Messung geben kann, dann muß man sich seiner qualitativen Seite zuwenden: seiner Komplexität, seinen erkennbaren Mustern und dem, was es von anderen unterscheidet.

Informationen, die sich nur auf die quantitativ meßbare Form und nicht auf die qualitative Seite eines Systems beziehen, müssen immer frustrieren, weil sie unvollständig und endlos sind. Das Prinzip der Fraktale zeigt uns, wie die Natur Formationen schafft, die wir erkennen können: Flüsse, Küsten, Lungen, Gehirne, Kristalle, Kreislaufsysteme, Unternehmen, Anwaltskanzleien, Redaktionen, in denen ein Hauptmuster in immer kleineren Maßstäben wiederholt wird. Am Verhalten einzelner Mitarbeiter lassen sich die gelebten Werte und Geschäftspraktiken eines Unternehmens, einer Anwaltsozietät, einer Medienanstalt ablesen, egal, ob es sich um Sachbearbeiter oder Vorstandsmitglied, Referendar oder Partner, Redakteur oder Programmdirektor handelt. Die Verhaltensqualität ist auf allen Ebenen vorhersagbar.

In fraktal geführten Organisationen wird in der Arbeitsweise und im Verhalten der Mitarbeiter das gleiche Muster deutlich.

Im Verhalten des einzelnen spiegeln sich die Leitprinzipien und Wertvorstellungen des gesamten Unternehmens. Führung sollte umfassende Konzepte liefern statt komplizierte Regeln und Kontrollstrukturen. Das Instrumentarium dazu bieten gemeinsame Werte und Grundsätze, die immer wieder deutlich betont werden, wobei es aber dem Einzelnen überlassen bleibt, wie er sie in seine Arbeit integrieren will. Diese neue Betrachtungsweise lebendiger und komplexer Systeme durch ihre Musterbildung hat außerordentliche Folgen für das Handeln in einer vernetzten Welt:

- Die Entwicklung dynamischer Systeme läßt sich nicht voraussagen.
- Je mehr Substrukturen ineinander verwoben sind, um so chaotischer, d. h. lebendiger wird das Verhalten.
- Was im einzelnen geschieht, folgt bestimmten Gesetzen, auch wenn die Effekte des Gesamtsystems nicht prognostizierbar sind.

Rodney Brooks, der als Direktor der Mobilroboterabteilung des MIT seit Jahren an der Entwicklung künstlicher Intelligenz arbeitet, entwickelte eine Anleitung, um einen Roboter zum Gehen zu bringen, so daß er sich durch eine komplizierte Welt bewegen kann. Er schlägt vor, daraus zusammenfassend einige durchaus nützliche Verhaltensregeln für unseren Umgang mit Komplexität abzuleiten:

- Weiche dem Kontakt mit Hindernissen aus.
- Gehe ohne Ziel.
- Erforsche die Welt.
- Bilde dir eine innere Landkarte.
- Sei aufmerksam gegenüber Veränderungen in der Umwelt.
- Formuliere Reisepläne.
- Nimm Pläne vorweg und modifiziere sie entsprechend.

Dieses wilde Auf-gut-Glück-Konzept, das auf Zufallsbegegnungen beruht, beschreibt eine durchaus effiziente Weise, um durch Unübersichtlichkeit zu navigieren. Rodney Brooks ließ es dabei nicht bewenden, sondern entwickelte auch Grundrezepte für eine verteilte Steuerung, die sich auf die meisten komplexen Systeme anwenden läßt:

- Beginne mit den einfachen Dingen.
- Lerne, sie reibungslos zu tun.
- Baue auf den Ergebnissen der einfachen Aufgaben immer neue, zusätzliche Handlungsebenen auf.
- Gehe schrittweise vor.
- Verändere die einfachen Dinge nicht.
- Achte darauf, daß die neue Ebene genauso reibungslos funktioniert wie die einfache.
- Wiederhole dies immer wieder.

Tanz des Lebens

Lebende Systeme bestehen aus einer komplexen Anordnung von Beziehungen und durch sie geformte Netzwerkmuster. Die wichtigste Eigenschaft eines jeden Netzwerkes ist seine Nichtlinearität. Das heißt, es leitet Impulse nicht in eine bestimmte Richtung weiter, sondern dehnt seine Reaktion in alle Richtungen aus. Folge ist, daß sich Botschaften, Einfluß oder Nachrichten nicht gezielt von oben nach unten, sondern in einer Art Kreislauf fortpflanzen, aus dem eine Rückkopplungsschleife werden kann. Was heißt das? Jeder Reaktion folgt eine Reaktion, die auf die vorhergehende bezogen ist. Ein Unternehmen, das ein lebendiges Kommunikationsnetzwerk besitzt, wird durch solche Rückkopplungseffekte aus seinen Fehlern lernen, weil sich die Folgen der Fehler quer durch das Beziehungsnetzwerk ausbreiten und Reaktionen erzeugen können, die wiederum zu neuen Reaktionen führen. Entlang dieser sogenannten Rückkopplungsschleifen kehren diese Reaktionen schließlich wieder zum Ausgangspunkt des Impulses zurück, das System hat gelernt und kann seine Fehler korrigieren, sich dadurch selbst neu organisieren und Abläufe oder Beziehungen viabler (nützlicher, passender) regeln.

Eine radikal neue Perspektive des Lernens entwickelte sich seit 1988 in Harvard, wo der Biologe John Cairns und seine Mitarbeiter an der Harvard School of Public Health zeigen konnten, daß einige Bakterien, deren ein Enzym für den Milchzuckerstoffwechsel fehlte, in einer milchzuckerhaltigen Lösung Mutationen durchliefen, die sie in die Lage versetzten, das Enzym selbst zu produzieren. Eine lange gehütete Wahrheit brach zusammen, nämlich die Behauptung, in einer Zelle fließe Information nur in eine Richtung: von den Genen über die RNS zu den Eiweißen und Enzymen. Hier läuft die Information plötzlich in beide Richtungen. Ein von einem bestimmten Gen codiertes Enzym (Botschaft: *"Milchzucker verträgst du nicht!"*) liefert Information zurück, um dieses Gen selbst zu ändern (Botschaft: *"Ich habe gelernt und kann damit umgehen!"*). **Es gibt noch ein Beispiel dafür, daß der DNS-Code nicht so sehr ein feststehender Plan als vielmehr ein subtiles, hochflexibles Anpassungszentrum zu sein scheint, in dem Rückkopplungen vermittelt werden.** Der DNS-Code zeigt sich als System-Vorstand, der für das Gleichgewicht zwischen Selbsterhaltung und Verstärkung von Veränderungen sorgt. Die Voraussetzung für diese überlebenswichtige Anpassung der eigenen Kultur ist, wie bei allen anderen Anpassungsleistungen lebendiger Systeme, ein positives Verhältnis zu Störungen, Widersprüchen und Rückschritten.

Doch das reicht nicht aus, um den Kunden nach Flops wieder ins Boot zu ziehen. Die bestdesignte, alle zeitgeistigen Mythen beschwörende Kampagne nach dem Motto: *"Wir haben aus unseren Fehlern gelernt"* funktioniert nur, wenn das Unternehmen glaubwürdig ist und die in ihm arbeitenden Menschen ihrer Führung vertrauen. Mißtrauen sie deren Integrität, werden ihre Ideen gewiß nicht mutiger und origineller, sobald aus jeder Zeitung ein Popstar in die Ferne sinniert: *"Ich habe aus meinen Rückschlägen oft mehr gelernt als aus meinen Erfolgen."* Selbstbezichtigungen und triefende Lebensweisheiten wegen vorangegangener Flops laufen ins Leere, ja schlimmer noch, sie verkehren sich ins Gegenteil, wenn sie ihre eigentliche Absicht – Selbstlob – gleich mitkommunizieren. Auch wenn scheinbar Unvereinbares aufeinandertrifft, gibt es häufig negative Rückkopplungseffekte. Auf ein Alltagsbeispiel gebracht sind **negative Rückkopplungen** die normale Folge der Spannung, die sich zwischen Gegensätzen aufbaut. Drücken wir zu sehr in eine Richtung, dann wird es relativ wahrscheinlich, daß das, was wir vorantreiben wollen, irgendwie nach hinten losgeht, daß die Bewegung zurückschlägt. Zuviel Neue-Mann-Bewegung macht Machos wieder interessant. Der Doc-Marten-Trend bereitet die Spur für mörderische Super-High-Heels. Zuviele vegetarische Multi-Korn-Burger befördern eine Nachfrage nach erstklassigen Steakhäusern. Selbst der stärkste Trend, das kraftvollste Muster bringen gleichzeitig ihre Gegenbewegung hervor. Ja, ohne Störung oder plötzliche Reaktionen in die andere Richtung könnten sie sich gar nicht entwickeln. Weil wir es aber anders gelernt haben und in allem eindeutige Ordnungen suchen, sind wir davon überzeugt, daß Entwicklungen immer und pausenlos in eine Richtung laufen müssen – vorwärts. Dabei gibt es unterwegs eine Menge Zögern und auch Rückschritte. **Der Tanz des Lebens scheint ein Schritt vorwärts und ein Schritt zurück zu sein. Was als totale Umkehrung, ja als Rückschritt erscheint, ist aber nur ein Atemholen, eine kurze Pause, um sich wieder zu stabilisieren.** Der Schritt zurück ist ein kurzes Innehalten im Strom der großen Langzeitbewegung, die, allem Zaudern zum Trotz, weiterfließt.

Klassische Naturwissenschaften und traditionelle Wirtschaftstheorien erklärten Ereignisse durch exakte, festgelegte Gleichungen, d. h. wenn man X macht, weiß man, daß Y dabei herauskommt. Auf komplexere Systemzusammenhänge wurden die Gleichungen der Thermodynamik angewandt, die besagen, daß alles umkehrbar ist und irgendwann dem Mittelmaß, d. h. dem ruhenden Gleichgewicht entgegenstrebt. Beide Hauptsätze sind lineare Gleichungen, die von kleinen Schwankungen ausgingen und Zufälle und unerwartete Störungen wegließen. Das ging so lange gut, bis man selbst daran glaubte, daß alle natürlichen Phänomene durch lineare Gleichungen zu beschreiben seien.

Nichtlineare Systeme, und das sind alle mit mehr als zwei Reaktionsmöglichkeiten, folgen aber nicht den Regeln des 1 + 1 = 2. Ein System reagiert nichtlinear, wenn es auf einen Impuls anders als proportional antwortet. Eine Waschmaschine gerät in Vibrationen, eine Flüssigkeit beginnt zu kochen, ein gespannter Metallstab verbiegt sich oder bricht, einst stabile Strukturen zerfallen, bis dahin sichere Fusionen scheitern, eine bereits groß angekündigte Produktklasse wird eingestellt, der Vorstand gefeuert. Solche unproportionalen Wirkungen brauchen keineswegs immer destruktiv zu sein, sondern sie können auch neue, kreative Verhaltensweisen und Strukturformen auslösen, die für das System durchaus nützlich sind. Wird ein System heftig gestört, dann überwiegt nichtlineares, also nicht vorhersehbares Verhalten. Reaktionen lassen sich nicht mehr aus dem Verhalten der einzelnen Teile untereinander herleiten. Jetzt beginnt das System plötzlich, als Ganzes zu reagieren, so daß neue, wiederum völlig unkalkulierbare Wirkungen und neue Weggabelungen entstehen. In der Unternehmensführung sind nahezu alle Vorgänge nichtlinear. Sobald kleine Veränderungen auf einer Organisationsebene auftreten, können daraus große Effekte auf der gleichen oder einer anderen Ebene folgen. Nichtlinearität führt daher zu meist unerwarteten und vielfältigen Ergebnissen, denn Nichlinearität reagiert auf Zufälle.

Alle großen, in Netzwerken zusammengeschlossenen und damit komplexen Systeme haben die gleichen beunruhigenden Eigenschaften: Man kann sie nicht verstehen, sie lassen sich nicht leicht optimieren und sie sind unkalkulierbar.

Prinzip Zufall

Weggabelungen sind immer Vorboten neuer Vielfalt. Wie bilden komplexe Systemen Vielfalt aus, wie setzen sich Veränderungen durch? Ein wichtiger Weg dazu ist wieder das Prinzip der Iteration, in der Philosophie als "selbstbezügliches Paradox" bekannt. Es gibt eine berühmte Parabel, in der ein Mann aus Kreta einen Neuankömmling warnt, *"alle Kreter sind Lügner"*. Während sich bei solchen selbstbezüglichen Paradoxien Wahrheit und Lüge in Schleifen um sich selbst drehen, dreht sich in unserem Kopf ein Logikkarussell, Hirnforscher sagen: **Unser Gehirn oszilliert zwischen Chaos und Ordnung. Läßt man eine Aussage dieser Art auf einen Computer los, so wird er ratlos zwischen "wahr" und "falsch" hin- und herpendeln, bis er unverrichteter Dinge vermutlich abstürzt.** Auch wir Menschen sind gewohnt, die Dinge und Erscheinungen klar zu definieren und zu kategorisieren. Das hilft uns, Komplexität zu reduzieren, aber es führt auch zu einer tief in unserem Denken verwurzelten Enge. "Definieren" und "Kategorisieren" bedeutet, Grenzen setzen, die ihrer Natur nach alles andere ausschließen.

Deshalb wirken solche iterativen, paradoxen Denkaufgaben wie die oben benannten äußerst belebend, sie sind eine Art *brain gym* und regen als solche unsere Kreativität an. Im Extremfall sollen paradoxe Logikschleifen sogar zur Erleuchtung führen – vorausgesetzt natürlich, man übt lange genug und mit dem richtigen Meister. Im Zen-Buddhismus nutzt man dazu Koans, das sind schleifenartig auf sich selbst bezogene, rational nicht lösbare Fragen eines Meisters an seinen Schüler, die den Geist des Schülers in eine so kritische Spannung, in solches Chaos versetzen können, daß sein, auf verstandesmäßige Erkenntnis begrenztes Denken schließlich wie eine Blase platzt und der Blick frei wird zu einer höheren Einsicht, einem unmittelbaren Erlebnis des Erblikkens, Entfaltens und Verwirklichens der geistigen Essenz. Anders ausgedrückt: ein neuer Attraktor des Denkens entsteht.

Wie kam es zur Rehabilitation des Zufalls als gestaltendes Prinzip? Zuerst begannen die Teilchenphysiker daran zu zweifeln, daß jeder Wirkung eine konkrete Ursache zuzuordnen sei. Teilchen scheinen nämlich keiner Kausalität zu gehorchen, sondern im Gegenteil, sie haben die Tendenz, Ursache mit Wirkung und umgekehrt zu vermischen. Schnell breitete sich das Unbehagen gegenüber Ursache-Wirkungs-Erklärungen innerhalb der gesamten Naturwissenschaften aus. Anstelle kausaler Erklärungsketten nahm man an, daß der Zufall nicht etwa Folge noch unbekannter Ursachen sei, sondern im Gegenteil, daß Erscheinungen, deren Ursache bekannt ist, nichts anderes sind als Zufälle, die man zufällig kausal erklärt. Die Natur ist nach diesem Modell keine Verkettung feststehender Ursachen und Wirkungen, deren komplexe Zusammenhänge wir vielleicht noch nicht verstehen können. Die Natur ist vielmehr ein chaotisches Fest von Zufällen, aus denen sich, unter anderem, auch Kausalketten ableiten lassen.

Der polnische Mathematiker Waclaw Sierpinski konnte zeigen, daß einige wenige Informationen zusammen mit dem Zufall genügen, um neue, komplexe Formen und Muster zu erzeugen. Dabei spielt es keine Rolle, ob das Ausgangsmuster aus Rechtecken, Buchstaben, Punkten oder beliebigen anderen Figuren besteht – eine Mehrfach-Verkleinerungs-Maschine kommt nach unendlicher Iteration immer zum gleichen Ergebnis: einem löchrigen Dreieck. Ein anderer Weg zum Sierpinski-Dreieck führt über das sogenannte "Chaosspiel". Hierbei gilt die Regel: Gehe von A nach B, C oder D und mache auf der Hälfte des Weges einen Punkt. Läßt man diese Regel im Schnellmodus durch einen Computer mit normalen Zufallsvariationen laufen, zeigt sich ein selbstähnliches Fraktal, ein Dreieck im Dreieck im Dreieck. Egal wie tief ich hineinblicke, es entsteht immer wieder ein Dreieck. Hieraus läßt sich ableiten, wie sich Veränderungen in der Unternehmenskultur durchsetzen. Schon die winzigste Variation sogenannter insgeheimer Faktoren, wie z. B. Regelwerke, Rituale, Symbolismen, kann unerwartet heftige Folgen haben, wenn sich zusammen mit dem Zufall spontan ein neues kulturelles Muster entwickelt, das aus der Regelmäßigkeit, und damit der Langeweile herausführt.

"Nicht die strenge mathematische Regel ist a priori schön, sondern auch der Zufall und die Beziehungsrelationen", meint der Systemtheoretiker und Physiker Horst Prehn und fügt hinzu: *"Auch die Natur leistet sich eher den Luxus des Nicht-Determinierten, während die Technik, der wir oft unser Leben anvertrauen, sich des Zufalls, des Drecks, des Abfalls, des Nicht-Determinierten entledigt, sofern sie auf reine Nützlichkeit, auf Eindeutigkeit und Verläßlichkeit ausgerichtet ist. Das Reine, Eindeutige und Monotone löst auch hirnphysiologisch exakt immer die gleichen Erregungsmuster aus. Sie sind entweder langweilig oder pathologisch."*

Wissenschaftler weisen heute immer wieder auf die empfindliche Abhängigkeit von Ausgangsbedingungen hin, da kleinste Unterschiede, die zu Anfang einer Entwicklung stehen, die Voraussagen über den Verlauf unmöglich machen. Die Gesamtform der Dinge hängt von ihrem kleinsten Teil ab. Der kleinste Teil aber ist das Ganze, da sich durch sein Verhalten das Ganze zum Chaos oder zumindest zur folgenschweren Veränderung hinbewegen kann. Das Prinzip der Iteration treibt auch die Wirkung sogenannter *Master-Mind*-Teams an, mentale Sauerstoffpipelines innerhalb eines Unternehmens. Erinnern wir uns an den Vorschlag Rupert Sheldrakes und anderer, es gäbe ein kollektives Gedächtnisfeld der Natur, das auch uns Menschen umgibt, dann könnten wir in unseren Lernprozessen auf dem aufbauen, was andere Menschen vor uns gelernt haben. Einmal Gelerntes würde dann, durch gedächtnisbildende Informationsfelder immer wieder in die Gemeinschaft eingespeist, sich verstärken und zusammen mit dem Zufall zu neuen Qualitäten führen. Wichtigste Voraussetzung dafür: Bestehende Denkgewohnheiten (mentale Autobahnen) müssen irritiert werden.

Gewohnheiten werden in allen komplexen Systemen ständig durch Zwischenfälle unterbrochen, ob nun Rostpartikelchen den Fluß des Wasserhahns umlenken oder Asteroiden auf der Erde einschlagen und neue Ozeane bilden. In unserem eigenen Leben und im Leben von Unternehmen werden Gewohnheiten ständig durch unerwartete Ereignisse, durch Überraschungen unterbrochen, die Leerräume (Nischen) schaffen, in denen neue Möglichkeiten und neue Bedingungen entstehen können. Je komplexer eine Unternehmenskultur ist, um so wahrscheinlicher wird es, daß sie selbst überraschende Störungen erzeugt. Das kann ihr entscheidender Vorteil sein. Eine Unternehmenskultur wirkt dann am energetisierendsten, wenn sie darauf programmiert ist, kreative Spannungen und Unterschiede wahrzunehmen und sich diese einzuverleiben, d.h. für die eigene Anpassung zu nutzen. Jeder Organismus lebt durch die Synergie seiner Unterschiede zur Umwelt. Er nimmt sie auf und verarbeitet sie in einem permanenten Anpassungsprozeß.

Die Ästhetik von Iterationen finden wir in vielen Darstellungen von Fraktalen, durch den Computer hergestellte Modelle. Sie entstehen, indem man immer wieder die gleichen Rechengänge wiederholt und das jeweils letzte Ergebnis in die Gleichung eingibt. Nach zahllosen Durchläufen zeigen sich Muster und Formen, detaillierte Gebilde, die immer kunstvoller und komplexer werden. Iterationen können ein komplexes System in jede Richtung steuern, weit von dem entfernt, was eigentlich zu erwarten wäre. **Eine winzige Variation, ein kleinster Impuls können dort explosionsartige Wirkung zeigen, wo wir am wenigsten darauf gefaßt waren: Evolution = Chaos + Feedback.** Ein praktisches Beispiel für eine rückbezügliche Ordnung (Iteration) ist das Betriebsklima. Es wird durch jeden einzelnen geschaffen, und gleichzeitig beeinflußt es sein Verhalten wieder. Es entsteht durch Regelwerke, die es wiederum beeinflussen. Statt in linearen Zeitpfeilen beginnt man in Schleifen zu denken. Der Physiker Douglas R. Hofstadter, Sohn des Nobelpreisträgers Robert Hofstadter, beschreibt das Leben aller Vivisysteme als endlose Kette von Selbstbezüglichkeiten oder Rückkopplungsschleifen. Nichts wiederholt sich, nichts ist reversibel und *"alles, woran man intensiv glaubt, kann Wirklichkeit werden"*. Die Iteration von Regelwerken ist wohl der machtvollste Faktor bei Veränderungsprozessen und der Kristallisierung neuer Muster, wie z. B. Unternehmenskulturen. Diese inneren Muster entstehen nicht durch Information, sondern durch gemeinsame Erlebnisse, die zu einer Homogenität, einem Gefühl der Zusammengehörigkeit führen. Diese kollektiven inneren Muster sind erfüllt von den Erwartungsmustern und Präferenzen der Menschen, die von ihnen betroffen sind. Zufällig entstandene Unternehmenskulturen sind in der Regel vergangenheitsgeprägt. Wer eine vielfältige, fließende Unternehmenskultur gestalten will, steht vor einer paradoxen Aufgabe. Einerseits muß man durch ein System von Symbolen, Mythen, Zeremonien, Erzählungen etc. für eine Kultur sorgen, die wie ein Autopilot ein immer fester werdendes Wertegefüge aufbaut. Gleichzeitig muß in diese Unternehmenskultur aber kreative Spannung und die Bereitschaft zur Zerstörung des Verbrauchten eingeplant sein, um elastisch genug auf Umweltveränderungen reagieren zu können. Unternehmenskulturen brauchen permanente Inputs, um lebendig zu bleiben, z. B. indem man eine Art *Think-Tank*-Tag einrichtet, der die Mitarbeiter in regelmäßigen Abständen über Entwicklungen des Zeitgeistes, kulturelle und gesellschaftliche Strömungen, Subkulturen und Szenen informiert und sie spielerisch und unterhaltsam an permanentes Lernen, Grenzüberschreitungen und die Überwindung des Gewohnten heranführt.

Wenn Denken in endlosen Schleifen abläuft, muß ein innerer Regisseur immer wieder aus eingerasteten Schleifen herausführen. **Wenn sich alles beschleunigt, muß auch der Geist schneller werden. Wenn alles instabil wird, müssen auch die Überzeugungen, Erfahrungen und Weltbilder instabil werden. Wir werden lernen müssen, daß es keine lineare Zeit gibt, d. h. die Zukunft nicht in Form einer imaginären, geraden Linie fertig auf uns zukommt, sondern aus der Qualität unseres Geistes gestaltet wird.** Wir werden auch lernen müssen, daß wir die Dinge nicht umkehren, sondern immer nur auf sie reagieren oder sie in unseren Gedanken vorausnehmen können. Das Neue entsteht durch das vorangehende Neue, nichts kommt unverändert wieder. Die Natur und alles Leben darin bieten eine atemberaubende Vielfalt, weil sie ihrem Wesen nach ohne Grenzen sind. Die neue Evolutionsforschung hat gezeigt, daß es keine Ordnung gibt, in der die Welt beständig ruht, sondern daß alles offenes Werden ist. Die Natur ist eine unendlich expandierende Bibliothek der Möglichkeiten. Es ist eines der Grundmerkmale des Lebens, daß es nie aufhört, den Raum seines eigenen Potentials zu erweitern. Irreversibilität ist der beste Hinweis, daß wir es mit der Wirklichkeit zu tun haben, und ein solcher Hinweis kann in Zeiten der Simulation wertvoll sein. Wenn sich Virtualität und Wirklichkeit nicht mehr unterscheiden lassen, dann hilft uns folgende Krücke:

- Alles, was reversibel ist, ist virtuell.
- Was irreversibel ist, ist wirklich.
- Wirklich ist nur, was wir nicht beeinflussen können.

Die Wirtschaft, wie übrigens die ganze moderne Welt, ist ein komplexer, dynamischer Prozeß geworden, der vom Chaos regiert wird. Komplex ist dieser Prozeß, weil sehr viele Komponenten an einem Wirtschaftssystem beteiligt sind, und man sehr viele Informationen braucht, um sie alle zu beschreiben, geschweige denn zu verstehen. Als dynamisch kann er gelten, weil sich die Strukturen der Wirtschaft in einem immer schnelleren Rhythmus verändern. Die amerikanischen Wissenschaftler Stuart Kauffman und Brian Arthur beschäftigen sich seit Jahren mit der noch jungen Wissenschaft von den komplexen, dynamischen Systemen. In der Natur findet man diese Systeme in Form von Immunsystemen, Zellen, Organismen usw. In der Soziologie beschäftigt man sich mit komplexen, anpassungsfähigen Systemen in Form von kulturellen und gesellschaftlichen Gemeinschaften wie Universitäten, Parteien, Verbänden und Kirchen.

Alle diese Systeme haben etwas gemeinsam: Sie bilden ein Netzwerk aus vielen, parallel wirkenden Grundbausteinen oder Agenzien. Diese Agenzien können Moleküle und Neuronen, Tier- oder Pflanzenarten, Verbraucher oder Unternehmen sein. Egal, woraus sie bestehen, sie organisieren und reorganisieren sich ständig selbst und rivalisieren mit anderen Strukturen, bis sich alles wieder aneinander anpaßt. So formieren sich einzelne Teilchen wie Moleküle zu Zellen, Neuronen zu Gehirnen, Arten zu Ökosystemen, Verbraucher und Unternehmen zu Wirtschaftssystemen und Märkten.

Der Computerwissenschaftler John H. Holland wollte wissen, was komplexe, dynamische Systeme so anpassungsfähig macht. So gibt es z. B. im Gehirn kein Meisterneuron und in einem Embryo keine Meisterzelle. Das Zusammenspiel aller Teile muß sich aus dem Wettbewerb und der Kooperation dieser Teile ergeben. Nicht anders, so Holland, sei es im Wirtschaftssystem. Egal, wie sehr sich Politiker und Manager auch anstrengen, um eine Rezession in den Griff zu bekommen, egal, was die Zentralbanken auch versuchen, um den Geldmarkt zu steuern, oder was sich Minister für die Standortsicherung einfallen lassen, letzten Endes sei das Gesamtverhalten der Wirtschaft nichts als das Ergebnis der unendlich vielen kleinen Entscheidungen, die täglich von Millionen Individuen aufgrund ihrer Vorstellungen und Erwartungen gefällt werden. Außerdem, so Holland, gebe es in einem komplexen und anpassungsfähigen System viele Organisationsebenen. Die Bausteine jeder Ebene dienten als Bausteine der Bausteine auf einer höheren Ebene (Prinzip der Fraktale). Was noch wichtiger ist, komplexe, anpassungsfähige Systeme stellen ihre Bausteine entsprechend ihren Erfahrungen laufend um. Sie lernen. Eine der wichtigsten Anpassungsstrategien ist die ständige Kontrolle und Neuordnung der Bausteine. Anpassung heißt: permanente Prozesse des Lernens, Weiterentwicklung und kritische Selektion von Erfahrungen. Doch das allein ist nicht genug. Komplexe, anpassungsfähige Systeme können die Zukunft vorausahnen. Ständig machen sie Vorhersagen, die auf ihren inneren Weltmodellen beruhen und auf der Annahme, wie die Außenwelt reagieren könnte. John H. Holland glaubt, schon in den Genen der Bakterien sei eine Vorhersage codiert: *"Der Organismus mit dieser Erbinformation wird sich wahrscheinlich am besten in einer Umgebung entfalten können, die diese oder jene Eigenschaften hat."* In der Kommandozentrale eines Organismus seien aufgrund von Lernerfahrungen unendlich viele Vorhersagen gespeichert: In Situation ABC bewährt sich wahrscheinlich Verhalten XYZ.

Was hat das nun wieder mit Unternehmensführung zu tun? Mit dem Management ist es wie mit dem Schachspiel. Wir glauben noch zu gerne, Erfahrung, Vernunft und Logik, konsequent genug angewandt, müßten zu einer richtigen Strategie führen. Wir glauben zu wissen, welcher Zug in einer bestimmten Situation der richtige, der beste sei, und genau das macht uns so verwundbar. Claude Shannon, der Begründer der modernen Informationstheorie, hat die

Gesamtzahl möglicher Züge beim Schach kalkuliert und kam auf 10^{120}. Seit dem Urknall sind nicht so viele Mikrosekunden verstrichen, das gesamte bekannte Weltall hat nicht so viele Elementarteilchen. Kein Computer, und erst recht kein Mensch kann alle diese Züge, alle diese Möglichkeiten aufzeichnen, geschweige denn überprüfen. Es gibt also keine Sicherheit, uns bleibt nichts, als Handeln und Vertrauen haben und in kleinen Schritten unserer Erfahrung folgen, die uns nicht mehr sagt als, welche Strategie sich in einer bestimmten Situation einmal am besten bewährt hat. Was immer wir tun, wir können nur einen winzigen Teil im unendlichen Raum der Möglichkeiten erkennen.

Vielleicht ist das Leben ja als eine zwangsläufige Folge von Physik und Chemie entstanden, und die Organismen wurden immer komplexer, während sie auf dem Kamm zwischen Ordnung und Chaos entlangbalancierten. Wie es scheint, strebt alle Co-Evolution von sich aus zum **Chaosrand**, wo lebendige Systeme vielfältiger und komplexer gedeihen, ohne zu wissen, ob nicht ihr bestes Handeln eine Lawine auslösen und das Ganze zum Kippen bringen wird. In diesem empfindlich ausbalancierten Gleichgewichtszustand zwischen Ordnung und Chaos können die Spieler nicht wissen, wie die Folgen ihres Tuns aussehen werden. Es lohnt sich also, vorsichtig und in kleinen Schritten zu Werke zu gehen und den Anspruch aufzugeben, langfristige Vorhersagen machen zu wollen. *"Wir können nur unsere Hosen hochziehen, unsere Galoschen anlegen und unser Bestes geben"*, meint Stuart Kauffman, und das bedeutet, wir können nur lokal, aber nie global vernünftig handeln. Wir können die Lawinen und ihre Verflechtungen, die wir gemeinsam erzeugen, nicht vorhersagen und nur im lokal begrenzten Rahmen unser Bestes tun.

Die höchstmögliche Flexibilität erreichen komplexe Systeme, indem sie eine Art Kippzustand am Rande des Chaos aufrechterhalten. Der Physiker Per Bak hat für diesen Zustand den Begriff der "selbstorganisierten Kritizität" geprägt. Im Zustand selbstorganisierter Kritizität ist ein System so sensibel, aufnahmebereit und kreativ, um sich im gerade noch stabilen Zustand zu halten. Doch jeder kleinste, zufällig auftretende Impuls kann das Ganze zum Kippen bringen und einer neuen Ordnung zum Durchbruch verhelfen. Was das bedeutet, läßt sich wieder durch das Beispiel eines Sandhaufens erklären. Regnen von oben ständig neue Körner, dann wächst ein immer höherer Sandhaufen. Plötzlich fällt jedoch an den Seiten des Haufens der Sand genauso schnell herunter, wie er von oben nachrieselt. Das gleiche passiert, wenn man mit einem hohen Sandhaufen beginnt: Der Sand rinnt an den Seiten hinunter, bis aller überschüssiger Sand weg und die Form wieder stabil ist. Der Sandhaufen befindet sich trotz des leichten Abrieselns im stabilen Zustand, der keinen ordnenden Eingriff von außen braucht und er ist gleichzeitig in einem Zustand der Kritizität, wenn die Sandkörner auf der Oberfläche gerade noch liegen bleiben. Es ist unmöglich vorherzusagen, was passiert, wenn ein weiteres Sandkorn auf den Haufen fällt. Vielleicht geschieht nichts, vielleicht verschieben sich einige Körner, vielleicht kommt es aber durch einen winzigen Stoß zu einer Kettenreaktion, die in einem dramatischen Erdrutsch einen großen Teil des Sandhaufens mit sich reißt. Doch große Veränderungen, so Per Bak, sind selten, kleinere häufig. Alle Veränderungen folgen ihrer Häufigkeit, und die folgt wiederum einem bestimmten Gesetz. So wie ein steter Zufluß an Sand einen Sandhaufen dazu bringt, seine Form und Stabilität weitgehend zu bewahren, indem er sich den kleinsten Bewegungen anpaßt und in einem kritischen Zustand organisiert, paßt sich auch ein Unternehmen durch steten Zufluß von Energien, Impulsen oder Informationen immer wieder an seine Umwelt an. Komplexe Systeme bleiben kritisch stabil, wenn ihnen ständig Energie zugeführt wird.

Egal, wie stark und häufig mögliche Störungen werden, Systemen, die sich eine kritische Balance um den sweat spot des Gerade-noch-nicht-Kippens erlauben, gelingt es in der Regel besser, sich neu zu ordnen, so daß ihre Vitalität und Kreativität gewahrt bleibt. Erfolgreiche Softwarefirmen von SUN bis SAP sind Beispiele dafür, wie Spielerei und kreative Besessenheit in sich selbst organisierenden Treibhäusern vor sich hinwuchern. Diese Treibhäuser befinden sich meistens im Zustand des *sweat spot*, des Punktes, wo alles gerade noch nicht im Chaos untergeht.

Wäre die Erde blank wie eine Billardkugel, ein ausbalanciertes Sphärenthermostat, mit gleichmäßigem Klima und rundum identischer Bodenbeschaffenheit, dann gäbe es bei weitem nicht diese Vielfalt der Ökogemeinschaft. Unter konstanten Bedingungen ist jede Variation und Neuheit das Ergebnis gewaltiger Kraftanstrengung einer jeden Art. Weit größere Vielfalt läßt sich erzeugen, wenn Lebewesen einer rauhen und hochgradig differenzierten Umwelt ausgesetzt sind. Das würde auch neuere Untersuchungen von Kreativitätsforschern bestätigen, die herausgefunden haben wollen, daß Kinder aus ausgeglichenen und stets auf Harmonie bedachten Familien weniger Kreativität ausbilden als solche, die schon früh mit Brüchen, Krisen und Instabilitäten zu kämpfen hatten.

Leben ist ein ständig auf der Kippe zum Chaos lavierendes System. Es blüht dort am besten, wo gerade genug passiert, um alles zu gefährden. Überall stößt man auf solche Systeme, die am Rande des Vulkans tanzen. Auch das Universum ist nicht das, wofür wir es halten: berechenbar stabil. Viele Kosmologen, so z. B. John Barrow, glauben, daß das Universum ein höchst prekäres System ist, das jederzeit in sich zusammenstürzen kann. Grund zu dieser Ansicht geben ihm eine Reihe bemerkenswert empfindlicher Werte (z.B. Gravitationsstärke oder Elektronenmasse). Eine geringfügige Abweichung von 0,000001 % hätte das Universum im Frühstadium seiner Entwicklung zum Einsturz bringen oder die Bildung von Materie verhindern können. Das sei höchst unwahrscheinlich? Richtig, aber ist es nicht erstaunlich, mit welcher Leichtigkeit die Evolution das Unwahrscheinliche erzeugt und wieviel Mühe wir damit haben, es uns nur vorzustellen? Evolution scheint sich nicht darum zu scheren, ob etwas optimal oder perfekt ist. Ihr geht es nur darum, was am besten funktioniert. Die Natur des Lebens scheint es zu sein, auf allen möglichen Wegen Freude und Spiel zu verbreiten. Dafür verletzt sie immer wieder die Regeln, die sie aufstellt. Der Erfindungskatalog des Menschen ist beschämend klein gegenüber den Zauberregalen der Natur, die niemals leer werden und die es ermöglichen, daß jedes Geschöpf das Leben auf irgendeine Art in den Griff bekommt, indem es die Regeln für sich interpretiert.

Für den Aufbruch zu neuen Ordnungen und Vielfalt braucht es nichts weiter als ein paar einfache Regeln und den Zufall. Der Zufall ist unter chaotischen Bedingungen – und die gelten heute so gut wie überall – keine Dienstleistung des Bösen, sondern ein Ordnungskriterium. Der Zufall ist ein gestaltendes Prinzip, damit ein neues Muster in unserem Leben oder unserer Unternehmenskultur entstehen kann. Der Zufall als Ordnungsstifter ist eine schlimme

Zumutung für rationale Logiker, deren oberstes Ziel es immer war, den Zufall und Überraschungen um jeden Preis vor der Tür zu lassen. **Es geht nicht nur um die Aufmerksamkeit für den Zufall, sondern um das bewußte Provozieren des Zufalls, das willkürliche Einbeziehen des Unwillkürlichen in den gestalterischen Prozeß – Zufälle werden zum eigentlichen Ziel der Planung!**

So soll es bei SONY eine Entwicklungspolitik des Videorekorders gegeben haben, bei der man bewußt auf *trial and error* setzte. Man hat dazu zehn verschiedene Entwicklungsmöglichkeiten verfolgt, jede mit zwei bis drei Alternativen für die daran angeschlossenen Subsysteme. Ziel war es, bewußt Zufälle zu provozieren und zu nutzen, um die Ungewißheiten im Entwicklungsprozeß besser bewältigen zu können.
In der modernen Evolutionsgeschichte hat sich der Zufall als das tragende Motiv der Naturerscheinungen erwiesen. Hatte Charles Darwin den Menschen doch sehr gekränkt, als er ihn einen, wenn auch hochentwickelten Abkömmling des Tierreichs nannte, so stößt die moderne Evolutionsforschung ihn endgültig vom Thron der Schöpfung. Der Harvard-Professor und Paläontologe Stephen Jay Gould glaubt, wie viele seiner Kollegen, nicht daran, daß der Mensch das stolze Endprodukt eines Milliarden Jahre dauernden Prozesses steter Verbesserung, sozusagen das Spitzenergebnis des *Total Quality*-Programms der Natur ist. Er soll die Erde nur als Zufallsprodukt, ein Geschöpf unter Millionen, bewohnen, und das beendet alle Berechtigung zur Herrschaft über die Natur. Gould wird von den Medien als *"Hoherpriester des Zufalls"* etikettiert, Fotos lehnt er mit der Bemerkung ab: *"Mein Aussehen erlaubt es nicht."* Der Wissenschaftler selbst erlaubt sich dagegen, den religiösen Gefühlen seiner Mitmenschen einiges anzutun, wenn er die Evolution des Lebens als Lotteriespiel bezeichnet. Die Natur, so Gould, erfinde zunächst neue Wesen, indem sie die vorhandenen willkürlich variiere und den Wettbewerb darüber entscheiden lasse, ob das Alte oder das Neue überlebe. **Der Weg zur Spitzenleistung, so glaubte schon Charles Darwin, wird frei, weil das Leben durch Herumbasteln immer wieder seine Vielfalt erweitere, indem es die Zahl der Möglichkeiten erhöht und dabei Schwellen überschreitet.** Die genialste Erfindung der Natur zu mehr Vielfalt geschah vor rund einer Milliarde Jahren, als die damals simplen Einzeller die Schwelle zur Entwicklung männlicher und

weiblicher Gene überschritten und der Sex erfunden wurde. Die Vermischung der Gene jeweils zweier Wesen war die Voraussetzung für eine Explosion an neuen Formen: Vielzeller, Pflanzen, Fische, Vögel und Säugetiere. In den nächsten 500 Millionen Jahren tüftelte die Evolution an einer weiteren bahnbrechenden Innovation, die wiederum zur Schwelle wurde, den Nervenzellen. Die elektrische Signalübertragung brachte Tempo ins Tierreich: Räuber konnten auf ihr Dinner springen und die Beute um ihr Leben rennen.
Die vorerst letzte Schwelle überschritt die Evolution der Natur vor rund drei Millionen Jahren, als aufrecht laufende Menschenaffen plötzlich begriffen, wer sie sind, ein Bewußtsein entwickelten und durch Sprache kommunizierten. Während der Biologe und Cambridge-Professor Richard Dawkins diese Schwellen als lineares Streben nach Überlegenheit oder *survival of the fittest* interpretiert, bei dem die Natur stets Qualitätsverbesserungen angepeilt habe und weniger gelungene Prototypen wieder verschwinden ließ, hält Stephen Jay Gould, sein wissenschaftlicher Gegenpart und einer der bedeutendsten zeitgenössischen Evolutionsforscher, diesen Gedanken für absurd. Die Geschichte des Lebens sei kein Emporsteigen auf der Leiter des Fortschritts, sondern sie sei geprägt von zahlreichen Zufällen und Unwägbarkeiten. Wie in einem Urknall habe die Natur im Kambrium sämtliche Blaupausen der Tierwelt erfunden: symmetrische Körper mit Kopf und Schwanz, Herz, Mund und Darm. Diese *"irren Wundertiere"* so Gould, fielen aber vor 225 Millionen Jahren einem Massensterben zum Opfer, bei dem 95% aller Arten von der Erde verschwanden.

Waren sie vielleicht nicht *fit for future?* In koevolutiver Hinsicht nicht, denn ihr Überleben endete, als manche von ihnen begannen, sich mit Zähnen und Klauen zu bewaffnen und mordlustig übereinander herzufallen. Im damit einsetzenden Wettrüsten entstanden Schalen und Panzer und immer bedrohlichere Krallen. Das anschließende Gemetzel bezeichnet Gould als *"das größte in der Naturgeschichte"*. Das eigentlich Erstaunliche aber daran sei, *"daß die Überlebenden vor der Katastrophe meist wenig erfolgreich waren"*. Als vor 65 Millionen Jahren die Dinosaurier ausgestorben sind, hätte niemand einen Mausezahn darauf verwettet, daß ausgerechnet die unscheinbaren kleinen Säugetiere, die ihre ersten hundert Millionen Jahre im Schatten der mächtigen

Echsen verbracht hatten, Glück im russischen Roulette der Evolution hatten und einmal die Herrschaft übernehmen könnten.
Was soll nun das offensichtlich blinde Experimentieren der Evolution von Organismen mit der wirtschaftlichen, gesellschaftlichen oder technologischen Entwicklung zu tun haben? Vielleicht sehr wenig, vielleicht eine ganze Menge. Betrachtet man Unternehmen und Organisationen als dynamische, evolutionäre, sich selbst organisierende Systeme, so entsteht ein profunder *shift* in unseren Erwartungen, wie sich die Dinge verändern, und vor allem wie wir geplante und ungeplante Veränderungen organisieren können:

- Wir leben in einer Welt, in der sich das Leben über feste Grenzen und Ziele hinaus ausdehnen will. Die Kreativität des Lebens folgt der Absicht, immer neu und vielfältiger zu werden, und sie entfaltet ihre Wirkung jenseits des Meßbaren.
- Wir leben in einem Universum, das lebendig und kreativ ist und das immer wieder Neues ausprobiert, um herauszufinden, was funktioniert. Egal, ob wir durchs Mikroskop auf die kleinsten Mikroben schauen oder durchs Teleskop hinaus in andere Galaxien: das Ziel des Lebens ist das, was funktioniert und nicht das, was "richtig ist". Die Strategien, das herauszufinden, was geht, sind Spiel und Experiment.
- Das Leben nutzt Brüche, Krisen und Turbulenzen, um wohlgeordnete Systeme entstehen zu lassen und herauszufinden, was für eine Vielheit von Arten funktioniert. Doch die Richtung des Lebens führt immer auf eine Ordnung zu.
- Alle Menschen sind kreativ, intelligent, anpassungsfähig und suchen nach Ordnung und Sinn in ihrem Leben. Jeder Mensch trägt in sich einen tieferen Sinn, der oft unentdeckt bleibt. Kreativität ist universell. Wenn wir das erst begriffen haben, wird sich unsere Art, Organisationen zu führen und mit Menschen umzugehen, automatisch verändern.
- Alles Leben strebt nach mehr Komplexität und Vielfalt. Dazu sucht es immer neue Ordnungsformen, die dabei hilfreich sind. Leben drängt danach, sich mit Leben zu verbinden, damit immer mehr Möglichkeiten entstehen. Leben drängt danach, Muster, Strukturen, Organisationen zu bilden, ohne dabei eine Führungsstrategie vorzuplanen.

- Leben organisiert sich spontan und schöpferisch um eine Identität. Alles, was lebt, hat diese subjektive Dimension. Das in allem Lebendigen existierende Bewußtsein sorgt für unverwechselbare Wesen. Mitten im wilden Treiben suchen wir nach Mustern und Informationen, die für uns bedeutungsvoll sind, und die uns sagen, wer wir sind.
- Leben erzeugt immer mehr Möglichkeit als nötig. Jeder Pfad, den eine neue Gelegenheit eröffnet, führt zu einem neuen Ordnungsmuster.

Diese revolutionäre Veränderung des Blickwinkels ist interdisziplinär. Auch die Historiker wollen heute nicht nur die geschichtlichen Begegenheiten nacherzählen. Sie beginnen sich mehr für das kaleidoskopartige Ineinandergreifen von Entwicklungen zu interessieren, die sich gegenseitig beeinflussen und verstärken und größere Muster erzeugen. Spiegelte sich in den kulturellen Umbrüchen der Renaissance und der Aufklärung nicht ein Netzwerk sich gegenseitig bestätigender und verstärkender Ideen, Werte, Normen, Rollen, Pflichten und Dynamiken? Sind wir alle Glieder einer Vielfalt kultureller Gebilde? Wir gestalten die Welt, indem wir ständig Konzepte und Kategorien entwickeln und uns diese in einem komplexen Kreislaufsystem immer wieder selbst bestätigen. Ein modernes Unternehmen ist so ein Netzwerkgebilde, ein Vivisystem aus Rollen, Werten, Ideen, Pflichten und Dynamiken, das in einer ökonomischen Welt "lebt". Wie biologische Organismen sendet es Signale und Produkte aus und tritt mit seiner Umwelt in koevolutive Beziehungen, um zu überleben. Bioorganismen wie Unternehmen wirken auf ihr Ökosystem ein, und beide können von spontanen Veränderungen ihrer Welt empfindlich überrascht werden.
Die eigentliche Herausforderung, die jetzt auf die wirtschaftlichen und gesellschaftlichen Führungseliten zukommt, ist, die eigenen Weltbilder und Denkstrategien den neuen Verhältnissen anzupassen, um schneller zu entlernen, neue Muster zu unterstützen und mehr Risiko managen zu können. Folgende Aufstellung faßt ohne Anspruch, vollständig zu sein, die **Logik der Evolution**, die Muster des Komplexitätsdenkens zusammen:

- Alle Dinge sind untrennbar in ihr Umfeld integriert und stehen mit ihm in Wechselwirkung.

- Diese Wechselwirkungen sind immer zirkulär, sie verlaufen in Schleifen
- Evolution = Chaos + Feedback.
- Alle Strukturen sind fließend.
- Das Ganze steuern insgeheime Ordner statt sichtbare Strukturen.
- Kleine Impulse können dramatische Wirkungen haben.
- Die wichtigsten Entscheidungen sind oft die am wenigsten sichtbaren.
- Spontanes Handeln ist weniger riskant als durchdachtes Zögern.
- Man managt Bewußtsein und Beziehungen statt Verhalten (Co-Evolution).
- Es gibt keine lineare Entwicklung, nur evolutionäre Sprünge.
- Zufälle sind Ordnungskriterien.
- Instabilität bereitet den Boden für Vielfalt.
- Vielfalt korrelliert mit wirtschaftlichem Wachstum.
- Muster entstehen durch einfache Regeln, verbunden mit dem Zufall.
- Gleichgewicht beschreibt den Endzustand der Evolution.
- Es gibt kein Schicksal, alles ist Spiel.
- Ausgangsbedingungen entscheiden den zukünftigen Erfolg.
- Man kann niemals eine Sache auf einmal vollständig erledigen.
- Es gibt keine Optimierung.
- Die Entwicklung eines komplexen Systems ist immer offen.
- Die Dinge sind nicht umkehrbar, alles ist im Werden.
- Höchste Kreativität und Vitalität liegt in der Kippbalance.

Geraten wir also angesichts von Unordnung und Komplexität nicht in Panik, sondern werden wir selbst komplexer. Das Leben neigt dazu, bei allen Dingen, mit deren es in Kontakt kommt, als Trittbrettfahrer aufzuspringen und sie zu verkomplizieren. Damit schafft es immer weiteren Raum für neues Leben. Der Physiker Erwin Schrödinger hat schon in den 50er Jahren Abschied vom Zweiten Hauptsatz der Thermodynamik genommen, und sogenannte Lebenskraft als *"Negentropie"* bezeichnet. Negentropie bezeichnet den Drang alles Lebendigen, immer komplexer und vielfältiger zu werden.
Eine in den 90er Jahren aufkeimende und noch immer rudimentär vorhandene technokratische Subkultur in den USA ist auf einem ähnlich expansiven Gedankentrip, ihre Mitglieder nennen sich *"Extropiker"*, um zu dokumentieren, daß ihr Lifestylekonzept das Gegenteil der Entropie, dem Streben nach

dem thermischen Gleichgewicht, ist. Sie beziehen sich auf den Vitalismus, die *"schrankenlose Ausdehnung"* des Lebens, bis es das ganze Universum erfüllt. Das kann man als propagandistisch-prahlerische Selbstanfeuerung zum *"you can do it!"* verstehen oder als Hinweis darauf, daß niemand die theoretischen Grenzen für die *"Infizierung der Materie durch das Leben"* (Kevin Kelly) kennt. Was wir zur Führung von Organisationen genauso wie zur Gestaltung unseres eigenen Lebens in einer immer komplexeren Welt brauchen werden, ist vor allem eine hohe Akzeptanz von wachsener Komplexität, Chaos und wilder Vielfalt.

Finden wir uns damit ab, daß die Welt eine permanente Abfolge von Entgleisungen ist, die wir nur dann wirklich nutzen und konstruktiv mitgestalten können, wenn wir uns auf ständige Unstimmigkeiten, Ausrutscher, Zufälle, Widersprüche und Überraschungen positiv einrichten.

New Economy

Landschaften

Ist die explosionsartige Vermehrung neuer Technologien durch die industrielle Revolution ein Beispiel für die Entstehung einer kritischen Vielfalt von Waren und Diensten? Was wird aus dem Füllhorn der Informationsgesellschaft noch alles auf uns niederprasseln, und wie wird sich dadurch die Welt verändert? Machen wir uns nichts vor. **Ein Großteil der technischen Innovationen kommt ohne wahres Verständnis, durch Neukombinationen oder einfaches Herumbasteln, aus Mutationen des Bekannten zustande.** Unser Wissen ist Stückwerk, wir müssen in kleinen Schritten vorangehen, Raum für Nichtwissen zulassen und akzeptieren: das Maximum ist nicht das Optimum. Doch das gesellschaftliche Leben und das wirtschaftliche Leben ist voller Gegensätze. Wir brauchen Stabilität und Wandel, Ordnung und Freiheit, Ökologie und technischen Fortschritt, Tradition und Innovation, Planung und Experiment. Jeder bahnbrechenden Innovation, ob Pfeil, Gewehr, Fahrrad, Auto, Flugzeug, geht eine Phase des Experimentierens mit völlig unterschiedlichen Formen voraus und schließt sich einer neuen Experimentierphase an. Solche Innovationslawinen lösen echte Schübe *"schöpferischer Zerstörung"* (Josef Schumpeter) aus; durch sie sterben alte Technologien und neue Technologien werden geboren. Es gibt neue Technologien, die große Lawinen auslösen und aufgrund der anfangs massiven Verbesserungen zu zunehmenden Erträgen (steigende Erträge pro zusätzlich hergestelltem Stück), zu weiteren Innovationen und zu großen neuen Märkten führen können. Doch das dauert nicht ewig.

Bei zahlreichen Technologien nimmt die Verbesserungsrate ab, je mehr Stück davon hergestellt werden und je höher die damit verbundene industrielle Gesamtinvestition ist. Das heißt, die Leistungsfähigkeit einer Technologie wird zunächst sehr schnell und dann immer langsamer verbessert. Eine reife Technologie durchläuft wiederum eine Periode abnehmender Erträge. Es wird immer schwieriger, Geld für neue Investitionen aufzubringen, das Wachstum dieses Technologiesektors läßt nach, die Märkte sind gesättigt, nur ein bahnbrechender Innovationsschub kann sie aus der Lethargie reißen und neues Wachstum schüren. Mit diesen Lern- und Erfahrungskurven gab man sich lange Zeit zufrieden, als seien sie als göttliche Gesetze vom Himmel gefallen.

Bis sich einige helle Köpfe fragten, wie Lern- oder Erfahrungskurven eigentlich entstehen und was sie antreibt. Im Sommer 1994 machte sich ein interdisziplinärer Wissenschaftlerkreis am Santa Fe Institute an die Arbeit: der in Santa Fe arbeitende Biologe Stuart Kauffman, der ebenfalls in Santa Fe forschende Festkörperphysiker Bill Macready, der Ökonom Karl Shell von der Cornell University, der Informatikstudent Thanos Siapas vom MIT und zwei Wirtschaftsstudenten, Phil Auerswald von der Washington University und José Lobo von der Cornell University. Sie interessierte, warum entgegen der allgemeinen wirtschaftstheoretischen Annahme und den Gesetzen der technologischen Lernkurven, nach längeren Perioden ohne Verbesserungen oft plötzliche **Verbesserungssprünge** bei Technologien auftreten. Sie wollten auch wissen, warum die Verbesserungskurve typischerweise zunächst abflacht und dann gegen Null strebt. Es zeigte sich eine verblüffende Ähnlichkeit zwischen der spontanen Entwicklung von höherer Fitneß und Vielfalt in der Natur und technologischen Lerneffekten. Das Tempo, mit der technologische Varianten höherer Anpassungsfitneß entwickelt werden, d. h. bessere Produkte hergestellt oder billiger produziert werden, nimmt dramatisch ab und fällt auf Null, sobald ein lokales Optimum erreicht ist. Das ist nicht anders in der biologischen Evolution. Die Anzahl der Versuche, die ein Organismus unternimmt, um Varianten höherer Fitneß zu entwickeln, nimmt exponentiell zu. Deshalb erwarten wir, daß es längere Zeiträume gibt, in denen nichts passiert, aber daß es dann zu schnellen Verbesserungen kommt, sobald eine besser angepaßte Variante auftritt. Dazu kommt, daß Verbesserungen, die sich nur an lokalen Erfordernissen und Bedingungen orientieren, schnell zum lokalen Optimum kommen, weitere Verbesserungen finden nicht statt. Es kommt offensichtlich bei der technologischen Evolution auf die technologischen Landschaften an und für diese Landschaften, genauer gesagt Fitneßlandschaften interessieren sich Evolutionsbiologen wie Stuart Kauffman schon lange: *"Die Lebewesen, die wir von unseren Fenstern aus sehen, die Zellen, aus denen sie bestehen, die DNS-, RNS- und Proteinmoleküle in diesen Zellen, das Ökosystem eines Waldes, einer Almwiese oder Prärie, selbst die technologischen Ökosysteme, in denen wir unseren Lebensunterhalt verdienen – die Standardbetriebsverfahren auf einem Kriegsschiff, die verbundenen Fertigungsverfahren in einem Werk von General Motors, das britische Gewohnheitsrecht, ein Fernmeldenetz – sie alle evolvieren in Landschaften, in denen geringfügige 'Mutationen' sowohl kleine als auch große Änderungen erzeugen können."*

Wirtschaftssysteme, Unternehmen, Ökosysteme, vielzellige Organismen, Einzelzellen oder molekulare Stoffwechselnetzwerke, Gesellschaften und Menschen, sie alle leben in Landschaften, die selbst besondere Eigenschaften aufweisen. Mehr noch, sie sind in ihrer Entwicklung von diesen Landschaften abhängig. "Fitneßlandschaften", wie die Biologen sie nennen, erlauben der Evolution zu funktionieren. Doch wie sieht eine "günstige" Landschaft aus? Die regellose Kraterlandschaft des Mondes, in der jeder Ruheplatz von steil abfallenden und aufragenden Felsmassiven umschlossen ist, läßt sich nicht leicht durchwandern, es ist schwer, sich an der wild zerklüfteten und trotzdem eintönigen Landschaft zu orientieren. Besser ist es schon, wenn benachbarte Punkte ähnliche Höhen besitzen, das Gelände dazwischen leicht gewellt ist wie die sanften Hügel des bayerischen Voralpenlandes. Ausgestattet mit Kompaß, Brotzeit, Rucksack und Kletterschuhen kann man so manchen

Gipfel in einer Tagestour erklimmen, weil das Gelände Anhaltspunkte für die besten Pfade bietet – eine Bergtour, die anstrengend, aufregend, intensiv, ja ein herrliches Abenteuer sein kann. Die Evolution ist möglicherweise auf eben solche Fitneßlandschaften angewiesen, die bereits eine innere Ordnung aufweisen, die so programmiert sind, daß die natürlichen Prinzipien von Vielfalt und Selektion Fuß fassen und ihr Werk verrichten können. Die Vorbedingung der Evolutionsfähigkeit eines Systems könnte seine Fähigkeit zur Selbstorganisation sein. Selektion ist damit etwas weitaus Grösseres als pures *survival of the fittest*.

Vielleicht ist für die anhaltende Steigerung der technologischen Vielfalt ein bestimmtes Maß an unterschiedlichen Waren und Diensten, an Hard- und Software, an Freiräumen und Regelungen, Wissen, Ressourcen, Abfallprodukten, regionalen Unterschiedlichkeiten, Branchen, Freizeit- und Kulturangeboten, Infrastruktur, Forschungseinrichtungen, kreativen Kleinunternehmern, Exzentrikern, Freiberuflern und Bildungseinrichtungen notwendig. Nicht anders war es in der biologischen Evolutionsgeschichte. Fast drei Milliarden Jahre pulsierte das Leben sanft und still und wartend. In dieser Zeit perfektionierten die Bakterien ihr molekulares Wachstum, vergnügten sich in Billionen von Tümpeln, Ritzen, Spalten und heißen Quellen und ergossen sich dann vermutlich in einer *"suprakritischen Explosion"* (Stuart Kauffman) über die ganze Erde. Die jetzt entstehenden Lebensformen konnten nur durch Co-Evolution überleben, sie tauschten ihre Stoffwechselprodukte, Gift-, Nährstoffe und reinen Abfall aus und erzeugten damit eine Welle molekularer Unterschiedlichkeiten, denen im Verlauf der nächsten drei Milliarden Jahre kleine, großartige und revolutionäre Variationen und Abwandlungen folgten, nachdem die Zellen erst einmal gelernt hatten, sich zu vielzelligen Organismen zusammenzufinden und schließlich Individuen hervorzubringen.

Die klassischen makroökonomischen Wachstumsmodelle beziehen sich aber nicht auf komplexe Landschaften, sondern auf Einzelsektoren, in denen bestimmte Produkte erzeugt und nachgefragt werden. Wachstum gilt darin als ständige Zunahme der erzeugten und nachgefragten Güter, egal, in welcher Umgebung, unter welchen Bedingungen und Kosten es stattfindet. Diese Betrachtung ignoriert, welche Bedeutung die wachsende Unterschiedlichkeit und Vielfalt der Waren und Dienste hat und welchen Einfluß die Fitneßlandschaft darauf ausübt. Sollte ein Zusammenhang bestehen zwischen dieser wachsenden Diversität und dem Wirtschaftswachstum – und einiges deutet darauf hin – dann wirkt sich die Vielfalt des Angebotes und die Komplexität der Landschaft in der es entwickelt und angenommen wird, möglicherweise ganz erheblich auf den wirtschaftlichen Aufschwung aus. Ob Unternehmen, Wirtschaftsräume oder ganze Volkswirtschaften, das technologisch-wirtschaftliche Gebilde scheint seine Umwandlung selbst voranzutreiben, d. h. es funktioniert, ebenso wie natürliche Organismen, als autokatalytisches (sich selbst entwickelndes, steuerndes und erhaltendes) System.

Die ökonomischen Netzwerke, in denen wir leben, steuern die Richtung ihrer Entwicklung weitgehend selbst. Weil Vielfalt weitere Vielfalt erzeugt, fördert Vielfalt möglicherweise auch das Wirtschaftswachstum. Doch solche Korrelationen sind neu, man sollte sie zunächst als Metaphern sehen, die uns zeigen, in welche Richtung wir weiterdenken könnten. Jeder Anstieg der Vielfalt und Unterschiedlichkeit von Waren und Diensten kann zu einer weiteren explosionsartigen Ausdehnung der Technologiegrenzen führen. Zur Steigerung des Wirtschaftswachstums müßte man nach diesem Modell versuchen, sich alle möglichen Potentialitäten einer solchen Ausdehnung vorzustellen, und die stets wachsende Teilmenge technisch mögliche und im Hinblick auf die Fitneßlandschaft vertretbare Waren und Dienste verwirklichen, damit sich aus ihnen neue Nischen entwickeln können.

Bisher wurde der Zusammenhang zwischen Diversität (Unterschiedlichkeit) und Wirtschaftswachstum in den Wirtschaftstheorien nicht berücksichtigt. Neue Technologien gelten noch immer als Ergebnis von Investitionen in Forschung und Entwicklung. Je mehr man in Ausbildung und betriebliche Weiterbildung investiert, um so effizienter, glaubt man, wird das *human capital.* Unbeachtet bleibt bei dieser Betrachtung, inwieweit und auf welche Weise technologische Verbesserungen und *human capital* mit der Dynamik technologischer Netzwerke und ihrer Evolution verknüpft sind. Schon heute gibt es Grund genug, an solche Komplementaritäten zu glauben. So hat die kanadische Wirtschaftswissenschaftlerin Jane Jacobs bereits vor zwanzig Jahren darauf hingewiesen, daß steigende Diversität grundlegende Treiberqualitäten für das Wirtschaftswachstum haben könnte. Der Volkswirt José Schenkmann von der University of Chicago berichtete vor einigen Jahren auf einer Tagung des Santa Fe Instituts von Untersuchungen, die darauf hinwiesen, daß das Wirtschaftswachstum in Städten hoch mit der Vielfalt der darin existierenden Wirtschaftssektoren korreliert ist. Bereinigt um die Gesamtkapitalisierung der betreffenden Branchen, gab es immerhin einige Belege für die Hypothese, daß die Netzwerkstruktur eines Wirtschaftssystems sein Wachstum und seine Weiterentwicklung bestimmt.

Wie natürliche Spezies scheinen neue Technologien oder Produkte im bestehenden Netzwerk und dessen zukünftiger Weiterentwicklung entweder eine zentrale oder periphere Stellung einzunehmen. Doch es gibt auch neue Technologien, die kommen und gehen, ohne große Spuren zu hinterlassen. Buch, Auto und Computer waren von zentraler Bedeutung, Lachsack und Hula-Hoop-Reifen blieben eher Randerscheinungen. Nach jeder fundamentalen Innovation wird eine Fülle von Abwandlungen ausprobiert, um Verbesserungsmöglichkeiten zu finden. Je besser die Entwürfe werden, um so schwieriger werden Verbesserungen, die Variationsbreite nimmt ab. Da geht es der modernen Technik nicht anders als den Supertieren in der kambrischen Explosion mit der anschließenden Formenvielfalt. Auch die daraus entstehende Fülle reduzierte sich schließlich auf einige wenige Spezies, die dominierend blieben.

Nicht das Streben nach Optimierung und Tüchtigkeit haben offensichtlich das Geschick des irdischen Lebens gelenkt, sondern zufällige Umstände.

Am Beispiel der Fossilien zeigt der Evolutionsforscher Stephen Jay Gould, daß die Naturgeschichte nie eine einzige Marschrichtung hatte. Die Evolution der Schneckenhäuser sei ein wildes Spiel, ein Herumprobieren komplizierter Formen, bei dem so viele Rück- wie Fortschritte einzustecken waren. Komplexere Formen hätten nie eine Chance gehabt, wenn sich zwischen den Mikroben und Wirbellosen nicht leere Lebensnischen geboten hätten. Auch die Primaten mußten für ihren Platz auf der Erde nicht die Bakterien, Fische und Insekten verdrängen. Sie mußten sich nur **Nischen** suchen, die die älteren Erdbewohner noch nicht ausgefüllt hatten.
Wir leben in einer Art Netzwerkökonomie, einem riesigen wirtschaftlichen Ökosystem, in dem es ein gewaltiges Spektrum an Nischen gibt. In diesem

Netzwerk verdrängen Innovationen bestimmte Waren und Dienstleistungen, oder sie führen zu komplementären Waren und Diensten. Das Netzwerk von Technologien expandiert, weil dadurch immer neue Nischen enstehen. Wie bei natürlichen Organismen wird die rasant zunehmende Vielfalt und Komplexität menschlich geschaffener Artefakte weiter angetrieben durch die Art und Weise, wie dadurch Nischen für weitere Wirtschaftsaktivitäten, Systemstrukturen, Lebensformen, Gesellschafts- und Kulturformen, Produktgruppen und Dienstleistungen entstehen.

Der biologischen wie wirtschaftlich-technologischen Co-Evolution scheinen dieselben elementaren Prinzipien zugrunde zu liegen: die autokatalytische (durch den eigenen Entwicklungsprozeß entstehende) Bildung von Nischen, aus denen wieder Innovationen folgen, die ihrerseits weitere Nischen hervorbringen. Was uns heute noch fehlt, ist eine Wirtschaftstheorie, die diese Nischenbildung untersucht und die funktionalen Beziehungen zwischen Waren und Dienstleistungen, Hard- und Software beschreibt. Wenn wir wüßten, wie sich Waren und Dienste, Materie und Information gegenseitig ergänzen oder ersetzen, könnten wir besser in die Zukunft schauen und vorhersagen, welche Nischen-Dynamiken neue Ideen und Produkte eröffnen, und wir könnten etwas darüber erfahren, wie das technologische Netzwerk seine eigene Umwandlung vorantreibt, indem es immer wieder neue Nischen erzeugt. Doch es scheint so, als bevorzugten die Ökonomen (ebenso wie die meisten Ökologen) ausgeglichene Endzustände, weil es für Gleichgewichte so hinreißende Theorien gibt. Die Gleichungen der klassischen Wirtschaftstheorie lassen sich auflösen. Wenn man aber von der Wirtschaft als koevolutivem, chaotischem System ausgeht, das sich ständig verändert und auf der Kippe zur Instabilität balanciert, sich also überwiegend im Ungleichgewicht befindet, dann läßt sich aus diesem Modell keine Gleichung bilden, die auflösbar ist.

Terrence Sejnowski, Spezialist für künstliche Intelligenz am kalifornischen Salk Institute in La Jolla, treibt den Gedanken der evolutionären Vervielfältigungsprogramme noch einen Schritt weiter: *"Auch Computer werden sich durch Selektion weiterentwickeln."* Schon heute führen Computerviren in Informationsnetzen ein Eigenleben, zu dem auch gehört, daß sie sich selbst vervielfältigen. Sejnowski ist davon überzeugt, daß Computer nach den Prinzipien der Evolution in Zukunft eine Art Denken entwickeln werden, heute fehle den Rechnern noch die entscheidende Portion gesunden Menschenverstandes und die Fähigkeit, Sinneseindrücke schnell zu verarbeiten. Aber dieses kleine Manko sieht Terrence Sejnowski in nicht allzu weiter Ferne behoben.

Mission statt Marketing

Aus der Evolution und dem Anpassungsverhalten komplexer Systeme können wir einiges darüber lernen, wie sich tiefgreifender Wandel in Unternehmen durchsetzen läßt und wie man ihre innere Vielfalt anregt.

Zunächst, indem man ein totales Umfeld der Veränderung schafft und Mitarbeiter mit einer Fülle von Signalen überhäuft, die konsistent sind und sich gegenseitig verstärken. So wird es praktisch unmöglich, die Werte und Leitideen des Wandels zu verkennen. Danach geht es darum, *strange attractors* einzubauen und sie als Fangleinen im rauhen Wind permanenter Veränderungen zu nutzen. Als *strange attractors* können *Master-Mind*-Teams wirken, Inseln hoher kreativer Dynamik bei tiefer Gelassenheit, die bewußt auf Irritation, Spontaneität, Überschreitung, Risiko und Aufbruchsdynamik ausgerichtet sind. Mentale Inseln, die *"morphische Attraktoren"* oder *"Gedächtnisfelder"*, um mit Sheldrake zu sprechen, aufbauen, mit denen sich andere identifizieren und auf die sie reagieren können.

"Information ist die konkreteste Sache der Welt", sagt Ed Fridkin, der früher am MIT gearbeitet und sich als einzelgängerischer Denker eine Theorie zusammengesponnen hat, die das Universum als Computer sieht, in dem Materie und Energie Formen der Informationsverarbeitung sind, vergleichbar mit der Informationsverarbeitung, die in dem Macintosh abläuft, auf dem diese Zeilen geschrieben werden. Man muß diesen ziemlich skurrilen Ideen nicht folgen, um zu sehen, daß ständige Informationsströme im Inneren und von außen das Denken und Handeln eines Systems, z. B. eines Unternehmens, für neue Definitionen und Aktionen öffnen und dadurch immer wieder neue Informations- oder vielleicht morphische Felder entstehen lassen, die ihrerseits dynamisierend, Vielfalt fördernd und wachstumssteigernd wirken. Die Komplexitäts- und Evolutionstheorien sind keine geistigen Luftschlösser. Sie können dem praktischen Management sehr überzeugend helfen, mit

wachsender Ungewißheit und Unkalkulierbarkeit umzugehen und sich veränderten Aufgabenstellungen zuzuwenden, die nichts anderes bedeuten, als Strömungen, *strange attractors* und Gefühle zu lenken, koevolutive Beziehungen einzugehen und vorbehaltlos Diversität und Vie falt zu unterstützen, statt Konkurrenten niederzuringen und Ziele zu optimieren.

Mit dem Konzept morphischer Felder zu arbeiten, bedeutet in der Unternehmensführung, sich vom rein quantitativen, optimalisierenden und effizienzgelenkten Vorgehen wegzubewegen, ohne dabei gleich Logik und analytisches Denken über Bord zu werfen. Es geht vielmehr darum, heute schon einen komplexen Attraktor in die Zukunft zu werfen, der alles andere scheinbar mühelos in seine Richtung zieht. Dieser Zukunftsattraktor könnte ein sogenanntes viertes, morphisches Feld aufbauen, das die Kreativität aller aktiviert, die damit in Berühung kommen und in dem sich die Wünsche, Vorstellungsbilder und Fähigkeiten aller spiegeln. Doch wie entwickelt man in der Praxis einen solchen kraftvollen **Zukunftsattraktor**? Hier ein paar Anhaltspunkte.

- Instabilisierung von Gewohnheiten: Bevor Veränderungen durchsetzbar sind, müssen die alten Gewohnheiten destabilisiert werden. In dieser kritischen Phase der Heterostase reagiert ein System hoch sensibel auf kleinste Impulse, Kreativität und Aufnahmebereitschaft für neue Signale steigen. Instabilisierungskriterien sind z. B. Durchbrechen bestehender Rituale, Veränderung etablierter Symbole, Widersprüche, Informationsstop, Informationsflut, schnelle Verhaltenswechsel, Berater von außen, hohes Erregungsniveau, Auflösung des Organigramms.
- Neue Routine: Jede Veränderung läßt sich leichter durchsetzen, wenn sie mit einer konkreten Handlung verbunden wird und eine stabilisierende Routine bekommt. Stabilisierende, die Homöostase fördernde Maßnahmen sind z. B. neue Rituale, Regelwerke und Symbolismen; kohärente, stimmige Informationen; Veränderungen des Organigramms, Pflege eines *social sound*.
- Flexiblen Geist organisieren: Unternehmen, die z. B. technologisch innovativ sein wollen, müssen die mentalen und sozialen Voraussetzungen dafür schaffen, z. B. durch regelmäßige *Think-Tank*-Veranstaltungen, Zukunfts-Training für die Führungsspitze und *high potentials* sowie

Kontextworkshops, bei denen sich eine kleine Gruppe aus unterschiedlichen Ressorts regelmäßig in Form eines festen Rituals außerhalb der gewohnten Umgebung trifft, um folgende Fragen zu beantworten: Woran glauben wir derzeit, wohin wollen wir, was wissen wir noch nicht etc.? Zukunftsintelligenz ist lernbar.

- Hohe Erwartungen: Anspruchsvolle Ziele setzen, die man nie ganz, sondern meist nur annähernd erreichen kann. Häufig sind diese Ziele mit einer gemeinsamen Aufgabe verbunden, die über die reinen Unternehmensinteressen hinausreicht. Hierzu gehören gegenseitige Akzeptanz und die Bereitschaft der Führungsspitze, die damit verbundenen Risiken selbst mitzutragen.
- *Social sound*: Das "morphische" Gedächtnis eines Teams entscheidet über seine kreative Leistungsfähigkeit. Zeremonien und intensive gemeinsame Erlebnisse persönlicher Grenzüberschreitung treten an die Stelle von Motivationsstrategien und Incentives, die stets ihre Absicht mitkommunizieren. Innovative Ideen und Kreativität entstehen durch Mission und Passion sowie einen *social sound*, der durch Gesten, ritualisiertes Feiern, Ambiente, Beziehungen, Spiel-Räume oder besondere Serviceleistungen entsteht. *Social sound* ist Nährboden, Vehikel und Anker für kollektive Ideen und Gefühle.
- Beziehungsnetze: Koevolutive Beziehungsnetze zu Stakeholdern; Round-tables, zu denen auch externe Spezialisten und gelegentlich Exzentriker und Aussenseiter geladen werden; Kreativräume, in denen sich Mitarbeiter, vielleicht auch mit Kunden, treffen oder wo spontane Projektteams zusammenfinden. Starke Beziehungsnetze bilden sich auch durch intensive gemeinsame Erfahrungen. Interne und externe Netzwerke aus unterschiedlichen Stilen, Größen und Agenzien zu schaffen und Kontake aufrechtzuerhalten, ist eine zukünftige Kernkompetenz.
- Sinn und Werte: An einer sinnvollen, gemeinsamen Aufgabe mitzuwirken, etwas Großartiges zu tun ist einer der stärksten Motivatoren für Kopfarbeiter. Sinn und gemeinsame Werte sind äußerst starke Attraktoren. Ein paar gezielt gesetzte und von der Spitze vorgelebte Grundwerte, z. B. Zusagen einhalten, die Wahrheit sagen, andere unterstützen, fair bleiben, offen für Störungen und Vielfalt sein, lassen eine Vertrauenskultur entstehen.

- Hausschamanen und Störenfriede: Von außen geholte Unruhestifter können eine Art Radar für kulturelle und gesellschaftliche Veränderungen sein. Sie verknüpfen die Ereignisse der Umwelt mit den Erwartungen und Vorstellungen innerhalb des Unternehmens und bilden dadurch eine mentale Pipeline in das Unternehmen. Solche unruhigen Geister haben die Funktion von Schamanen oder *"Kreativitätskuratoren"* (Tom Peters). Sie bilden eine Gegenkraft im Unternehmen, die auch das scheinbar Unvereinbare zu möglichen Dualitäten zusammenfügt. Indem sie innovative Impulse verstärken und verbrauchtes oder schädliches Denken aus eingefahrenen Schleifen herausführen, sorgen sie für eine kreative Kippbalance.
- Kreatives Ambiente: Gemeinsame Aufgabe, Vision und Identität des Unternehmens sollten sich in der ästhetischen Gestaltung widerspiegeln. Kreativität und Phantasie brauchen ein anregendes, spielerisches Umfeld. Lichte Architektur und geistigen Wildwuchs fördernde Treibhäuser sind da nützlicher als graue Einheitsfestungen. Anspannung erfordert Entspannung, Kreativität braucht Muße. Warum nicht einen Raum zum Träumen, Ruhen, Entspannen einrichten?
- Belohnungssysteme: Jeder möchte seine Leistungen anerkannt sehen. Es gibt zahlreiche Möglichkeiten, Dank und Anerkennung auszudrücken, oft ohne materielle Vergütung, aber von stark motivierender Symbolik. Es gibt auch vielfältige Wege, außergewöhnliche Leistungen durch die Mitarbeiter selbst beurteilen zu lassen und dabei interessante Entdeckungen zu machen.
- Master-Mind-Teams: Teams sind stets auch Wissensproduzenten. Master- Mind-Teams wirken als *strange attractors*, durch die neuer Geist, neues Wissen, mehr Vielfalt hergestellt und durch das ganze Unternehmen diffundiert werden kann. Wer die Teams als netzwerkbildende Intelligenz- und Wissensprozesse einsetzen will, muß ihre mentalen Codes für Zukunftsintelligenz öffnen.

Erfolge von heute werden zum Gegner von morgen Was wir aus unseren Erfolgen gelernt haben, programmiert genau das, was wir morgen nicht mehr brauchen werden. Lernen durch Vergangenheit funktioniert unter Bedingungen des Chaos nicht mehr. Wir brauchen keine Gewißheiten, sondern möglichst komplex angelegte Glaubensmuster. *"Überlegenheit ist immer eine Sache der Konzentration"*, sagt der Harvard-Professor Michael E. Porter und empfiehlt, man solle sich auf eine einzige Dimension konzentrieren, einen Code permanenter Veränderung, und dann alle Strategien darauf ausrichten. Eine wirklich nützliche mentale Strategie sei so reduziert und gleichzeitig so deutungsoffen, daß sie *"auf die Rückseite einer Briefmarke paßt"*. Wir müssen damit leben, nie mehr zu wissen, was wirklich abgeht und niemals Gewißheit darüber zu haben, was endgültig und klar ist. Es gibt keine berechenbare Zuverlässigkeit mehr, nur noch Energien und Prozesse des offenen Werdens. Spontane Einsicht ersetzt berechenbare Voraussicht. **Zufälle beschreiben Chancen, die in Überraschungen versteckt sind. Es kommt nie so, wie wir uns das denken, sondern immer zugleich so und so.** Dafür brauchen wir eine neue Führungselite, die den Geist erfindet, dem andere über die Schwellen des Umbruchs folgen wollen, die kreative Spannung organisieren kann, Gewißheiten auflöst und die genügend Phantasie und Kraft hat, sich ein viertes, morphisches Feld für ihr Unternehmen, ihre Organisation vorzustellen und damit umzugehen.

Etwas zurückgeben

"The business of business is business", behauptete 1923 Alfred T. Sloan, Präsident von General Motors, und dieses Credo bestimmte viele Jahre beinahe jede Entscheidung in der Wirtschaft. Es gab kaum Zweifel, daß die Aufgabe der Unternehmen vor allem darin bestehe, Bedürfnisse zu decken und Gewinne anzuhäufen. Alles andere, so glaubte man, sei eine Sache staatlicher Institutionen und privater wohltätiger Einrichtungen. Dann begannen Unternehmen langsam ihre soziale Verantwortung zu erkennen, und sie fingen an, die Arbeitsorganisation zu lockern und den Menschen Mut zur Selbstverantwortung zu machen. Angestellte sollten wie Unternehmer denken. Aber beide Entwicklungen waren abhängig und in gewisser Weise auch Folge der finanziellen Lage des Unternehmens.

Die Globalisierung der Wirtschaft, scheinbar unbegrenztes wirtschaftliches Wachstum, Ausbreitung der Demokratie, technischer Fortschritt, explosionsartige Verbreitung des internationalen Kommunikationsnetzwerkes sind die

eher positiven Seiten des gegenwärtigen Umbruchs. Wachsende soziale Ungleichheit, die Macht internationaler Finanzplätze, Wachstum ohne Beschäftigungseffekte und steigende Arbeitslosigkeit sind die negativen Seiten.
Neue Aufgaben der Wirtschaft zu erkennen, hat nichts mit sozialromantischen Utopien zu tun. Wir sollten schon auf die Schwierigkeiten und die machbaren Ziele schauen, die vor uns liegen. Und wir sollten uns klar darüber sein, daß niemand heute das ganze Muster dieses fundamentalen Wandels erkennen kann. Nur so viel ist gewiß: die Rolle der Wirtschaft wird sich wandeln – muß sich wandeln – wenn die globalen Probleme nicht zum globalen Drama werden sollen. Kurz, es gibt ein *"new business of business"*: Co-Evolution, und die bedeutet auch Unterstützung und Pflege der eigenen Fitneßlandschaft, des morphischen oder vierten Feldes, in dem und von dem sie lebt.

Die großen Ordner, die Kräfte, die den gewaltigen Wandel verursachen und antreiben, können wir nicht direkt beeinflussen. Eine dieser mächtigen Kräfte ist aber das wachsende Bewußtsein der Menschen, nachdem in der modernen Gesellschaft spirituelle, ethische und ökologische Dimensionen weitgehend vernachläßigt worden sind. **Während humanitäre, geistige, ethische, ästhetische und ökologische Bedürfnisse eine wichtige Rolle im Leben der meisten Menschen spielen, wurden diese auf Unternehmensebene lange Zeit den wirtschaftlichen Faktoren untergeordnet.** Die Kraft eines sich verändernden Bewußtseins ist verknüpft mit der steigenden Unzufriedenheit der Menschen über die Auswirkungen der gegenwärtigen wirtschaftlichen und politischen Ordnung auf ihr Leben, auf das ihrer Kinder und Enkel, und auf ihren Wunsch nach einer besseren Welt.
Jeder wirtschaftliche und gesellschaftliche Umbruch dieses Ausmaßes wird unausweichlich die Machtzentren moderner Gesellschaften, den Finanz-, Wirtschafts- und den politischen Bereich erschüttern. Es wird darauf ankommen, wie sehr die Politiker und Wirtschaftsführer in der Lage sind, Zeichen richtig zu interpretieren und kreativ auf die Kräfte des Wandels zu reagieren.
Schon heute werden (vor allem in den USA) viele Initiativen für den Transformationsprozeß der Gesellschaft von nichtöffentlichen Organisationen wie Freiwilligenhilfen, Wohltätigkeitsaktionen, Stiftungen und privat finanzierten Hilfsorganisationen getragen. Sie sind dringend nötig, aber sie können nur

einen Teil der Leistungen abdecken, die nötig sind, damit der Wandel nicht zu ernsthaften sozialen Unruhen führt. Der Wirtschaft kommt eine entscheidende Bedeutung zu, wenn der Übergang glücken soll. Das *business of business* ist nicht mehr darauf begrenzt, Gewinne anzuhäufen oder den Profit der Aktionäre zu steigern und für einen schnellen Austausch an Gütern und Diensten zu sorgen, ja seine Aufgabe ist nicht einmal, für alle einen Arbeitsplatz bereitzustellen. Das Schlagwort "Neues Paradigma der Wirtschaft" wurde bisher überwiegend im Sinne einer neuen, speziell zugeschnittenen Unternehmenskultur verstanden. Das ist viel zu wenig.

"Neues Paradigma der Wirtschaft" bedeutet eine grundsätzliche Veränderung der wirtschaftlichen Mission auf diesem Planeten, und das heißt nichts weniger, als daß die Wirtschaft eine entscheidende Rolle beim fundamentalen kulturellen Wandel der modernen Welt übernehmen muß. Die Wirtschaft wird Verantwortung übernehmen müssen für ihre Fehler und Exzesse der Vergangenheit und eine kreative, fördernde Aufgabe beim nächsten Schritt der evolutionären Entwicklung übernehmen, die den ganzen Globus erfaßt hat, damit die sozialen Spannungen und individuellen Opfer und Lasten so gering wie möglich ausfallen. Sie werden fragen: warum soll ausgerechnet die Wirtschaft für das Ganze die Verantwortung übernehmen? Noch dazu in einem Maße, das weit über ihre traditionellen Aufgaben hinausgeht? Weil sie allein dazu in der Lage ist. Manche werden einwenden, dafür seien doch die Politik, die Wohlfahrtsverbände, die Kirchen und Religionsgemeinschaft zuständig. Keine soziale Organisation – und die Wirtschaft ist eine soziale Organisation – hat die Macht und die Mittel, eine Führungsrolle im großen Umbruch zu übernehmen. Sie hat eine Reihe der kreativsten und klügsten Köpfe in ihren Unternehmen, Organisationen und Beratungsgremien angelockt. Niemand entkommt der Wirtschaft als Konsument oder Hersteller, Politiker, Arbeitnehmer oder Dienstleister. Was wir auch tun, wir können unserer sozialen Verantwortung als Wirtschaftsleute nicht entrinnen.

Es kann gut sein, daß in dieser Übergangsperiode einige Teile der Weltwirtschaft erhebliche Turbulenzen, vielleicht Zusammenbrüche erleben werden, und solche Anzeichen fundamentaler Erschütterungen machen natürlich Angst, besonders, wenn die Menschen die Gründe nicht verstehen. Doch schnelle

Reaktionen auf eine vermutete Gefahr führen leicht zu unkonstruktiven Aktionen. Eine davon ist, die Uhr zurückzudrehen in eine Zeit, als es noch verläßliche Werte, intakte Familienstrukturen und feste Arbeitsplätze gab, als die Dinge noch im Lot waren. Eine andere Richtung, die sich wachsender Beliebtheit erfreut, ist eine Zentralisierung des Führungsanspruches im Management – der starke Macho-Macher an der Spitze.

Doch es gibt einen dritten Weg, der heute vielleicht bizarr klingen mag, aber der Mainstream werden kann, sobald genügend Beispiele zeigen, daß er funktioniert: am Wohle aller orientierte ökonomische Prinzipien und eine neue, evolutionäre wirtschaftliche Logik. Was wir aus den New Sciences lernen, ist, daß der **evolutionäre Prozeß** niemals erfolgreich ist, solange individuelle, kommunale, umweltorientierte und planetare Interessen nicht irgendwie in Einklang gebracht werden. Wer hat, dem wird gegeben. Wer abgibt und teilt, bekommt dazu. Alle beeinflussen alles. Kunden werden durch das Unternehmen ausgebildet und erzogen – und umgekehrt. Kein Unternehmen kann ein lernendes Unternehmen sein, solange es nicht ein lehrendes Unternehmen ist. Ökopolitische Systeme, darüber besteht kein Zweifel, sind lebendige Systeme. Das wohl vertrauteste lebendige System ist unser Körper. Seit langem wissen wir, daß er als Zellgemeinschaft funktioniert. Unser Körper wird vom Zentralnervensystem regiert, das regelmäßig alle Teile und Funktionen überwacht und stets intelligente Entscheidungen trifft, wenn es darum geht, dem Interesse des Ganzen zu dienen oder seine Unversehrtheit und Gesundheit durch ein Immunabwehrsystem gegen unfreundliche Eindringlinge zu schützen. Xilonem Garcia, eine Meshika-Stammesälteste in Mexiko ist davon überzeugt: *"Jeder, der weiß, wie man einen Haushalt am Laufen hält, weiß, wie man die Welt am Laufen hält."* **Ob Haushalt, Unternehmen, Gesellschaft oder Globus, lebendige Systeme können nur gesund bleiben, wenn Ausgewogenheit zwischen den Interessen ihrer Teile und dem Ganzen, zwischen Individuen und Gemeinschaft besteht. Wer das eine dem anderen opfert, zerstört das System als Ganzes.** Langsam entsteht in der Wirtschaft ein Bewußtsein dafür, daß nicht allein die Shareholder, sondern vor allem die **Stakeholder** für die Prosperität und das Überleben von Unternehmen sorgen. Stakeholder wurden von R.E. Freeman definiert als *"jede Gruppe oder jedes Individuum, das die*

Leistungen eines Unternehmens beeinflussen kann bzw. von ihnen beeinflußt werden kann". Primäre Stakeholder sind Investoren, Aktionäre, Angestellte, Lieferanten, Kunden, die Einwohner der Orte, an denen ein Unternehmen tätig ist. Einige zählen auch die Umwelt, Pflanzen und Tiere und zukünftige Generationen dazu. Sekundäre Stakeholder haben einen eher indirekten Einfluß auf die Organisation oder das Unternehmen und sie werden indirekt von ihnen beeinflußt. Dazu zählen die Medien, Wettbewerber, Interessengruppen und andere, die das soziale Umfeld eines Unternehmens bilden. Die Interessen von Anteilseignern und Top-Management haben etwas gemeinsam: sie basieren auf den eingesetzten Ressourcen. Die einen haben ihr Geld investiert, die anderen Zeit und Reputation. Stakeholder wie Kunden, Lieferanten, Wettbewerber, Gläubiger und Gewerkschaften haben konkret wirtschaftliche Interessen oder *stakes* am Unternehmen. Sie können den finanziellen Erfolg eines Unternehmens beeinflussen und von ihm beeinflußt werden. Bürgerinitiativen, Umweltschützer und Verbraucherorganisationen haben eher ein grundsätzliches Interesse. Ihr Anteil oder *stake* liegt in den Wirkungen, die ein Unternehmen auf die Menschen und die Umgebung hat.

Bisher versuchten Unternehmen, sich so geschickt wie möglich vor den Forderungen der Stakeholder zu schützen. Daher orientierten sich die Beziehungen zwischen Management und Stakeholdern vor allem an den Interessen und Werten des Managements und weniger an den strategischen Zielen und Werten des Unternehmens. Es gibt einen wesentlich dynamischeren Ansatz für die Beziehungen zwischen Stakeholdern und Unternehmen, der auch dazu dient, Unternehmenswerte zu schaffen. Er basiert auf der Denkschleife, daß Unternehmen durch ihre soziokulturelle Umgebung beeinflußt werden und gleichzeitig ein Teil dieser Soziokultur sind, und so gedacht, werden die Beziehungen zu den Stakeholdern so wichtig wie Luft und Wasser. Viel mehr als kreative Tricks zu finden, wie man die Forderungen der Stakeholder erfolgreich abwimmelt, liegt es heute im Verantwortungsbereich des Managements, die Beziehungen zu ihnen durch Zusammenarbeit und gegenseitige Unterstützung zu suchen. Dieses Beziehungsnetzwerk ist in unserer Informationsgesellschaft von existentieller Bedeutung, und es fördert eine, dem Wasserstrudel vergleichbare, spontan entstehende koevolutive Struktur, mit deren Hilfe Unternehmen soziale und Umweltprobleme eher lösen als verursachen können. Dieser koevolutive Ansatz berücksichtigt die gegenseitige Abhängigkeit zwischen Unternehmen und Gesellschaft, und er geht davon aus, daß das Wohlergehen eines Unternehmens mit dem Wohlergehen seiner Fitneßlandschaft zusammenhängt.

Das Wesentliche in der Welt des Lebendigen sind Zusammenhänge. Was an einer Information, einer Geschichte von Bedeutung ist, was wahr ist, das ist nicht die Handlung, sind nicht die damit verbundenen Leute, sondern die Zusammenhänge zwischen ihnen.

Die Beziehung zwischen Unternehmen und Stakeholdern definiert sich in zwei Richtungen, einmal gegenseitig und einmal evolvierend, d. h. aus den Zusammenhängen und Bewegungen der Teilnehmer entstehend. Dieses auf Beziehungen nach außen gegründete Management erfordert einen grundlegenden Sprung in der Aufmerksamkeit. Der starre Blick auf die Interessen und Bedürfnisse der Shareholder braucht einen zusätzlichen Fokus: die Interessen und Erwartungen aller wichtigen Stakeholder eines Unternehmens. War man bisher damit beschäftigt, diese Beziehungen möglichst unter Kontrolle zu halten, geht es jetzt darum, sie zu pflegen und auszudehnen, weil das Unternehmen von ihnen existentiell abhängig ist. Eine Reihe von Unternehmen in den USA leben bereits diese Art des Beziehungsmanagements, doch das sind nur solche, die ohnehin einen partizipativen oder demokratischen Ansatz in ihren Mitarbeiterorganisationen haben, oder solche, die eine sehr eng verflochtene, auf Vertrauen basierende Verbindung mit ihren Kunden und Lieferanten besitzen. Gute Stakeholder-Beziehungen zahlen sich aus. Vielleicht nicht im Fünf-Jahres-Denken jener Shareholder-Value-Verfechter, die vor allem ihren eigenen Profit durch kurzfristige Aktienoptionen im Blick haben.

John Kotter und James Heskett, zwei Harvard-Professoren, haben herausgefunden, daß Unternehmen mit guten Stakeholder-Beziehungen über einen Zeitraum von elf Jahren betrachtet, ein etwa viermal so starkes Umsatzwachstum hatten und achtmal mehr Arbeitsplätze geschaffen haben als shareholdergeführte Unternehmen. Das deckt sich mit einer Studie der Universität Toronto, die ergeben hat, daß über einen längeren Zeitraum und bei immer weniger unterscheidbaren Produktqualitäten solche Firmen langfristig am meisten Geld verdienen, deren ethisches und soziales Engagement am meisten Anerkennung erfährt.

Wer als Unternehmensvorstand fast eine Milliarde an der Steuer vorbei in die Kassen der Shareholder lenkt und sich seines Trickreichtums öffentlich rühmt, präsentiert sich auf einer ziemlich primitiven Stufe der Evolution. Die von Max Clarson in den USA durchgeführte Untersuchung legt nahe, daß Unternehmen, die sich ausschließlich auf die *bottom line* konzentrieren, simplere und weniger intelligente Entscheidungen treffen, vielleicht weil ihnen Informationen fehlen, wie man Chancen rechtzeitig entdeckt und Image-Probleme löst, bevor sie groß werden und teuer zu stehen kommen. Eine amerikanische Studie, 1997 von Cone/Roper zum Konsumentenverhalten erstellt, zeigte, daß 76 % der Konsumenten zu einer Marke wechseln würden, die mit einem guten Zweck verbunden ist; 1993 waren dazu 63 % bereit. 1995 fand eine kanadische Marktforschungsgruppe heraus, daß 26 % der Kanadier gerade aktiv in einen Boykott von Produkten und Diensten involviert waren, der nichts zu tun hatte mit Preis oder Qualität. Man betrachtete die betroffenen Unternehmen einfach als schlechte Mitbürger und hatte die eigene Macht als Konsument entdeckt. Je mehr ähnliche Produkte zu ähnlichen Preisen auf den Markt drängen, um so entscheidender wird der Moral-Plus-Effekt des Angebotes und die grundsätzlichen Vorstellungen, die mit einem Unternehmen verknüpft sind.

Globale Dynamik

Wir sind am Ende von vielem: am Ende eines Jahrhunderts, der alten Wirtschaftsregeln, stabiler Unternehmens- und Arbeitsformen, am Ende des Materialismus, der Berechenbarkeit und am Ende der Gewißheit. Wir befinden uns am Ende eines Weltbildes, das ausgedient hat. Vieles von dem, was auf uns zukommt, verstehen wir noch nicht. Damit der Blindflug ins Unbekannte nicht in einem Crash endet, sollten wir so schnell wie möglich lernen, alte kulturelle Mythen von neuen Realitäten zu unterscheiden. **Viele Manager beklagen sich heute über die wachsende Komplexität und den Burn-Out-Effekt, den diese bei ihnen auslösen. Tatsächlich benutzen sie aber überholte Denkprogramme, um ein neues Zeitalter zu verstehen.** Sie sollten aus dem goldenen Schrein in ihrem Kopf, in dem sie den Code für Strategie, Effizienz und Logik und all ihre Erfahrungen und Gewißheiten aufbewahren,

Verbrauchtes radikal ausmustern und ihre Intelligenz und Energie auf ein neues Niveau heben.

Hören wir auf, gegen Komplexität und Vielfalt zu kämpfen und die verbalen Schlachten der Vergangenheit auszutragen: Kampf *gegen* Arbeitslosigkeit, Kampf *gegen* Sozialabbau, Kampf *gegen* Innovationshemmnisse usw. Beginnen wir stattdessen damit, hohe Erwartungen an uns zu stellen, Zugang zu unseren Ressourcen zu finden, mehr Lösungen als nötig zu entwickeln, so viele unterschiedliche und ausgefallene Ideen wie möglich zu produzieren, den Funken eines neuen Interesses zu folgen, hemmungslos zu träumen, zu staunen und andere in Erstaunen zu versetzen, so viel Komplexität wie möglich in unserem Leben zuzulassen, uns selbst auf die Spur zu kommen, Reflexion und Entspannung Raum zu geben, kreative Felder um uns und andere aufzubauen. Bekennen wir uns zur Verantwortungselite, und haben wir den Mut, uns für völlig neue Konzepte und Ideen einzusetzen, auch wenn wir damit bei langsameren Geistern auf Mißtrauen stoßen oder belächelt werden. Verteidigen wir unsere Ideen und neuen Ansätze, aber unterwerfen wir sie der ständigen Kontrolle, ob sie auch nützlich sind. Lassen wir uns nicht entmutigen, wenn unsere Ideen nicht gleich Begeisterungsstürme auslösen und beim erstenmal nicht funktionieren. Denken wir daran: Der Tanz des Lebens heißt: *Ein Schritt nach vorne und einer zurück.* Abschied tut weh, besonders der von eingerasteten Gewohnheiten.

Kraftlose Harmonieverklärung und wehleidige Huldigungen an die verlorenen Fetische Gleichgewicht, Berechenbarkeit und Stabilität helfen nicht weiter, weil sie keinen neuen Geist entstehen lassen. Verabschieden wir uns von der alten, am Status quo orientierten Wirtschaftsform, in der eine Fähigkeit für ein ganzes Berufsleben ausreichte, alles genau reguliert war, Anordnungen von oben nach unten verliefen, Arbeit an Anstellungsverträge und einen festen Platz gebunden war und Erfolg hatte, wer genügend Kapital und Rücksichtslosigkeit besaß. Die alte Wirtschaftsform war ein Nullsummenspiel, die New Economy wird eher ein *Win-Win*-Spiel sein. Mit ihr kommen lebenslanges Lernen, Risikobereitschaft, Selbstverantwortung und die Erfindung immer neuer Jobs. Wissen und Intelligenz, Kreativität und Phantasie, Visionen und Werte sind die wichtigsten Ressourcen dieser New Economy. Kooperation, Co-Evolution, Vertrauen und Mitgefühl werden die Megainstrumente des neuen Managements sein.

Komplexität, also Leben in seiner ganzen Vielfalt, ist nicht das Problem der Zukunft, sie wird die Lösung sein. Vorausgesetzt, wir lernen, mit der Vielfalt nicht nur zu leben, sondern von ihr zu profitieren. Leben ist eine vernetzte Angelegenheit, ein vielgliedriger Organismus, der sich über Zeit und Raum erstreckt. Leben bringt Zusammenschlüsse, Co-Evolutionen, Verbindungen und Vielfalt mit sich. Leben ist ein Strom von Veränderungen und Transformationen, der ununterbrochen leere Becken auffüllt, deren Gestalt, Anzahl und Form keine Rolle spielen. **Leben funktioniert nicht nach Plan, es hat nur die Absicht, sich selbst zu leben. Leben ist ein Extremist, ein Fanatiker ohne Maß und Ziel, ein Kleid, das man nicht ablegen kann. Wenn es irgendwo reißt, wird es sich selbst flicken, wenn man es als Hose anzieht, wird es sich verwandeln, um als Hose zu funktionieren.** Seine Farben verblassen nicht, es ist eine üppige, leuchtende Multicolor-Robe, die unsere Erde umhüllt. Das Leben lebt sich selbst, einmal losgelassen, ist es nicht zu stoppen, es ist unumkehrbar, und egal, ob wir Menschen uns selbst zum Opfer fallen, das Leben an sich ist unsterblich. Seine Komplexität übersteigt die aller bekannten Zerstörungskräfte. Die heroische Leistung von Werden und Vergehen besteht darin, ein lebendiges System zusammenbrechen zu lassen. Die unsichtbaren Verknüpfungen von Informationsströmen, von denen Rupert Sheldrake in seinem Modell der morphischen Felder ausgeht, könnten hier eine Schlüsselrolle spielen. Sie bewahren einerseits die Spuren des Vergangenen und bauen neue, zukunftsgerichtete Aktivitätsmuster auf. Wir stehen an der Schwelle einer globalen Zivilisation, einem Zeitalter, in dem wir alle zu Weltbürgern werden, die sich flexibel zwischen Ländern, Sprachen, Kulturen hin und her bewegen und an vielen Orten der Welt leben und arbeiten können.

Heute ist der historische Punkt erreicht, an dem die geographische, technologische, wissenschaftliche und wirtschaftliche Expansion die Völker immer enger miteinander verbindet. Es wird über unseren Erfolg im nächsten Jahrhundert entscheiden, wie gut wir mit kulturellen, nationalen, religiösen und ethnischen Verschiedenheiten klarkommen. Und mehr als das. Mit Komplexität leben und ihre Chancen zu nutzen, heißt auch, daß wir mit Menschen zurechtkommen, die anders als "normale" Leute sind, andere Stärken und Bedürfnisse haben und die vielleicht ungehorsam, schwer festzulegen und wenig kalkulierbar sind.

Wir sollten mit dem anderen eben anders umgehen, hinhören, sensibel sein, ob mit ihm nicht vielleicht Qualitäten verbunden sind, die uns fehlen und die wir gut gebrauchen könnten. Spinner, Freaks, Phantasten, Anarchisten und leicht Verrückte nerven zuweilen, aber sie können auch Neugier und Begeisterung wecken und ein Unternehmen auf dem holprigen Weg in eine spannende, vielleicht goldene Zukunft begleiten und unterstützen. Ich frage mich, ob wir genügend vorbereitet sind, ob wir die Toleranz, Versöhnlichkeit, Fairneß und die Offenheit besitzen, die eine solche Weltzivilisation braucht. Ich frage mich, ob die gesellschaftlichen Systeme, das Bildungswesen, die politischen Parteien, so wie sie sich heute zeigen, elastisch genug sind, um im tosenden Wellenbruch des Wandels von geschlossenen zu offenen Systemen ihre Aufgaben zu erfüllen. **Wir brauchen eine völlig neue Einstellung zu Privatinitiativen, insbesondere im Bildungsbereich, und wir müssen neue Wege andenken, wie jeder von uns, Sie und ich, wir zusammen, unsere Verantwortung für unser Umfeld, für die Fitneßlandschaft, in der wir leben und erfolgreich sein wollen, schützen und nähren.** *Ready or not* – Wir werden Zeugen der Geburt einer globalen Zivilisation sein, einer *one world community*. Viele glauben, mit Veränderungen noch Zeit zu haben, weil ihre vertrauten Strategien und Denkmuster noch ganz gut funktionieren. Solchen geistigen *couch potatoes* sei Tom Peters empfohlen, der wenig zimperlich meint: *"Wer jetzt noch Ruhe um sich fühlt, der befindet sich vermutlich im Zentrum des Zyklons."* Werden wir wach und sensibel für Veränderungen in unserem Umfeld, beginnen wir damit, in der Zukunftsform zu denken, auf Muster zu achten, Zusammenhänge statt Einzelteile zu sehen, Alltagsroutinen zu durchbrechen, Barrieren unserer Vorstellungskraft einzureißen, scheinbar unvereinbare Gegensätze zu kombinieren, schneller zu lernen, immer mehr und elegantere Lösungen zu suchen, und unsere Unternehmen als Teil eines großen Ganzen zu sehen. In der traditionellen Wirtschaftslehre gibt es keinen Raum für Widersprüche, Wertvorstellungen und Wahrnehmungen, und es ist auch keine soziale und ökologische

Variable. Ein neuer, profitabler und verantwortungsvoller Ansatz in Wirtschaft und Management wird nicht durch eine aufgezwungene Großmoral, strengere Auflagen und neue Beschränkungen erreicht. Er wird erreicht durch den Wandel des mechanistischen und in unabhängige Einheiten zersplitterten Bildes von der Welt zu einem ganzheitlichen Paradigma, das Zusammenhänge betrachtet, sich mehr mit Qualitäten als mit Quantitäten befaßt und das mehr auf gemeinsamen Erfahrungen als auf berechenbaren Messungen beruht. Ein solcher ganzheitlicher Ansatz würde auch Raum für Kontext und Sinn schaffen, die ultimativen Erfolgsfaktoren des kommenden Jahrzehnts.

Fassen wir die Idee eines vierten Feldes noch einmal zusammen: Das neue Denken in Systemzusammenhängen stimmt mit der konventionellen Anschauung überein, daß alle lebenden materiellen Strukturen mit einer gewissen Komplexität ein Bewußtsein besitzen. Andererseits haben wir aus den New Sciences gelernt, daß die Strukturen dieser Systeme Muster oder Manifestationen der ihnen zugrundeliegenden Prozesse der Selbstorganisation sind. Stellt man sich diese Prozesse der Selbstorganisation als mentale Prozesse vor, sind biologische wie unternehmensspezifische Strukturen die Manifestationen geistiger Felder. Die wichtigste Aufgabe einer neuen Führung liegt vermutlich darin, Informationen aus inneren Bewußtseinszuständen mit dem Wissen zu verbinden, das wir aus der Technologie, den Wissenschaften und durch hohe Aufmerksamkeit gegenüber unserer Umwelt gewonnen haben. Dieses Verknüpfen von mentalen Feldern und Wissen scheint mir das aufregendste Abenteuer bei der Führung von Organisationen und Unternehmen zu sein. **Evolutionäre oder Zukunftsintelligenz entsteht aus einer Synthese zwischen dem, was wir durch Betrachten der Dinge von außen wahrnehmen, dem, was wir von innen wissen können und dem, was wir uns vorzustellen vermögen.** Zukunftsintelligenz heißt auch damit umgehen können, daß das ganze Gewebe lebender Dinge nicht durch Logik zusammenhängt. In der Welt des Lebendigen gibt es keine linearen Abläufe, sondern kreisläufige Verursachungsketten, und wer hier logisch denkt, der verstrickt sich hoffnungslos im Dickicht der Widersprüche. Wie hält man das ganze Netz mentaler Verknüpfungen zusammen? Gregory Bateson, einer der einflußreichsten Denker unserer Zeit schrieb: *"Ganz unten auf dem Grunde des Lebendigseins treffen*

wir auf die Metapher." Sein Ziel war, in allen beobachteten Phänomenen die zugrundeliegenden Organisationsprinzipien zu entdecken, das Muster, das verbindet. Denk- und Handlungsgewohnheiten sind solche Muster, die gestaltbildend wirken und mit Metaphern arbeiten. Wer Lernprozesse qualifizieren will, muß die ihnen zugrundeliegenden Metaphern qualifizieren.
Statt in Fragen der Ethik nach dem Staat zu rufen, sollten wir lieber einen Blick auf unsere eigenen Werte und Überzeugungen werfen und uns am öffentlichen Ethik-Diskurs beteiligen, aus dem allein eine neue Ethik der Selbstverantwortung und der Selbststeuerung entstehen kann. Und vor allem: vertrauen wir auf die steuernde Kraft unserer eigenen Werte, dann brauchen wir keine Steuerung durch eine vorgeschriebene Ethik, die in der Regel mit den Negativenergien von Schuld, Strafe und Scheinheiligkeit einhergeht.

Werden wir offen und sensibel. Das kommende Jahrhundert wird eine Ära der Co-Evolution sein, in der Erfolg haben wird, wer durch sein Handeln Vielfalt und bessere Wirklichkeiten erzeugt und einen Beitrag zum Wachstum anderer leistet. Unsere Gesellschaft bewegt sich intensiv auf Selbstentfaltung und Selbsterlösung hin. Immer mehr Menschen suchen ihre Identität, ihre persönliche Aufgabe und vor allem Sinn in ihrer Arbeit und dem persönlichen Wachstum, das sie dabei erleben. **Sie finden eine Wirtschaft, die verantwortungsvolle und profitable Lösungen für die Probleme unserer Zeit findet, die der Entwicklung des menschlichen Potentials dient und dabei hilft, eine bessere Zukunft zu gestalten unvorstellbar? Pure Utopie?** Bereits in den 80er Jahren untersuchte eine weltweite Shell-Gruppenplanung in Europa, den USA und Japan rund dreißig traditionsreiche Konzerne. Die Ergebnisse dieser Studie belegen, daß für langfristigen Erfolg immaterielle Wertvorstellungen wichtiger sind als die reine Ausrichtung an betriebs- und finanzwirtschaftlichen Zielen. Wer Unternehmen als Sinn- und Wertegemeinschaften statt als reine Ertragsproduzenten führt, ein ausgeprägtes Identitätsgefühl und eine gemeinsame Mission fördert, der baut ein geistiges Feld auf, das die dauerhafte Überlebensfähigkeit eines Unternehmens sichert. Und mehr noch. Die beiden US-Wissenschaftler und Wirtschaftsberater James C. Collins und Jerry I. Porras fanden heraus: wer Sinn stiftet, erwirtschaftete über lange Sicht mehr als das Fünfzehnfache der Durchschnittsrendite des US-Aktienmarktes.

Betrachtet man Unternehmen als biologische Organismen, so stehen die meisten von ihnen heute auf einer ziemlich primitiven Stufe der Evolution, vergleichbar mit den Supertieren des Kambriums, denen hemmungslose Kampflust und Gier zum Verhängnis wurden. Aus der Evolutionsgeschichte und den neuen Naturwissenschaften lernen wir, daß es für jede Struktur ein **optimales Maß** gibt. Maximiert man eine einzelne Variable, schädigt man das gesamte System. Es wird starrer und verursacht Streß in dem dynamischen Gewebe zusammenhängender Ereignisse, dessen Teil es ist und von dem seine Weiterentwicklung, ja letztlich sein Überleben abhängt.

Die abendländische Zivilisation beruht auf dem philosophischen Irrtum, der Kosmos sei eine einzige riesige Maschine, die manipulierenden Wissenschaften verkündeten die Wahrheit und die Welt sei nichts anderes als ein riesiges Durcheinander von Einzelteilen ohne Zweck und Sinn. Die neuen Naturwissenschaften, aber auch unsere wachsende Aufmerksamkeit gegenüber persönlichen Erfahrungen haben uns gezeigt, Wirtschaft und Gesellschaft sind ein Gewebe zusammenhängender Ereignisse und in einer vernetzten Welt hat dieses Gewebe globale Ausmaße. Wer die eigenen Gewinne ständig zu Lasten anderer maximieren will, der zieht auf längere Sicht den Kürzeren, weil er durch sein Handeln die Stimmigkeit der Zusammenhänge zerstört, von denen jeder einzelne Teil des Gewebes letztlich abhängt. Dieses alles umfassende Gewebe ist nichts anderes als ein globales viertes Feld, das sich aus unendlich vielen Feldern zusammensetzt, die untereinander in Beziehung stehen, ineinandergreifen und in gemeinsame Zyklen von Veränderung und Transformation eingebettet sind. **Nullsummenspiele und ein Wettbewerb durch Kampf und Krieg werden schon bald die Domäne der Dummen sein.** Den effizienzverliebten Machern und unerschrockenen Feldherren mag Dirk Baeckers Frosch-Parabel als kleine Anregung dienen:

Jeder kann sich vorstellen, was passiert, wenn man einen Frosch in heißes Wasser wirft: Er versucht, so schnell wie möglich herauszuspringen. Aber was passiert, wenn man den Frosch in lauwarmes Wasser setzt und die Temperatur ganz langsam erhöht? Überraschenderweise überhaupt nichts! Der Frosch gibt alle Zeichen des Wohlbehagens von sich und beginnt bei lebendigem

Leibe zu kochen, ohne es auch nur zu merken. Diese Gruselgeschichte ist die Geschichte eines Organismus, der nicht lernt. Der Frosch ist nicht in der Lage, für ihn gefährliche langsame Veränderungen seiner Umwelt wahrzunehmen. Er bekommt sie einfach nicht mit, weil er keine Sensoren dafür hat, lauwarmes Wasser von langsam wärmer werdendem Wasser zu unterscheiden. Er fühlt nicht den *Unterschied, der einen Unterschied macht.* Der Frosch muß lernen, nicht von seinem Wohlbehagen auf die äußeren Bedingungen zu schließen, unter denen er lebt. Er muß lernen, sich irritieren zu lassen. Er muß unruhig werden und seinen eigenen Möglichkeiten immer ein Stück weit voraus sein.

Und er muß dem Prickeln trauen, das in ihm aufsteigt, auch wenn der Kopf nicht genau weiß, worum es geht.

Literatur

Adams, John D. Transforming Leadership. Virginia 1986.

Adams, John D.: Transforming Work. Virginia 1984.

Adorno, Theodor W.: Ästhetische Theorie. Frankfurt a. Main 1979.

Allen, Thomas B.: War Games. London 1990.

Anderson, P.W./ Arrow, K.J./ Pines, D.: The Economy as an Evolving Complex System. Addison-Wesley 1988.

Arthur, W. Brian: Self-Reinforcing Mechanisms in Economics, in: Anderson, Philip W./Arrow, Kenneth J./Pines, David (ed.): The Economy as an Evolving Complex System. Addison-Wesley 1988.

ders.: Positive Rückkopplung in der Wirtschaft, in: Spektrum der Wissenschaft, 4/1990, S. 122-29.

ders.: Competing Technologies, Increasing Returns, and Lock-In by Historical Events, in: The Economic Journal, Band 99, Heft 394 (3) 1989, S. 116-31.

Ashby, W. Ross: Einführung in die Kybernetik. Frankfurt a. Main 1974.

ders.: Design for a Brain: The Original of Adaptive Behaviour. New York 1960.

Augros, Robert M./Stanciu, George N.: The New Story of Science. New York 1984.

ders.: Die neue Biologie, München 1991.

Axelrod, Robert/Hamilton, William: Die Evolution der Kooperation. München 1991.

Bader, Armin: Erkenntnis und Liebe. Entwurf eines neuen Paradigmas von Wissenschaft. Weinheim 1988.

Baecker, Dirk: Postheroisches Management - Ein Vademecum. Berlin 1994.

ders.: Poker im Osten, Probleme in der Transformationsgesellschaft. Berlin 1998.

Bak, Per/Kan Chen: Selbstorganisierte Kritizität. In: Spektrum der Wissenschaft, März 1991.

Barker, Joel: Discovering the Future. The Business of Paradigms. Lake Elmo 1985.

Barrow, J.D.: The Origin of the Universe. New York 1994.

Bateson, Gregory: Ökologie des Geistes. Frankfurt a. Main 1985.

ders.: Geist und Natur. Eine notwendige Einheit. Frankfurt a. Main 1982.

Baudrillard, Jean: Die Illusion des Endes. Berlin 1994.

ders.: Transparenz des Bösen. Berlin 1992.

ders.: Die fatalen Strategien. München 1991.

ders.: Das Jahr 2000 findet nicht statt. Berlin 1990.

ders.: Von der Verführung. München 1992.

Beck, Ulrich: Was ist Globalisierung? Frankfurt a. Main 1997.

ders.: Politik in der Risikogesellschaft. Frankfurt a. Main 1991.

Bell, Daniel: The Coming of the Post-Industrial Society. New York 1993.

Bell, J.S.: On the Einstein-Podolsky-Rosen Paradox. 1965.

Bellah, Robert N. / Madsen, Richard et. al.: Habits of Heart. New York 1985.

Bendix, Reinhard: Max Weber. Das Werk. München 1964.

Bendor, Jonathan/Swistak, Piotr: The Evolutionary Stability of Cooperation, in: American Political Science Review, Vol. 91, No. 2 /1996.

Bendor, Jonathan: Uncertainty and the Evolution of Cooperation, in: Journal of Conflict Resolution, No. 37, December 1993, S. 1390-6.

Beninger, James R.: The Control Revolution. Cambridge/Mass. 1986.

Bennis, Warren: Führen lernen. Frankfurt a. Main 1990.

Bennis, Warren/Nanus, Burt: Leaders - The Strategies for Taking Change. New York 1985.

Berger, P.L. / Luckmann T.: Die gesellschaftliche Konstruktion der Wirklichkeit. Frankfurt 1991.

Bohm, David: Die implizite Ordnung. München 1987.

Bohm, David/ Factor, Donald: Die verborgene Ordnung des Seins. Grafing 1988.

Bohr, Niels: Einheit des Wissens. In: Atomphysik und menschliche Erkenntnis. Aufsätze und Vorträge aus den Jahren 1930-1961, Braunschweig 1985

ders.: Einheit des Wissens, in: Dürr, H.-P.: Physik und Transzendenz. München 1996.

Boldt, Laurence G.: ZEN and the Art of Making a Living. New York 1993.

Bolz, Norbert: Die Welt als Chaos und als Simulation. München 1992.

ders: Das kontrollierte Chaos. Düsseldorf 1994.

ders.: Eine kurze Geschichte des Scheins. München 1991.

Bolz, Norbert/Rüffer, Ulrich (Hrsg.): Das grosse stille Bild. München 1996.

Bolz, Norbert/Bosshart, David: Kult-Marketing. Düsseldorf 1995.

Bonnefoy, Yves: Mythologies. University of Chicago Press, 1991.

Born, Max: Physik und Metaphysik, in: Dürr, H.-P.: Physik und Transzendenz. München 1996.

Bosshart, David: Die Zukunft des Konsums. Düsseldorf 1997.

Bovenschen, Silvia: Soviel Körper war nie. Der Traum ist aus, denn wir sind alle Cyborgs, in: DIE ZEIT, Nr. 47 14.11.1997.

Brand, D./ Kriegel, R.: Das letzte Muh der heiligen Kuh. Wien 1997.

Brassard, Michael: The Memory Jogger Plus: The Seven New Tools of Management. Methuen Mass. 1989.

Briggs, John/ Peat, F. David: Turbulent Mirror: An Illustrated Guide to Chaos Theory and the Science of Wholeness. New York 1989.

dies.: Die Entdeckung des Chaos. München 1993.

Brocher, Tobias / Sies, Claudia: Psychoanalyse und Neurobiologie. Stuttgart 1986.

Brockman, John: Die Geburt der Zukunft. München 1987.

ders.: Die dritte Kultur. München 1996.

Brooks, Rodney A./Flynn Anita: Fast, Cheap and Out of Control: A Robot Invasion of the Solar System, in: Journal of the British Interplanetary Society, Nr. 42, 1989.

Brown, G. Spencer: Laws of Form. New York 1972.

Bude, Heinz: Das Altern einer Generation. 1995.

ders.: Der Unternehmer als Revolutionär der Wirtschaft, in: MERKUR, Heft 9/10 1996.

Burkard, Arnd Peter: Markt als Gesellschaftsspiel. Bern/ Stuttgart/ Wien 1997.

Burke, James: Presentation at the 4th Annual Conference on CD - Rom, Anaheim, Calif. 1989.

Burkhardt, Martin: Metamorphosen von Raum und Zeit. Frankfurt a. Main 1994.

Bygrave, William: The Entrepreneurship Paradigm(1): A Philosophical Look at Its Research Methodologies, in: Entrepreneurship Now and Then. Baylor University, Fall 1989.

Cantor, Dorothy W./Bernay, Tony: Women in Power. Boston 1992.

Capra, Fritjof: Lebensnetz - Ein neues Verständnis der lebendigen Welt. Bern/München/Wien. 1996.

ders.: Das Tao der Physik. Bern/München/ Wien. 1993.

Carse, James P.: Endliche und unendliche Spiele. Stuttgart 1987.

Cartwright, T.J.: Planning and Chaos Theory. APA Journal (Winter 1991), S. 44 - 56.

Castaneda, Carlos: Die Lehren des Don Juan. Frankfurt a. Main 1972.

ders.: Eine andere Wirklichkeit. Neue Gespräche mit Don Juan. Frankfurt a. Main 1992.

Castells, Manuel: The Power of Identity. Oxford/UK 1997.

Chopra, Deepak: Quantum Healing: Exploring the Frontiers of Mind and Body. New York 1989.

Ciompi, Luc: Außenwelt - Innenwelt. Göttingen 1988.

ders.: Affektlogik. Stuttgart 1992.

Cipra, B.: In Math, Less Is More - Up to a Point. in: Science, 23.11.1990.

Cline, B.L.: Men who Made a new Physics. Physicists and the Quantum Theory. New York 1965.

Cohen, M.D./ March, J.G./ Olsen, J.P.: A garbage can model of organizational choice. Administrative Science Quartely, Nr. 17/ 1974, S. 1 - 25.

Cole, K.C.: Symphathetic Vibrations: Reflections on Physics as a Way of Life. New York 1985.

Collins, James C./Porras Jerry I.: Visionen im Management. München 1995.

Coveney, Peter/Highfield, Roger: The Arrow of Time. A Voyage Through Science to Solve Time's Greatest Mystery. New York 1990.

dies.: Frontiers of Complexity. Toronto 1995.

Covey, Stephen R.: The 7 Habits of Highly Effective People. New York 1989.

Cramer, Friedrich: Chaos und Ordnung. Die komplexe Struktur des Lebendigen. Stuttgart 1989.

ders.: Symphonie des Lebendigen. Versuch einer allgemeinen Resonanztheorie. Frankfurt a. Main 1996.

ders.: Das Schöne ist eine Gratwanderung zwischen Ordnung und Chaos, in: Kunstforum, Nr. 124, November/Dezember 1993.

Crick, Francis: Was die Seele wirklich ist. Die naturwissenschaftliche Erforschung des Bewußtseins. Zürich 1993.

ders.: Life Itself. Its Origin and Nature. New York 1981.

Csikszentmihalyi, Mihalyi: Kreativität Stuttgart 1997.

ders.: Flow -Das Geheimnis des Glücks. Stuttgart 1992.

ders.: Das Flow-Erlebnis. Stuttgart 1987.

Dahrendorf, Ralf: Fragmente eines neuen Liberalismus. Stuttgart 1987.

ders.: Weltmarkt und Sozialökonomie, in: MERKUR, Heft 9/10 1997.

Damasio, Antonio R.: Descartes´ Irrtum. München 1994.

Danto, Arthur C.: Reiz und Reflexion. München 1994.

Darling, David: Equations of Eternitiy. Speculations on Consciousness, Meaning, and the Mathematical Rules that Orchestrate the Cosmos. New York 1993.

Darwin, Charles: Das Variieren der Tiere und Pflanzen im Zustande der Domestikation. Stuttgart 1996.

ders.: Die Entstehung der Arten durch natürliche Zuchtwahl. Stuttgart 1995.

Davis, Paul: Gott und die moderne Physik. München 1989.

Davis P./ Brown, J.: Superstrings. A Theory of Everything? Cambridge University Press 1988.

Davis Paul/Gribbin John: Auf dem Weg zur Weltformel. München 1997.

Dawkins, Richard: Der blinde Uhrmacher. München 1996.

ders.: Das egoistische Gen. Hamburg 1996.

DePorter, Bobbi/Hernacki, Mike: Quantum Business. New York 1997.

Descartes, René: Discours de la Méthode. Hamburg 1960.

Deleuze, Gilles: Nietzsche. Berlin 1979.

ders.: Kants kritische Philosophie. Berlin 1990.

Deleuze, Gilles/Guattari, Felix: Rhizom. Berlin 1977.

Dennett, Daniel C.: Philosophie des menschlichen Bewußtsein. Hamburg 1994.

ders.: Darwins gefährliche Idee. Hamburg 1997.

Diehl, Rolf: Zeit-Intelligenz und Leadership. Paderborn 1992.

Dörner, Dietrich: Die Logik des Mißlingens. Hamburg 1992.

ders.: Vom Umgang mit Unbestimmtheit und Komplexität. München 1983.

Dress, Hans / Hendrichs, Hubert / Küppers, Günter: Selbstorganisation. Die Entstehung von Ordnung in Natur und Gesellschaft. München 1986.

Drucker, Peter F.: Umbruch im Management. Düsseldorf 1996.

Dürr, Hans-Peter: Physik und Transzendenz. München 1996.

ders.: Das Eine, das Ganze und seine Teile, in: Poiesis, 8, Cappenberg 1993.

ders. (Hrsg.): Rupert Sheldrake in der Diskussion. Das Wagnis einer neuen Wissenschaft des Lebens. München 1997.

Durkheim, Emile: Die elementaren Formen des religiösen Lebens. Frankfurt a. Main 1981.

Dyllick, Thomas: Gesellschaftliche Instabilität und Unternehmensführung. Bern 1990.

Dyson, Freeman: Die zwei Ursprünge des Lebens. München 1990.

Ebeling, Werner: Chaos, Ordnung, Information. Frankfurt a. Main 1989.

Eccles, Sir John C.: Die Evolution des Gehirns - die Erschaffung des Selbst. München 1990.

ders: Die Psyche des Menschen. München 1990.

Edelman, G.M.: Bright Air, Brilliant Fire: On the Matter of the Mind. New York 1993.

Ehrenfels, Christian v.: Metaphysik, Philosophische Schriften IV. München 1983 - 1990.

Ehrhard, Ludwig: Wohlstand für alle. Düsseldorf 1960.

Erhard, Ludwig/ Müller-Armack, Alfred (Hrsg.): Soziale Marktwirtschaft. Ordnung der Zukunft. Manifest '72. Frankfurt, Berlin, Wien 1972.

Eigen, Manfred: Stufen zum Leben. München 1987.

Eigen, Manfred / Winkler, R.: Das Spiel. München 1990.

Eigen, M./ Winkler, R./Oswatitsch, R.: Stufen zum Leben. Die frühe Evolution im Visier der Molekularbiologie. München 1993.

Einstein, Albert: Religion und Wissenschaft, in: Mein Weltbild, hrsg. von Carl Seelig. Zürich 1953.

Eiseley, Loren: The Star Thrower. San Diego 1978.

Engelmann, P. (Hrsg.): Postmoderne und Dekonstruktion. Stuttgart 1990.

Enzensberger, Hans Magnus, Mittelmaß und Wahn. Frankfurt a. Main 1988.

Evans, D.: The War that Japan is Winning, in: Chicago Tribune, 6. 12. 1991.

Feddersen-Petersen, D./ Ohl, F.: Ausdrucksverhalten beim Hund. Stuttgart/ Jena 1995.

Feininger, Andreas: In a Grain of Sand: Exploring Design by Nature. San Francisco 1986.

Feinstein, David/Krippner, Stanley: Persönliche Mythologie. Basel 1987.

Ferris, Timothy: Coming of Age in the Milky Way. New York 1988.

Feyerabend, Paul: Irrwege der Vernunft. Frankfurt a. Main 1989.

ders.: Wissenschaft als Kunst. Frankfurt a. Main 1984.

Feynman, R.P.: Die seltsame Theorie des Lichts und der Materie. München 1994.

Fisch, Rudolf / Boos, Margarete : Vom Umgang mit Komplexität in Organisationen. Konstanz 1990.

Fischer, Ernst P.: Die zwei Gesichter der Wahrheit. München 1990.

Fischer, Hans-Rudi: Autopoiesis. Heidelberg 1991.

ders. (Hrsg.): Das Ende der großen Entwürfe. Frankfurt a. Main 1992

Flusser, Vilém: Die Revolution der Bilder. Bensheim 1995.

ders.: Ins Universum der technischen Bilder. Göttingen 1989.

ders.: Die Krise der Linearität. Bern 1988.

Flynn, J.R.: Massive IQ Grains in 14 Nations, in: Psychological Bulletin. 101, 1987.

Flynn, A./ Brooks, R.A./ Tavrow, L.S.: Twilight Zones and Cornerstones: A gnat robot double feature. MIT Artificial Intelligence Laboratory, 1989.

Foerster, Heinz von: Circular Causality: Fragments. Intersystems Publications, 1980.

ders.: Sicht und Einsicht. Braunschweig 1985.

ders.: Observing Systems. Seaside/Cal. 1981.

Forrester, Tom: Die High-Tech-Gesellschaft. Frankfurt a. Main 1992.

Forrester, Vivian: Terror der Ökonomie. Frankfurt a. Main 1997.

Fox, Matthew: Creation Spirituality. San Francisco 1991.

Frankl, Viktor: The Unheard Cry for Meaning. New York 1978.

Friedman, Daniel: Evolutionary Games in Economics, in: Econometrica, No. 59, May 1991, S. 637-66.

Fudenberg, Drew/Maskin, Eric: Evolution and Repeated Games, in: Nobel Symposium on Game Theory. Karlskog, Schweden 1990.

Fukuyama, Francis: Das Ende der Geschichte. Frankfurt a. Main 1992.

Galbraith, John Kenneth: Die Entmythologisierung der Wirtschaft. Grundvoraussetzungen ökonomischen Denkens. Wien 1988.

Gardner, Howard: Dem Denken auf der Spur. Stuttgart 1989.

ders.: Abschied vom IQ. Stuttgart 1991.

Gazzaniga, Michael S.: Das erkennende Gehirn. Paderborn 1989.

Gehlen, Arnold: Der Mensch. Wiesbaden 1986.

Gell-Mann, Murray: Simplicity and Complexity in the Description of Nature. Engineering & Science, 3, Frühjahr 1988.

Gerken, Gerd: Geist - Das Geheimnis der neuen Führung. Düsseldorf 1991.

ders.: Manager - Die Helden des Chaos. Düsseldorf 1992.

Gerschlager, Caroline: Konturen der Entgrenzung. Die Ökonomie des Neuen im Denken von Thomas Hobbes, Francis Bacon und Joseph Alois Schumpeter. Marburg 1996.

Giddens, Anthony: Jenseits von Links und Rechts. Frankfurt a. Main 1997.

Glasersfeld, Ernst von: Wissen, Sprache und Wirklichkeit. Braunschweig 1987.

ders.: Einführung in den radikalen Konstruktivismus, in: Watzlawick, Paul: Die erfundene Wirklichkeit. München und Zürich 1981.

Glass, Leon/Mackey, Michael C.: From Clocks to Chaos. New Jersey: Princeton 1988.

Gleick, J.: Chaos - Die Ordnung des Universums. München 1990.

Goetz K.O.: "Ich fordere den Zufall heraus, wobei die Schnelligkeit als Mittel zur Überraschung dient", in: Kunstforum, Nr. 126, März/Juni 1994.

Gold, E.J.: Die menschliche biologische Maschine als Apparat der Transformation. Basel 1989.

Goleman, Daniel: Emotionale Intelligenz. München/Wien 1996.

Goswami, A./ Reed, R./ Goswami, M.: Das bewußte Universum. Wie Bewußtsein die materielle Welt erschafft. Freiburg 1995.

Goswami, Amit: Eine quantentheoretische Erklärung von Sheldrakes morphischer Resonanz, in: Dürr, H.-P. (Hrsg.): Rupert Sheldrake in der Diskussion. München 1997.

Gottlieb Duttweiler Institut (Hrsg.): Management, Mentale Kompetenz und Mind Machines. Zürich 1991.

Gould, Stephen J.: Wie das Zebra zu seinen Streifen kommt. Boston/ Berlin 1986.

ders.: Darwin nach Darwin. Berlin 1984.

ders.: Zufall Mensch. Das Wunder des Lebens als Spiel der Natur. München/Wien 1991.

Gribbin John: In search of Schroedinger's Cat: Quantum Physics an Reality. New York 1984.

Grosz, A./ Höller, C./ Kittelmann, U. (Hrsg.): Glück. Ein Symposium. Kölnischer Kunstverein 1996.

Groys, Boris: Über das Neue. München 1992.

Guim, Heinz/ Mohler, Armin: Einführung in den Konstruktivismus. München 1985.

Gurwitsch, A.: Über den Begriff des embryonalen Feldes, in: Archiv für Entwicklungsmechanik der Organismen, Nr. 51/1922.

Haber, Heinz: Die Zeit - Geheimnisse des Lebens. München 1987.

Haken, Hermann: Information und Selbstorganisation. Stuttgart 1989.

ders.: Erfolgsgeheimnisse der Natur. Stuttgart 1986.

Haken, Hermann/ Wunderlich, Arne: Die Selbststrukturierung der Materie. Braunschweig 1991.

Handy, Charles: The Age of Unreason. Harvard Business School Press 1989.

ders.: The Age of Paradox. Havard Business School Press 1994.

ders.: Die Fortschrittsfalle. Wiesbaden 1995.

Hankel, Wilhelm: "Schuld der Banken", in: DIE WOCHE, 6.2.1998.

Harman, Willis: Bewußt-Sein im Wandel. Freiburg 1989.

Harman, Willis/ Clark, J. (Hrsg.): New Metaphysical Foundation of Modern Science. Sausalito, (Institute of Noetic Sciences) 1993

Harman, Willis/Horman, John: The Breakdown of the Old Paradigm, in: Institute of the Noetic Sciences (Hrsg.): Creative Work. Indianapolis 1990.

Harman, Willis/Porter, Maya: The New Business of Business. San Francisco 1997.

Hawking, Stephen W.: Eine kurze Geschichte der Zeit. Hamburg 1988.

Hayek, Friedrich A.: Individualismus und wirtschaftliche Ordnung. Salzburg o.J.

Heisenberg, Werner Physics and Philosophy. The Revolution in Modern Science. New York 1958.

Henderson, Hazel: Das Ende der Ökonomie. München 1987.

dies.: Creating Alternative Futures. New York 1987.

Nick, Herbert: Quantum Reality: Beyond the New Physics. New York 1985.

Höffe, Otfried: Über die Macht der Moral, in: MERKUR Heft 9/10 aus 1996.

Hörnig, Karl H./Gerhard, Anette/Michailow, Matthias: Zeitpioniere. Frankfurt a. Main 1991

Hofbauer, Josef/Sigmund, Karl: The Theory of Evolution and Dynamical Systems. Cambridge 1988.

Hofstadter, Douglas R.: Gödel, Escher, Bach. Stuttgart 1995.

Hofstadter, Douglas R./ Fluid Analogies Research Group: Die Fargonauten. Über Analogie und Kreativität, Stuttgart 1996.

Holeczek, B./von Mengden, L.(Hrsg.): Zufall als Prinzip. Heidelberg 1992.

Holland, J.: Adaption in Natural and Artificial Systems. MIT Press 1992.

Holler, Johannes: Das neue Gehirn. Südergellersen 1989.

Horx, Matthias: Markenkult, Düsseldorf 1995.

Howard, Robert: Values make The Company. Harvard Business Review, Sep.- Oct. 1990.

Hübner, Kurt : Die Wahrheit des Mythos. München 1985.

Hutchison, Michael Megabrain. Basel 1989.

ders.: The Book of Floating. New York 1984.

Inamori, Kazuo: Erfolg aus Leidenschaft. Wien 1996.

James, Jennifer: Thinking in den Future Tense. New York 1996.

Janis, Irving L.: The Victims of Groupthinks, Boston 1972.

Jantsch, Erich: Die Selbstorganisation des Universums. München 1982.

Jaynes, Julian: Der Ursprung des Bewußtseins durch den Zusammenbruch der bikameralen Psyche. Hamburg 1988.

Jeans, Sir James: In unerforschtes Gebiet, in: Der Weltenraum und seine Rätsel. Stuttgart/Berlin 1931.

Johnson, George: In den Palästen der Erinnerung. Wie die Welt im Kopf entsteht. München 1991.

Jordan, P.: Die weltanschauliche Bedeutung der modernen Physik. Schriftenreihe der Liga Europa, Heft Nr. 3/1971.

Jung, Werner: Von der Mimesis zur Simulation. Eine Einführung in die Geschichte der Ästhetik. Hamburg 1995.

Kant, Immanuel: Kritik der praktischen Vernunft. Stuttgart 1984.

Kanter, Rosabeth: The Changemaster. New York 1983.

dies.: Men and Women of the Corporation. New York 1977.

Kauffman, Stuart A.: Der Öltropfen im Wasser. München 1996.

ders.: Leben am Rande des Chaos, in: Spektrum der Wissenschaft, 10/1991.

Kautz, William H.: Angewandte Intuition. Aus der Praxis eines Intuitions-Experten, in: gdi-impuls, 1/1994.

Kellerer, Christian: Die Befreiung des abendländischen Denkens. Basel 1996.

Kelly, Kevin: Das Ende der Kontrolle. Düsseldorf 1997.

Keys, James: Only Two Can Play This Game. New York 1972.

Kierkegaard, Sören: Entweder/Oder. München 1988.

Knight, Frank. H.: Risk, Uncertainty and Profit. University of Chicago Press 1965.

Knoke, William: Kühne neue Welt. Leben in der "placeless society" des 21. Jahrhunderts. Wien 1996.

Koestler, A.: Der Mensch, Irrläufer der Evolution: Die Kluft zwischen Denken und Handeln. Frankfurt a. Main 1993.

Kohn, Alfie: Mit vereinten Kräften. Weinheim 1989.

Krohn, Wolfgang/Küppers, Günter (Hrsg.): Emergenz. Frankfurt a. Main 1992.

Kruse, Peter: Stabilität, Instabilität, Multistabilität. Selbstorganisation und Selbstreferentialität in kognitiven Systemen, in: Delfin, 11/1988.

ders.: Interventionen am Rande des Normalzustands, in: gdi-impuls, 2/1994.

ders.: Erkenntnisse von Chaos- und Selbstorganisationstheorie für die Unternehmensführung, in: Schwiering, D. (Hrsg.): Mittelständische Unternehmensführung im kulturellen Wandel. 1994.

Küppers, Bernd-Olaf: Allgemeine Gesetze können die Quelle für Einzigartigkeit sein, in: Kunstforum, Nr. 124, Nov./Dez. 1993.

Küppers, Günter: Chaos und Ordnung. Stuttgart 1996.

Kuhn, Thomas: Die Struktur wissenschaftlicher Revolutionen. Frankfurt a. Main 1973.

ders.: Die Entstehung des Neuen. Frankfurt a. Main 1978.

ders.: Logik der Forschung oder Psychologie der wissenschaftlichen Arbeit? in: Lakatos, Imre/Musgrave, Alan (Hrsg.): Kritik und Erkenntnisfortschritt. Braunschweig 1974.

Langenmaier, A.-V.: Das Verschwinden der Dinge. Design Zentrum München 1993.

Langer, Ellen J.: Aktives Denken. Hamburg 1991.

Langton, C.G.: Artificial Life. Santa Fe Institute Studies in the Science of Complexity, Bd. 6, Redwood City/Cal., 1989.

Langton, C.G. / Taylor,C. / Farmer, J.D. / Rassmussen, S.: Artificial Life, Santa Fe Institute Studies in the Science of Complexity, 1992 ff.

Lantermann, Ernst D.: Die dunkle Kammer. Weinheim 1986.

Laszlo, Ervin: Kosmische Kreativität. Neue Grundlagen einer einheitlichen Wissenschaft von Materie, Geist und Leben. Frankfurt a. Main 1995.

ders.: Wissenschaft und Wirklichkeit. Frankfurt a. Main 1994.

Lau, Jörg: Heiligkeit, Entlastung, Empörung, in: MERKUR, Heft 9/10 1996.

ders.: Welt ohne Drüben. Globalisierung als Metapher, in: MERKUR, Heft 9/10 1997.

Lem, Stanislaw, Die Vergangenheit der Zukunft. Frankfurt a. Main 1992.

Lenk, H./ Maring, M. (Hrsg.): Wirtschaft und Ethik. Stuttgart 1992.

Levy, S.: Künstliches Leben aus dem Computer. München 1993.

Lichtenberg, G. C.: Schriften und Briefe. München 1968.

Lilly, John C.: Im Zentrum des Zyklons. Frankfurt 1976.

ders.: Das tiefe Selbst. Basel 1988.

ders.: Der Dyadische Zyklon. Basel 1983.

Lincoln, Yvonna S.: Organizational Theory and Inquiry: The Paradigm Revolution. Beverly Hills 1985.

Linke, Detlev B.: Neuroästhetik, Aschematismus und Kreativität, in: Kunstforum, Nr. 126, März/Juni 1994.

Linke, Detlev B./Kappenstein Reinhild: Joseph Beuys: Zwei Hirnschalen und drei Kreuze, in: Kunstforum, Nr. 126, März/Juni 1994.

Lockwood, M.: Mind, Brain and the Quantum. The Compound "I". Oxford 1989.

Lovelock, James: Das Gaia-Prinzip. Die Biographie unseres Planeten. Frankfurt a. Main 1995.

Loye, David: Gehirn, Geist und Vision. Basel 1986.

Löffler, Sigrid: Die Spaß-Generation hat sich müde gespielt. Nach der Ästhetisierung des Alltagslebens entdeckt die Erlebnisgesellschaft einen neuen Reiz: Die Verantwortung, in: Die Zeit, Nr. 49 29.11.1996.

Luhmann, Niklas: Die Wirtschaft der Gesellschaft. Frankfurt a. Main 1988.

ders.: Liebe als Passion. Frankfurt a. Main 1982.

ders.: Macht. Stuttgart 1975.

ders.: Soziale Systeme. Frankfurt a. Main 1984.

ders.: Soziologie des Risikos. Berlin 1991.

ders.: Vertrauen. Stuttgart 1989.

ders.: Die Evolution des Kunstsystems, in: Kunstforum, Nr. 124 November/Dezember 1993.

ders.: Moderne Systemtheorie als Form gesamtwirtschaftlicher Analyse, in: Habermas/Luhmann (Hrsg.): Theorie der Gesellschaft oder Sozialtheologie. Frankfurt a. Main 1990.

Luhmann, Niklas/Spaemann, R.: Paradigm lost: Über die ethische Reflexion der Moral. Frankfurt 1990.

Lutz, Christian: Leben und Arbeiten in der Zukunft. 1997.

Lyotard, Jean-François: Essays zu einer affirmativen Ästhetik. Berlin 1982.

ders.: Das postmoderne Wissen. Wien 1994.

Mandel, Michael: The High-Risk Society. New York 1996.

Mandelbrot, Benoit: Die fraktale Geometrie der Natur. Basel 1987.

Mapes, James J.: Quantum Leap Thinking. Beverly Hills 1996.

March, Robert H.: Physics for Poets. Chicago 1978.

Margalef, Ramon. Co - Evolution Quarterly (Summer 1975), S. 49 - 66.

Margalit, Avishai: Politik der Würde. Berlin 1997.

Margulis, Lynn/Dagan, Dorion: Micro-Cosmos. New York 1986.

Margulis, L./ Fester, R.: Symbiosis as a Source of Evolutionary Innovation: Speciation and Morphogenesis. The MIT Press, 1991.

Maturana, Humberto R./Varela Francisco J.: Der Baum der Erkenntnis. Bern/München 1987.

Maturana, Humberto R.: Erkennen: Die Organisation und Verkörperung der Wirklichkeit. Braunschweig 1982.

Maturana, Humberto R./Verden-Zöller, Gerda: Liebe und Spiel. Heidelberg 1993

McFarland, Lynne Joy/Senn Larry E./Childress John R. (Hrsg.): 21st Century Leadership. Dialoges with 100 Top Leaders. Los Angeles 1994.

McKenna, T.: Wahre Halluzinationen. Basel 1989.

McLuhan, Marshall: Die Magischen Kanäle. Düsseldorf 1992.

Meadows, Donella: Whole Earth Models and Systems. Co-Evolution Quarterly (Summer 1982), S. 98 - 108.

Metzinger, Thomas (Hrsg.): Bewußtsein. Paderborn 1996.

Meyer-Abich, K.M. (Hrsg.): Vom Baum der Erkenntnis zum Baum des Lebens - Ganzheitliches Denken der Natur in Wissenschaft und Wirtschaft. München 1997.

Miegel, Meinhard: Ursachen der Arbeitslosigkeit in Deutschland und anderen frühindustrialisierten Ländern, in: MERKUR, Heft 9/10, 1997.

Minsky, Marvin: Mentopolis. Stuttgart 1990.

Misik, Robert: Mythos Weltmarkt. Vom Elend des Neoliberalismus. 1997.

Moore, James F.: The Death of Competition. New York 1996

Murphy, Michael: Der Quantenmensch. Ein Blick in die Entfaltung des menschlichen Potentials im 21. Jahrhundert. Wessobrunn 1994.

Naisbitt, John: Megatrends Asien. Wien 1995.

Nanus, Burt: The Leader's Edge. Chicago 1989.

ders.: Visionary Leadership. San Francisco 1992.

Negroponte, Nicholas: Total Digital. München 1995.

Neumann, John von: Mathematische Grundlagen der Quantenmechanik. Berlin 1992.

Nohria, N.: Creating New Business Ventures: Network Organization in Market and Corporate Contexts. Diss., MIT. Cambridge/Mass. 1988.

Nonaka, Ikujiro: Creating Organizational Order Out of Chaos: Self-Renewal in Japanese Firms. California Management Review, Spring 1988, S. 55 - 73.

Norretranders, Tor: Spüre die Welt. Die Wissenschaft des Bewußtseins. Hamburg 1994.

Nowotny, Helga: Eigenzeit, Entstehung und Strukturierung eines Zeitgefühls. Frankfurt a. Main 1989.

Ogilvy, James: Anleitung zu einem Leben ohne Ziel. Hamburg 1997.

Ornstein, Robert: Evolution des Bewußtseins. Freiburg 1996.

ders.: Multimind. Paderborn 1989.

ders.: The Right Mind. Orlando/Fl. 1997.

Ortoli, Sven/Witkowski, Nicolas: Die Badewanne des Archimedes. Berühmte Legenden der Wissenschaft. München 1997.

O'Toole, James: Leading change. The Argument for Values-Based Leadership. Toronto/New York 1995.

Pagels, Heinz: The Dreams of Reason: The Computer and the Rise of the Sciences of Complexity. New York 1988.

Panikkar, Raimundo: Rückkehr zum Mythos. Frankfurt a. Main 1985.

Papert, Seymour: Mindstorms. New York 1980.

Parsons, Talcott: Zur Theorie der sozialen Interaktionsmedien. Opladen 1980.

Paslack, Rainer: Urgeschichte der Selbstorganisation. Braunschweig 1991.

Patzelt, Otto: Faszination des Scheins. Berlin 1991.

Peat, F. David: Synchronizität. Die verborgene Ordnung. München 1989.

Peck, Joel R.: Friendship and the Evolution of Cooperation, in: Journal of Theoretical Biology, No. 162(2) 1993, S. 195-228.

Peitgen, Heinz-Otto: Mit den Fraktalen kehren die Bilder in die Mathematik zurück, in: Kunstforum, Nr. 124, November/Dezember 1993.

Peitgen, Heinz-Otto / Richter, Peter H.: The Beauty of Fractals. Heidelberg 1986.

Penrose, Roger: Computerdenken. Die Debatte um künstliche Intelligenz, Bewußtsein und die Gesetze der Physik. Heidelberg 1991.

Peters, Tom: Kreatives Chaos. Hamburg 1988.

Piaget, Jean: Biologie und Erkenntnis. Frankfurt a. Main 1983.

Pinchot, G.: Intrapreneuring. New York 1985.

Pirsig, Robert: Zen und die Kunst, ein Motorrad zu warten. Frankfurt a. Main 1992.

Pöppel, Ernst: Grenzen des Bewußtseins. Stuttgart 1988.

Poincaré, Henri: Wissenschaft und Methode. Leipzig 1914.

Pollock, Gregory: Population Structure, Spite, and the Iterated Prisoner's Dilemma, in: American Journal of Physical Anthropology. No. 77(4) 1988, S. 459-69.

Popp, Fritz A.: Biologie des Lichts. Berlin 1984.

Popper, Karl: Die offene Gesellschaft und ihre Feinde. Bern 1963.

ders.: Das Ich und sein Gehirn. München 1992.

Poundstone, William T.: Im Labyrinth des Denkens. Wenn Logik nicht weiterkommt. Hamburg 1995.

ders.: Prisoner's Dilemma. New York 1992.

Powers, Rhea: Zeit zur Freude. Planegg 1987.

Prahalad, C.K./Hamel, Gary: Wettlauf um die Zukunft. Wien 1995.

Prigogine, Ilya: Vom Sein zum Werden. München 1987.

Prigogine, Ilya/Stengers, Isabelle: Dialog mit der Natur. München 1990.

Probst, Gilbert: Kybernetische Gesetzeshypothesen als Basis für Gestaltungs- und Lenkungsregeln im Management. Bern 1981.

Radermacher, Franz Josef: Zukunft der Arbeit, in: MERKUR, Heft 9/10 1997.

Ray, Michael/Rinzler, A.: The New Paradigm in Business. New York 1993.

Ray, Michael/Myers, Rochelle: Creativity in Business. New York 1986.

Rensch, Bernhard: Das universale Weltbild. Evolution und Naturphilosophie. Darmstadt 1991.

Ridley, M.: Evolution. Probleme - Themen - Fragen. Basel/ Boston/ Berlin 1992.

Riesman, David: The Lonely Crowd. New Haven 1975.

Rifkin, Jeremy: Uhrwerk Universum. München 1988.

ders.: Das Ende der Arbeit und ihre Zukunft. Frankfurt a. Main 1997.

Rötzer Florian/Weibel, Peter. (Hrsg.): Strategien des Scheins. München 1991.

Romer, Paul M.: Ideas and Things, in: The Economist, Sept. 11, 1993.

ders.: Implementing a National Technology Strategy with Self-Organizing Industry Investment Boards, in: Nell, M./ Reiss, P.C./Winston, C. (Ed.): Microeconomics 2. Washington 1993.

ders.: Preferences, Promises, and the Politics of Entitlement in Individual and Social Responsibility. Chicago 1995.

ders.: Science, Economic Growth, and Public Policy, in: Technology, R&D, and the Economy. Brookings Institution, American Enterprise Institute, 1996.

Romer, Paul M./Evans, George/Honkapojha, Seppo: Growth Cycles. NBER Working Paper 5659, July 1996.

Rosenfield, Israel: Das Fremde, das Vertraute und das Vergessene. Frankfurt a. Main 1992.

Rosenstiel, Lutz von: Führungsnachwuchs im Unternehmen. München 1989.

Roth, Gerhard: Das Gehirn und seine Wirklichkeit. Frankfurt a. Main 1994.

ders.: Autopoiese und Kognition, in: Schmidt, S.J. (Hrsg.): Der Diskurs des radikalen Konstruktivismus. Frankfurt a. Main 1987.

ders.: In das Wahrnehmungssystem dringt nur ein, was nicht zu erwarten war, in: Kunstforum, Nr. 124, Nov./Dez. 1993.

ders.: Verstand und Gefühle, in: Kunstforum, Nr. 126, März/Juni 1994.

Rozé, Janis A.: Die Bedeutung der morphischen Resonanz in der Biologie, in den Naturwissenschaften und in der Gesellschaft, in: Dürr, H.-P. (Hrsg.): Rupert Sheldrake in der Diskussion. München 1997.

Rubinstein, Ariella: Finite Automata Play the Repeated Prisoner's Dilemma, in: Journal of Economic Theory, No. 39(6) 1986, S. 83-96.

Ruelle, David: Zufall und Chaos. Berlin 1992.

Russell, Peter: Die erwachende Erde. München 1984.

Sartre, Jean-Paul: Das Sein und das Nichts. Hamburg 1970.

Schlain, Leonard. Art and Physics: Parallel Visions in Space, Time and Light. New York 1991.

Schmidt, Ferdinand: Grundlagen der kybernetischen Evolution. Krefeld 1985.

Schmidt, Siegfried J.: Der Diskurs des radikalen Konstruktivismus. Frankfurt a. Main 1986.

Schrödinger, Erwin: Was ist Leben? Die lebende Zelle mit den Augen des Physikers betrachtet. München 1993.

ders.: Geist und Materie. Braunschweig 1959.

Schumpeter, Joseph A.: Kapitalismus, Sozialismus und Demokratie. Tübingen 1993.

Schwartz, G.E. / Delman, P.: Implicit Formation of Hebrew Words in Subjects who know Hebrew: Evidence for formative causation? Unveröff. Report, University of Arizona 1994.

Schwartz, G.E./Russek, L.G.: Do all Dynamic Systems have Memory? Implications of the Systemic Memory Hypothesis of Science and Society. In: Pribram, K.H./ King, J.S. (Hrsg.): Brain and Values: Behavioral Neurodynamics.

Scott David/Doubleday Tony: ZEN. Braunschweig 1994.

Seitz, Konrad: Die japanisch-amerikanische Herausforderung. München 1991.

Semler, Ricardo: Managing without Managers. Harvard Business Review, Sept. - Oct. 1989.

Senge, Peter: Die Fünfte Disziplin. Stuttgart 1996.

Serres, Michel: Anfänge. Berlin 1991.

ders.: Der Parasit. Frankfurt a. Main 1987.

Sheldrake, Rupert: The Presence of the Past: Morphic Resonance and the Habits of Nature. London 1988.

ders.: Das Gedächtnis der Natur. Das Geheimnis der Entstehung der Formen der Natur. Bern 1990.

ders: A New Science of Life. Los Angeles 1981.

ders.: Sieben Experimente, die die Welt verändern könnten. Anstiftung zur Revolutionierung des wissenschaftlichen Denkens. Bern/ München / Wien 1994.

ders.: Das Gedächtnis der Natur. München 1990.

ders.: Das schöpferische Universum. Frankfurt / Berlin 1993.

Sheldrake, Rupert/ Bohm, David: Morphogenetic Fields and the Implicate Order.

Sheldrake, R./McKenna, T./ Abraham, R.: Denken am Rande des Undenkbaren. München 1997.

Singer, Wolf: Wahrnehmen ist das Verifizieren von vorausgeträumten Hypothesen, in: Kunstforum, Nr. 124, November/Dezember 1993.

Sloterdijk, Peter: Euro-Taoismus. Zur Kritik der politischen Kinetik. Frankfurt a. Main 1987.

ders.: Vor der Jahrtausendwende: Berichte zur Lage der Zukunft. Frankfurt a. Main 1990.

ders.: Medien-Zeit. Drei gegenwartsdiagnostische Versuche. Stuttgart 1993.

ders.: Zur Welt kommen - Zur Sprache kommen. Frankfurt a. Main 1988.

Snidal, Duncan: Relative Gains and the Pattern of Internationals Cooperation, in: American Political Science Review, No. 85(9) 1991, S. 701-26.

Sobel, Joel: Evolutionary Stability and Efficiency, in: Economic Letters, No. 42(2-3) 1993, S. 301-12.

Spector, Robert/McCarthy, Patrick D.: The Nordstrom Way. The Inside Story of America's No. 1. New York 1995.

Spencer-Brown, George: Laws of Form. Lübeck 1997.

Sprenger, Reinhard: Mythos Motivation. Frankfurt a. Main 1991.

Stengers, Isabell: Order Out of Chaos. New York 1984.

Stewart, I.: Spielt Gott Roulette? Uhrwerk oder Chaos? Frankfurt 1993.

Stoddart, William, Das Sufitum. Geistige Lehre und mystischer Weg. Freiburg i. Breisgau 1979.

Strube, Gerhard (Hrsg.): Wörterbuch der Kognitionswissenschaft. Stuttgart 1996.

Szeemann, Harald: Individuelle Mythologien. Berlin 1985.

Tailor, G.R.: The Turning Point: Science, Society, and the Rising Culture. New York 1989.

Tad, James / Woodsmall, Wyatt: NLP - Konzepte. Paderborn 1991.

Talbot, Michael: Beyond the Quantum. New York 1986.

Tanahashi, Kazuaki/David Schneider: Essential ZEN. San Francisco 1997.

Taylor, G.R.: Das Geheimnis der Evolution. Frankfurt a. Main 1987.

Thompson, William Irwin: Imaginary Landscape. New York 1989.

Thompson, V.: Der mittlere Weg der Erkenntnis. München 1992.

Toben, Bob/Wolf, Fred Allen: Space - Time and Beyond. New York 1983.

Toffler, Alvin: Machtbeben. Düsseldorf 1990.

ders.: Previews & Premises. New York 1983.

ders.: Der Zukunftsschock. München 1983.

Tominaga, Minoru: Die kundenfeindliche Gesellschaft. Düsseldorf 1996.

Tushman, M./ Nadler, D.: Organization of Innovation. California Management Review, Spring 1986, S. 74- 92.

Ulrich, Peter: Unternehmensethik und Gewinnprinzip, in: Nutzinger, Hans G. (Hrsg.): Wirtschaftsethische Perspektiven III, Berlin 1996.

Ulrich, Peter/Thielemann, Ulrich: Ethik und Erfolg. Stuttgart 1992.

Vaill, Peter: Managing as a Performing Art. San Francisco 1989.

Varela, F./Thomson, E./Rosch, E.: Der mittlere Weg der Erkenntnis. München 1992.

Vasari, G.: Lebensläufe der berühmtesten Maler, Bildhauer und Architekten. Zürich 1989.

Vester, Frederic: Neuland des Denkens. München 1984.

Virilio, Paul: Fluchtgeschwindigkeit. München 1996.

ders.: Der negative Horizont. München 1989.

ders.: Rasender Stillstand. München 1992.

Waddington, C.H.: Fields and Gradients. In: Locke, M.(Hrsg.): Major Problems in Developmental Biology. New York 1966.

Waldrop, M. Mitchell: Inseln im Chaos. Die Erforschung komplexer Systeme. Hamburg 1993.

Watson, J.D.: Die Doppelhelix. Ein persönlicher Bericht über die Entdeckung der DNS Strukturen. Hamburg 1993.

Watzlawick, Paul: Die erfundene Wirklichkeit. Wie wissen wir, was wir zu wissen glauben. Beiträge zum Konstruktivismus. München und Zürich 1981.

ders.: Das Auge des Betrachters. München 1991.

ders.: Münchhausens Zopf oder Psychotherapie und Wirklichkeit. Bern 1988.

ders.: Wie wirklich ist die Wirklichkeit? München 1988.

Weber, Max: Wirtschaft und Gesellschaft. Tübingen 1972.

ders.: Die protestantische Arbeitsethik und der Geist des Kapitalismus. Bodenheim 1993.

Weick, Karl E.: Social Psychology of Organization. New York 1979.

ders.: Der Prozeß des Organisierens. Frankfurt a. Main 1985.

Weisbord, Marvin: Discovering Common Ground. San Francisco 1992.

Weisberg, Robert W.: Kreativität und Begabung. Heidelberg 1989.

Weiss, P.: Principles of Development. New York 1939.

Weizsäcker, Carl Friedrich von: Bewußtseinswandel. München 1988.

Welsch, Wolfgang: Unsere postmoderne Moderne. Weinheim 1987.

Wheatley, Margaret J.: Leadership and the New Science. San Francisco 1994.

Wheeler, J.A./ Zurek, W. (Hrsg.): Quantum Theory and Measurement. Princeton 1983.

Wiener, Norbert: Kybernetik. Düsseldorf 1992.

Wilber, Ken: Halbzeit der Evolution. München 1988.

ders.: The Holographic Paradigm and the Other Paradoxes. Colorado 1985.

Wilczek, Frank /Devine, Betsy: Longing for the Harmonies. New York 1988.

Willi, Jürg: Koevolution. Hamburg 1985.

Wise, Anna: The High-Performance Mind. New York 1997.

Wittgenstein, Ludwig : Philosophische Untersuchungen. Frankfurt a. Main 1985.

Wolf, Fred Alan: Parallel Universes. New York 1989.

Woodhouse, Mark B.: Paradigm Wars, Worldviews für a New Age. Berkeley 1996.

Wright, R.: Three Scientists and Their Gods: Looking for Meaning in an Age of Information. New York 1986.

Young, Arthur: Der kreative Kosmos. München 1990.

Young, Peyton/Foster, Dean: Cooperation in the Short and in the Long Run, in: Games and Economic Behaviour, No. 3(2) 1991, S. 145-56.

Zehentbauer, Josef: Körpereigene Drogen. Die ungenutzten Fähigkeiten des Gehirns. München 1992.

Zeilik, M./Gaustad, J.: Astronomy. The Cosmic Perspective. New York 1990.

Zohar, Danah: The Quantum Self: Human Nature and Consciousness Defined by New Physics. New York 1990.

Zuboff, Shoshonna: In the Age of the Smart Machine. New York 1988.

Zucker, Betty/Schmitz, Christof: Wissen gewinnt. Düsseldorf/München 1996.

Zukav, Gary: Evolution and Business. New York 1992

ders.: The Dancing Wu LI Masters. New York 1979.

Zurek, W.H.: Complexity, Entropy and the Physics of Information. Santa Fe Institute Studies in the Science of Complexity, Bd. 8, Redwood City/Cal. 1990.

Zurek, W.H./Augros, Robert M. /Stanciu, George N.: The New Story of Science. New York 1984.

Register

Mental-Update

CODE FOR CHANGE®

"Mögest du in interessanten Zeiten leben", sagen die Chinesen, und ob das Glück oder Fluch bedeutet, können wir heute oft schwer entscheiden. Während die Welt immer unübersichtlicher und für manchen auch stressiger wird, gibt es große, oft völlig überraschende Chancen für jeden einzelnen und für jedes Unternehmen. In unserer vernetzen und unkalkulierbaren, aber deshalb eben so interessanten Zeit braucht man für den Erfolg mehr als langjährige Erfahrung, technische Spitzenqualität und ein erstklassiges Preis-Leistungs-Verhältnis: Man braucht einen Sinn oder, zeitgeistig gesprochen, einen "mentalen Code" für schnellen Wandel, offenes Werden und für die Mythen, die hinter den Ereignissen wirken. Die Menschen erreicht man in Zeiten der Informationsflut nicht mehr mit logischen Botschaften, sondern über die Herstellung von gemeinsamen Werten und Kontexten, und die vermitteln sich am besten durch die energiereiche Sprache der Bilder und Metaphern. Wir stehen am Beginn einer Bewußtseinsgesellschaft.

Wenn sich die Bedingungen und der Geist der Wirtschaft verändern, dann müssen sich auch die Strategien und der Geist der darin Handelnden verändern. Es ist einleuchtend, daß eine Wirtschaft, die überwiegend durch Vernetzung, Überraschung, Auflösung, Chaos und Irrationalität gesteuert wird, andere Denkmuster benötigt. Auch eine Gesellschaft wird unter diesen Bedingungen neue Orientierungen ausbilden. Dieser Prozeß ist bei uns gerade in vollem Gange, und Unternehmen sollten sich so schnell wie möglich darauf einstellen.
Wir brauchen eine zeitgemäße mentale Software in der Wirtschaft, die das Institut für Zukunfts-Management CODE FOR CHANGE® genannt hat. Es handelt sich dabei um eine Art paradigmatischen Update vom strukturgeleiteten zum systemisch-prozeßorientierten Denken. Dieser Update ist nötig, weil unser altes, nach Stabilität, rationaler Logik und Kontinuität suchendes Denken völlig inadäquat ist, um mit spontan entstehenden Phänomenen, Brüchen, Widersprüchen und Kontingenz erfolgreich umzugehen.

Das Training bietet ein Instrument autonomer Selbstführung und mentaler Qualifizierung, das speziell für Topmanagement, High-Potentials und Kreative in der Wirtschaft zugeschnitten ist.

Die drei Kernpunkte von CODE FOR CHANGE® sind:

1. Paradigmatischer Aspekt. Mit dem Auftauchen eines neuen Weltbildes sind auch eine neue Logik sowie andere Mythen und Symbolismen verbunden. Statt Realität, Wahrheit, Ewigkeit, Schuld und Vernunft treten Potentialität, Erfindung, offenes Werden, Selbstverantwortung und die Energie des Spiels in den Vordergrund.
2. Kontakt zu persönlichen Ressourcen. In jedem Menschen existiert neben einer Fülle von Wissen, Fähigkeiten und Energie ein Reservoir an tiefer Ruhe und Balance. CODE FOR CHANGE® schafft Kontakt zu diesen inneren Ressourcen, aus denen am meisten Energie für die mentale Selbstorganisation frei wird.
3. Aufbau einer geistigen Regieebene. Die Einführung einer Meta-Ebene ermöglicht, das eigene Denken und Handeln, auch im Umgang mit persönlichen Wahrheiten, sogenannten Sachzwängen oder Krisen zu beobachten. Dadurch können wir eingerastete Denkschleifen unseres mentalen Archivs ent-lernen, statt im Kreis vergangener Erfahrungen herumzulaufen. Wer über seinen eigenen mentalen Programmen steht, kann ideologische Schranken und blinde Flecken auflösen und Möglichkeiten erkennen, die sich vorher nicht offenbart haben.

Warum wird Selbstprogrammieren in Zukunft zur Kernkompetenz? Wir treten in eine Wissens- und Bewußtseinsgesellschaft ein, in der das Wichtigste nicht Information, sondern Sinnzusammenhang und die Auflösung von Gewißheiten ist. Erfolg hat, wer zum evolutionären Mitspieler des Marktes wird. Dafür reichen gesunder Menschenverstand, ein bißchen Phantasie und die rationale Logik, auf die wir alle trainiert sind, nicht aus. Wir brauchen eine evolutionäre Dimension des Denkens (Bio-Logik).

Nicht Optimalisierung, Effizienz und Kostenschnitt werden den wirtschaftlichen Erfolg der Zukunft ausmachen, sondern globale Kommunikation, schnelle und ideenreiche Neukombinationen, Ko-Evolution und die Allgegenwart von Information, Services und Waren. Nicht das, was knapp ist, wird wertvoll sein, sondern das, was im Überfluß vorhanden ist. Wir werden ein völlig neues Verhältnis zum Zufälligen, scheinbar Ziellosen und Verschwenderischen bekommen müssen. Wertvoll ist, was Teil vieler Netzwerke ist. Der vielzitierte "Terror der Ökonomie" wird auf dem wirtschaftlichen Galapagos des 21. Jahrhunderts die Domäne der Dummen sein. Das erfordert radikal neue Denkmodelle, die häufig unseren Alltagserwartungen widersprechen. Durch bloße Einsicht, verbunden mit negativen Erfahrungen und Streß aus alten Denkmustern, sind diese aber nicht so schnell zu entwickeln, wie es der gegenwärtige wirtschaftliche Transformationsprozeß erforderlich macht. CODE FOR CHANGE® ermöglicht einen schnellen Anpassungsprozeß, weil es auf den zentralen Metaphern der Netzwerk-Ökonomie beruht. Da wir in Bildern denken, lernen wir am schnellsten über Metaphern.

Wir sind Zeugen des Entstehens einer ganz neuen, nahezu alles umfassenden ökonomischen Ordnung. Ihr Symbol ist das Netz, ihre Währung das Gewinnen von Aufmerksamkeit und ihre Überlebensregel die Bio-Logik. Den entscheidenden Vorsprung markiert, wer zuerst seine alten Gewißheiten, Erfahrungen und persönlichen Mythen überprüft und nötigenfalls schnell über Bord werfen kann; wer negative Gefühle immer wieder auflösen und mehr Gelassenheit dadurch gewinnen kann, daß er die neuen Regeln versteht und umsetzt. In der neuen Wirtschaft gilt: Wer hat, dem wird gegeben – the winner takes it all.

Es gibt keine objektiven Wirklichkeiten oder Sachzwänge, die irgendwo da draußen existieren. Es gibt nur den Blick ins Eingemachte unserer Vernunft, an das wir so gerne glauben, weil wir es selbst erfunden haben und weil so viele andere an dasselbe glauben. Wenn wir aber unsere Wirklichkeiten selbst erfinden, dann bewußt, autonom und so offen wie möglich.

CODE FOR CHANGE® wurde zusammen mit Wissenschaftlern aus den USA (Universitäten Stanford und New York) und Europa (Universitäten Bremen und Wien) entwickelt. Es beruht auf einem avantgardistischen Lernsystem, das speziell für Highpotentials in der Wirtschaft und für Menschen in Veränderungsprozessen geeignet ist.

CODE FOR CHANGE® ist keine herkömmliche Fortbildung. wir lernen keine Fakten. Und wir therapieren keine Psyche, suchen nicht nach dem "wahren Ich" und bieten auch keine fertigen, wahreren Weltentwürfe oder Ideologien an. Im Gegenteil. Das Training zielt auf mehr Vielfalt, Variabilität und Potentialität unseres Denkens.

CODE FOR CHANGE® ist ein für individuelle Interpretationen offenes Programm, das dabei hilft, die eigenen Grenzen immer weiter zu stecken (Expansionsprogramm), scheinbar Unvereinbares zu kombinieren (Kontextprogramm), das Unbekannte als Chancenpool zu erleben und Bekanntes ideenreich neu zu kombinieren (Kreativitätsprogramm). In das Training sind Elemente der Selbstverstärkung eingebaut; jeder Teilnehmer erhält ein persönliches Update-Programm, so daß die neuen Inhalte lange über das Training hinaus wirksam sind.

Dem Training liegt ein einzigartiges *leading edge*-Lernsystem zugrunde. Das Programm ist flexibel, bezieht Rückkopplungen mit ein und wird jeweils auf die persönlichen oder unternehmensspezifischen Bedürfnisse zugeschnitten. Es wird seit einigen Jahren vor allem in der Medien- und Kommunikationsbranche mit großem Erfolg eingesetzt.

Kontakt: **contact@futuremanagement.net**
Leser, die an einem Gedankenaustausch im Netz interessiert sind, bitten wir ebenfalls um Kontaktaufnahme: **www.futuremanagement.net**

Dank

Dieses Buch wäre nicht zustande gekommen ohne die Inspiration und Unterstützung vieler der darin erwähnten Persönlichkeiten. Allen voran danke ich Professor Hans-Peter Dürr für die langen und intensiven Gespräche sowie dafür, daß er das Manuskript durchgesehen, mich auf Irrwege hingewiesen und wichtige Verbesserungsvorschläge gemacht hat. Was dabei herausgekommen ist, habe ich natürlich selbst zu verantworten.
Dank auch an Professor Meinhard Miegel, der das Manuskript auf zahlreichen Bahnfahrten mitgeschleppt, durchgelesen und wertvolle Anregungen gegeben hat.
Professor Paul Romer von der Stanford Business School danke ich für seine große Kooperationsbereitschaft, aber ganz besonders für jenes Gespräch im Laufschritt über den Campus, das meine noch vage Idee möglicher Innovationsfelder konkret werden ließ.

Das Buch wäre nicht geschrieben worden ohne die Unterstützung und Ermutigung von Menschen, die mir sehr nahestehen: ein irritierender Einwand, ein freundlicher Rat, eine liebevolle Geste oder ein paar wohlgewählte Worte, um mich wegen der scheinbar endlosen Dauer bis zur Fertigstellung nicht allzusehr in Verlegenheit zu bringen. Hier ist der Platz, um meiner Mutter sowie Wolfgang, Catja und Thomas Danke zu sagen.
Laptops haben uns von unseren Schreibtischen befreit. Einige Orte, an denen Abschnitte geschrieben oder überarbeitet wurden: das Esalen-Institut am schönsten Teil der kalifornischen Küste; eine Holzterrasse in Big Sur, hoch über dem Pazifik; das Café Trieste in San Francisco; die Bibliothek der Stanford University in Palo Alto; das Hotel Lorünser in den österreichischen Alpen; ein Bootshaus am Starnberger See. All diesen Orten gilt mein Dank. Wer sagt, daß Wirtschaft und Wissenschaft eine trockene Angelegenheit sein müssen?
Last not least mein Dank an Milan. Weil er als Arzt und Skeptiker der Welt des Konkreten verpflichtet ist, hatte er nicht selten unter meinen geistigen Expeditionen in die Welt der Potentialität zu leiden.